Tax Compliance

Europäische Hochschulschriften Recht

European University Studies in Law

Publications Universitaires Européennes de Droit

Band/Volume **6100**

Simone Jäger

Tax Compliance

Herleitung, Organisation, Funktion

PETER LANG

Bibliografische Information der Deutschen Nationalbibliothek
Die Deutsche Nationalbibliothek verzeichnet diese Publikation in der Deutschen Nationalbibliografie; detaillierte bibliografische Daten sind im Internet über http://dnb.d-nb.de abrufbar.

Zugl.: Freiburg (Breisgau), Univ., Diss., 2018

D 25
ISSN 0531-7312
ISBN 978-3-631-79528-6 (Print)
E-ISBN 978-3-631-79607-8 (E-PDF)
E-ISBN 978-3-631-79608-5 (EPUB)
E-ISBN 978-3-631-79609-2 (MOBI)
DOI 10.3726/b15896

Peter Lang – Berlin · Bern · Bruxelles · New York · Oxford · Warszawa · Wien

Diese Publikation wurde begutachtet.

www.peterlang.com

Für Helen

Danksagung

Die vorliegende Arbeit wurde im November 2018 von der Rechtswissenschaftlichen Fakultät der Albert-Ludwigs-Universität in Freiburg als Dissertation angenommen. Literatur und Rechtsprechung wurden bis zum 31.12.2018 berücksichtigt.

Während der Erstellung dieser Arbeit habe ich von vielen Seiten Unterstützung erhalten, für die ich mich auf diesem Wege bedanken möchte.

Zunächst bedanke ich mich bei meinem Doktorvater Herrn Prof. Dr. Hanno Merkt, der mir die nötige Freiheit zur Erstellung dieser Arbeit gab, mir stets mit hilfreichen Anregungen zur Seite stand und auch in schwierigen Zeiten die richtigen Worte fand. Daneben danke ich Herrn Prof. Dr. Jan Lieder für die Erstellung des Zweitgutachtens.

Besonders danken möchte ich Dr. Moritz Jenne für seine unermüdliche Unterstützung und wertvollen Hinweise bei der inhaltlichen Erarbeitung des Themas.

Des Weiteren möchte ich mich bei Alexander Groß, Dr. Andreas Pfuhl, Johannes Kefer sowie Dr. Marcus Geuenich bedanken, die mir die praktische Sicht eines Steuerberaters und dessen Arbeit zur Tax Compliance zeigten und alle meine Fragen geduldig beantworteten.

Auch meinem Ausbilder in der Zivilstation Herrn Roland Burgmann gilt mein Dank. Die Diskussionen mit ihm und sein steuerrechtliches sowie praktisches Verständnis konnten meinen Blickwinkel in vielen Punkten erweitern und bereichern.

Weiter möchte ich mich beim gesamten Lehrstuhl für Ausländisches und Internationales Privatrecht bedanken, die mich während und nach meiner Tätigkeit dort begleitet und unterstützt haben. Besonders erwähnen möchte ich Hannah, Laura und Christian, die mir bei der Korrektur der Arbeit geholfen haben.

Ein großes Danke geht an meine Familie, die mich bedingungslos unterstützt und es mir überhaupt ermöglicht hat, diese Arbeit zu erstellen. Danke Mama, Papa und Fiona.

Vielen Dank an Saldıray, der mich den ganzen Weg über begleitet und immer an mich geglaubt hat.

Zuletzt gilt mein Dank meinen Freundinnen Laura und Anna, die immer ein offenes Ohr für mich hatten, mich in schweren Zeiten unterstützt und sich in guten mit mir gefreut haben.

Diese Arbeit ist Helen gewidmet, der nicht genug Zeit blieb, ihre eigene Promotion zu beenden.

Inhaltsübersicht

Abkürzungsverzeichnis 27

Einleitung 33

A. Einführung 33

B. Gang der Untersuchung 36

Kapitel 1: Begriff und Funktion von Tax Compliance 39

A. Entwicklung von Tax Compliance 39

B. Begriff der Tax Compliance 43

I. Tax Compliance verstanden als Regelkonformität 43

II. Tax Compliance verstanden als Erfordernis organisatorischer Maßnahmen 48

III. Ergebnis 50

C. Relevanz von Tax Compliance 50

I. Komplexität des Steuerrechts 50

II. Gesetzliche Verschärfungen 52

III. Verschärfungen in der Rechtsprechung 55

IV. Häufige Einleitung von steuerstraf- oder steuerordnungsrechtlichen Ermittlungen 56

V. Gefahr hoher Schäden durch Dauersachverhalte 58

VI. Negative Registereintragungen 58

D. Funktion von Tax Compliance 59

I. Abwehrende Funktion 59

II. Organisatorische Funktion 77

III. Gestalterische Funktion 77

Kapitel 2: Herleitung einer Pflicht zur Tax Compliance 97
A. Herleitung einer allgemeinen Compliance-Pflicht 97
I. Einzelanalogie zu § 91 Abs. 2 AktG 97
II. Gesamtanalogie 100
III. Grundsatz des ehrbaren Kaufmanns 102
IV. Deutscher Corporate Governance Kodex 103
V. Allgemeine Leitungssorgfalt, §§ 76 Abs. 1, 93 Abs. 1 AktG 105
VI. Allgemeiner Verbandsgrundsatz 107
VII. Stellungnahme 114
B. Herleitung einer speziellen Tax Compliance-Pflicht 116
C. Adressat der Tax Compliance-Pflicht 116
I. Allgemein 116
II. Unternehmensinterne Zuständigkeit 117

Kapitel 3: Organisation 131
A. Begriff des Tax Compliance-Management-Systems 131
I. Abgrenzung zum IKS 132
II. Abgrenzung zur Compliance-Funktion 132
B. Entscheidung über die Ausgestaltung eines Tax CMS 133
I. Risikoanalyse 133
II. Ermessen 135
III. Grenze des Verhältnismäßigkeitsprinzips 137
C. Inhaltliche Vorgaben: Merkmale eines Tax CMS 139
I. Gesetzliche organisatorische Vorgaben 139
II. Organisatorische Vorgaben der Rechtsprechung 159
III. Vorgaben in der Diskussion 160
IV. OECD 166
V. Vorgaben aus der Praxis 167
D. Zusammenfassung 177

Kapitel 4: Wirkung eines den Anforderungen entsprechenden Tax CMS 179

A. Steuerstrafrecht 180

I. Abgrenzungsschwierigkeiten 180

II. Relevanz der Abgrenzung 182

III. Abgrenzung anhand des Bestehens eines Tax CMS, AEAO zu § 153 187

IV. Wirkungsweise im Ermittlungs- und Strafverfahren 194

V. Ergebnis 201

B. Berücksichtigung eines Tax CMS im Rahmen von Ermessensentscheidungen 202

I. Grundlagen der Ermessensentscheidung und Ermessensfehler 202

II. Bezugspunkt eines Tax CMS im Rahmen des Ermessens 204

III. Überprüfung anhand einzelner Ermessensnormen der AO 205

C. Berücksichtigung eines Tax CMS im Rahmen des Verschuldens 212

I. Allgemein 212

II. Einzelne Normen 213

D. Berücksichtigung eines Tax CMS im Ordnungswidrigkeitenrecht 217

I. Tatbestandsebene „gehörige Aufsicht“, § 130 OWiG 217

II. Bemessung der Geldbuße, § 30 OWiG 218

E. Ergebnis 226

Kapitel 5: Rechtssicherheit durch Zertifizierung eines Tax CMS 229

A. Zertifizierungspflicht 229

B. Auswahl der Prüfer 231

I. Fachliche Qualifikation 231

II. Auswahlentscheidung 232

C. Zertifizierung durch den IDW PS 980 ... 233
I. Prüfungsumfang ... 233
II. Wirkung einer Zertifizierung nach IDW PS 980 ... 234
D. Zertifizierung durch die Finanzverwaltung ... 245
I. Zertifizierung durch die verbindliche Auskunft, § 89 Abs. 2 AO ... 245
II. Zertifizierung durch die verbindliche Zusage auf Grund einer Außenprüfung, §§ 204–207 AO ... 251
E. Ergebnis ... 254

Kapitel 6: Tax Compliance aus Sicht der Finanzverwaltung ... 257
A. Funktionsverständnis ... 257
B. Steuervollzug in der deutschen Finanzverwaltung ... 259
I. Gesetzliche Vorgaben ... 259
II. Reale Voraussetzungen des deutschen Steuervollzugs ... 265
III. Handlungsmöglichkeiten ... 269
C. Vergleich zum Verständnis von Tax Compliance in ausländischen Finanzverwaltungen ... 279
I. „Horizontaal toezicht“ in den Niederlanden ... 279
III. „Compliance Program“ in Australien ... 283
III. Zusammenfassung ... 287
D. Fazit und gleichzeitig Vergleich zum Verständnis der steuerpflichtigen Unternehmen ... 288

Zusammenfassung der Ergebnisse ... 291

Fazit ... 297

Abbildungsverzeichnis ... 299

Tabellenverzeichnis 301

Literaturverzeichnis 303

Übersicht der zitierten Rechts- und Verwaltungsvorschriften 341

Inhaltsverzeichnis

Abkürzungsverzeichnis ... 27

Einleitung ... 33

A. Einführung ... 33

B. Gang der Untersuchung ... 36

Kapitel 1: Begriff und Funktion von Tax Compliance ... 39

A. Entwicklung von Tax Compliance ... 39

B. Begriff der Tax Compliance ... 43

I. Tax Compliance verstanden als Regelkonformität ... 43

1. Regelkonformität durch Verhinderung von Regelverstößen ... 44

a) Einhaltung der steuerlichen Gesetze zur Haftungsvermeidung ... 44

b) Einhaltung unternehmensinterner Richtlinien ... 45

2. Einhaltung und Ausnutzung der steuerlichen Gesetze zur Steueroptimierung ... 46

3. Verhältnis von Regelkonformität und Steuerstreit ... 46

4. Regelkonformität durch repressive Maßnahmen ... 47

II. Tax Compliance verstanden als Erfordernis organisatorischer Maßnahmen ... 48

III. Ergebnis ... 50

C. Relevanz von Tax Compliance ... 50

I. Komplexität des Steuerrechts ... 50

II. Gesetzliche Verschärfungen ... 52

III. Verschärfungen in der Rechtsprechung ... 55

IV. Häufige Einleitung von steuerstraf- oder steuerordnungsrechtlichen Ermittlungen ... 56

V. Gefahr hoher Schäden durch Dauersachverhalte ... 58
VI. Negative Registereintragungen ... 58
D. Funktion von Tax Compliance ... 59
I. Abwehrende Funktion ... 59
1. Zeitpunkt der abwehrenden Funktion ... 59
2. Abzuwehrende Risiken ... 60
a) Risiken des Steuerrechts ... 60
aa) Versäumung von Fristen ... 61
bb) Verletzung von Mitwirkungspflichten ... 61
(1) Beschränkung der Ermittlungspflicht der Finanzverwaltung ... 62
(2) Reduzierung des Beweismaßes ... 62
(3) Schätzung der Besteuerungsgrundlage, § 162 Abs. 1 S. 1 AO ... 63
(4) Verlust der Änderungsmöglichkeit, § 173 Abs. 1 Nr. 2 AO ... 63
cc) Verletzung der Pflicht zur Abgabe richtiger und vollständiger Erklärungen ... 64
(1) Haftung der steuerlichen Vertreter, § 69 AO ... 64
(2) Haftung des Steuerhinterziehers, § 71 AO ... 66
(3) Steuerhinterziehung, § 370 AO ... 66
(4) Leichtfertige Steuerverkürzung, § 378 AO ... 68
(5) Zinsen, §§ 233 ff. AO ... 69
(6) Verlängerung der Festsetzungsfrist, § 169 Abs. 2 S. 2 AO ... 70
(7) Erweiterte Änderung von falschen Steuerbescheiden, § 173 Abs. 2 AO ... 70
dd) Verletzung der Pflichten bzgl. der von Dritten geschuldeten Steuern ... 70
(1) Haftung des Verwaltungshelfers ... 70
(2) Haftung des Vertretenen, § 70 AO ... 72
b) OWiG ... 73
aa) Aufsichtspflichtverletzung, § 130 OWiG ... 73

bb) Verbandsgeldbuße, § 30 OWiG 74
cc) Verfallsanordnung, § 29a Abs. 2 OWiG 76
c) Vermeidung immaterieller Schäden 76
II. Organisatorische Funktion 77
III. Gestalterische Funktion 77
1. Steueroptimierung im Rahmen der Gesetze 78
2. Steueroptimierung unter Verstoß gegen geltende Gesetze 80
3. Risikobehaftete Steueroptimierung: aggressive Steuerplanung 80
a) Beispiel: Steueroptimierung durch die Cum/Ex-Geschäfte 81
aa) Zugrundeliegender Sachverhalt 81
bb) Rechtlich unklare Lage 81
b) Entscheidung anhand des Unternehmensinteresses 83
aa) Corporate Reputation Management 83
bb) Ethische Merkmale der Tax Compliance 85
cc) Ethische Komponente von Steuern 86
dd) Ethische Merkmale in nationalen Gesetzen, internationalen Regelwerken sowie europäischen Richtlinien 87
(1) Leitbild des ehrbaren Kaufmanns 87
(2) OECD-Leitsätze für multinationale Unternehmen 89
(3) BEPS 89
(4) Nichtfinanzielle Erklärung, § 289c HGB 91
(5) Zukünftige Weiterführung von BEPS und CSR 93
c) Zwischenergebnis 94

Kapitel 2: Herleitung einer Pflicht zur Tax Compliance 97

A. Herleitung einer allgemeinen Compliance-Pflicht 97
I. Einzelanalogie zu § 91 Abs. 2 AktG 97
II. Gesamtanalogie 100

III. Grundsatz des ehrbaren Kaufmanns ... 102
IV. Deutscher Corporate Governance Kodex ... 103
V. Allgemeine Leitungssorgfalt, §§ 76 Abs. 1, 93 Abs. 1 AktG ... 105
1. Legalitätspflicht ... 106
2. Legalitätskontrollpflicht ... 106
VI. Allgemeiner Verbandsgrundsatz ... 107
1. Allgemeine Leitungssorgfalt in der GmbH ... 108
2. Allgemeine Leitungssorgfalt im Verein ... 109
3. Allgemeine Leitungssorgfalt in den Personengesellschaften ... 110
4. Bestehen eines allgemeinen Verbandsgrundsatzes ... 112
5. Exkurs: Allgemeine Leitungssorgfalt beim Einzelkaufmann ... 112
VII. Stellungnahme ... 114
1. Anwendbarkeit auf alle Gesellschaftsformen ... 114
2. Anwendbarkeit auf alle Branchen ... 115
B. Herleitung einer speziellen Tax Compliance-Pflicht ... 116
C. Adressat der Tax Compliance-Pflicht ... 116
I. Allgemein ... 116
II. Unternehmensinterne Zuständigkeit ... 117
1. Grundsatz: Leitungsaufgabe ... 117
2. Ausnahme: Delegation ... 118
a) Schriftliche Fixierung ... 120
b) Umfang des Pflichtenkanons ... 120
aa) Auswahlpflicht ... 121
bb) Instruktionspflicht ... 121
cc) Überwachungspflicht ... 122
3. Überwachungsorgan ... 125
a) Umfang der Überwachung ... 125
aa) Vergangenheitsbezogene Überwachung der Compliance-Pflicht ... 126
bb) Präventive Überwachung der Compliance-Pflicht ... 128
b) Überwachendes Gremium ... 128

Kapitel 3: Organisation ... 131
A. Begriff des Tax Compliance-Management-Systems ... 131
I. Abgrenzung zum IKS ... 132
II. Abgrenzung zur Compliance-Funktion ... 132
B. Entscheidung über die Ausgestaltung eines Tax CMS ... 133
I. Risikoanalyse ... 133
II. Ermessen ... 135
1. Kriterien zur Ermessensausübung ... 136
2. Anwendbarkeit der Business Judgement Rule ... 137
III. Grenze des Verhältnismäßigkeitsprinzips ... 137
C. Inhaltliche Vorgaben: Merkmale eines Tax CMS ... 139
I. Gesetzliche organisatorische Vorgaben ... 139
1. Branchenspezifische Kodifizierung ... 140
2. Gehörige Aufsicht, § 130 OWiG ... 141
a) Aufgabenverteilung und Verantwortlichkeit ... 142
b) Auswahl und Instruktion ... 142
c) Kontrolle ... 142
d) Krisenmanagement ... 143
e) Dokumentation ... 143
3. Vorgaben aus dem Steuerrecht ... 143
a) Pflicht zum Vorhalt eines innerbetrieblichen Kontrollverfahrens, § 14 Abs. 1 S. 6, Abs. 3 UStG ... 144
b) Melde- und Anzeigepflichten ... 146
c) Buchführungs- und Aufzeichnungspflichten ... 147
aa) Steuerliche Buchführungs- und Aufzeichnungspflichten, §§ 140–148 AO ... 147
bb) Aufzeichnungspflicht nach § 90 Abs. 3 AO ... 150
cc) Aufzeichnungspflicht nach § 22 UStG ... 151
dd) Aufzeichnungspflichten nach § 4 Abs. 3 EStG ... 152
ee) Aufzeichnungspflicht nach § 4 Abs. 7 EStG ... 152
ff) Aufzeichnungspflicht nach § 41 EStG ... 153
d) Aufbewahrungspflichten, § 147 AO ... 154

e) Auskunfts- und Vorlagepflichten, §§ 93, 97 AO 155
f) Mitwirkungspflichten 155
aa) Mitwirkungspflicht nach § 90 Abs. 1 AO 156
bb) Mitwirkungspflicht nach § 200 AO 156
cc) Erklärungspflichten 157
g) Zahlung der Steuerschuld 158
h) Anzeige- und Berichtigungspflicht, § 153 AO 158
i) Ergebnis 158
II. Organisatorische Vorgaben der Rechtsprechung 159
III. Vorgaben in der Diskussion 160
1. Klare Zuordnung von Zuständigkeiten und Verantwortungsbereichen 161
2. Vorbehaltloses und uneingeschränktes Bekenntnis der Unternehmensführung zur Rechtstreue („Commitment") 162
3. Informationsmanagement 163
4. Dokumentation 164
5. Ausreichende Ausstattung durch Personal und Ressourcen 164
6. Kontrolle, Aufklärung, Sanktion 165
7. Regelmäßige Anpassung und Aktualisierung des CMS 165
IV. OECD 166
1. Inhalt 166
2. Rechtsverbindlichkeit 167
V. Vorgaben aus der Praxis 167
1. IDW Praxishinweis 1/2016 168
a) Anwendungsbereich 169
b) Grundelemente 170
aa) Tax Compliance-Kultur 171
bb) Tax Compliance-Ziele 171
cc) Tax Compliance-Organisation 171
dd) Tax Compliance-Risiken 172
ee) Tax Compliance-Programm 172

ff) Tax Compliance-Kommunikation 172
gg) Tax Compliance-Überwachung und Verbesserung 173
c) Zwischenergebnis 173
2. Leitfaden des BDI 174
a) Stellung des BDI 174
b) Fünf Elemente des steuerlichen innerbetrieblichen Kontrollsystems 175
aa) steuerliche Organisation und Darstellung des Kontrollumfelds 175
bb) steuerliche Risiken und Risikoidentifizierung 175
cc) Kontrollidentifizierung und -durchführung 176
dd) Information und Kommunikation 176
ee) Überwachung und Verbesserung 177
D. Zusammenfassung 177

Kapitel 4: Wirkung eines den Anforderungen entsprechenden Tax CMS 179

A. Steuerstrafrecht 180
I. Abgrenzungsschwierigkeiten 180
II. Relevanz der Abgrenzung 182
1. Strafbefreiende Selbstanzeige nach § 371 AO als persönlicher Strafaufhebungsgrund 183
2. Strafbefreiende Selbstanzeige nach § 378 Abs. 3 AO als persönlicher Strafaufhebungsgrund 185
3. Anzeige- und Berichtigungspflicht des § 153 AO 186
4. Ergebnis 186
III. Abgrenzung anhand des Bestehens eines Tax CMS, AEAO zu § 153 187
1. Vorsatz bei der Steuerhinterziehung, § 370 AO 188
a) Indiz gegen Absicht (dolus directus 1. Grades) 189
b) Indiz gegen Wissen (dolus directus 2. Grades) 189
c) Indiz gegen Eventualvorsatz (dolus eventualis) 190

aa) Konkretes für möglich halten ... 190
bb) Billigend in Kauf nehmen ... 190
d) Ergebnis ... 192
2. Leichtfertigkeit bei der leichtfertigen Steuerverkürzung, § 378 AO ... 192
IV. Wirkungsweise im Ermittlungs- und Strafverfahren ... 194
1. Aussagegehalt des AEAO zu § 153 ... 194
a) Formulierung ... 194
b) Mögliche negative Auswirkung bei fehlendem Tax CMS ... 194
2. Relevanz eines Tax CMS im Ermittlungs- und Strafverfahren ... 195
a) Ermittlung durch Angehörige der Finanzverwaltung ... 195
aa) Veranlagende Finanzbeamte ... 196
bb) Betriebsprüfer ... 197
cc) Ermittlungen durch die BuStra ... 197
(1) Ermittlungen als Hilfsorgan der Staatsanwaltschaft, § 386 Abs. 1 S. 1 AO ... 197
(2) Selbstständige Ermittlungen der BuStra, § 386 Abs. 2 AO ... 198
dd) Abweichende Verwaltungsanweisungen ... 199
b) Ermittlungen durch die Staatsanwaltschaft ... 200
c) Strafverfahren ... 200
V. Ergebnis ... 201
B. Berücksichtigung eines Tax CMS im Rahmen von Ermessensentscheidungen ... 202
I. Grundlagen der Ermessensentscheidung und Ermessensfehler ... 202
II. Bezugspunkt eines Tax CMS im Rahmen des Ermessens ... 204
III. Überprüfung anhand einzelner Ermessensnormen der AO ... 205
1. Verspätungszuschlag, § 152 Abs. 1 AO ... 205

a) Entschließungsermessen ... 205
b) Auswahlermessen ... 206
c) Rechtslage ab dem 1. Januar 2019 ... 207
2. Zwangsmittel, § 328 AO ... 208
a) Entschließungsermessen ... 209
b) Auswahlermessen ... 209
3. Verzögerungsgeld, § 146 Abs. 2b AO ... 210
a) Entschließungsermessen ... 210
b) Auswahlermessen ... 211
4. Haftung als Verwaltungshelfer ... 212
C. Berücksichtigung eines Tax CMS im Rahmen des Verschuldens ... 212
I. Allgemein ... 212
II. Einzelne Normen ... 213
1. Verspätungszuschlag, § 152 AO ... 213
2. Zuschlag auf die Schätzungssumme, § 162 Abs. 4 AO ... 214
3. Festsetzungsfrist, § 169 AO ... 214
4. Haftung der Vertreter, § 69 AO ... 215
a) Pflichtverletzung ... 215
b) Verschulden in Form von Vorsatz oder grober Fahrlässigkeit ... 216
5. Aufhebung oder Änderung von Steuerbescheiden, § 173 Abs. 1 S. 1 Nr. 2 AO ... 216
D. Berücksichtigung eines Tax CMS im Ordnungswidrigkeitenrecht ... 217
I. Tatbestandsebene „gehörige Aufsicht", § 130 OWiG ... 217
II. Bemessung der Geldbuße, § 30 OWiG ... 218
1. Definition eines effektiven Tax CMS ... 219
2. Zeitpunkt des Bestehens des Tax CMS ... 220
3. Umfang der Bußgeldminderung ... 220
4. Mögliche negative Auswirkung bei fehlendem Tax CMS ... 221
5. Vergleich zum Vergaberecht ... 222

6. Dogmatische Grundlage für die bußgeldmindernde Berücksichtigung eines Tax CMS 224
7. Rechtsverbindlichkeit des Urteils 226
E. Ergebnis 226

Kapitel 5: Rechtssicherheit durch Zertifizierung eines Tax CMS 229

A. Zertifizierungspflicht 229
B. Auswahl der Prüfer 231
I. Fachliche Qualifikation 231
II. Auswahlentscheidung 232
C. Zertifizierung durch den IDW PS 980 233
I. Prüfungsumfang 233
II. Wirkung einer Zertifizierung nach IDW PS 980 234
1. Fachliche Qualifikation des IDW 234
2. Einzelfallprüfung 236
3. Rechtsqualität und Bindungswirkung 237
4. Wirkung im Verwaltungs- und Gerichtsverfahren 237
a) Wirkung im Rahmen der Behördenentscheidung 237
b) Finanzgerichte 239
aa) Beweismittel 239
bb) Nachprüfung Ermessensgebrauch, § 102 FGO 241
cc) Gebot freier Überzeugungsbildung, § 96 FGO 242
dd) Ergebnis 243
c) Strafgerichte 244
5. Ergebnis 245
D. Zertifizierung durch die Finanzverwaltung 245
I. Zertifizierung durch die verbindliche Auskunft, § 89 Abs. 2 AO 245
1. Wirkungsweise 246
2. Voraussetzungen einer verbindlichen Auskunft 247
3. Bewertung 248

a) Erfüllung der Tatbestandsvoraussetzungen 248
b) Passende Rechtsfolge 250
c) Auswahl des Prüfers 250
d) Fachliche Qualifikation 250
II. Zertifizierung durch die verbindliche Zusage auf Grund einer Außenprüfung, §§ 204–207 AO 251
1. Voraussetzungen 252
2. Bewertung 253
E. Ergebnis 254

Kapitel 6: Tax Compliance aus Sicht der Finanzverwaltung 257
A. Funktionsverständnis 257
B. Steuervollzug in der deutschen Finanzverwaltung 259
I. Gesetzliche Vorgaben 259
1. Gesetzmäßigkeit der Besteuerung 260
a) Abweichungsverbot 260
b) Anwendungsgebot 261
2. Gleichmäßigkeit der Besteuerung 261
a) Gleichmäßigkeit durch Gesetzesanwendung 261
b) Gleichmäßigkeit durch Vereinheitlichung 262
c) Gleichmäßigkeit durch Vollzugsgleichheit 262
3. Grundrechte 263
4. Amtsermittlungsgrundsatz 264
II. Reale Voraussetzungen des deutschen Steuervollzugs 265
1. Zunehmende Komplexität des Steuerrechts 265
2. Ressourcenengpässe 266
3. Zwischenergebnis 268
III. Handlungsmöglichkeiten 269
1. Risikomanagement in der Finanzverwaltung, Projekt KONSENS 270
2. Begünstigungen auf EU-Ebene 272
3. Betriebsprüfung 274

a) Ausgangslage ... 274
b) Zeitnahe Betriebsprüfung ... 277
aa) Osnabrücker Modell ... 277
bb) Zeitnahe Betriebsprüfung, § 4a BpO ... 278
4. Service ... 279

C. Vergleich zum Verständnis von Tax Compliance in ausländischen Finanzverwaltungen ... 279
I. „Horizontaal toezicht“ in den Niederlanden ... 279
1. Kooperation ... 280
2. Geringere Kontrolle ... 281
3. Intensive Prüfung der übrigen Unternehmen ... 283
III. „Compliance Program“ in Australien ... 283
1. Serviceleistungen ... 284
2. Risk Management Approach ... 285
III. Zusammenfassung ... 287

D. Fazit und gleichzeitig Vergleich zum Verständnis der steuerpflichtigen Unternehmen ... 288

Zusammenfassung der Ergebnisse ... 291

Fazit ... 297

Abbildungsverzeichnis ... 299

Tabellenverzeichnis ... 301

Literaturverzeichnis ... 303

Übersicht der zitierten Rechts- und Verwaltungsvorschriften ... 341

Abkürzungsverzeichnis

a. A.	andere Ansicht
Abb.	Abbildung
ABl.	Amtsblatt
Abs.	Absatz
ACA	Annual Compliance Arrangements
AEAO	Anwendungserlass zur Abgabenordnung
a. F.	alte Fassung
AG	Die Aktiengesellschaft – *Zeitschrift*
AKEIÜ	Arbeitskreis Externe und Interne Überwachung der Unternehmung der Schmalenbach-Gesellschaft für Betriebswirtschaft e. V.
AktG	Aktiengesetz
Anm.	Anmerkung
AO	Abgabenordnung
AStBV (St)	Anweisungen für das Straf- und Bußgeldverfahren (Steuern)
AStG	Außensteuergesetz
ATO	Australian Taxation Office
Aufl.	Auflage
Az.	Aktenzeichen
BaFin	Bundesanstalt für Finanzdienstleistungsaufsicht
BAG	Bundesarbeitsgericht
BB	Betriebsberater – *Zeitschrift*
BBK	Zeitschrift für Buchführung, Bilanzierung, Kostenrechnung
BDI	Bundesverband der Deutschen Industrie e. V.
Begr.	Begründer
BegrRegE	Begründung Regierungsentwurf
BEPS	Base Erosion and Profit Shifting (Bekämpfung der Gewinnverkürzung und Gewinnverlagerung)
BFH	Bundesfinanzhof
BFH/NV	Sammlung nichtveröffentlichter Entscheidungen des BFH
BGBl.	Bundesgesetzblatt
BGH	Bundesgerichtshof
BilMoG	Bilanzrechtsmodernisierungsgesetz

BMF	Bundesministerium für Finanzen
BpO	Betriebsprüferordnung
BR	Bundesrat
bspw.	beispielsweise
BStBK	Bundessteuerberaterkammer
BStBl.	Bundessteuerblatt
BT	Bundestag
BUJ	Bundesverband der Unternehmensjuristen e. V.
BuStra	Bußgeld- und Strafsachenstelle
BVerfG	Bundesverfassungsgericht
bzgl.	bezüglich
BZSt	Bundeszentralamt für Steuern
CB	Compliance-Berater – *Zeitschrift*
Cbc-Reports	Country-by-Country-Reports
CCZ	Corporate Compliance Zeitschrift
CMS	Compliance Management System
CSR	Corporate Social Responsability
DB	Der Betrieb – *Zeitschrift*
DCGK	Deutscher Corporate Governance Kodex
DICO e. V.	Deutsches Institut für Compliance e. V.
Drs.	Drucksache
DStR	Deutsches Steuerrecht – *Zeitschrift*
DStRE	Deutsches Steuerrecht Entscheidungsdienst – *Zeitschrift*
DStV	Deutscher Steuerberaterverband e. V.
DStZ	Deutsche Steuer-Zeitung – *Zeitschrift*
ebd.	ebenda
Einl.	Einleitung
EL	Ergänzungslieferung
ErbStG	Erbschaftsteuergesetz
EStDV	Einkommensteuer-Durchführungsverordnung
EStG	Einkommensteuergesetz
EStH	Einkommensteuer-Hinweise
EStR	Einkommensteuer-Richtlinie
EuZW	Europäische Zeitschrift für Wirtschaftsrecht
e. V.	eingetragener Verein
EWiR	Entscheidungen zum Wirtschaftsrecht – *Zeitschrift*

FG	Finanzgericht
Fn.	Fußnote
FR	Finanz-Rundschau Ertragsteuerrecht – *Zeitschrift*
FS	Festschrift
GAufzV	Gewinnabgrenzungsaufzeichnungsverordnung
GbR	Gesellschaft bürgerlichen Rechts
gem.	gemäß
GewStG	Gewerbesteuergesetz
ggf.	gegebenenfalls
GmbHG	GmbH-Gesetz
GmbHR	GmbH-Rundschau – *Zeitschrift*
GmbH-StB	Der GmbH-Steuer-Berater – *Zeitschrift*
GoB	Grundsätze ordnungsgemäßer Buchführung
GoBD	Grundsätze zur ordnungsmäßigen Führung und Aufbewahrung von Büchern, Aufzeichnungen und Unterlagen in elektronischer Form sowie zum Datenzugriff
grds.	grundsätzlich
GrEStG	Grunderwerbsteuergesetz
GWB	Gesetz gegen Wettbewerbsbeschränkungen
GWR	Gesellschafts- und Wirtschaftsrecht – *Zeitschrift*
HGB	Handelsgesetzbuch
h. L.	herrschende Lehre
h. M.	herrschende Meinung
Hrsg.	Herausgeber
Hs.	Halbsatz
IDW	Institut der Wirtschaftsprüfer
IDW-FN	IDW Fachnachrichten – *Zeitschrift*
IDW Praxishinweis 1/2016	IDW Praxishinweis 1/2016: Ausgestaltung und Prüfung eines Tax Compliance Management Systems gemäß IDW PS 980
IDW PS 980	IDW Prüfungsstandard 980: Grundsätze ordnungsmäßiger Prüfung von Compliance Management Systemen
IHKG	Industrie- und Handelskammer Gesetz
IKS	Innerbetriebliches Kontrollsystem
IRZ	Zeitschrift für internationale Rechnungslegung – *Zeitschrift*
i. S. d.	im Sinne des
ISO	International Organization for Standardization

IWB	Internationales Steuer- und Wirtschaftsrecht – *Zeitschrift*
JbFSt	Jahrbuch der Fachanwälte für Steuerrecht
JurisPR-Compl	Juris Praxisreport Compliance – *Zeitschrift*
JurisPR-StrafR	Juris Praxisreport Strafrecht – *Zeitschrift*
KG	Kommanditgesellschaft; Kammergericht
KÖSDI	Kölner Steuerdialog – *Zeitschrift*
KONSENS	Koordinierte neue Software-Entwicklung der Steuerverwaltung
KonTraG	Gesetz zur Kontrolle und Transparenz im Unternehmensbereich
KSR	Kommentiertes Steuerrecht – *Zeitschrift*
KStG	Körperschaftsteuergesetz
KWG	Kreditwesengesetz
LG	Landgericht
lit.	litera (Buchstabe)
Ls.	Leitsatz
LStDV	Lohnsteuer-Durchführungsverordnung
MaComp	Mindestanforderungen an die Compliance-Funktion und die weiteren Verhaltens-, Organisations- und Transparenzpflichten nach §§ 31 ff. WpHG für Wertpapierdienstleistungsunternehmen
MaRisk	Mindestanforderungen an das Risikomanagement
m. w. N.	mit weiteren Nachweisen
MwStSysRL	Mehrwertsteuersystem-Richtlinie
NJW	Neue Juristische Wochenschrift – *Zeitschrift*
NJW-RR	Neue Juristische Wochenschrift Rechtsprechungs-Report Zivilrecht – *Zeitschrift*
npoR	Zeitschrift für das Recht der Non Profit Organisationen
NStZ	Neue Zeitschrift für Strafrecht
NWB	Neue Wirtschaftsbriefe – *Zeitschrift*
NZG	Neue Zeitschrift für Gesellschaftsrecht
NZWiST	Neue Zeitschrift für Wirtschafts-, Steuer- und Unternehmensstrafrecht
OECD	Organisation für wirtschaftliche Zusammenarbeit und Entwicklung
oHG	Offene Handelsgesellschaft

OLG	Oberlandesgericht
ÖStZ	Österreichische Steuerzeitung
OWiG	Ordnungswidrigkeitengesetz
PS	Prüfungsstandard
Rn.	Randnummer
Rspr.	Rechtsprechung
S.	Seite; Satz
sog.	sogenannte/r
StAuskV	Steuer-Auskunftsverordnung
StBW	Steuerberater Woche – *Zeitschrift*
StErmV	Steuer-Ermittlungs-Verordnung
st. Rspr.	ständige Rechtsprechung
str.	strittig
StuW	Steuer und Wirtschaft – *Zeitschrift*
Tax CMS	Tax Compliance Management System
TCF	Tax Control Framework
Tz.	Textziffer
StbJb	Steuerberater-Jahrbuch
Stbp	Die steuerliche Betriebsprüfung – *Zeitschrift*
SteuerStud	Steuer + Studium – *Zeitschrift*
StuB	Unternehmensteuern und Bilanzen – *Zeitschrift*
u.a.	und andere
Ubg	Unternehmensbesteuerung – *Zeitschrift*
UStAE	Umsatzsteuer-Anwendungserlasse
UStG	Umsatzsteuergesetz
UStDV	Umsatzsteuer-Durchführungsverordnung
UmwStG	Umwandlungssteuergesetz
VAG	Versicherungsaufsichtsgesetz
VersStG	Versicherungsteuergesetz
vgl.	vergleiche
wistra	Zeitschrift für Wirtschafts- und Steuerstrafrecht – *Zeitschrift*
WM	Zeitschrift für Wirtschafts- und Bankrecht – *Zeitschrift*
WP	Wirtschaftsprüfer
WRegG	Wettbewerbsregistergesetz
WuW	Wirtschaft und Wettbewerb – *Zeitschrift*
WpHG	Wertpapierhandelsgesetz

ZGR	Zeitschrift für Unternehmens- und Gesellschaftsrecht – *Zeitschrift*
ZHR	Zeitschrift für das gesamte Handels- und Wirtschaftsecht – *Zeitschrift*
ZIP	Zeitschrift für Wirtschaftsrecht
ZRP	Zeitschrift für Rechtspolitik
ZWeR	Zeitschrift für Wettbewerbsrecht

Einleitung

A. Einführung

Steuerskandale erschüttern die deutsche Wirtschaft und stehen „im Fokus der öffentlichen Wahrnehmung".[1] Zunächst wird man dabei wohl an Steuerhinterziehungen namenhafter Persönlichkeiten denken. Daneben gab es aber auch diverse steuerliche Fehltritte großer Unternehmen, die das Aufsehen der Medien erregten.[2] So wurde gegen die Vorstände der Deutschen Bank AG wegen des Verdachts der Umsatzsteuerhinterziehung aufgrund einer Beteiligung an Umsatzsteuerkarussellen ermittelt,[3] gegen die Credit Suisse AG wurde im Jahr 2011 ein Bußgeld in Höhe von 150 Millionen EUR wegen des Vorwurfs der Beihilfe zur Steuerhinterziehung festgesetzt,[4] die UBS Bank zahlte 300 Millionen EUR an die Steuerverwaltung in Bochum in Folge des Ankaufs von Steuer-CDs durch die Finanzverwaltung.[5] Zuletzt erschütterte „der größte Steuerraub der Geschichte",[6] begangen durch Cum/Ex-Gestaltungen, die Öffentlichkeit.

Steuerliche Pflichtverletzungen führen zu hohen Schadensposten und Reputationseinbußen, durch die öffentlichen Debatten oder Ermittlungsmaßnahmen. Schon lange sind Steuerverfehlungen keine Kavaliersdelikte[7] mehr. Trotz Unmut zur Zahlung von Steuern kann sich grundsätzlich kein Rechtssubjekt dem Fiskus entziehen. Dies brachte Benjamin Franklin trefflich auf den Punkt: *„Nur zwei Dinge auf Erden sind uns ganz sicher: der Tod und die Steuer"*. Es lohnt sich daher, dieser unvermeidbaren Pflicht entgegenzutreten und sie für die eigenen Zwecke fruchtbar zu machen. Jede Unternehmensstrategie hängt unweigerlich mit der Steuerstrategie zusammen. Will eine Gesellschaft ihre Rendite

---

1 *Arnold*, ZGR 2014, 76, 76.

2 *Kromer/Pumpler/Henschel*, BB 2013, 791, 803; *Aichberger/Schwartz*, DStR 2015, 1691, 1691.

3 *Aichberger/Schwartz*, DStR 2015, 1691, 1691.

4 LG Düsseldorf, Beschluss vom 21.11.2011, Az. 10 KLs 14/11, SteuK 2013, 64; *Aichberger/Schwartz*, DStR 2015, 1691, 1691 Fn. 1.

5 *Aichberger/Schwartz*, DStR 2015, 1691, 1691 Fn. 1; Zeit Online vom 29.7.2014, abrufbar unter: http://www.zeit.de/wirtschaft/unternehmen/2014-07/ubs-strafe-steuerhin terziehung (18.2.2018).

6 Zeit Online vom 7.7.2017, abrufbar unter: http://www.zeit.de/2017/24/cum-ex-steuer betrug-steuererstattungen-ermittlungen (13.2.2018).

7 *Richter/Welling*, FR 2015, 297, 297.

oder den Jahresüberschuss erhöhen, hat sie die geeigneten legalen steuerlichen Gestaltungen zu wählen.[8]

Gleichzeitig ändert sich das steuerrechtliche Umfeld kontinuierlich. Insbesondere die Steuerskandale der letzten Jahre führten zu einer erheblichen Verschärfung des Steuerrechts, im Speziellen des Steuerstrafrechts.[9] Der nationale Gesetzgeber,[10] die EU[11] sowie die OECD[12] haben der aggressiven Steuerplanung den Kampf angesagt und fordern zunehmend mehr Transparenz. Diesem Ziel haben sich Rechtsprechung und Finanzverwaltung ebenfalls verschrieben:[13] Steuerliche Sachverhalte werden einer kritischeren Prüfung unterzogen[14] und hart bestraft. Besonders misslich ist, dass viele der Gesetzes- und Rechtsprechungsänderungen durch das Fehlverhalten natürlicher Personen begründet sind,[15] deren Umsetzung für steuerpflichtige Gesellschaften aber höchst problematisch ist. Maximalbeträge im Rahmen der Steuerhinterziehung und gleichzeitig Ausschlussgründe für die strafbefreiende Selbstanzeige wurden so niedrig angesetzt, dass es zu einer faktischen Aushöhlung der Selbstanzeige im unternehmerischen Bereich gekommen ist.[16] Dies führt bei den steuerpflichtigen Unternehmen zu dem Gefühl einer „Kriminalisierung",[17] die mit erheblicher Rechtsunsicherheit bei der Anwendung der Steuergesetze zu kämpfen haben.

---

8 *Kromer/Pumpler/Henschel*, BB 2013, 791, 800.

9 *Rogge*, BB 2014, 664, 664.

10 Gesetz zur Verbesserung der Bekämpfung von Geldwäsche und Steuerhinterziehung (Schwarzgeldbekämpfungsgesetz) vom 28.4.2011, BGBl. I 2011, 676 und Gesetz zur Änderung der Abgabenordnung und des Einführungsgesetzes zur Abgabenordnung vom 22.12.2014, BGBl. I 2014, 2415.

11 *Europäische Kommission*, Vorschlag für eine Richtlinie des europäischen Parlaments und des Rates zur Änderung der Richtlinie 2013/34/EU im Hinblick auf die Offenlegung von Ertragsteuerinformationen durch bestimmte Unternehmen und Zweigniederlassungen, 12.4.2016, COM(2016) 198 final.

12 *OECD*, Erläuterungen, OECD/G20 Projekt Gewinnverkürzung und Gewinnverlagerung, 2015, abrufbar unter: https://www.oecd.org/ctp/beps-erlauterung-2015.pdf (6.2.2018).

13 *Kowallik*, DB 2017, 385, 385.

14 *Aichberger/Schwartz*, DStR 2015, 1691, 1691.

15 *Welling*, IWB 2016, 630, 631; *Richter/Welling*, FR 2015, 297, 297; *Seer*, in: Tipke/Kruse, AO/FGO, 153. EL Stand 9/2018, § 371 AO Rn. 12; *Bilsdorfer*, NJW 2017, 1525, 1525; *Geberth/Welling*, DB 2015, 1742, 1743; *Weigell/Görlich*, FR 2016, 989, 989.

16 *Geberth/Welling*, DB 2015, 1742, 1743.

17 *Von Frantzki*, Vortrag i. R. d. Münchner Steuerfachtagung 2017, 1, 3; *Aichberger/Schwartz*, DStR 2015, 1691, 1691.

Um die Situation zu entschärfen, hat das Bundesministerium der Finanzen (BMF) am 23. Mai 2016 mit einer Änderung des Anwendungserlasses zur Abgabenordnung (AEAO)[18] reagiert. In Textziffer 2.6 Satz 6 dieses Schreibens heißt es: „*Hat der Steuerpflichtige ein innerbetriebliches Kontrollsystem eingerichtet, das der Erfüllung der steuerlichen Pflichten dient, kann dies ggf. ein Indiz darstellen, das gegen das Vorliegen eines Vorsatzes oder der Leichtfertigkeit sprechen kann, jedoch befreit dies nicht von einer Prüfung des jeweiligen Einzelfalls*".

Dadurch wurde „verwaltungsseitig der Grundstein für die Einführung von Tax Compliance-Management-Systemen (Tax CMS) gelegt".[19] Spätestens seitdem hat das Thema Tax Compliance sein vorheriges Schattendasein[20] verlassen und sich zu einem hochaktuellen Thema, sowohl für die steuerpflichtigen Unternehmen, deren steuerlichen Berater als auch für die Finanzverwaltung und die Strafverfolgungsbehörden gewandelt.[21] Trotz des begrüßenswerten Einsatzes des BMF durch das o. g. BMF-Schreiben, ist dieses aufgrund seiner zaghaften Formulierung nicht als verlässliche Leitlinie geeignet. Wann liegt ein „innerbetriebliches Kontrollsystem (...), das der Erfüllung der steuerlichen Pflichten dient" vor und welche Merkmale muss es aufweisen, um „ggf. ein Indiz" gegen Vorsatz und Leichtfertigkeit darzustellen? Die Fragen haben bisher weder der Gesetzgeber noch die Finanzverwaltung beantwortet.

Für steuerpflichtige Unternehmen sind diese Fragen jedoch essentiell, muss in die Implementierung eines Tax CMS zunächst einmal viel Kraft und Mühe gesteckt werden, die sich am Ende auch auszahlen soll. Ziel dieser Arbeit soll es daher sein, in der komplizierten Materie des Steuerrechts zu etwas mehr Klarheit zu gelangen. Ausgehend von dem AEAO zu § 153 sollen die rechtlichen Grundlagen der Tax Compliance sowie die eines Tax CMS aufgearbeitet werden. Anschließend soll die Wirksamkeit eines Tax CMS im Steuerrecht und im Steuerstrafrecht gegenüber der Finanzverwaltung und den Strafverfolgungsbehörden beurteilt werden. Im Vordergrund steht dabei nicht, wie in sonstigen Abhandlungen zur Compliance, die Organhaftung. Es sollen vielmehr alle

---

18 BMF-Schreiben vom 23.5.2016, Az. IV A 3 – S 0324/15/10001, BStBl. I 2016, 490, jetzt AEAO zu § 153.

19 *Von Wolfersdorff/Hey*, WPg 2016, 934, 935.

20 *Arnold*, ZGR 2014, 76, 78; *Fleischer*, in: Fleischer/Goette, Münchener Kommentar zum GmbHG, 2. Aufl. 2016, § 43 Rn. 147.

21 Als Vertreter der Strafverfolgungsbehörden bestätigt das von Frantzki, leitender Regierungsdirektor beim Finanzamt für Steuerstrafsachen und Steuerfahndung Essen, *von Frantzki*, Vortrag i. R. d. Münchner Steuerfachtagung 2017, 1, 1.

steuer- oder steuerstrafrechtlichen Folgen, die in der Unternehmensbesteuerung greifen können, berücksichtigt werden.

B. Gang der Untersuchung

Die Arbeit soll einen juristischen Überblick über die Bedeutung und die Funktion von Tax Compliance aus der unternehmensrechtlichen Perspektive geben. Tax Compliance wird als Bestandteil[22] von Corporate Compliance verstanden, sodass die allgemeine Diskussion auf das spezielle Feld der Tax Compliance übertragen werden soll. Wenn nötig, wird auf die allgemeinen Grundsätze zurückgegriffen, das Hauptaugenmerk wird aber auf der steuerlichen Compliance liegen. Da dies eine juristische Doktorarbeit ist, sollen sowohl betriebswirtschaftliche Ansätze, als auch detaillierte Darstellungen steuerlicher Probleme außer Acht gelassen werden. Vielmehr soll durch eine Verknüpfung des allgemeinen Unternehmensrechts mit dem Steuerrecht das Thema Tax Compliance dogmatisch dargestellt werden. Exakte Handlungsanweisungen bspw. bei der Umsetzung eines Tax CMS kann und will diese Arbeit nicht geben.

Kapitel 1 soll sich mit den Grundlagen sowie dem Zweck der Tax Compliance beschäftigen. Begonnen wird mit einer Begriffsdefinition um sich sodann dem Bedürfnis nach Tax Compliance aus Unternehmenssicht zuzuwenden. Im Rahmen der Funktionentrias Abwehr, Gestaltung und Organisation,[23] soll die zuerst genannte näher beleuchtet werden. Welche unternehmerischen Risiken gibt es bei der Verletzung steuerlicher Pflichten und inwieweit lässt sich die „Wertentscheidung",[24] tax compliant zu sein, mit einer aggressiven Steuerplanung bis an die Grenze der Legalität vereinbaren?

Im darauffolgenden *Kapitel 2* soll der rechtlichen Herleitung der (Tax) Compliance-Pflicht nachgegangen werden. Die Diskussion ist in der steuerlichen Compliance insofern wichtig, als dass es grundsätzlich nicht dahinstehen[25] kann, woraus sich die Tax Compliance-Pflicht ableitet. Anders als im Finanz- und

22 *Besch/Starck*, in: Hauschka/Moosmayer/Lösler, Corporate Compliance, 3. Aufl. 2016, § 33 Rn. 3; *Demuth/Kaiser/Eberhard*, in: Inderst/Bannenberg/Poppe, Compliance, 3. Aufl. 2017, Rn. 600; *Kohlepp*, Besteuerung gesetzlicher Krankenkassen, 2017, S. 38; *Handel*, DStR 2017, 1945, 1945.

23 *Kromer/Pumpler/Henschel*, BB 2013, 791, 792; *Besch/Starck*, in: Hauschka/Lösler/Moosmayer, Corporate Compliance, 3. Aufl. 2016, § 33 Rn. 7; *König/Teichert*, DB 2017, 146, 147.

24 *Streck*, in: Streck/Mack/Schwedhelm, Tax Compliance, 2. Aufl. 2017, Rn. 1.23; *Kromer/Pumpler/Henschel*, BB 2013, 791, 791.

25 LG München I, Urteil vom 10.12.2013, Az. 5 HK O 1387/10, CB 2014, 167, 169.

Bankensektor, dem zumeist größere Aktiengesellschaften angehören, sind alle Rechtssubjekte steuerpflichtig, sodass eine Tax Compliance-Pflicht dem Grunde nach für jede juristische Person, Personengesellschaft und sogar für den Einzelkaufmann gelten muss.[26] Der rechtlichen Grundlage der Tax Compliance-Pflicht folgend, soll deren Verortung bei den Unternehmensorganen dargestellt werden. Bezug genommen wird auch auf eine mögliche Delegation an die Steuerabteilung oder einen steuerlichen Berater sowie die Grenzen dieser Pflichtenübertragung.

Die in Kapitel 1 noch ausgesparte organisatorische Funktion findet ihren Platz im *Kapitel 3*. Die Ausgestaltung eines ggf. gebotenen Tax CMS steht im Ermessen der Geschäftsleitung und orientiert sich am Risikoprofil des jeweiligen Unternehmens. Durch diverse organisatorische Vorgaben in der Abgabenordnung kann man diese in gewissen Grenzen sogar als Grundlage eines Tax CMS sehen.[27] Auch wenn es (bisher) keine gesetzlichen Vorgaben an die Ausgestaltung eines Tax CMS gibt, wird in diesem Kapitel aufgrund einer Analyse der in der Diskussion genannten Merkmale die Essenz aus diversen Vorschlägen gewonnen, sodass zumindest Grundelemente eines Tax CMS benannt werden können. Hierbei geht es jedoch nur um rechtliche Merkmale, die betriebswirtschaftliche Umsetzung bleibt außen vor.

Kapitel 4 bildet gewissermaßen den Kern der Arbeit. Hier soll untersucht werden, welche rechtlichen Vorzüge die Implementierung eines den in Kapitel 3 gefundenen Merkmalen entsprechenden Tax CMS im Steuerrecht hat. Dazu wird ausgehend vom AEAO zu § 153 eine mögliche Indizwirkung im Steuerstrafrecht geprüft, bis es anschließend zu einer Untersuchung im Rahmen des allgemeinen Steuerrechts hin zum Ordnungswidrigkeitenrecht führt.

Um die Angemessenheit eines etablierten Tax CMS gegenüber der Finanzverwaltung und den Finanz- sowie Strafgerichten nachzuweisen, wäre eine Zertifizierung der organisatorischen Umsetzung der Compliance-Pflicht wünschenswert, die in *Kapitel 5* thematisiert wird. Durch den IDW Praxishinweis 1/2016 bietet sich auch im Rahmen eines Tax CMS eine Zertifizierung durch den IDW an. Weitergehende Überlegungen fragen anschließend nach einer Zertifizierungsmöglichkeit durch die Finanzverwaltung selbst.

Zuletzt soll der Blick in *Kapitel 6* auf die Finanzverwaltung gerichtet werden, die ebenfalls eine Tax Compliance-Strategie verfolgt. Durch ein Verständnis

---

26 *Streck*, in: Streck/Mack/Schwedhelm, Tax Compliance, 2. Aufl. 2016, Rn. 1.3 ff.

27 *Streck*, in: Streck/Mack/Schwedhelm, Tax Compliance, 2. Aufl. 2016, Rn. 1.5; *Risse/Große-Allermann*, Ubg 2010, 629, 633.

für den deutschen Steuervollzug sowie dessen rechtliche und tatsächliche Gegebenheiten kann die Sicht der Finanzverwaltung nachvollzogen werden. Dieses Verständnis kann wiederrum ein Gewinn auf Seite der Unternehmen sein, da diese ihre eigene Tax Compliance-Strategie an jener der Finanzverwaltung ausrichten können, um ggf. in tatsächlicher Hinsicht Rechtssicherheit zu erlangen.

Kapitel 1: Begriff und Funktion von Tax Compliance

A. Entwicklung von Tax Compliance

Entstanden ist die Compliance-Diskussion im US-amerikanischen Kartellrecht.[28] Da 1960 hohe Geld- und Freiheitsstrafen bei Kartellverstößen verhängt wurden, waren es die Unternehmen selbst, die Wege in die Prävention gesucht haben.[29] Später, etwa um 1980,[30] sprach man von Compliance im angloamerikanischen Bereich der Bankwirtschaft und des Kapitalmarkts. Hier wurde ein „systematisches Konzept zur Sicherstellung regelkonformen Verhaltens in den klassischen Risikobereichen der Banken"[31] gefordert.

In den USA reagierte im November 1991 die Sentencing Commission und erließ „unverbindliche Richtlinien", die der Richter bei der Strafzumessung heranzuziehen hat.[32] Diese „General Sentencing Guidelines"[33] gelten bis heute fort und werden regelmäßig aktualisiert.[34] Besteht ein effektives Programm zur Vorbeugung und Erkennung von Rechtsverletzungen, sind Strafmilderungen möglich. Wie ein solches Programm ausgestaltet sein sollte, wurde unter § 8A1.2, Ziffer 3 Buchstabe k) der Application Notes beschrieben:[35] Es müssen beispielsweise Standards und Vorgehensweisen festgeschrieben werden, die von allen Mitarbeitern befolgt werden müssen.[36] Diese müssen effektiv an die Mitarbeiter, bspw. durch Trainings, kommuniziert werden.[37] Es bedarf einer klaren Zuweisung der

28 Ausführlich zur Entwicklung von Compliance *Habarth/Brechtel*, ZIP 2016, 241.

29 *Faust*, in: Schimansky/Bunte/Lwowski, Bankrechts-Handbuch, 5. Aufl. 2017, § 109 Rn. 5; *Unmuth*, AG 2017, 249, 250.

30 *Unmuth*, AG 2017, 249, 250.

31 *Fleischer*, in: Spindler/Stilz, AktG, 3. Aufl. 2015, § 91 Rn. 51; *ders.*, CCZ 2008, 1, 1.

32 *Withus*, CCZ 2011, 63, 64.

33 United States Sentencing Commission, Federal Sentencing Guideline Manual vom 1.11.1991, abrufbar unter: https://www.ussc.gov/guidelines/archive/1991-federal-sentencing-guidelines-manual (15.1.2018).

34 *Withus*, CCZ 2011, 63, 64; *Runte/Eckert*, in: Bürgers/Körber, AktG, 4. Aufl. 2017, § 161 Rn. 97 f.

35 Ausführlich zu den Anforderungen an Compliance and Ethic Programs nach dem heutigen § 8B2.1 der US Sentencing Guidelines, *Withus*, CCZ 2011, 63.

36 § 8A1.2, Ziffer 3, Buchstabe k) (1).

37 § 8A1.2, Ziffer 3, Buchstabe k) (3).

Verantwortlichkeit an ein hochrangiges Personalmitglied für die Compliance.[38] Auch sind angemessene Sanktionsmechanismen einzurichten, die sicherstellen, dass die vorgegebenen Standards eingehalten werden.[39] Der Anwendungsbereich der Sentencing Guidelines ist bis heute sehr weit und erfasst alle Geschäfte, die einen Bezug zu den USA aufweisen.[40]

Aus diesem Grund haben auch außerhalb der USA seit Mitte der 1990er Jahre Unternehmen damit begonnen, Compliance-Programme zu etablieren.[41] Die Entwicklung von rechtlicher Compliance begann in Deutschland ebenfalls im Bank- und Kapitalmarktrecht, wo der angelsächsische Begriff Compliance in das deutsche Wirtschaftsrecht ohne deutsche Übersetzung übernommen wurde.[42] Seit 1992 wurden in Deutschland Compliance-Organisationen eingerichtet, die sich „an angelsächsische Erfahrungen" anlehnten.[43] Bis heute finden sich die detailreichsten Regelungen zur Compliance in § 25a Abs. 1 S. 1 KWG und § 80 Abs. 1 WpHG.[44]

Über das Bank- und Kapitalmarktrecht breitete sich der Compliance-Gedanke daraufhin auf das Kartell- und Korruptionsstrafrecht aus.[45] Hervorzuheben ist hier, dass die Korruptionsstrafbarkeit maßgeblich durch steuerliche Regelungen beeinflusst wird. Beispielhaft zeigt das die steuerliche Behandlung von Bestechungszahlungen. Ursprünglich konnten solche Zahlungen ungeachtet ihrer Strafbarkeit als nützliche Aufwendungen abgezogen werden. Dies wurde durch das steuerliche Abzugsverbot nach § 4 Abs. 5 S. 1 Nr. 10 EStG[46] für die Veranlagungszeiträume ab 1996 verändert. Eine Abzugsfähigkeit von Bestechungsgeldern war nicht mehr gegeben, wenn es zu einer rechtskräftigen Verurteilung, einer Einstellung des Strafverfahrens oder einer Bußgeldverhängung kam. Diese relativ hohen Voraussetzungen wurden 1999 herabgesetzt,[47] da es seitdem ausreicht, dass die tatbestandlichen Voraussetzungen eines Strafgesetzes oder eines

---

38 § 8A1.2, Ziffer 3, Buchstabe k) (2).

39 § 8A1.2, Ziffer 3, Buchstabe k) (6).

40 *Withus*, CCZ 2011, 63, 64.

41 *Runte/Eckert*, in: Bürgers/Körber, AktG, 4. Aufl. 2017, § 161 Rn. 101.

42 *Hauschka/Moosmayer/Lösler*, in: Hauschka/Moosmayer/Lösler, Corporate Compliance, 3. Aufl. 2016, § 1 Rn. 2.

43 *Faust*, in: Schimansky/Bunte/Lwowski, Bankrechts-Handbuch, 5. Aufl. 2017, § 190 Rn. 2.

44 *Fleischer*, in: Spindler/Stilz, AktG, 3. Aufl. 2015, § 91 Rn. 51.

45 *Fleischer*, in: Spindler/Stilz, AktG, 3. Aufl. 2015, § 91 Rn. 51.

46 Eingeführt durch das Jahressteuergesetz 1996 vom 11.10.1995, BGBl. I 1995, 1250, 1253.

47 Steuerentlastungsgesetz 1999/2000/2002 vom 24.3.1999, BGBl. I 1999, 402, 403.

Gesetzes, welches eine Ahndung durch eine Geldbuße zulässt, erfüllt sind.[48] Bemerkenswert ist in diesem Zusammenhang auch, dass die Bundesregierung etwa zeitgleich eine Richtlinie[49] herausgab, wie Korruptionsprävention in den Dienststellen des Bundes organisatorisch umzusetzen war. Zunächst sollten in allen Dienststellen korruptionsgefährdete Arbeitsgebiete festgestellt werden und sodann gegebenenfalls einer Risikoanalyse unterzogen werden. Weiter sollte Korruption dadurch vermieden werden, dass das Mehr-Augen-Prinzip eingehalten wurde und Entscheidungsfindungen transparent gestaltet wurden, insb. durch eindeutige Zuständigkeitsregelungen. Zuletzt sollte ein Ansprechpartner für Korruptionsvorsorge bestimmt werden.[50] Hier wurden frühzeitig Organisationsmaßnahmen gefordert, die heute Bestandteile eines CMS sind. Insofern lässt sich sagen, dass auch das Steuerrecht zum Voranschreiten der Compliance-Diskussion in Deutschland beigetragen hat.

In den nächsten Jahren führte der deutsche Gesetzgeber vereinzelt compliance-relevante Vorschriften wie § 91 Abs. 2 AktG,[51] § 80 Abs. 1 WpHG,[52] § 25a KWG und § 29 Abs. 1 VAG ein.[53] Diese Vorschriften haben gemeinsam, dass sie ebenfalls auf organisatorische Maßnahmen abzielen. Der steigenden Bedeutung von Compliance entsprechend, wurde in der Fassung vom 14. Juni 2007 des Deutschen Corporate Governance Kodexes (DCGK)[54] unter Ziffer 4.1.3 eine Regelung betreffend Compliance neu aufgenommen.

Die Rechtsprechung befasste sich mit dem Begriff Compliance erstmals, als der BGH urteilte, dass den Leiter der Innenrevision einer Anstalt des öffentlichen Rechts durch die Übernahme eines Pflichtenkreises eine Garantenstellung treffe. In einem obiter dictum erweiterte das Gericht die Garantenstellung

---

48 *Unmuth*, AG 2017, 249, 252.

49 Bundesministerium des Innern, Richtlinie der Bundesregierung zur Korruptionsbekämpfung in der Bundesverwaltung vom 17.6.1998, BAnz Nr. 127, 9665; mittlerweile am 30.7.2004 neugefasst, abrufbar unter: http://www.verwaltungsvorschriften-im-internet.de/bsvwvbund_30072004_O4634140151.htm (28.8.2017).

50 Bundesministerium des Innern, Richtlinie der Bundesregierung zur Korruptionsbekämpfung in der Bundesverwaltung vom 17.6.1998, BAnz Nr. 127, 9665.

51 Eingeführt durch das Gesetz zur Kontrolle und Transparenz im Unternehmensbereich (KonTraG) vom 27.4.1998, BGBl. I 1998, 786.

52 Ehemals § 33 Abs. 1 WpHG, geändert durch das Zweite Gesetz zur Novellierung von Finanzmarktvorschriften auf Grund europäischer Rechtsakte (Zweites Finanzmarktnovellierungsgesetz – 2. FiMaNoG) vom 23.6.2017, BGBl. I 2017, 1693.

53 *Unmuth*, AG 2017, 249, 252, 254.

54 Regierungskommission Deutscher Corporate Governance Kodex, Deutscher Corporate Governance Kodex (in der Fassung vom 14.6.2007), eBAnz AT23 2007 B1.

auf einen Compliance-Beauftragten.[55] Grundlegend zur Compliance-Pflicht und deren Umfang äußerte sich das LG München I[56] in einer viel beachteten[57] Entscheidung aus dem Jahr 2013. Hier wurde ein Vorstandsmitglied der Siemens AG in einer nicht rechtskräftigen Entscheidung zu einer Regresszahlung gegenüber seiner Gesellschaft in Höhe von 15 Millionen EUR verurteilt, weil dieses seiner Compliance-Organisationspflicht nicht in ausreichendem Maße nachgekommen war.

Die Diskussion speziell um Tax Compliance vertiefte sich erst in den letzten Jahren.[58] Auch hier begann die Diskussion im angelsächsischen Raum.[59] In Deutschland finden sich erste Aufsätze, die sich mit dem Begriff Tax Compliance und nicht nur mit Haftungsansprüchen aus dem Steuerrecht beschäftigen, in den Jahren 2008[60] und 2009.[61] Im Jahr 2010 folgte das erste[62] und bisher einzige Handbuch[63] zum Thema Tax Compliance. Inzwischen haben andere Standardwerke in neueren Auflagen ein Kapitel zum Thema Tax Compliance eingefügt.[64]

Seit der Veröffentlichung des AEAO zu § 153 vom 23. Juni 2015,[65] in dem verwaltungsseitig erstmals[66] Vergünstigungen für diejenigen Steuerpflichtigen in Aussicht gestellt wurden, die ein Tax CMS implementiert haben, ist die Diskussion um Tax Compliance endgültig entfacht.

---

55 BGH, Urteil vom 17.7.2009, Az. 5 StR 394/08, BGHSt 54, 44 = ZIP 2009, 1867 = NJW 2009, 3173, 3175 Rn. 27.

56 Urteil vom 10.12.2013, Az. 5 HK O 1387/10, NZG 2014, 345 = CB 2017, 167.

57 Vgl. nur die Urteilsbesprechungen: *Fleischer*, NZG 2014, 321; *Bachmann*, ZIP 2014, 579; *Bürkle*, CCZ 2015, 52; *Grützner*, BB 2014, 850; *Meyer*, DB 2014, 1063.

58 *Risse*, DB 2017, 2061, 2062.

59 *Tannenbaum*, Tax Management International Journal 2009, 702; *Ortiz/Barry*, The Tax Journal 2006, 31.

60 *Schneider/Petrak*, BC 2008, 11.

61 *Risse*, DB 2017, 2061, 2062.

62 *Streck/Mack/Schwedhelm*, Tax Compliance, 1. Aufl. 2010.

63 Bisher veröffentlichte nur der IDW ein Taschenbuch, welches aber weniger umfangreich ist, IDW, Tax Compliance, 1. Aufl. 2017. Zum 30. April 2019 soll ein weiteres umfassendes Werk von Besch/Starck erscheinen.

64 So z. B. Bürkle, Compliance in Versicherungsunternehmen, 2. Aufl. 2015, § 15; Hauschka, Corporate Compliance, 2. Aufl. 2010, § 33; *Streck*, in: Streck/Mack/Schwedhelm, Tax Compliance, 2. Aufl. 2016, Rn. 1.5.

65 BMF-Schreiben vom 23.5.2016, Az. IV A 3-S 0324/15/10001, BStBl. I 2016, 490.

66 *Geuenich*, NWB 2016, 2560, 2566.

Zuletzt folgte ein Urteil des BGH vom 9. Mai 2017,[67] in welchem dieser die Berücksichtigung eines Compliance Management-Systems im Rahmen der Bußgeldbemessung für eine Unternehmensgeldbuße nach § 30 OWiG einforderte. Diesem Urteil lag ein Sachverhalt zugrunde, bei welchem ein leitender Angestellter eines Unternehmens zu einer Steuerhinterziehung verurteilt wurde, auf welcher aufbauend eine Unternehmensgeldbuße gegen das Unternehmen festgesetzt wurde.

B. Begriff der Tax Compliance

Tax Compliance beinhaltet bereits begrifflich die allgemeine Corporate Compliance und wird daher als deren Bestandteil verstanden.[68] Eine griffige Definition beschreibt die allgemeine Corporate Compliance als „die Aufgabe sicherzustellen und zu überwachen, dass die Gesellschaft, ihre Organmitglieder und sonstige für die Gesellschaft handelnde Personen bei ihrem Handeln das Gesetz, die Satzung sowie interne Richtlinien einhalten."[69] Die Tax Compliance beschränkt die allgemeine Corporate Compliance auf die zu beachtenden steuerlichen Regeln. Unter Tax werden sämtliche Steuern und Abgaben im Sinne von § 3 AO, darunter Nebenleistungen wie Verspätungszuschläge (§ 3 Abs. 4 Nr. 2 AO) und Zwangsgelder (§ 3 Abs. 4 Nr. 6 AO), Zölle (§ 3 Abs. 3 AO)[70] und EU-Abgaben[71] verstanden.

I. Tax Compliance verstanden als Regelkonformität

Das erste Merkmal von Tax Compliance ist die Einhaltung von Gesetzen, der Satzung sowie der internen Richtlinien.[72]

---

67 BGH, Urteil vom 9.5.2017, Az. 1 StR 265/16, wistra 2017, 390.

68 *Besch/Starck*, in: Hauschka/Moosmayer/Lösler, Corporate Compliance, 3. Aufl. 2016, § 33 Rn. 3; *Demuth/Kaiser/Eberhard*, in: Inderst/Bannenberg/Poppe, Compliance, 3. Aufl. 2017, Rn. 600; *Kohlepp*, Besteuerung gesetzlicher Krankenkassen, 2017, S. 38; *Handel*, DStR 2017, 1945, 1945.

69 *Arnold*, ZGR 2014, 76, 77.

70 *Kromer/Pumpler/Henschel*, BB 2013, 791, 792; *Besch/Starck*, in Hauschka/Moosmayer/Lösler, Corporate Compliance, 3. Aufl. 2016, § 33 Rn. 3; *Aichberger/Schwartz*, DStR 2015, 1691, 1692.

71 *Besch/Starck*, in: Hauschka/Moosmayer/Lösler, Corporate Compliance, 3. Aufl. 2016, § 33 Rn. 8.

72 Ziffer 4.1.3 Satz 1 DCGK.

1. *Regelkonformität durch Verhinderung von Regelverstößen*

a) *Einhaltung der steuerlichen Gesetze zur Haftungsvermeidung*

Definierte man Compliance allein als „Führung der Unternehmung innerhalb der bestehenden Rechtslage",[73] als „die Verpflichtung der Unternehmensleitung (...), für die Befolgung gesetzlicher Vorschriften innerhalb der Gesellschaft zu sorgen"[74] oder als Verpflichtung, „im Einklang mit dem geltenden Recht [zu] handeln",[75] wiederholte dies im Grunde genommen eine „Selbstverständlichkeit"[76] oder „Binsenweisheit":[77] Jedes Unternehmen hat geltendes Recht zu beachten.[78] Auf dieses Element beschränkt, wäre Compliance eine „Trivialität"[79] und keinerlei Neuerung zum bereits bestehenden Pflichtenkatalog.

Bezogen auf Tax Compliance bedeutet Regelkonformität zunächst die Einhaltung und Erfüllung der steuerlichen Pflichten,[80] um eine Haftung oder Sanktionierung zu vermeiden.[81] Diese steuerlichen Vorschriften stehen hauptsächlich im Zusammenhang mit dem Steuererklärungsprozess, sodass davon die Steueranmeldung, die pünktliche Abgabe einer Steuererklärung, die vollständige und inhaltlich richtige Weitergabe von Informationen sowie die pünktliche Entrichtung der Steuerschuld[82] umfasst sind. Im Steuerrecht finden sich daneben weitere Regeln, die über den reinen Steuererklärungprozess hinausgehen.[83] Zu nennen sind hier beispielhaft die Anzeigepflichten nach §§ 134 ff. AO, Dokumentationspflichten nach §§ 140 ff. AO oder die Aufbewahrungspflichten nach §§ 147 ff. AO.[84]

---

73 *Hauschka*, AG 2004, 461, 462.

74 *Unmuth*, AG 2017, 249, 249.

75 *Schneider, Uwe H.*, ZIP 2003, 645, 646; so auch *Auerbach/Jost*, in: Hopt/Wohlmanstetter, Handbuch Corporate Governance von Banken, 1. Aufl. 2011, S. 651.

76 *Gößwein/Hohmann*, BB 2011, 963, 963.

77 *Schneider, Uwe H.*, ZIP 2003, 645, 645.

78 *Schneider, Uwe H.*, ZIP 2003, 645, 646; *Bergmoser/Theusinger/Gushurst*, BB-Spezial 5.2008, 1, 2.

79 *Streck*, in: Streck/Mack/Schwedhelm, Tax Compliance, 2. Aufl. 2016, Rn. 1.1.

80 *Vitale*, in: IDW, Tax Compliance, 2017, S. 14; *Nagel/Waza*, DStZ 2008, 321, 323; *Talaska*, BB 2012, 1195, 1195; *Ebbinghaus/Neu*, StuB 2016, 862, 863.

81 *Aichberger/Schwartz*, DStR 2015, 1691, 1692.

82 *Ebbinghaus/Neu*, StuB 2016, 862, 863.

83 *Kromer/Pumpler/Henschel*, BB 2013, 791, 791; *Kaeser*, StbJb 2013/2014, 453, 453.

84 *Müller*, in: DACH, Compliance – Herausforderung oder Selbstverständlichkeit, 2016, S. 17.

Mehr als andere compliance-relevanten Rechtsgebiete ist das Steuerrecht geprägt von dem „Spannungsverhältnis“[85] zwischen Finanzbehörde und steuerpflichtigem Unternehmen. Nicht nur bei Abgabe der Steuererklärung, sondern auch im Vorfeld, bspw. bei der Einholung einer verbindlichen Auskunft nach § 89 Abs. 2 AO oder im Rahmen von Betriebsprüfungsanfragen, findet ein Aufeinandertreffen von Unternehmen und Finanzverwaltung statt. Es ist deshalb konsequent, dass nicht nur die Einhaltung der Steuererklärungspflichten, sondern alle Steuerpflichten und die Erfüllung von Aufforderungen der Finanzverwaltung zu befolgen sind.[86]

Welche steuerlichen Pflichten konkret für ein Unternehmen gelten, richtet sich nach dem jeweiligen Einzelfall.[87] Dies sind nicht nur die nationalen deutschen Steuergesetze, sondern auch alle ausländischen Steuergesetze der Länder, in denen das steuerpflichtige Unternehmen tätig ist bzw. Aktivitäten entfaltet.[88]

b) Einhaltung unternehmensinterner Richtlinien

Neben der Befolgung von Gesetzen fordert Tax Compliance ebenfalls die Einhaltung unternehmensinterner Richtlinien.[89] Wäre dem nicht so, hätte Compliance schon bei der Frage der Regelkonformität keinen weiteren Aussagegehalt als das allgemeingültige „Gebot der Regelbefolgung“[90].

Zu den außergesetzlichen Standards bzw. unternehmensintern gesetzten Regeln gehören bspw. die Satzung, die Grundsätze der Unternehmenskultur[91] und die Ethikgrundsätze. Maßgeblich ist, dass die selbstgesetzten Regeln den Charakter objektiven Rechts haben. Deshalb erfasst Compliance nicht die Einhaltung

85 *Risse*, Tax Compliance und Tax Risk Management, 2015, S. 44.

86 *Grützner/Jakob*, Compliance von A-Z, Tax Compliance; *Kromer/Pumpler/Henschel*, BB 2013, 791, 791.

87 *Kromer/Pumpler/Henschel*, BB 2013, 791, 791; *Ebbinghaus/Neu*, StuB 2016, 862, 864 f.

88 *Rogge*, BB 2014, 664, 665.

89 Ziffer 4.1.3 DCGK; IDW PS 980 Tz. 5; *Stober*, NJW 2010, 1573, 1574; *Habersack*, AG 2014, 1, 2; *Kowallik*, DB 2017, 385, 385; *Kohlepp*, Besteuerung gesetzlicher Krankenkassen, 2017, S. 37; *Handel*, DStR 2017, 1945, 1945.

90 *Habersack*, AG 2014, 1, 2.

91 Vgl. dazu die Angaben mittelständischer Unternehmen in Deloitte, Compliance im Mittelstand, 2011, S. 9 Abb. 4, abrufbar unter: https://www2.deloitte.com/content/dam/Deloitte/de/Documents/Mittelstand/Studie-Compliance-im-Mittelstand.pdf (10.1.2018).

von Pflichten aus geschlossenen Verträgen. Bei den Rechten und Pflichten, die sich aus Vertragsbeziehungen ergeben, handelt es sich um subjektives Recht der Vertragsparteien gegenübereinander und nicht um objektive Regelungen.[92] Bezüglich steuerlicher Pflichten können das innerbetriebliche Ausführungsregeln zur Einhaltung von Steuergesetzen sein.[93]

2. *Einhaltung und Ausnutzung der steuerlichen Gesetze zur Steueroptimierung*

Regelkonformität besitzt im Steuerrecht noch eine weitere Komponente. Konsequent zu Ende gedacht bedeutet Haftungsvermeidung oder allgemein formuliert, Schäden vom Unternehmen fernzuhalten, dass auch nur so viel Steuern bezahlt werden sollen, wie tatsächlich nötig.[94] Steuerliche Regeln sollen daher so genutzt werden, dass dies zu einer Steueroptimierung in Form einer „Minimalisierung der Steuerlast unter Anwendung der geltenden Steuergesetze“[95] führt. Dabei dürfen gesetzgeberische Spielräume zugunsten des Steuerpflichtigen interpretiert werden und Normen im Rahmen des juristisch Möglichen ausgelegt werden.[96] Eine ausgewogene Tax Compliance-Strategie wird daher so verstanden, als dass sie den Balanceakt zwischen Vermeidung von steuerlicher Haftung und Steuergestaltungen optimal meistert.[97]

3. *Verhältnis von Regelkonformität und Steuerstreit*

Zu einem regelkonformen Verhalten gehört auch, den eigenen rechtlichen Standpunkt durchzusetzen und zur Geltung zu verhelfen.[98] „Der Kampf ums Recht ist Teil des Rechts und führt zum Recht“.[99]

---

92 *Merkt*, ZIP 2014, 1705, 1706.

93 *Aichberger/Schwartz*, DStR 2015, 1691, 1692.

94 *Haarmann*, BB 2015, 22, 26 Steuern seien wirtschaftlich gesehen nichts Anderes als Kosten; so auch *Kromer/Pumpler/Henschel*, BB 2013, 791, 799; *Risse*, DB 2017, 2061, 2063 der eine betriebswirtschaftliche Sicht einnimmt und von „Kostensenkung“ spricht.

95 *Schwedhelm*, AnwBl 2009, 90, 91.

96 *Aichberger/Schwartz*, DStR 2015, 1691, 1692; *Besch/Starck*, in: Hauschka/Moosmayer/Lösler, Corporate Compliance, 3. Aufl. 2016, § 33 Rn. 5.

97 *Schwedhelm*, AnwBl 2009, 90, 90.

98 *Rogge*, BB 2014, 664, 664; *Talaska*, BB 2012, 1195, 1199.

99 *Streck/Binnewies*, DStR 2009, 229, 232.

Trotz bestehender Mitwirkungspflichten des Steuerpflichtigen im Besteuerungsverfahren,[100] darf dessen Mitwirkung nicht als „vorauseilender Gehorsam“[101] missverstanden werden. Tax Compliance verpflichtet die steuerpflichtigen Unternehmen nicht dazu, den Kontrollbedarf der Finanzverwaltung zu senken. Der Steuerpflichtige darf und muss der Verwaltung daher „arbeitsintensive Steine in den Weg“[102] legen, bspw. durch Einlegung von Einsprüchen oder der Anstrengung von Gerichtsverfahren.

Tax Compliance ist eine Pflicht, die nach innen gerichtet ist, die gegenüber der Gesellschaft besteht und sich daher am Unternehmensinteresse zu orientieren hat.[103] Um das Unternehmensinteresse zu fördern, sollen schlüssige Steuerrechtsstandpunkte daher durchgesetzt werden. Dafür sollen Gesetze im Rahmen des methodologisch Möglichen[104] zu Gunsten des Steuerpflichtigen ausgelegt werden[105].

4. *Regelkonformität durch repressive Maßnahmen*

Um die Regelkonformität des unternehmerischen Handelns zu wahren, sind nicht nur präventive Maßnahmen zur Verhinderung von Regelverstößen erforderlich.[106] Im Falle von Regelverstößen ist der „Dreiklang Aufklären, Abstellen, Ahnden“[107] zu befolgen. Das bedeutet, dass proaktiv die Aufdeckung etwaiger Regelverstöße betrieben werden muss.[108] Dazu müssen ausreichende Maßnahmen zur Aufklärung und Untersuchung von Verstößen eingeleitet werden,

---

100 Dazu ausführlich in Kapitel 3 C. I. 3.

101 *Streck/Binnewies*, DStR 2009, 229, 232.

102 *Schwedhelm*, AnwBl 2009, 90, 93; *Streck/Binnewies*, DStR 2009, 229, 230.

103 *Kort*, FS Hopt 2010, 983, 992; *Arnold*, ZGR 2014, 76, 84.

104 *Besch/Starck*, in: Hauschka/Moosmayer/Lösler, Corporate Compliance, 3. Aufl. 2016, § 33 Rn. 4.

105 *Schwartz*, in: Schulz, Compliance-Management im Unternehmen, 2017, 24. Kapitel Rn. 1; *Streck*, StbJb 2009/2010, 415, 423; *Streck/Biennewies*, DStR 2009, 229, 229.

106 *Niesler*, in: Graf/Jäger/Wittig, Wirtschafts- und Steuerstrafrecht, 2. Aufl. 2017, § 130 OWiG Rn. 35; *Ziegler*, in: Blum/Gassner/Seith, OWiG, 1. Aufl. 2016, § 130 Rn. 33.

107 *Fleischer*, in: Spindler/Stilz, AktG, 3. Aufl. 2014, § 91 Rn. 57.

108 *Fleischer*, in: Fleischer/Goette, Münchener Kommentar zum GmbHG, 2. Aufl. 2016, § 43 Rn. 149; *Merkt*, ZIP 2014, 1705, 1706; *Schulz*, BB 2017, 1475, 1475; *Runte/Eckert*, in: Bürgers/Körber, AktG, 4. Aufl. 2017, § 161 Rn. 95; LG München I, Urteil vom 10.12.2013, Az. 5 HK O 1387/10, CB 2014, 167, 169; *Kort*, FS Hopt 2010, 983, 984.

die den zugrundeliegenden Sachverhalt ermitteln, die Ursachen erforschen und zuletzt die Täter identifizieren.[109] Sind Regelverstöße aufgedeckt, muss auf diese reagiert werden. Das bedeutet einmal, dass Verstöße in der Gegenwart abgestellt und in Zukunft ausgeschlossen werden sollen.[110] Zum anderen müssen aber auch sichtbar Sanktionen gegen die verstoßenden Mitarbeiter ausgesprochen werden.[111] Über die Wahl des Sanktionsmittels ist ein Auswahlermessen des Geschäftsleiters eröffnet, das von einer direktionsrechtlichen Veränderung über eine Abmahnung bis hin zur außerordentlichen Kündigung reichen kann.[112]

II. Tax Compliance verstanden als Erfordernis organisatorischer Maßnahmen

Die Regelkonformität ist entsprechend der zu Beginn genannten Definition durch organisatorische Maßnahmen sicherzustellen.[113] Diesem Gedanken folgen auch die gesetzlichen Regelungen in § 80 Abs. 1 S. 1 WpHG („*organisatorische Pflichten*"), § 25a Abs. 1 S. 1 KWG („*ordnungsgemäße Geschäftsorganisation*") und § 23 Abs. 1 S. 1 VAG („*Geschäftsorganisation (…), die wirksam und ordnungsgemäß ist*"), die explizite organisatorische Vorkehrungen benennen.

Solange sich organisatorische Vorgaben aus dem Gesetz ergeben, folgt deren Umsetzungsverpflichtung bereits aus dem Grundsatz der Regelkonformität. Denn regelkonformes Handeln erschöpft sich nicht in der Befolgung sanktionsbewehrter Regeln, sondern aller gesetzlicher Regeln.

Eine wirklich weitergehende organisatorische Komponente[114] ergibt sich dann, wenn man die Sicht des Geschäftsleiters einnimmt. Dieser hat im Rahmen der Compliance-Verantwortung auch dafür zu sorgen, dass aus dem

---

109 LG München I, Urteil vom 10.12.2013, Az. 5 HK O 1387/10, CB 2014, 167, 169; *Reichert*, FS Hoffmann-Becking 2013, 943, 944, 948.

110 *Reichert*, FS Hoffmann-Becking 2013, 943, 948.

111 *Fleischer*, in: Fleischer/Goette, Münchener Kommentar zum GmbHG, 2. Aufl. 2016, § 43 Rn. 149a; *Merkt*, ZIP 2014, 1705, 1706; *Schulz*, BB 2017, 1475, 1475; *Runte/Eckert*, in: Bürgers/Körber, AktG, 4. Aufl. 2017, § 161 Rn. 95; *Ziemons*, in: Michalski/Heidinger/Leible, GmbHG, 3. Aufl. 2017, § 43 Rn. 60; *Reichert*, FS Hoffmann-Becking 2013, 943, 944, 949.

112 *Reichert*, FS Hoffmann-Becking 2013, 943, 961 f.

113 *Arnold*, ZGR 2014, 76, 77; Ziffer 4.1.3 Satz 1 DCGK.

114 *Bürkle*, BB 2005, 565, 565; *Kiethe*, GmbHR 2007, 393, 394; *Kort*, in: FS Hopt 2010, 983, 984.

Unternehmen heraus keine Rechtsverletzungen begangen werden.[115] Um dies sicherzustellen ist er dazu gehalten, organisatorische Maßnahmen zu ergreifen, um die Regelkonformität der anderen Unternehmensangehörigen, insb. der Mitarbeiter zu gewährleisten. In diesem Zusammenhang wandelt sich seine eigene Legalitätspflicht in eine Legalitätskontrollpflicht in Form einer Organisationspflicht.[116]

Steuerlichen Pflichten wird innerhalb des Unternehmens nicht nur an einer Stelle, der Steuerabteilung, nachgegangen. Oft sind dabei verschiedene interne Abteilungen (z.B. die Finanzbuchhaltung oder der Vertrieb) und teilweise auch externe Stellen wie der Steuerberater beteiligt. Sie alle haben die steuerlichen Pflichten in Form von Gesetzen oder anderen verpflichtenden Regularien, wie bspw. den Rechtsverordnungen, zu beachten. Dementsprechend kann es bereits faktisch notwendig sein, organisatorische Maßnahmen zu treffen, damit sich alle beteiligten Stellen regelkonform verhalten.[117]

Teilweise wird in einem engen Verständnis von Tax Compliance vertreten, die organisatorische Umsetzung sei nicht direkt von dem Begriff Tax Compliance umfasst. Organisatorische Umsetzungen gehörten stattdessen zu dem Begriff Tax Compliance-Management-System.[118] Nur ein weites Verständnis umfasse neben der Regelkonformität auch die organisatorische Umsetzung.[119] Dem kann so nicht zugestimmt werden. Das enge Verständnis verkennt die Unterscheidung zwischen der Compliance-Pflicht und der Pflicht, ein bestimmtes Organisationssystem einzurichten. Als Grundlage für die Implementierung eines Tax CMS verlangt die Tax Compliance-Pflicht auf erster Stufe eine organisatorische Verankerung im Unternehmen. Wie diese auszusehen hat, wird sodann auf zweiter Stufe im Rahmen des Tax CMS zu diskutieren sein.[120]

---

115 *Merkt*, ZIP 2014, 1705, 1706.

116 *Fleischer*, CCZ 2008, 1, 1; *Kort*, GmbHR 2013, 566, 566; LG München I, Urteil vom 10.12.2013, Az. 5 HK O 1387/10, NZG 2014, 345 = CB 2014, 167, 169; *Campos Nave/Zeller*, BB 2012, 131, 131; *Merkt*, ZIP 2014, 1705, 1706; *Stober*, NJW 2010, 1573, 1574; *Schneider, Uwe H.*, ZIP 2003, 645, 646; *Geuenich/Kiesel*, BB 2012, 155, 155.

117 IDW Praxishinweis 1/2016 Tz. 11, 17.

118 *Besch/Starck*, in: Hauschka/Moosmayer/Lösler, Corporate Compliance, 3. Aufl. 2016, § 33 Rn. 6; *Aichberger/Schwartz*, DStR 2015, 1691, 1692.

119 *Streck*, in: Streck/Mack/Schwedhelm, Tax Compliance, 2. Aufl. 2016, Rn. 1.1; *Aichberger/Schwartz*, DStR 2015, 1691, 1692; *Besch/Starck*, in: Hauschka/Moosmayer/Lösler, Corporate Compliance, 3. Aufl. 2016, § 33 Rn. 6.

120 Eingehend zu dieser Unterscheidung *Merkt*, ZIP 2014, 1705, 1707.

III. Ergebnis

Tax Compliance bedeutet in zweierlei Hinsicht mehr, als die „Selbstverständlichkeit“[121] der reinen Gesetzesbefolgung: Zum einen müssen nicht nur formelle Gesetze und Satzungen, sondern auch unternehmensinterne Richtlinien befolgt werden. Zum anderen beinhaltet Tax Compliance eine organisatorische Komponente, die dazu dient, die Regelbefolgung im Unternehmen sicherzustellen.

Tax Compliance umfasst die Einhaltung aller steuerlich und steuerstrafrechtlich relevanten Gesetze sowie deren Sicherstellung durch organisatorische Vorkehrungen. Die Regelkonformität geht hier über die reine Schadens- und Haftungsvermeidung hinaus und soll auch eine Steueroptimierung bezwecken.[122]

C. Relevanz von Tax Compliance

Tax Compliance hat in den letzten Jahren aus Unternehmenssicht an Bedeutung gewonnen. Das liegt zum einen an der komplexen Materie des Steuerrechts, aber auch daran, dass durch Änderungen in der Rechtsprechung und in der Gesetzgebung Sanktionen verschärft wurden. Hinzu kommt in tatsächlicher Hinsicht das Gefühl, dass Ermittlungsverfahren wegen Steuerstraftaten oder Steuerordnungswidrigkeiten häufiger eingeleitet werden.

I. Komplexität des Steuerrechts

Die Relevanz und das Bedürfnis nach Tax Compliance ergeben sich zunächst aus der Komplexität des Steuerrechts.[123]

Das Steuerrecht umfasst mehr als 118 Bundessteuergesetze und 87 dazugehörige Rechtsverordnungen[124] mit insgesamt mehr als 70.000 anzuwendenden Normen[125]. Daneben finden sich diverse Verwaltungsvorschriften, wie Richtlinien oder BMF-Schreiben, die die Steuergesetze ergänzen. Das Bundesfinanzministerium

---

121 *Gößwein/Hohmann*, BB 2011, 963, 963.

122 *Kromer/Pumpler/Henschel*, BB 2013, 791, 792; *Streck/Binnewies*, DStR 2009, 229, 229; *Schwartz*, in: Schulz, Compliance-Management im Unternehmen, 2017, 24. Kapitel Rn. 1; *Streck/Binnewies*, DStR 2009, 229, 234; *Aichberger/Schwartz*, DStR 2015, 1691, 1692.

123 *Aichberger/Schwartz*, DStR 2015, 1691, 1692; *Behringer*, BBK 2017, 875, 875; *Welling*, IWB 2016, 630, 631; *Kaeser*, StbJb 2013/2014, 453, 454.

124 BT-Drs. 15/1548, 2.

125 *Senger*, Die Reform der Finanzverwaltung in der Bundesrepublik Deutschland, 2009, S. 189; *Schützler*, Tax Compliance im Kooperationsverhältnis, 2015, S. 125.

gibt jährlich ca. 100 BMF-Schreiben heraus. In den Jahren 2006 bis 2009 wurden alleine zum Einkommensteuergesetz 229 BMF-Schreiben erlassen. Rechnerisch wurde so im Durchschnitt ein BMF-Schreiben pro Woche veröffentlicht.[126]

Nicht nur die Fülle an Vorschriften, sondern auch deren Schnelllebigkeit führt zu einem komplizierten Steuerrecht.[127] Das Einkommensteuergesetz, das Umsatzsteuergesetz, das Körperschaftsteuergesetz sowie die Abgabenordnung wurden zwischen 2006 und 2010 durch 102 Gesetze geändert. Beim Einkommensteuergesetz wurden dabei durch 48 Gesetze insgesamt 428 Normen geändert.[128] Hinzu kommt, dass die gesetzlichen Normen nicht immer kurz und prägnant gefasst sind. Heute beinhaltet allein der erste Absatz von § 10b EStG 441 Wörter,[129] der ganze Paragraph über 1.000 Wörter.

Ein weiterer Grund für die Komplexität des Steuerrechts ist die (fehlende)[130] Systematik der steuerlichen Gesetze. Eine Regel wird von einer großen Anzahl an Ausnahmetatbeständen ausgehöhlt, Begriffe werden innerhalb eines Gesetzes unterschiedlich verwendet (z.B. der Tatbestand Einnahmen in § 8 Abs. 1 EStG und § 11 Abs. 1 EStG) oder es finden sich eigenständige steuerliche Definitionen für Begriffe, die im BGB eine andere Bedeutung haben (z.B. der zivilrechtliche Begriff des Eigentums nach § 903 BGB, der in § 39 Abs. 2 Nr. 1 AO mit dem

---

126 Bundesrechnungshof, Bericht nach § 99 BHO über den Vollzug der Steuergesetze, insbesondere im Arbeitnehmerbereich vom 17.1.2012, S. 15, abrufbar unter: https://www.bundesrechnungshof.de/de/veroeffentlichungen/sonderberichte/langfassungen/2012-sonderbericht-vollzug-der-steuergesetze-insbesondere-im-arbeitnehmerbereich (19.9.2017).

127 *Kaeser*, StbJb 2013/2014, 453, 456.

128 Bundesrechnungshof, Bericht nach § 99 BHO über den Vollzug der Steuergesetze, insbesondere im Arbeitnehmerbereich vom 17.1.2012, S. 12, abrufbar unter: https://www.bundesrechnungshof.de/de/veroeffentlichungen/sonderberichte/langfassungen/2012-sonderbericht-vollzug-der-steuergesetze-insbesondere-im-arbeitnehmerbereich (19.9.2017).

129 Bundesrechnungshof, Bericht nach § 99 BHO über den Vollzug der Steuergesetze, insbesondere im Arbeitnehmerbereich vom 17.1.2012, S. 14, abrufbar unter: https://www.bundesrechnungshof.de/de/veroeffentlichungen/sonderberichte/langfassungen/2012-sonderbericht-vollzug-der-steuergesetze-insbesondere-im-arbeitnehmerbereich (19.9.2017).

130 *Senger*, Die Reform der Finanzverwaltung in der Bundesrepublik Deutschland, 2009, S. 195.

wirtschaftlich Berechtigten ersetzt wird oder der Gewerbebetrieb nach § 15 EStG und die Vermietung und Verpachtung nach § 21 EStG).[131]

Hinzu kommt, dass das Steuerrecht als Vehikel für außerrechtliche Belange genutzt wird. Das zeigt sich besonders stark in Bundestagswahlkämpfen. So waren auch für den Wahlkampf 2017 steuerliche Themen von Steuerkürzungen[132] hin bis zu Vermögenssteuern[133] umstrittene Punkte. Daraus wird deutlich, dass Steuern gesellschaftliche, soziale und politische Ziele fördern sollen (sog. Lenkungsfunktion).[134]

Aus der Gesamtschau ergibt sich, dass es nicht unverständlich ist, wieso von einem „Steuerchaos"[135] gesprochen wird. Auch wenn sich erste Bemühungen[136] zeigen, das Steuerrecht zu vereinfachen, so wird man doch feststellen müssen, dass diesen Bemühungen natürliche Grenzen gesetzt sind. In einer Welt, in der Sachverhalte immer komplexer werden, verbietet sich eine schematische Lösung. Um zu Gerechtigkeit zu kommen, wird es auch in Zukunft Einzelfallregelungen etwa in Form von Ausnahmeregelungen geben müssen.

II. Gesetzliche Verschärfungen

Aufgrund prominenter Hinterziehungsfälle[137] wie bspw. dem Fall Hoeneß, erlebte das Steuerstrafrecht eine „medienwirksame Bedeutungserweiterung"[138]. Die Zeiten, in denen eine Steuerhinterziehung noch als „Kavaliersdelikt"[139] galt, sind seitdem endgültig vorbei. Entsprechend hat der Gesetzgeber den Tatbestand

---

131 *Kirchhof*, NJW 1987, 3217, 3217 f.

132 Beispielsweise durch Abschaffung des Solidaritätszuschlags, *CDU*/CSU, Regierungsprogramm 2017–2021, S. 33, abrufbar unter: https://www.cdu.de/system/tdf/media/dokumente/170703regierungsprogramm2017.pdf?file=1&type=field_collection_item&id=9932 (22.10.2017).

133 Wahlprogramm der Partei DIE LINKE zur Bundestagswahl 2017, vom 11.6.2017, S. 37 f., abrufbar unter: https://www.die-linke.de/fileadmin/download/wahlen2017/wahlprogramm2017/die_linke_wahlprogramm_2017.pdf (22.10.2017).

134 *Senger*, Die Reform der Finanzverwaltung in der Bundesrepublik Deutschland, 2009, S. 195; *Hey*, in: Tipke/Lang, Steuerrecht, 23. Aufl. 2018, § 3 Rn. 1.

135 *Tipke*, StuW 1971, 2, 2.

136 Beispielhaft sei hier auf das Steuervereinfachungsgesetz vom 1.11.2011, BGBl. I 2011, 2131 und die Bemühung um den Erlass von Jahressteuergesetzen hingewiesen.

137 *Richter/Welling*, FR 2015, 297, 297; *Seer*, in: Tipke/Kruse, AO/FGO, 153. EL Stand 9/2018, § 371 AO Rn. 12.

138 *Bilsdorfer*, NJW 2017, 1525, 1525; ebenso *Geberth/Welling*, DB 2015, 1742, 1743; *Weigell/Görlich*, FR 2016, 989, 989.

139 *Richter/Welling*, FR 2015, 297, 297.

sowie die Rechtsfolgen der Steuerhinterziehung drastisch verschärft.[140] Dies ist insbesonders für das Unternehmensstrafrecht misslich, waren Auslöser für die Verschärfungen doch hauptsächlich Steuerhinterziehungen im privaten Bereich.[141]

Der Gesetzgeber verschärfte in den letzten Jahren insbesondere die Sanktionen im Steuerstraf- bzw. Steuerordnungswidrigkeitenrecht teils drastisch.[142] Die Voraussetzungen für eine strafbefreiende Selbstanzeige wurden zweimal[143] erheblich erschwert.[144] Die Gesetzesänderungen führten zu einer Verdopplung der Berichtigungspflicht auf zehn Jahre, einer Halbierung des maximalen Hinterziehungsbetrags auf 25.000 EUR[145] sowie, auf Vorlage des BGH,[146] zur Abschaffung der Teilselbstanzeige hin zum „Alles-oder-Nichts-Prinzip" in § 371 Abs. 1 S. 1 AO.[147] Daneben wurde die Selbstanzeige zu einer Sparten-Lebensbeichte erweitert, da sich diese nun auf alle innerhalb von zehn Kalenderjahren steuerstrafrechtlich unverjährten Hinterziehungen einer Steuerart beziehen muss.[148]

Eine weitere Änderung betraf die Schaffung des Ausschlussgrundes für eine Selbstanzeige nach § 371 Abs. 2 Nr. 3 AO, wonach eine strafbefreiende Selbstanzeige nicht möglich ist, wenn der erlangte Steuervorteil 25.000 EUR übersteigt. In diesem Fall greift dann der obligatorische Einstellungsgrund nach § 398a AO.[149] Voraussetzung für die Einstellung ist die Zahlung eines Zuschlags

---

140 *Aichberger/Schwartz*, DStR 2015, 1691, 1691.

141 *Welling*, IWB 2016, 630, 631.

142 *Schwartz*, in: Schulz, Compliance-Management im Unternehmen, 2017, 24. Kapitel Rn. 2; *Demuth/Kaiser/Eberhard*, in: Inderst/Bannenberg/Poppe, 3. Aufl. 2017, Rn. 602; *Welling*, IWB 2016, 630, 630 f.

143 Gesetz zur Verbesserung der Bekämpfung von Geldwäsche und Steuerhinterziehung (Schwarzgeldbekämpfungsgesetz) vom 28.4.2011, BGBl. I 2011, 676 und Gesetz zur Änderung der Abgabenordnung und des Einführungsgesetzes zur Abgabenordnung vom 22.12.2014, BGBl. I 2014, 2415.

144 Gesetz zur Änderung der Abgabenordnung und des Einführungsgesetzes zur Abgabenordnung vom 22.12.2014, BGBl. I 2014, 2415.

145 *Seer*, in: Tipke/Kruse, AO/FGO, 153. EL Stand 9/2018, § 371 AO Rn. 13; *Richter/Welling*, FR 2015, 297, 297.

146 BGH, Beschluss vom 20.5.2010, Az. 1 StR 577/09, BGHSt 55, 180 = DStR 2010, 1133, 1134 Rn. 11 f.

147 *Kowallik*, DB 2017, 385, 385; *Seer*, in: Tipke/Kruse, AO/FGO, 153. EL Stand 9/2018, § 371 AO Rn. 12.

148 *Seer*, in: Tipke/Kruse, AO/FGO, 153. EL Stand 9/2018, § 371 AO Rn. 12 f.

149 *Seer*, DB 2016, 2192, 2192.

auf die hinterzogene Summe, § 398a Abs. 1 Nr. 2 AO. Dieser Zuschlag betrug früher 5 % der hinterzogenen Steuer und wurde durch eine Gesetzesänderung im Jahr 2014[150] deutlich erhöht. Er beträgt seitdem 10 % der hinterzogenen Steuer, wenn der Hinterziehungsbetrag 100.000 EUR nicht übersteigt, 15 % bei einem Hinterziehungsbetrag zwischen 100.000 EUR und 1.000.000 EUR und 20 % bei einem Hinterziehungsbetrag über 1.000.000 EUR, § 398a Abs. 1 Nr. 2 lit. a – c AO. Für Unternehmen besonders schmerzhaft ist, dass der Aufschlag mehrfach anfallen kann,[151] da neben den Vorstandsmitgliedern auch Mitarbeiter eine Steuerhinterziehung begehen, wenn eine falsche Steuererklärung abgegeben wird[152] und die Einstellung des Verfahrens für jeden einzelnen Täter herbeizuführen ist.

Eine weitere Verschärfung betraf den Ausschlussgrund für eine Selbstanzeige nach § 371 Abs. 2 Nr. 1 lit. a AO. Bis zum 1. Januar 2015 trat Straffreiheit dann nicht ein, wenn dem Täter oder seinem Vertreter eine Prüfungsanordnung nach § 196 AO bekannt gegeben worden ist, § 371 Abs. 2 Nr. 1 lit. a AO a. F. In Unternehmen führte das dazu, dass der Ausschlussgrund nicht einschlägig war, da die Prüfungsanordnung dem Unternehmen selbst bekannt gegeben wurde und eben nicht dem Täter, der zur Geschäftsleitung gehört oder Mitarbeiter ist.[153] Diese Lücke schloss der Gesetzgeber mit Wirkung zum 1. Januar 2015 und änderte § 371 Abs. 2 Nr. 1 lit. a AO dahingehend, dass eine Prüfungsanordnung dem an der Tat Beteiligten, seinem Vertreter, dem Begünstigten im Sinne des § 370 Abs. 1 AO oder dessen Vertreter bekannt gegeben worden ist. Nach der neuen Gesetzeslage kann daher die Möglichkeit bestehen, dass der Ausschlussgrund eintritt, bevor der Täter tatsächlich selbst von diesem erfährt.[154]

Folgend auf die Gesetzesänderungen wird seitdem von einer „faktische[n] Abschaffung der strafbefreienden Selbstanzeige für den unternehmerischen Bereich“ gesprochen.[155]

---

150 Gesetz zur Änderung der Abgabenordnung und des Einführungsgesetzes zur Abgabenordnung vom 22.12.2014, BGBl. I 2014, 2415.

151 Wohl h. M., *Seer*, DB 2016, 2192, 2196 m. w. N.

152 *Richter/Welling*, FR 2015, 297, 298.

153 *Richter/Welling*, FR 2015, 297, 298.

154 *Seer*, in: Tipke/Kruse, AO/FGO, 153. EL Stand 9/2018, § 371 AO Rn. 12; *Richter/Welling*, FR 2015, 297, 298.

155 *Geberth/Welling*, DB 2015, 1742, 1743.

III. Verschärfungen in der Rechtsprechung

Auch die Rechtsprechung konkretisiert Tatbestandsvoraussetzungen zunehmend strenger.[156] So wurde die Wertgrenze einer besonders schweren Steuerhinterziehung wegen großen Ausmaßes nach § 370 Abs. 3 S. 2 Nr. 1 AO halbiert. Früher unterschied der BGH[157] je nach Fallgestaltung. Bei einer Tat durch aktives Tun war der Hinterziehungsbetrag maßgeblich. Ein besonders schwerer Fall wurde bei einer Summe von 50.000 EUR bejaht.[158] Hiermit wurde eine Gleichstellung mit anderen Delikten, wie dem schweren Betrug nach § 263 Abs. 3 S. 2 Nr. 2 Alt. 1 StGB angestrebt.[159] Hat der Steuerpflichtige die Finanzbehörden bzgl. erheblicher Tatsachen in Unkenntnis gelassen, lag die Wertgrenze bei 100.000 EUR, da es hierbei lediglich um die Gefährdung des Steueranspruchs ginge.[160] Seit 2015 hat der BGH diese Rechtsprechung geändert und lässt die Hinterziehung von 50.000 EUR für die Bestimmung des Merkmals des großen Ausmaßes in jedem Fall ausreichen.[161] Begründet wird die Entscheidung damit, dass anders als beim Betrug, im Rahmen der Steuerhinterziehung kein Platz für eine Unterscheidung zwischen Vermögensschaden und einem Gefährdungsschaden sei. Man gehe vielmehr davon aus, dass bei einer falschen Steuerfestsetzung nahezu immer ein Schaden eintreten wird,[162] weil die festgesetzte Steuer nicht beigetrieben werden kann. Eine Verdoppelung der Wertgrenze sei daher nicht gerechtfertigt. Daneben sprächen Gründe der Rechtssicherheit für eine einheitliche Wertgrenze von 50.000 EUR.[163] Die Verringerung des Betrags hat auch Auswirkungen auf die Strafzumessung, da hier dem Vorliegen eines großen Ausmaßes Indizwirkung zukommt.[164]

Zuletzt wurde der Ausschlussgrund der Tatentdeckung in § 371 Abs. 2 S. 1 Nr. 2 AO vom BGH weiter konkretisiert.[165] Tatentdecker muss nicht zwingend

---

156 *Aichberger/Schwartz*, DStR 2015, 1691, 1691.

157 Grundsatzentscheidung in BGH, Urteil vom 2.12.2008, Az. 1 StR 416/08, BGHSt 53, 71 = BB 2009, 312, 313 f.

158 BGH, Urteil vom 2.12.2008, Az. 1 StR 416/08, BGHSt 53, 71 = BB 2009, 312, 313 f.

159 *Bilsdorfer*, NJW 2017, 1525, 1525.

160 BGH, Urteil vom 2.12.2008, Az. 1 StR 416/08, BGHSt 53, 71 = BB 2009, 312, 313 f; BGH, Beschluss vom 15.12.2011, Az. 1 StR 579/11, NStZ 212, 331, 332.

161 BGH, Urteil vom 27.10.2015, Az. 1 StR 373/15, BGHSt 61, 28 = DStR 2016, 914.

162 *Schmitz/Wulf*, in: Joecks/Schmitz, Münchener Kommentar zum StGB, 2. Aufl. 2015, § 370 AO Rn. 12.

163 BGH, Urteil vom 27.10.2015, Az. 1 StR 373/15, BGHSt 61, 28 = DStR 2016, 914, 916.

164 BGH, Urteil vom 2.12.2008, Az. 1 StR 41/08, wistra 2010, 121; Urteil vom 22.5.2012, Az. 1 StR 103/12, NJW 2012, 2599, 2599 Rn. 32.

165 BGH, Urteil vom 9.5.2017, Az. 1 StR 265/16, wistra 2017, 390.

eine deutsche Behörde sein. Die Entdeckung ist auch durch eine ausländische Behörde möglich, wenn für den betreffenden Staat Abkommen geschlossen sind, weshalb der ausländische Staat internationale Rechtshilfe leisten muss.[166]

IV. Häufige Einleitung von steuerstraf- oder steuerordnungsrechtlichen Ermittlungen

Tax Compliance ist aus Sicht der Unternehmen besonders deshalb relevant, da diese eine Kriminalisierung[167] ihrerseits wahrnehmen, da immer häufiger und tendenziell früher Ermittlungen in Richtung von Steuerstraftaten bzw. Steuerordnungswidrigkeiten gelenkt und eingeleitet werden.[168]

Insbesondere im Rahmen von Betriebsprüfungen wird immer öfter mit der Einleitung von Strafverfahren gedroht.[169] Dies liegt zum einen an § 10 BpO.[170] In dessen Absatz 1 heißt es: „*Ergeben sich während einer Außenprüfung zureichende tatsächliche Anhaltspunkte für eine Straftat (§ 152 Abs. 2 StPO), deren Ermittlung der Finanzbehörde obliegt, so ist die für die Bearbeitung dieser Straftat zuständige Stelle unverzüglich zu unterrichten. Dies gilt auch, wenn lediglich die Möglichkeit besteht, dass ein Strafverfahren durchgeführt werden muss.*" Da bereits die Möglichkeit eines Strafverfahrens ausreicht, wird der Betriebsprüfer im Zweifel die zuständige Stelle unterrichten, zumal Betriebsprüfer nicht speziell für steuerstrafrechtliche Sachverhalte und deren Würdigung ausgebildet sind. Hinzu kommt, dass sich der Betriebsprüfer im Falle der Nichtweiterleitung selbst wegen Strafvereitelung im Amt nach § 258a StGB strafbar machen kann.[171]

Diese und andere „Vorsichtsmaßnahmen" führen dazu, dass die Zahl der eingeleiteten Ermittlungsverfahren steigt,[172] von denen aber nur ein Bruchteil mit einer Verurteilung endet: Im Jahr 2016 wurden über 80 % der abgeschlossenen

---

166 BGH, Urteil vom 9.5.2017, Az. 1 StR 265/16, wistra 2017, 390, 399 Rn. 33.

167 *Von Frantzki*, Vortrag i. R. d. Münchner Steuerfachtagung 2017, 1, 3; *von Wolfersdorff/Hey*, WPg 2016, 934, 935; *Welling*, IWB 2016, 630, 631; *Erdbrügger/Jehke*, BB 2016, 2455, 2455; *Geberth/Welling*, DB 2015, 1742, 1744; *Erdbrügger*, npoR 2016, 206, 206.

168 *Schwartz*, in: Schulz, Compliance-Management im Unternehmen, 2017, 24. Kapitel Rn. 44; *Aichberger/Schwartz*, DStR 2015, 1691, 1691; *Geuenich/Kiesel*, BB 2012, 156, 157; *Dusch/Rommel*, NStZ 2014, 188, 190.

169 *Demuth/Kaiser/Eberhard*, in: Inderst/Bannenberg/Poppe, 3. Aufl. 2017, Rn. 602.

170 BStBl. I 2000, 368.

171 *Dusch/Rommel*, NStZ 2014, 188, 190; ebenso Gleich lautende Erlasse der obersten Finanzbehörden der Länder zu Anwendungsfragen von § 10 Abs. 1 BpO vom 31.8.2009, BStBl. I 2009, 829, 829.

172 *Demuth/Kaiser/Eberhard*, in: Inderst/Bannenberg/Poppe, 3. Aufl. 2017, Rn. 602.

Strafverfahren durch Einstellungen oder durch Absehung von Verfolgung gem. § 398a AO beendet.[173] Daneben wird vermutet, dass Berichtigungen nach § 153 AO tendenziell einer steuerstrafrechtlichen Würdigung unterzogen wurden.[174] Es werden daneben in der Literatur Anschuldigungen erhoben, dass die Finanzverwaltung auch deshalb steuerstrafrechtliche Vorwürfe verfolgt, um zusätzliche monetäre Vorteile zu erlangen, wie bspw. einen Zuschlag von 5 % der Hinterziehungssumme, erhöhte Hinterziehungszinsen nach § 235 AO oder sogar den Erlass einer Verfallsanordnung nach § 369 Abs. 2 AO bzw. § 29a OWiG.[175] Die steigende Anzahl an steuerlichen Ermittlungsverfahren gegenüber Unternehmen ergibt sich ebenfalls daraus, dass die Ermessensentscheidung zur Einleitung von Ermittlungsverfahren insb. auch durch die Höhe der nicht entrichteten Steuer und von Wiederholungsfällen, die bei Dauersachverhalten wie der Umsatzsteuer und der Lohnsteuer schnell gegeben sind, beeinflusst wird.[176]

Neben dem Steuerstrafrecht werden auch Sanktionsmechanismen des Ordnungswidrigkeitenrechts wie die Geldbuße wegen Organisationsverschuldens nach § 130 OWiG, der Verbandsgeldbuße nach § 30 OWiG und der Verfallsanordnung nach § 29a OWiG häufiger genutzt.[177] Die Verbandsgeldbuße nach § 30 OWiG eignet sich dann, wenn innerhalb des Unternehmens nicht mehr nachvollzogen werden kann, welchem Verantwortlichen nach § 30 Abs. 1 OWiG eine Pflichtverletzung zur Last gelegt werden kann,[178] oder wenn das Verschulden in Form von vorsätzlichem oder leichtfertigen Verhalten bei den §§ 370, 378 AO nicht nachgewiesen werden kann.[179]

---

173 BMF Monatsbericht 11/2016, 49 Abb. 1.

174 *Ludwig/Breimann/Kusch*, DStR 2016, 2240, 2240; *Aichberger/Schwartz*, DStR 2015, 1691, 1692.

175 *Richter/Welling*, FR 2015, 297, 300; *Aichberger/Schwartz*, DStR 2015, 1691, 1692; *Geuenich/Kiesel*, BB 2012, 156, 157.

176 Oberste Finanzbehörde der Länder, Anweisungen für das Straf- und Bußgeldverfahren (Steuer) – AstBV (St) 2017, vom 1.12.2016, Az. S 0720, BStBl. I 2016, 1338, Ziffer 104 Abs. 2, 3; *Ball/Papasikas*, BB 2016, 1495, 1496.

177 *Demuth/Kaiser/Eberhard*, in: Inderst/Bannenberg/Poppe, 3. Aufl. 2017, Rn. 602; *Schwartz*, in: Schulz, Compliance-Management im Unternehmen, 2017, 24. Kapitel Rn. 48, 50; dem widersprechend für Brandenburg: *Richter/Welling*, FR 2015, 297, 298; *Aichberger/Schwartz*, DStR 2015, 1691, 1696; *Hunsmann*, DStR 2014, 855, 855; *Karla/Geier*, CB 2016, 474, 477.

178 *Schwartz*, in: Schulz, Compliance-Management im Unternehmen, 2017, Kapitel 24 Rn. 50.

179 *Aichberger/Schwartz*, DStR 2015, 1691, 1696.

V. Gefahr hoher Schäden durch Dauersachverhalte

Die Umsatzsteuer zählt zu den wichtigsten[180] Gemeinschaftssteuern, mit Steuereinnahmen für das Jahr 2017 in Höhe von über 226,4 Milliarden EUR.[181] Durch Betriebsprüfungen wird ein Mehrergebnis allein bei Überprüfung umsatzsteuerlicher Vorgänge von 1,3 Milliarden EUR erzielt.[182] Entsprechend der Wichtigkeit der Umsatzsteuer gibt es im Rahmen der Außenprüfung nach §§ 190 ff. AO sogar eine gesonderte Umsatzsteuer-Sonderprüfung sowie die Umsatzsteuer-Nachschau nach § 27b UStG.[183]

Dazu ist die Umsatzsteuer auch von ihren Charakteristika besonders anfällig für Rechts- und damit Compliance-Verstöße. Oft liegen hohe Transaktionsvolumina vor, die als Bemessungsgrundlage i. S. d. UStG gelten. Hinzu kommen Massentransaktionen, sodass einzelne Fehler als Folgefehler zu hohen Schadensposten führen können.[184] Neben der jährlichem Umsatzsteuererklärung müssen monatliche bzw. vierteljährliche Umsatzsteuer-Voranmeldungen nach § 18 UStG eingereicht werden. Bereits die Fristeinhaltung bzgl. der Umsatzsteuer-Voranmeldung gestaltet sich aufgrund einer hohen Anzahl an Einzelumsätzen schwierig.[185] Dazu kommt, dass ggf. eine große Anzahl an einzureichenden Erklärungen in Form von Umsatzsteuervoranmeldungen, Dauerfristverlängerungen, Umsatzsteuer-Jahreserklärungen, Berichtigungen von Voranmeldungen oder sonstigen Erklärungen im üblichen Rahmen zu erledigen sind. So kommt man auf monatlich 220 Erklärungen alleine für die Umsatzsteuer bei einem aus zehn Gesellschaften bestehenden Konzern.[186]

VI. Negative Registereintragungen

Eine negative Wirkung durch den Verstoß gegen steuerliche Pflichten birgt auch der Eintrag im Gewerbezentralregister nach § 149 Abs. 2 Nr. 3 GewO, wonach rechtskräftige Bußgeldentscheidungen, insbesondere auch wegen Steuerordnungswidrigkeiten, ab einem Bußgeld in Höhe von mehr als 200 EUR eingetragen

180 *Schwartz*, in: Schulz, Compliance-Management im Unternehmen, 2017, 24. Kapitel Rn. 14.

181 BMF Monatsbericht 1/2018, 32.

182 BMF Monatsbericht 11/2017, 50.

183 *Schwartz*, in: Schulz, Compliance-Management im Unternehmen, 2017, 24. Kapitel Rn. 14.

184 *Bracke/Maciuca*, 2017, 146, 147.

185 *Schwartz*, in: Schulz, Compliance-Management im Unternehmen, 2017, 24. Kapitel Rn. 14.

186 *Kromer/Pumpler/Henschel*, BB 2013, 791, 799.

werden. Zugriff auf das Gewerbezentralregister hat die betroffene (juristische) Person und die mit der Information arbeitende Behörde. Eine nachteilige Wirkung ergibt sich deshalb nur gegenüber der Behörde, nicht gegenüber Geschäftspartnern. Beispielsweise kann sich ein solcher Eintrag auf die Beantragung von Erlaubnissen oder der Beteiligung an Ausschreibungen negativ auswirken.[187]

Seit dem 29. Juli 2017 gibt es ein Wettbewerbsregister,[188] in welchem nach § 1 Abs. 2 WRegG den öffentlichen Auftraggebern Informationen über Ausschlussgründe im Sinne der §§ 123, 124 GWB zur Verfügung gestellt werden. Eingetragen werden kann nach § 2 Abs. 1 Nr. 1 lit. d WRegG eine Steuerhinterziehung nach § 370 AO. Einsicht darf nach § 1 Abs. 2 WRegG nur der öffentliche Auftraggeber nehmen, nicht jedoch andere Marktteilnehmer. Eine solche Eintragung kann dazu führen, dass der Ausschlussgrund durch die Behörde in geeigneter Weise nach § 123 Abs. 4 Nr. 2 GWB nachgewiesen werden kann und so das Unternehmen, dem die Verurteilung seiner Leitungsperson über § 123 Abs. 3 GWB zugerechnet werden kann, von der öffentlichen Ausschreibung ausgeschlossen wird.

D. Funktion von Tax Compliance

Die Funktion, die Tax Compliance aus Unternehmenssicht einnimmt, lässt sich in drei Aspekte einteilen: die gestalterische, die abwehrende und die organisatorische Funktion.[189]

I. Abwehrende Funktion

Die abwehrende Funktion will steuerrechtliche und steuerstrafrechtliche Risiken des Unternehmens und der Organe vermeiden.[190] Tax Compliance wohnt insofern eine Risikobegrenzungsfunktion inne.[191]

1. Zeitpunkt der abwehrenden Funktion

Die abwehrende Funktion lässt sich in zwei Zeitpunkte aufteilen. Zunächst soll durch Tax Compliance Gesetzesverstößen vorgebeugt werden. Jegliche Haftungs- oder Schadensersatzansprüche sowie strafrechtlich relevante Situationen

---

187 *Rogge*, BB 2014, 664, 669.

188 BGBl. I 2017, 2739.

189 *Kromer/Pumpler/Henschel*, BB 2013, 791, 792; *Besch/Starck*, in: Hauschka/Lösler/Moosmayer, Corporate Compliance, 3. Aufl. 2016, § 33 Rn. 7; *König/Teichert*, DB 2017, 146, 147.

190 *Kromer/Pumpler/Henschel*, BB 2013, 791, 792; *Besch/Starck*, in: Hauschka/Lösler/Moosmayer, Corporate Compliance, 3. Aufl. 2016, § 33 Rn. 7.

191 *Bergmoser/Theusinger/Gushurst*, BB-Spezial 5.2008, 1, 2.

und Ordnungswidrigkeiten sollen von vornherein verhindert werden (sog. Präventionsfunktion).[192]

Kam es dennoch zu Gesetzesverstößen oder liegt zumindest der Verdacht eines Gesetzesverstoßes nahe, so soll Tax Compliance eine Reaktionsfunktion einnehmen.[193] Es soll dann alles getan werden, um das Fehlverhalten aufzudecken, abzustellen und zu ahnden.[194] Hierbei ist zu beachten, dass bereits öffentlichkeitswirksame Ermittlungsmaßnahmen wie Durchsuchungen dem Unternehmen erheblichen Schaden zufügen können.[195] Diese sind daher durch Tax Compliance wenn möglich ganz abzuwenden. Kommt es doch zu Ermittlungsmaßnahmen, soll Tax Compliance dabei helfen, dass das Unternehmen bspw. durch ausreichende Dokumentation in der Vergangenheit auf die Ermittlungsmaßnahmen vorbereitet ist.[196]

2. *Abzuwehrende Risiken*

Die Sanktionen reichen von Nachteilen im Steuerverwaltungsverfahren über finanzielle Einbußen, ordnungswidrigkeitenrechtliche Sanktionen bis hin zu Steuerstraftaten.

a) *Risiken des Steuerrechts*

Bereits das Steuerrecht bietet eine Vielzahl an Sanktionsmöglichkeiten, um den Steuerpflichtigen zur Erfüllung seiner Pflichten anzuhalten.[197] Je nach Pflichtverletzung drohen unterschiedliche Risiken, die im Folgenden dargestellt werden sollen.

---

192 *Streck/Binnewies*, DStR 2009, 229, 231; *Besch/Starck*, in: Hauschka/Lösler/Moosmayer, Corporate Compliance, 3. Aufl. 2016, § 33 Rn. 19.

193 *Besch/Starck*, in: Hauschka/Lösler/Moosmayer, Corporate Compliance, 3. Aufl. 2016, § 33 Rn. 20.

194 *Fleischer*, in: Spindler/Stilz, AktG, 3. Aufl. 2015, § 91 Rn. 57; *Besch/Starck*, in: Hauschka/Lösler/Moosmayer, Corporate Compliance, 3. Aufl. 2016, § 33 Rn. 20.

195 *Kromer/Pumpler/Henschel*, BB 2013, 791, 803; vgl. nur die Ermittlungen bei der Deutschen Bank, Spiegel Online vom 28.4.2010, abrufbar unter: http://www.spiegel.de/wirtschaft/unternehmen/grossrazzia-steuerfahnder-durchsuchen-zentrale-der-deutschen-bank-a-691767.html (12.2.2018).

196 *Streck/Binnewies*, DStR 2009, 229, 231; *Schwedhelm*, AnwBl 2009, 90, 91.

197 Zu detaillierten Aufstellungen der jeweiligen Risiken nach Steuerarten getrennt, *Wehner*, Die Vermeidung steuerstrafrechtlicher Risiken durch Tax Compliance, 2017, S. 45 ff.

aa) Versäumung von Fristen

Zunächst gibt es die Konsequenzen, die bei Verletzung der Pflichten zu fristgerechtem Handeln eintreten. Solche Fristen können direkt im Gesetz festgelegt sein (z.B. fristgerechte Abgabe der Steuererklärung nach § 149 Abs. 2 AO, fristgerechte Anzeigepflichten in §§ 137 bis 139 AO) oder von der Finanzbehörde festgesetzt werden (z.B. § 146 Abs. 2b AO).[198]

Bereits die Verletzung der rechtzeitigen Anzeige nach § 138 Abs. 2 AO kann als Ordnungswidrigkeit nach § 379 Abs. 2 Nr. 1 AO mit einer Geldbuße bis zu 5.000 EUR geahndet werden, § 379 Abs. 4 S. 1 AO.[199] Wird eine Steuererklärung nicht rechtzeitig eingereicht, droht ein Verspätungszuschlag nach § 152 AO. Dieser kann bis zu 10 % der festgesetzten Steuer und maximal 25.000 EUR betragen, § 152 Abs. 2 S. 1 AO. Bei verspäteter Steuerzahlung drohen ab dem dritten Tag Säumniszuschläge in Höhe von 1 % des abgerundeten, zu entrichteten Steuerbetrags für jeden angefangenen Monat, § 240 Abs. 1, 3 AO. Zur Erzwingung von Handlungen, Duldungen oder Unterlassungen, bspw. der Einreichung einer Steuererklärung, darf die Finanzverwaltung das Zwangsmittel des Zwangsgeldes bis zur Höhe von 25.000 EUR festsetzen, §§ 328, 329 AO. In § 146 Abs. 2b AO ist ein Verzögerungsgeld bis zu 250.000 EUR vorgesehen, welches die Finanzbehörde erheben kann, wenn der Steuerpflichtige seinen dort genannten Pflichten zur Erteilung von Auskünften nicht nachkommt, die Buchführung nicht ins Inland rückverlagert oder während der Außenprüfung Unterlagen nicht vorlegt (vgl. § 200 Abs. 1 AO) bzw. einen Datenzugriff nicht gewährt (vgl. § 147 Abs. 6 AO).[200]

bb) Verletzung von Mitwirkungspflichten

Grundsätzlich obliegt die Ermittlung des Sachverhalts den Finanzbehörden nach § 88 Abs. 1 AO. Daneben bestehen aber auch Mitwirkungspflichten des Steuerpflichtigen, mit welchen er die Sachverhaltsermittlung unterstützen muss. Neben der allgemeinen Mitwirkungspflicht nach § 90 Abs. 1 AO hat der Steuerpflichtige bspw. nach § 90 Abs. 2, 3 AO Auslandssachverhalte aufzuklären, die §§ 200, 93, 97 Abs. 1 AO verpflichten ihn zur Auskunft und zur Vorlage bestimmter Unterlagen.

---

198 *Werder/Rudolf*, BB 2016, 1433, 1434.

199 *Mack*, in: Streck/Mack/Schwedhelm, Tax Compliance, 2. Aufl. 2016, Rn. 1.53.

200 Zum Ganzen: *Kromer/Pumpler/Henschel*, BB 2013, 791, 794 f.; *Besch/Starck*, in: Hauschka/Lösler/Moosmayer, Corporate Compliance, 3. Aufl. 2016, § 33 Rn. 17; *Werder/Rudolf*, BB 2016, 1433, 1434; *Mack*, in: Streck/Mack/Schwedhelm, Tax Compliance, 2. Aufl. 2016, Rn. 1.60 ff.

(1) Beschränkung der Ermittlungspflicht der Finanzverwaltung

Kommt der Steuerpflichtige seinen allgemeinen Mitwirkungspflichten nach § 90 Abs. 1 AO nicht nach, so hat dies Auswirkungen auf die Ermittlungspflicht der Finanzverwaltung. Zwar muss diese zunächst so lange die Ermittlungen fortführen, wie ihr weitere Aufklärungsmittel zugänglich sind und deren Inanspruchnahme für die Verwaltung verhältnismäßig und zumutbar ist.[201] Ist der Steuerpflichtige aber der Einzige, der über bestimmte Sachverhalte Auskunft geben kann und verweigert er diese, so muss die Finanzverwaltung nicht weiter ermitteln; es tritt insofern eine Begrenzung ein.[202] Im Übrigen richten sich die Aufklärungspflichten der Behörde nach dem Vorbringen des Steuerpflichtigen: Je weniger dieser vorträgt, desto weniger Ansatzpunkte für eine Ermittlung gibt es für die Finanzverwaltung.[203]

(2) Reduzierung des Beweismaßes

Ist der Sachverhalt aufgrund der fehlenden Mitwirkung nicht oder nicht vollständig aufklärbar, so ändert sich zwar nichts an der Beweislast, die weiterhin bei der Finanzverwaltung liegt, es reduziert sich jedoch das Beweismaß.[204] Im Rahmen der freien Beweiswürdigung können aus der fehlenden Mitwirkung nachteilige Schlussfolgerungen für den Steuerpflichtigen gezogen werden und die Feststellungslast zu dessen Ungunsten ausgedehnt werden.[205]

---

201 *Schmitz*, in: Schwarz/Pahlke, AO/FGO, 186. EL Stand 12/2018, § 90 AO Rn. 26; *Seer*, in: Tipke/Kruse, AO/FGO, 153. EL Stand 9/2018, § 90 AO Rn. 14; *Rätke*, in: Klein, AO, 14. Aufl. 2018, § 90 Rn. 12; *Kobor*, in: Pfirrmann/Rosenke/Wagner, BeckOK AO, 7. Edition Stand 1.1.2019, § 90 Rn. 70.

202 *Seer*, in: Tipke/Kruse, AO/FGO, 153. EL Stand 9/2018, § 90 AO Rn. 14; *Rätke*, in: Klein, AO, 14. Aufl. 2018, § 90 Rn. 12; *Schmitz*, in: Schwarz/Pahlke, AO/FGO, 186. EL Stand 12/2018, § 90 AO Rn. 26; *Kobor*, in: Pfirrmann/Rosenke/Wagner, BeckOK AO, 7. Edition Stand 1.1.2019, § 90 Rn. 70; *Schwartz*, in: Schulz, Compliance-Management im Unternehmen, 2017, 24. Kapitel Rn. 5.

203 BFH, Urteil vom 6.6.2007, Az. II R 17/06, BStBl. II 2009, 47 = Rn. 17 zitiert nach juris; *Seer*, in: Tipke/Kruse, AO/FGO, 153. EL Stand 9/2018, § 90 AO Rn. 14.

204 *Kobor*, in: Pfirrmann/Rosenke/Wagner, BeckOK AO, 7. Edition Stand 1.1.2019, § 90 Rn. 71; *Schmitz*, in: Schwarz/Pahlke, AO/FGO, 186. EL Stand 12/2018, § 90 AO Rn. 27.

205 *Kobor*, in: Pfirrmann/Rosenke/Wagner, BeckOK AO, 7. Edition Stand 1.1.2019, § 90 Rn. 71; *Schmitz*, in: Schwarz/Pahlke, AO/FGO, 186. EL Stand 12/2018, § 90 AO Rn. 28; BFH, Beschluss vom 28.12.2006, Az. VIII B 48/06, BFH/NV 2007, 646 = Rn. 5 zitiert nach juris; BFH, Urteil vom 23.11.2011, Az. II R 33/10, BStBl. II 2012, 473, 475.

(3) Schätzung der Besteuerungsgrundlage, § 162 Abs. 1 S. 1 AO

Können Besteuerungsgrundlagen in Folge der mangelhaften Mitwirkung überhaupt nicht ermittelt werden, so darf die Finanzverwaltung diese nach § 162 Abs. 1 S. 1 AO schätzen.[206] Im Rahmen der Schätzung hat die Behörde alle Umstände zu berücksichtigen, die für die Schätzung von Bedeutung sind, § 162 Abs. 1 S. 2 AO. Ist das Verschulden des Steuerpflichtigen als schwer zu gewichten, so darf sie bis an das äußere Ende des Schätzrahmens gehen, in welchem ein Sicherheitszuschlag mitumfasst ist.[207]

Für die besonderen Mitwirkungspflichten nach § 90 Abs. 2, 3 AO gelten im Wesentlichen dieselben Rechtsfolgen.[208] Beachtenswert ist hier, dass bei Verstoß gegen § 90 Abs. 2 S. 3 AO (Geschäftsbeziehungen zu einem Finanzinstitut in einem Staat ohne DBA) und § 90 Abs. 3 AO (Verletzung der Verrechnungspreisdokumentation) im Rahmen der Schätzung widerleglich vermutet wird, dass die tatsächlichen Einkünfte höher als vermutet waren, § 162 Abs. 2 S. 3, Abs. 3 S. 1 AO.[209] Bei einem Verstoß gegen § 90 Abs. 3 AO kommt darüber hinaus ein Zuschlag nach § 162 Abs. 4 AO in Betracht. Dieser beträgt zwischen 5 % und 10 % des Mehrbetrags der Einkünfte, der sich aus der Anwendung der Einkünfte nach § 162 Abs. 3 AO ergibt, mindestens jedoch 5.000 EUR, § 162 Abs. 4 S. 1, 2 AO. Werden die Aufzeichnungen verspätet vorgelegt, kann ein Verspätungszuschlag von bis zu 1.000.000 EUR festgesetzt werden, mindestens jedoch 100 EUR für jeden vollen Tag der Fristüberschreitung, § 162 Abs. 4 S. 3 AO.[210]

(4) Verlust der Änderungsmöglichkeit, § 173 Abs. 1 Nr. 2 AO

Kam der Steuerpflichtige seinen Mitwirkungspflichten nicht nach und wurde der Steuerbescheid zu hoch festgesetzt, so kommt eine Änderung nach § 173 Abs. 1 Nr. 2 AO nach Treu und Glauben dann nicht in Betracht, wenn die

---

206 *Schmitz*, in: Schwarz/Pahlke, AO/FGO, 186. EL Stand 12/2018, § 90 AO Rn. 30; *Kobor*, in: Pfirrmann/Rosenke/Wagner, BeckOK AO, 7. Edition Stand 1.1.2019, § 90 Rn. 72; *Seer*, in: Tipke/Kruse, AO/FGO, 153. EL Stand 9/2018, § 90 AO Rn. 15; *Wünsch*, in: Koenig, AO, 3. Aufl. 2014, § 90 Rn. 43.

207 *Werder/Rudolf*, BB 2016, 1433, 1436.

208 *Kobor*, in: Pfirrmann/Rosenke/Wagner, BeckOK AO, 7. Edition Stand 1.1.2019, § 90 Rn. 75.

209 Die Finanzbehörde kann den vorgegebenen Rahmen bzw. die Preisspanne zu Lasten des Steuerpflichtigen dann voll ausschöpfen, *Werder/Rudolf*, BB 2016, 1433, 1435.

210 *Werder/Rudolf*, BB 2016, 1433, 1435.

neuen Tatsachen und Beweismittel aufgrund der Verletzung der Mitwirkungspflicht nachträglich sind.[211]

cc) Verletzung der Pflicht zur Abgabe richtiger und vollständiger Erklärungen

Grundlage einer Steuerfestsetzung ist die Steuererklärung des Steuerpflichtigen, welche die für die Besteuerung erheblichen Tatsachen vollständig und wahrheitsgemäß offen zu legen hat, §§ 90 Abs. 1 S. 2, 150 Abs. 2 AO. Geschieht dies nicht, kann es dazu kommen, dass die Steuer zu niedrig festgesetzt wird.

(1) Haftung der steuerlichen Vertreter, § 69 AO

Neben[212] dem Steuerpflichtigen selbst haften[213] nach § 69 S. 1 AO die steuerlichen Vertreter des Steuerpflichtigen nach §§ 34, 35 AO, soweit Ansprüche aus dem Steuerschuldverhältnis nach § 37 AO infolge vorsätzlicher oder grob fahrlässiger Verletzung der ihnen auferlegten Pflichten nicht oder nicht rechtzeitig festgesetzt oder erfüllt oder soweit infolgedessen Steuervergütungen oder Steuererstattungen ohne rechtlichen Grund gezahlt wurden. Deshalb können auch die Geschäftsleiter als gesetzliche Vertreter nach § 34 Abs. 1 AO für die nachzuzahlende Steuer und die Säumniszuschläge (vgl. § 69 Abs. 1 S. 2 AO) persönlich mit ihrem gesamten Privatvermögen haften.[214] Die Inanspruchnahme der Organmitglieder erfolgt über den Erlass eines Haftungsbescheids diesen gegenüber nach §§ 218 Abs. 1 S. 1, 191 Abs. 1 S. 1 AO.[215]

---

211 *Loose*, in: Tipke/Kruse, AO/FGO, 153. EL 9/2018, § 173 AO Rn. 69; *Werder/Rudolf*, BB 2016, 1433, 1436; kritisch dazu *von Groll*, der einen strengeren Maßstab bei Pflichtverletzungen der Steuerpflichtigen als bei Pflichtverletzungen der Finanzverwaltung erkennt, in: Hübschmann/Hepp/Spitaler, AO/FGO, 250. EL Stand 11/2018, § 173 AO Rn. 242 ff.;

212 Es wird eine Gesamtschuld nach § 44 AO begründet, *Schwartz*, in: Schulz, Compliance-Management im Unternehmen, 2017, 24. Kapitel Rn. 28; *Talaska*, BB 2012, 1195, 1996.

213 Haften für eine Steuerschuld bedeutet das Einstehen für eine fremde Steuerschuld, *Talaska*, BB 2012, 1195, 1995.

214 *Müller*, in: DACH, Compliance – Herausforderung oder Selbstverständlichkeit, 2016, S. 16; *Risse*, DB 2017, 2061, 2062; *Schwartz*, in: Schulz, Compliance-Management im Unternehmen, 2017, 24. Kapitel Rn. 29; *Talaska*, BB 2012, 1195, 1996; *Handel*, DStR 2017, 1945, 1946.

215 *Talaska*, BB 2012, 1195, 1995 f.; *Aichberger/Schwartz*, DStR 2015, 1691, 1693.

Der Umfang der Haftungsschuld richtet sich akzessorisch nach der zugrundeliegenden Steuerschuld.[216] Eine Ausnahme vom Akzessorietätsgrundsatz besteht nach § 191 Abs. 5 S. 2 AO dann, wenn der Haftungsschuldner derjenige ist, der die Steuerhinterziehung oder eine Steuerhehlerei begangen hat. In diesem Fall darf gegen ihn auch dann ein Haftungsbescheid erlassen werden, wenn es an einer Festsetzung gegenüber dem Steuerschuldner fehlt bzw. Festsetzungsverjährung eingetreten ist oder eine Verjährung der Steuer oder ein Erlass gegenüber dem Steuerschuldner vorliegt, § 191 Abs. 5 S. 1 AO.[217] Zu beachten bleibt auch, dass etwaige zivilrechtliche Haftungsansprüche gegen die Geschäftsleiter wegen einer Pflichtverletzung im Innenverhältnis, etwa aus § 93 Abs. 2 AktG, § 43 Abs. 2 GmbHG oder § 823 Abs. 1, 2 BGB neben der Inanspruchnahme aus § 69 AO möglich bleiben.[218]

Neben der Akzessorietät ist weitere Voraussetzung für die Inanspruchnahme, dass die Steuerschuld der Gesellschaft in der Amtszeit des in Anspruch genommenen Geschäftsleiters fällig geworden sein muss.[219] Der Vorstand bzw. der Geschäftsführer muss steuerliche Pflichten[220] verletzt haben und es muss daraufhin ein kausaler steuerlicher Schaden entstanden sein. Von einem Schaden spricht man dann, wenn ein Steuerausfall auf Ebene der Gesellschaft vorliegt, also eine Festsetzung von Steuern vollständig unterbleibt, nicht rechtzeitig erfolgt oder zu niedrig ausfällt oder die festgesetzte Steuer zum Fälligkeitszeitpunkt nicht oder nicht vollständig gezahlt wird.[221] Auf subjektiver Ebene muss der Vertreter vorsätzlich oder grob fahrlässig gehandelt haben, § 69 S. 1 AO. Grobe Fahrlässigkeit soll schon dann vorliegen, wenn man sich zum Geschäftsführer bestellen lässt, ohne steuerliche und handelsrechtliche Grundkenntnisse zu besitzen bzw.

---

216 *Talaska*, BB 2012, 1195, 1996; *Schwartz*, in: Schulz, Compliance-Management im Unternehmen, 2017, 24. Kapitel Rn. 28; *Aichberger/Schwartz*, DStR 2015, 1691, 1692.

217 *Schwartz*, in: Schulz, Compliance-Management im Unternehmen, 2017, 24. Kapitel Rn. 28; *Talaska*, BB 2012, 1195, 1996.

218 *Aichberger/Schwartz*, DStR 2015, 1691, 1693.

219 *Talaska*, BB 2012, 1195, 1996.

220 Das sind die Aufzeichnungs- und Buchführungspflichten, Melde- und Anzeigepflichten, Dokumentationspflichten, Erklärungspflichten etc., siehe auch Kapitel 3 C. I. 3; nach § 34 AO hat der Vorstand diese Pflichten zu erfüllen und für die Entrichtung der Steuerschulden aus den Mitteln der Gesellschaft zu sorgen, *Aichberger/Schwartz*, DStR 2015, 1691, 1693.

221 Zum Ganzen: *Talaska*, BB 2012, 1195, 1997; *Aichberger/Schwartz*, DStR 2015, 1691, 1693.

sich diese anzueignen.[222] Ebenfalls grob fahrlässig handelt der Vertreter, wenn er konkrete Anhaltspunkte für die Nichterfüllung der steuerlichen Pflichten durch Mitarbeiter und steuerliche Berater hat und dennoch nicht einschreitet.[223] In diesem Fall wird gerade nicht dem Geschäftsleiter ein Verschulden des Dritten zugerechnet, sondern es handelt sich um ein eigenes Verschulden in Form des Überwachungsverschuldens.[224]

(2) Haftung des Steuerhinterziehers, § 71 AO

Begeht ein Leitungs- oder Aufsichtsorgan oder ein Mitarbeiter des Unternehmens eine Steuerhinterziehung, so hat derjenige nach § 71 AO für die verkürzten Steuern und die zu Unrecht gewährten Steuervorteile sowie für die Zinsen zu haften.[225]

(3) Steuerhinterziehung, § 370 AO

Aus steuerstrafrechtlicher Sicht ist das höchste Risiko eine Steuerhinterziehung nach § 370 AO.[226] Diese ist mit Geld- oder sogar Gefängnisstrafe bis zu fünf Jahren (§ 370 Abs. 1 AO), in besonders schweren Fällen sogar bis zu 10 Jahren (§ 370 Abs. 3 AO) bedroht.[227] Ein besonders schwerer Fall in Form einer Steuerhinterziehung in großem Ausmaß, § 370 Abs. 3 S. 2 Nr. 1 AO ist die für Unternehmen relevanteste Strafschärfung. Ein großes Ausmaß nimmt der BGH bereits bei einer Hinterziehungssumme von 50.000 EUR an,[228] eine Summe, die von Unternehmen regelmäßig überschritten wird.[229]

---

222 *Talaska*, BB 2012, 1195, 1997, 1998; BFH, Beschluss vom 31.3.2000, Az. VII B 187/99, GmbHR 2000, 1211, 1212 f. m. Anm. *Neusel*; BFH, Urteil vom 17.5.1988, Az. VII R 89/85, Rn. 12 zitiert nach juris.

223 *Talaska*, BB 2012, 1195, 1998; BFH, Beschluss vom 18.8.1999, Az. VII B 106/99, GmbHR 2000, 392, 393 m. Anm. *Neusel*; BFH, Urteil vom 30.8.1994, Az. VII R 101/92, BFHE 175, 509 = BStBl. II 1995, 278 = Rn. 24 zitiert nach juris; ausführlich zur Delegation Kapitel 2 C. II. 2.

224 Ausführlich dazu BFH, Urteil vom 30.8.1994, Az. VII R 101/92, BFHE 175, 509 = BStBl. II 1995, 278 = Rn. 10 ff. zitiert nach juris.

225 *Schwartz*, in: Schulz, Compliance-Management im Unternehmen, 2017, 24. Kapitel Rn. 32; *Talaska*, BB 2012, 1195, 1199.

226 Eingehend dazu Kapitel 4 A.

227 *Besch/Starck*, in: Hauschka/Lösler/Moosmayer, Corporate Compliance, 3. Aufl. 2016, § 33 Rn. 17.

228 BGH, Urteil vom 27.10.2015, Az. 1 StR 373/15, BGHSt 61, 28 = NJW 2016, 965 = DStR 2016, 914.

229 *Schwartz*, in: Schulz, Compliance-Management im Unternehmen, 2017, 24. Kapitel Rn. 47.

Auf tatbestandlicher Ebene ist es Voraussetzung, dass jemand den Finanzbehörden oder anderen Behörden über steuerlich erhebliche Tatsachen unrichtige oder unvollständige Angaben macht, die Finanzbehörde pflichtwidrig über steuerlich erhebliche Tatsachen in Unkenntnis lässt oder pflichtwidrig die Verwendung von Steuerzeichen oder Steuerstempeln unterlässt und dadurch Steuern verkürzt oder für sich oder einen anderen nicht gerechtfertigte Steuervorteile erlangt, § 370 Abs. 1 AO. Steuern sind namentlich dann verkürzt, wenn sie nicht, nicht in voller Höhe oder nicht rechtzeitig festgesetzt werden, § 370 Abs. 4 S. 1 Hs. 1 AO. Eine vollendete Steuerhinterziehung liegt bei Anmeldesteuern wie der Umsatzsteuer und der Lohnsteuer schon mit Ablauf der Abgabefrist für die Voranmeldung vor.[230] Abhilfe schafft hier die Verwaltungsanweisung AStBV (St),[231] wonach bei berichtigten oder verspätet abgegebenen Steuer(vor)anmeldungen nur in begründeten Einzelfällen der Sachverhalt an die Straf- und Bußgeldstellen weiterzuleiten ist.[232] Im Rahmen der Umsatzsteuervoranmeldung passiert es aufgrund von Massentransaktion und des Zeitdrucks bei Erstellung der Umsatzsteuervoranmeldung häufiger, dass diese verspätet abgegeben wird. Grundsätzlich musste daher nach Ziffer 132 Abs. 1 AStBV (St) 2012[233] bei einer Änderung der Umsatzsteuervoranmeldung der Fall an die Bußgeld- und Strafsachenstelle (BuStra) wegen Verdachts der Steuerhinterziehung weitergeleitet werden. Da dies im Widerspruch zu den tatsächlichen Gegebenheiten steht, wurde die Ziffer 132 um einen zweiten Absatz ergänzt, wonach eine Weiterleitung im Falle der berichtigten oder verspätet abgegebenen Steuervoranmeldungen nur noch in Einzelfällen tunlich ist, Ziffer 132 Abs. 2 AStBV (St) 2017.[234] Ob durch eine Tat nach §§ 370, 378 AO tatsächlich Steuern im Sinne des § 370 Abs. 4 S. 1 AO verkürzt worden sind ist unerheblich, da es sich um ein Gefährdungsdelikt handelt.[235] Deshalb wird die Verkürzung von Steuern schon dann bejaht, wenn diese nicht

230 *Schwartz*, in: Schulz, Compliance-Management im Unternehmen, 2017, 24. Kapitel Rn. 44.

231 Oberste Finanzbehörde der Länder, Anweisungen für das Straf- und Bußgeldverfahren (Steuer) – AStBV (St) 2017, vom 1.12.2016, Az. S 0720, BStBl. I 2016, 1338.

232 Ziffer 132 Abs. 2 AstBV (St) 2017; *Aichberger/Schwartz*, DStR 2015, 1691, 1695.

233 BStBl. I 2011, 1000.

234 *Aichberger/Schwartz*, DStR 2015, 1691, 1695.

235 *Richter/Welling*, FR 2015, 297, 304.

rechtzeitig festgesetzt werden. Ausreichend dafür ist, dass eine Steuererklärung nicht rechtzeitig abgegeben wird.[236]

Die Steuerhinterziehung durch aktives Tun nach § 370 Abs. 1 Nr. 1 AO ist kein Sonderdelikt, der Täter muss daher nicht zwingend selbst Steuerpflichtiger bzw. Steuerschuldner sein. Bei Unternehmen sind taugliche Täter häufig die gesetzlichen Vertreter, bei denen die Unterschrift unter eine objektiv unrichtige Steuererklärung ausreichend sein kann[237] sowie die Mitarbeiter, die in den Steuererklärungsprozess involviert sind.[238]

Eine Steuerhinterziehung durch Unterlassen nach § 371 Abs. 1 Nr. 2 AO kann hingegen nur derjenige begehen, der zur Mitteilung steuerlich erheblicher Tatsachen gegenüber dem Finanzamt berechtigt ist, also die Vertreter nach §§ 34, 35 AO.[239] Mögliche Tathandlung kann bereits sein, dass der Steuerpflichtige eine Rechtsansicht,[240] der die Finanzverwaltung nicht folgt, nicht kenntlich macht.[241] Ebenso kann sich der Geschäftsleiter einer Steuerhinterziehung durch Unterlassen strafbar machen, wenn er die Unrichtigkeit einer Steuererklärung nachträglich erkennt und diese nicht nach § 153 AO berichtigt,[242] obwohl er den ursprünglichen Fehler nicht selbst zu verantworten hat, dieser vielmehr an anderer Stelle, bspw. in der Buchführung geschehen ist.[243]

(4) Leichtfertige Steuerverkürzung, § 378 AO

Fehlt es am Vorsatz bzw. konnte dieser nicht nachgewiesen werden, so ist die Steuerordnungswidrigkeit der leichtfertigen Steuerverkürzung nach § 378 AO als Auffangtatbestand[244] denkbar. Diese kann mit einer Geldbuße bis zu 50.000 EUR

---

236 *Aichberger/Schwartz*, DStR 2015, 1691, 1695.

237 *Aichberger/Schwartz*, DStR 2015, 1691, 1694.

238 *Werder/Rudolf*, BB 2016, 1433, 1437; *Schwartz*, in: Schulz, Compliance-Management im Unternehmen, 2017, 24. Kapitel Rn. 35.

239 *Werder/Rudolf*, BB 2016, 1433, 1437; *Schwartz*, in: Schulz, Compliance-Management im Unternehmen, 2017, 24. Kapitel Rn. 36.

240 Siehe auch Kapitel 3 C. I. 3. f) cc).

241 *Aichberger/Schwartz*, DStR 2015, 1691, 1694.

242 *Aichberger/Schwartz*, DStR 2015, 1691, 1694; *Hilsebein*, CB 2016, 472, 472; *Fissenwert*, in: Fissenwert, Compliance für den Mittelstand, 2013, Kapitel 2 Rn. 74; *von Frantzki*, Vortrag i. R. d. Münchner Steuerfachtagung 2017, 1, 4.

243 *Lehr*, in: Fissenwert, Compliance für den Mittelstand, 2013, Kapitel 3 Rn. 284.

244 *Schwartz*, in: Schulz, Compliance-Management im Unternehmen, 2017, 24. Kapitel Rn. 34; *Jäger*, in: Klein, AO, 14. Aufl. 2018, § 378 Rn. 1; *Aichberger/Schwartz*, DStR 2015, 1691, 1695.

geahndet werden, § 378 Abs. 2 AO. Der Täterkreis ist enger als in § 370 AO, da dies nur der Steuerpflichtige selbst sowie seine steuerlichen Vertreter nach §§ 34, 35 AO oder der Betriebsleiter über § 9 Abs. 2 OWiG sein kann.[245]

Das Merkmal der Leichtfertigkeit ist bereits erfüllt, wenn der erforderlichen Erkundungspflicht nicht nachgekommen wurde. Dabei ist zu beachten, dass an einen Kaufmann jedenfalls bei Rechtsgeschäften, die zu seiner kaufmännischen Tätigkeit gehören, höhere Anforderungen an die Erkundungspflicht gestellt werden, als bei anderen Steuerpflichtigen.[246]

(5) Zinsen, §§ 233 ff. AO

Die nachzuentrichtende Steuer ist zu verzinsen. Der Zinssatz beträgt gem. § 238 Abs. 1 AO 0,5 % der auf den nächsten durch 50 teilbaren Betrag abgerundeten,[247] nachzuentrichtenden Steuer pro Monat, also 6 % p. a., was zurzeit deutlich über dem Marktzins liegt.[248] Beim Zinslauf ist zu unterscheiden: Handelt es sich um einfache Nachforderungszinsen, wie sie nach einer Betriebsprüfung[249] entstehen können, so beginnt der Zinslauf nach § 233a Abs. 2 S. 1 AO grundsätzlich 15 Monate nach Ablauf des Kalenderjahres, in dem die Steuer entstanden ist, sog. Karenzzeitraum.[250] Handelt es sich um eine Nachzahlung von hinterzogenen Steuern, gibt es eine solche Wartefrist nicht; der Zinslauf beginnt mit dem Eintritt der Verkürzung bzw. der Erlangung des Steuervorteils, § 235 Abs. 2 S. 1 AO. Auch muss in diesem Fall im Vergleich zu § 233a AO die Nachentrichtung von Abzugssteuern verzinst werden, § 235 Abs. 1 S. 3 AO.[251]

---

245 *Werder/Rudolf*, BB 2016, 1433, 1438; *Schwartz*, in: Schulz, Compliance-Management im Unternehmen, 2017, 24. Kapitel Rn. 37; *Jäger*, in: Klein, AO, 14. Aufl. 2018, § 378 Rn. 6 f.

246 *Aichberger/Schwartz*, DStR 2015, 1691, 1695; BGH, Urteil vom 8.9.2011, Az. 1 StR 38/11, NStZ 2012, 160, 161 Rn. 181; BFH, Urteil vom 19.2.2009, Az. II R 49/07, DStRE 2009, 877, 878.

247 § 238 Abs. 2 AO.

248 *Kaeser*, StbJb 2013/2014, 453, 461; *Kromer/Pumpler/Henschel*, BB 2013, 791, 795; *Werder/Rudolf*, BB 2016, 1433, 1439.

249 *Werder/Rudolf*, BB 2016, 1433, 1439.

250 *Rüsken*, in: Klein, AO, 14. Aufl. 2018, § 233a Rn. 12.

251 Zum Ganzen: *Kromer/Pumpler/Henschel*, BB 2013, 791, 794 f.; *Besch/Starck*, in: Hauschka/Lösler/Moosmayer, Corporate Compliance, 3. Aufl. 2016, § 33 Rn. 17; *Werder/Rudolf*, BB 2016, 1433, 1434.

(6) Verlängerung der Festsetzungsfrist, § 169 Abs. 2 S. 2 AO

Ein weiterer Nachteil bei der Steuerhinterziehung bzw. der leichtfertigen Steuerverkürzung ist, dass die Festsetzungsfrist, die normalerweise vier Jahre nach § 169 Abs. 2 S. 1 Nr. 2 AO beträgt, auf zehn Jahre verlängert wird, § 169 Abs. 2 S. 2 AO. Innerhalb dieser zehn Jahre ist es daher noch möglich, eine Steuer erstmalig durch Steuerbescheid festzusetzen oder eine bereits ergangene Steuerfestsetzung aufzuheben oder zu ändern,[252] § 169 Abs. 1 S. 1 AO.

(7) Erweiterte Änderung von falschen Steuerbescheiden, § 173 Abs. 2 AO

Ebenfalls betroffen ist die Bestandskraft von Steuerbescheiden. Grundsätzlich können Steuerbescheide mit Abschluss einer Außenprüfung wegen neuer Tatsachen oder Beweismittel nicht mehr nach § 173 Abs. 1 AO geändert werden. Dem liegt die Vermutung zugrunde, dass die Tatsachen oder Beweismittel nicht neu sein können, da die Finanzverwaltung diese seit Durchführung der Außenprüfung kennt oder zumindest kennen müsste.[253] Im Falle einer Steuerhinterziehung oder einer leichtfertigen Steuererklärung greift die Änderungssperre ausnahmsweise nicht ein, § 173 Abs. 2 S. 1 AO.

dd) Verletzung der Pflichten bzgl. der von Dritten geschuldeten Steuern

(1) Haftung des Verwaltungshelfers

Das Steuerrecht unterscheidet zwischen dem Steuerpflichtigen und dem Steuerschuldner. Steuerpflichtiger ist nach § 33 Abs. 1 AO, wer eine Steuer schuldet, für eine Steuer haftet oder eine Steuer für Rechnung eines Dritten einzubehalten und abzuführen hat. Steuerschuldner ist derjenige, den die konkrete Zahlungsverpflichtung trifft.[254] Wer Steuerschuldner ist, bestimmt sich nach den jeweiligen Einzelsteuergesetzen, § 43 S. 1 AO.

Im Bereich der Abzugs- bzw. Quellensteuern[255] wie bspw. der Lohnsteuer und der Kapitalertragsteuer fallen der Steuerpflichtiger und der Steuerschuldner

---

252 *Cöster*, in: Koenig, AO, 3. Aufl. 2014, § 169 Rn. 1; *Rüsken*, in: Klein, AO, 14. Aufl. 2018, § 169 Rn. 1.

253 *Loose*, in: Tipke/Kruse, AO/FGO, 153. EL Stand 9/2018, § 173 AO Rn. 89; Rüsken, in: Klein, AO, 14. Aufl. 2018, § 173 Rn. 141; *Koenig*, in: Koenig, AO, 3. Aufl. 2014, § 173 Rn. 138; BFH, Urteil vom 4.2.1987, Az. I R 58/86, NJW 1987, 2253, 2254; *Werder/Rudolf*, BB 2016, 1433, 1439.

254 *Drüen*, in: Tipke/Kruse, AO/FGO, 153. EL Stand 9/2018, § 33 AO Rn. 1.

255 Für die Kapitalertragsteuer: *Hasselmann*, in: Littmann/Bitz/Pust, EStG, 133. EL Stand 1/2019, § 44 Rn. 8; für § 50a EStG: *Ramackers*, in: Littmann/Bitz/Pust, EStG, 133. EL Stand 1/2019, § 50a Rn. 1.

auseinander. Der Staat bedient sich in diesen Fällen bei den Unternehmen als Verwaltungshelfer. Steuerschuldner sind die zur Abführung verpflichteten Gesellschaften, die die Steuer für einen anderen, den eigentlichen Steuerpflichtigen einbehalten und abführen. In diesen Fällen können zu den. o. g. Haftungsrisiken weitere dazukommen.[256]

Als Verwaltungshelfer ist der Arbeitgeber nach § 41a EStG zur fristgemäßen Anmeldung und Abführung der Lohnsteuer verpflichtet. Bei einer Nettolohnvereinbarung[257] zwischen Arbeitnehmer und Arbeitgeber, ist der Arbeitnehmer Steuerschuldner der Lohnsteuer, vgl. § 38 Abs. 2 EStG.[258] In diesem Fall ist der Arbeitgeber[259] über § 42d Abs. 1 EStG als Steuerentrichtungspflichtiger[260] Haftungsschuldner für nicht erhobene oder nicht abgeführte Lohnsteuer. Mit der Haftungsnorm soll sichergestellt werden, dass der Arbeitgeber seine Pflichten aus dem Lohnsteuer-Abzugsverfahren erfüllt. Daneben soll die Haftung des Arbeitgebers die Steuerforderungen gegen den Arbeitnehmer (als Steuerschuldner) absichern, um Steuerausfälle zu verhindern.[261]

Gemäß § 44 Abs. 5 EStG haften die Schuldner der Kapitalerträge, die den Verkehrsauftrag ausführenden Stellen oder die die Kapitalerträge auszahlenden Stellen für die Kapitalertragsteuer, die sie einzubehalten und abzuführen haben. Schuldner der Kapitalertragsteuer ist der Gläubiger der Kapitalerträge, § 44 Abs. 1 S. 1 EStG. Wer Entrichtungsverpflichteter ist, richtet sich nach den jeweils zu besteuernden Kapitalerträgen: Für jene nach § 43 Abs. 1 S. 1 Nr. 1, 2, 3, 4, 7a, 7b EStG ist es der Schuldner der Kapitalerträge; bei der Kapitalertragsteuer

---

256 *Streck/Binnewies*, DStR 2009, 229, 231; *Habersack*, AG 2014, 1, 2.

257 Vom Arbeitgeber ist gegenüber seinem Arbeitnehmer grundsätzlich eine Bruttolohnvergütung geschuldet, sodass der Arbeitnehmer selbst seine gesetzlichen Abgaben wie Lohnsteuer, Kirchensteuer etc. zu zahlen hat. Abweichend davon kann der Nettolohn vereinbart werden. In diesem Fall übernimmt der Arbeitgeber die Zahlung der gesetzlichen Abgaben und der Arbeitnehmer erhält seinen ungekürzten Nettolohn, *Krüger*, in: Schmidt, EStG, 37. Aufl. 2018, § 39b Rn. 12.

258 *Krüger*, in: Schmidt, EStG, 37. Aufl. 2018, § 42d Rn. 1; *Nacke*, in: Littmann/Bitz/Pust, EStG, 133. EL Stand 1/2019, § 42d Rn. 2.

259 Wer Arbeitgeber ist, wird dabei aus der Definition des § 1 Abs. 2 S. 1 LStDV abgeleitet: öffentliche Körperschaft, Unternehmen, Haushaltsvorstand, *Nacke*, in: Littmann/Bitz/Pust, EStG, 133. EL Stand 1/2019, § 42d Rn. 4.

260 *Martin*, in: Lademann, EStG, 232. EL Stand 9/2017, § 42d Rn. 30.

261 *Wagner*, in: Blümich, EStG, KStG, GewStG, 143. EL Stand 8/2018, § 42d EStG Rn. 7; *Krüger*, in: Schmidt, EStG, 37. Aufl. 2018, § 42d Rn. 2; *Nacke*, in: Littmann/Bitz/Pust, EStG, 133. EL Stand 1/2019, § 42d Rn. 2; *Martin*, in: Lademann, EStG, 232. EL Stand 9/2017, § 42d Rn. 25.

auf Zinsen (§ 43 Abs. 1 S. 1 Nr. 7 EStG) ist es die auszahlende Stelle. Die den Verkehrsauftrag ausführende Stelle ist Entrichtungsverpflichtete, wenn es um die Kapitalertragsteuer auf Dividenden geht, die für Aktien gezahlt werden, die in zeitlicher Nähe zur Hauptversammlung verkauft werden, § 44 Abs. 1 S. 3 EStG i. V. m. § 43 Abs. 1 S. 1 Nr. 1 S. 2 EStG und § 20 Abs. 2 S. 1 Nr. 2 lit. a EStG.[262] Ebenso wie bei der Abführung der Lohnsteuer dient die Haftung in § 44 Abs. 5 EStG dazu, die Entrichtung der Kapitalertragsteuer sicherzustellen.[263]

Eine weitere Haftung des Verwaltungshelfers findet sich in § 50a Abs. 5 S. 4 EStG, wonach der Vergütungsschuldner für die Einbehaltung und Abführung der Steuer haftet. Dabei geht es um den Steuerabzug bei beschränkt Steuerpflichtigen. Beschränkt Steuerpflichtiger i. S. d. § 50a Abs. 1 EStG können natürliche Personen (§ 1 Abs. 4 EStG) oder über §§ 8, 31 KStG auch Körperschaften sein. Für das Unternehmensrecht interessant ist das Aufsichtsratsmitglied als beschränkt Steuerpflichtiger nach § 50a Abs. 1 Nr. 4 EStG. Dieses ist für die erhaltene Vergütung Steuerschuldner und die Körperschaft, zu welcher der Aufsichtsrat gehört, ist Abzugsverpflichteter, § 50a Abs. 5 S. 2 EStG.[264] Führt der Abzugsverpflichtete nun die Steuer nicht oder nicht vollständig ab bzw. behält er sie nicht oder nicht vollständig ein, so haftet er nach § 50a Abs. 5 S. 4 EStG, § 73g Abs. 1 EStDV unmittelbar (vgl. § 219 S. 2 AO) sowohl für die Bruttobesteuerung nach § 50a Abs. 2 EStG als auch für die Nettobesteuerung nach § 50a Abs. 3 EStG.[265]

(2) Haftung des Vertretenen, § 70 AO

In seltenen Fällen kommt auch eine Haftung nach § 70 Abs. 1 AO in Betracht. Das wäre dann der Fall, wenn sich Organe oder Mitarbeiter eines Unternehmens an Steuerdelikten zugunsten Dritter beteiligen würden. § 70 AO greift aber nur ein, wenn der Vertretene (das Unternehmen) nicht schon selbst Steuerschuldner ist. In den meisten Fällen greifen daher zumindest auch[266] die speziellen Haftungsregeln, wie bspw. § 42d EStG.[267]

---

262 Zum Ganzen: *Hasselmann*, in: Littmann/Bitz/Pust, EStG, 133. EL Stand 1/2019, § 44 Rn. 10 ff.

263 *Hasselmann*, in: Littmann/Bitz/Pust, EStG, 133. EL Stand 1/2019, § 44 Rn. 28.

264 *Loschelder*, in: Schmidt, EStG, 37. Aufl. 2018, § 50a Rn. 6, 7; *Ramackers*, in: Littmann/Bitz/Pust, EStG, 133. EL Stand 1/2019, § 50a Rn. 87.

265 *Loschelder*, in: Schmidt, EStG, 37. Aufl. 2018, § 50a Rn. 34.

266 Die Subsidiarität von § 70 AO ist umstritten, dazu *Rüsken*, in: Klein, AO, 14. Aufl. 2018, § 70 Rn. 1a.

267 *Werder/Rudolf*, BB 2016, 1433, 1441.

b) OWiG

Außerhalb des Steuerrechts finden sich weitere Vorschriften im Ordnungswidrigkeitenrecht, die eine steuerliche Pflichtverletzung aufgreifen und sanktionieren.

aa) Aufsichtspflichtverletzung, § 130 OWiG

Die Geldbuße nach § 130 OWiG sanktioniert eine Aufsichtspflichtverletzung,[268] weshalb Täter des § 130 OWiG Inhaber des Betriebs oder des Unternehmens sowie über § 9 OWiG die gesetzlichen Vertreter, insbesondere die vertretungsberechtigten Organe einer juristischen Person (§ 9 Abs. 1 Nr. 1 OWiG) oder die vertretungsberechtigten Gesellschafter einer Personengesellschaft (§ 9 Abs. 1 Nr. 2 OWiG) sein können.[269] Tathandlung ist das Unterlassen von Aufsichtsmaßnahmen,[270] § 130 Abs. 1 OWiG.[271] Objektive Bedingung der Strafbarkeit ist es, dass es zu einer Zuwiderhandlung aufgrund der unterlassenen Aufsichtsmaßnahme gekommen ist.[272]

Im Steuerrecht ist der Fall denkbar, dass die Bezugstat in einer Steuerhinterziehung,[273] die durch einen Mitarbeiter des Unternehmens begangen wurde, liegt. Umstritten ist die Frage, ob auch eine Steuerordnungswidrigkeit nach § 378 AO taugliche Bezugstat für § 130 OWiG sein kann. Dagegen wird angeführt, dass für § 130 OWiG fahrlässiges Handeln ausreiche, § 378 AO, aber einen erhöhten Fahrlässigkeitsgrad, nämlich Leichtfertigkeit verlangt. Aus diesem Grund sollen die §§ 378 ff. AO einen abschließenden Sanktionenkatalog für steuerliche Ordnungswidrigkeiten bilden.[274] Für die Anwendbarkeit des § 130 OWiG auch auf Steuerordnungswidrigkeiten spricht aber richtigerweise, dass der § 130 OWiG als „einheitliche und abschließende“[275] Bußgeldnorm geschaffen wurde,

268 *Niesler*, in: Graf/Jäger/Wittig, Wirtschafts- und Steuerstrafrecht, 2. Aufl. 2017, § 130 OWiG Rn. 25.

269 *Schwartz*, in: Schulz, Compliance-Management im Unternehmen, 2017, Kapitel 24 Rn. 48; *Aichberger/Schwartz*, DStR 2015, 1691, 1696; *Ziegler*, in: Blum/Gassner/Seith, OWiG, 1. Aufl. 2016, § 130 Rn. 20.

270 Zur inhaltlichen Konkretisierung der „gehörigen Aufsicht“ Kapitel 3 C. I. 2.

271 *Ziegler*, in: Blum/Gassner/Seith, OWiG, 1. Aufl. 2016, § 130 Rn. 22.

272 *Rogall*, in: Mitsch, Karlsruher Kommentar zum OWiG, 5. Aufl. 2018, § 130 Rn. 20.

273 *Aichberger/Schwartz*, DStR 2015, 1691, 1696; *Schwartz*, in: Schulz, Compliance-Management im Unternehmen, 2017, Kapitel 24 Rn. 48; *Handel*, DStR 2017, 1945, 1946.

274 *Sahan*, in: Graf/Jäger/Wittig, Wirtschafts- und Steuerstrafrecht, 2. Aufl. 2017, § 377 Rn. 17 f.

275 *Hunsmann*, DStR 2014, 855, 855.

die für alle Bezugstaten gelten soll. Weiterhin ist zu beachten, dass die Bezugstat lediglich objektive Bedingung der Strafbarkeit ist, sanktioniert wird in § 130 OWiG also nicht die leichtfertige Steuerverkürzung nach § 378 AO, sondern der Organisationsmangel des Inhabers des Betriebs oder Unternehmens.[276]

Auf Grundlage des § 130 OWiG kann deshalb gegen den Geschäftsleiter eine Ordnungswidrigkeit wegen Aufsichtspflichtverletzung nach § 130 OWiG vorliegen. Diese kann auch geltend gemacht werden, wenn dem Geschäftsleiter persönlich kein Vorwurf vorsätzlichen oder leichtfertigen Handelns nach §§ 370, 378 AO gemacht werden kann,[277] die begangene Ordnungswidrigkeit aber auch sonst keinem einzelnen Täter zweifelsfrei zugeordnet werden kann.[278] Bemerkenswert ist auch, dass eine Geldbuße nach § 130 OWiG sogar dann verhängt werden kann, wenn für die Anknüpfungstat der §§ 370, 378 AO der persönliche Strafaufhebungsgrund der Selbstanzeige nach §§ 371, 378 Abs. 3 AO greift. Denn die Selbstanzeige schlägt nicht auf die Aufsichtspflichtverletzung durch. In der Praxis wird aber wohl in diesen Konstellationen aus Opportunitätsgründen von einer Geldbuße nach § 130 OWiG abzusehen sein, vgl. § 47 OWiG.[279]

Der Strafrahmen richtet sich gem. § 130 Abs. 3 OWiG nach der zugrundeliegenden Pflichtverletzung, die aufgrund der Aufsichtspflichtverletzung nicht unterbunden wurde. War diese mit Strafe bedroht, kann eine Geldbuße bis zur Höhe von 1.000.000 EUR ergehen, § 130 Abs. 3 S. 1 OWiG. Bei einer fahrlässigen Aufsichtspflichtverletzung ist die Geldbuße auf 500.000 EUR begrenzt, § 17 Abs. 2 OWiG. Ist die zugrundeliegende Anknüpfungstat eine leichtfertige Steuerverkürzung nach § 378 AO, dann ist die Geldbuße auf 50.000 EUR begrenzt, § 130 Abs. 3 S. 2 OWiG i. V. m. § 378 Abs. 2 AO.[280]

bb) Verbandsgeldbuße, § 30 OWiG

Über § 30 OWiG kann eine juristische Person mit einem Bußgeld belastet werden, wenn ihr der Verstoß einer ihrer gesetzlichen Vertreter zugerechnet werden kann. Eine Zurechnung ist möglich, wenn die Pflicht, gegen die verstoßen wurde, eigentlich die juristische Person oder Personenvereinigung treffen sollte, oder

---

276 *Hunsmann*, DStR 2014, 855, 855.

277 *Aichberger/Schwartz*, DStR 2015, 1691, 1696.

278 *Bohnert/Krenberger/Krumm*, in: Bohnert/Krenberger/Krumm, OWiG, 4. Aufl. 2016, § 130 Rn. 24 ff.

279 *Hunsmann*, DStR 2014, 855, 855.

280 *Schwartz*, in: Schulz, Compliance-Management im Unternehmen, 2017, Kapitel 24 Rn. 49.

wenn letztere durch den Verstoß bereichert wurden.[281] „§ 30 OWiG enthält selbst keinen Ahnungstatbestand, sondern überträgt das Delikt einer natürlichen Person auf die Gesellschaft so, als hätte diese das Delikt begangen".[282] Als relevante natürliche Personen kommen nur die in der abschließenden Aufzählung des § 30 Abs. 1 Nr. 1–5 OWiG genannten Personen in Betracht. Das sind solche, die in einem Organ- oder Vertretungsverhältnis zu der Gesellschaft stehen, sog. Leitungspersonen.

Eine solche Bezugstat kann die Aufsichtspflichtverletzung des Leitungsorgans nach § 130 OWiG sein, oder in steuerrechtlicher Hinsicht eine von der Leitungsperson begangene Steuerhinterziehung oder eine leichtfertige Steuerverkürzung.[283] Eine tatsächliche Ahndung ist nicht erforderlich, solange die Tat verfolgbar ist, also eine wirksame strafbefreiende Selbstanzeige nach §§ 371, 378 Abs. 3 AO nicht vorliegt.[284]

Eine Verbandsgeldbuße kann nach § 30 Abs. 2 Nr. 1 OWiG bei einer vorsätzlichen Straftat bis zu 10.000.000 EUR je Tat (also pro Veranlagungszeitraum)[285] betragen. Ist die Anknüpfungstat dagegen eine Ordnungswidrigkeit wie § 378 AO, kann eine Geldbuße in Höhe von bis zu 50.000 EUR je Tat festgesetzt werden, § 30 Abs. 2 S. 2 OWiG i. V. m. § 378 Abs. 2 AO. Besonders hoch ist die Geldbuße in dem Fall, in dem die Anknüpfungstat eine Aufsichtsverletzung nach § 130 OWiG ist. Dann verzehnfacht sich das Höchstmaß der Geldbuße des jeweiligen Ordnungswidrigkeitentatbestands, § 30 Abs. 3 S. 3 OWiG.[286]

Die Höhe der Geldbuße kann nach § 30 Abs. 3 i. V. m. § 17 Abs. 4 OWiG erhöht werden, um den wirtschaftlichen Vorteil der Ordnungswidrigkeit abzuschöpfen. Dies scheidet bei Steuerverkürzungen häufig aus, da die verkürzten Steuern bereits nach dem Steuerrecht nachzubezahlen sind.[287] Denn die

281 *Aichberger/Schwartz*, DStR 2015, 1691, 1697; *Schmitt-Leonardy*, in: Blum/Gassner/Seith, OWiG, 1. Aufl. 2016, § 30 Rn. 1.

282 *Durst*, KÖSDI 2014, 19125, 19126.

283 *Werder/Rudolf*, BB 2016, 1433, 1440; *Schwartz*, in: Schulz, Compliance-Management im Unternehmen, 2017, Kapitel 24 Rn. 50; *Aichberger/Schwartz*, DStR 2015, 1691, 1697; ein solcher Sachverhalt lag dem Urteil des BGH vom 9.5.2017, Az. 1 StR 265/16, wistra 2017, 390 zugrunde.

284 *Schmitt-Leonardy*, in: Blum/Gassner/Seith, OWiG, 1. Aufl. 2016, § 30 Rn. 15.

285 *Schwartz*, in: Schulz, Compliance-Management im Unternehmen, 2017, Kapitel 24 Rn. 51.

286 *Aichberger/Schwartz*, DStR 2015, 1691, 1697.

287 *Werder/Rudolf*, BB 2016, 1433, 1440.

zugehörigen Aufwendungen sind von den wirtschaftlichen Vorteilen abzuziehen, sog. Nettoprinzip.[288]

Weitere finanzielle Nachteile erlangt das Unternehmen daraus, dass zumindest der Ahndungsteil[289] der festgesetzten Geldbuße keine gewinnmindernde Betriebsausgabe ist, § 4 Abs. 5 S. 1 Nr. 8 S. 1 EStG.[290]

cc) Verfallsanordnung, § 29a Abs. 2 OWiG

Kann eine Geldbuße nach § 30 OWiG nicht festgesetzt werden,[291] besteht die Möglichkeit einer selbstständigen Verfallsanordnung nach § 29a OWiG. Dadurch soll der durch die Straftat bzw. Ordnungswidrigkeit erlangte Vorteil abgeschöpft werden. Handelt es sich um Steuerstraftaten oder Steuerordnungswidrigkeiten, wird hier häufig ein Zinsvorteil abgeschöpft.[292]

c) Vermeidung immaterieller Schäden

Neben der Haftungsvermeidung soll durch Tax Compliance die Reputation des Unternehmens nach Außen geschützt werden.[293] Durch Pflichtverletzungen kann das Ansehen des Unternehmens leiden. Aus diesem Grund wird Tax Compliance auch als Werbemittel[294] eingesetzt. Dadurch sollen das Vertrauen des Marktes sowie der potentiellen Kunden und Geschäftspartner gestärkt werden.[295]

---

288 H. M., *Rogall*, in: Mitsch, Karlsruher Kommentar zum OWiG, 5. Aufl. 2018, § 30 Rn. 141; *Meyberg*, in: Graf, BeckOK OWiG, 10. Edition Stand 1.10.2018, § 30 Rn. 100.

289 Anders kann es beim Abschöpfungsteil sein, vgl. § 4 Abs. 5 S. 1 Nr. 8 S. 4 EStG sowie EStR Nr. 4.13.

290 *Von Galen/Maass*, in: Leitner/Rosenau, Wirtschafts- und Steuerstrafrecht, 1. Aufl. 2017, § 30 OWiG Rn. 117; *Schwartz*, in: Schulz, Compliance-Management im Unternehmen, 2017, Kapitel 24 Rn. 52.

291 Z. B. wegen fehlender Verantwortlichkeit, Verfahrenshindernissen oder aus Opportunitätserwägungen, *Schwartz*, in: Schulz, Compliance-Management im Unternehmen, 2017, Kapitel 24 Rn. 53; *Aichberger/Schwartz*, DStR 2015, 1691, 1697.

292 *Schwartz*, in: Schulz, Compliance-Management im Unternehmen, 2017, Kapitel 24 Rn. 53; *Aichberger/Schwartz*, DStR 2015, 1691, 1697.

293 *Kromer/Pumpler/Henschel*, BB 2013, 791, 794; *Besch/Starck*, in: Hauschka/Lösler/Moosmayer, Corporate Compliance, 3. Aufl. 2016, § 33 Rn. 17; *Kohlepp*, Besteuerung gesetzlicher Krankenkassen, 2017, S. 37.

294 *Besch/Starck*, in: Hauschka/Moosmayer/Lösler, Corporate Compliance, 3. Aufl. 2016, § 33 Rn. 21.

295 *Gößwein/Hohmann*, BB 2011, 963, 964.

II. Organisatorische Funktion

Die organisatorische Funktion soll sicherstellen, dass das Unternehmen eine Organisation einrichtet, die geeignet ist, die Einhaltung der vom Unternehmen zu beachtenden steuerlichen Regeln in Form von Gesetzen oder unternehmensinternen Richtlinien zu gewährleisten. Die implementierte Organisation ist damit die praktische Umsetzung, mit der zum einen Schäden und Haftungen vermieden und zum anderen die Steuern optimiert werden sollen.[296] Dies kann in Form eines Tax CMS geschehen, welches später[297] ausführlich dargestellt wird. Ein Compliance-Management-System soll dabei helfen, Risiken für das Unternehmen, die Unternehmensleitung und Mitarbeiter rechtzeitig zu identifizieren und zu vermeiden oder zumindest zu minimieren.[298]

III. Gestalterische Funktion

Eine dritte Funktion, die Tax Compliance zugeschrieben wird, ist die gestalterische Funktion. Diese soll auf die Vermeidung von Steuern und die Steueroptimierung im Rahmen der geltenden Steuergesetze hinwirken.[299] Tax Compliance beinhaltet insoweit eine Form von Qualitätssicherung, wobei sich Qualität auf die Steuerlast bezieht. Es bedarf daher innovativer Ideen, um legale Gestaltungen zu finden, die die Steuerlast so gering wie möglich ausfallen lassen.[300] Dabei geht es um eine Optimierung mit Blick auf das Ergebnis vor Steuern, weshalb man auch von einer „relative[n] Barwertminderung"[301] spricht. Die Steuerplanung soll zum einen Steuermehrbelastungen vermeiden (z.B. durch sofortige Verlustverrechnungen) und zum anderen Steuerminderungsbelastungen nutzen (z.B. Steuergutschriften von Quellensteuern).[302]

---

296 *Kromer/Pumpler/Henschel*, BB 2013, 791, 792; *Nowroth*, NWB 2015, 3406, 3406; *Besch/Starck*, in: Hauschka/Lösler/Moosmayer, Corporate Compliance, 3. Aufl. 2016, § 33 Rn. 7.

297 Vgl. dazu Kapitel 3.

298 *Besch/Starck*, in: Hauschka/Lösler/Moosmayer, Corporate Compliance, 3. Aufl. 2016, § 33 Rn. 19; *Kiethe*, GmbHR 2007, 393, 394.

299 *Kromer/Pumpler/Henschel*, BB 2013, 791, 792; *Besch/Starck*, in: Hauschka/Lösler/Moosmayer, Corporate Compliance, 3. Aufl. 2016, § 33 Rn. 7; *Schulz*, BB 2017, 1475, 1477.

300 *Schwedhelm*, AnwBl 2009, 90, 91; *Streck*, in: Streck/Mack/Schwedhelm, Tax Compliance, 2. Aufl. 2016, Rn. 1.26.

301 *Risse*, Tax Compliance und Tax Risk Management, 2015, S. 44; *ders.*, DB 2017, 2061, 2063.

302 Mit weiteren Beispielen *Risse*, DB 2017, 2061, 2063.

Die Literatur nimmt Steueroptimierung als Teil des Funktionsverständnisses von Tax Compliance aus Unternehmenssicht unreflektiert an.[303] So heißt es, dass es das „gute Recht“[304] der steuerpflichtigen Unternehmen sei, so wenig Steuern wie möglich zu zahlen und sich diese Funktion „nahtlos“[305] in ein unternehmerisches Tax CMS einfüge. Dies lässt sich so undifferenziert meines Erachtens nicht vertreten. Es ist vielmehr danach zu unterscheiden, inwieweit zum Zeitpunkt der Gestaltung die Einhaltung der Gesetze feststand und welche Nachteile den Gestaltungsvorteilen gegenüberstanden. Diese zu berücksichtigenden Nachteile sind nicht nur rechtlicher, sondern auch ethischer Natur.

1. Steueroptimierung im Rahmen der Gesetze

Zwar sind Steuersubjekte grundsätzlich zur Zahlung von Steuern verpflichtet. Das heißt aber nicht, dass eine Optimierung der Steuerlast nicht möglich ist. Vermieden werden sollen sog. „Dummensteuern“,[306] also solche Steuern, die nur entstehen, wenn vorhandene Gestaltungsmöglichkeiten nicht ausgenutzt werden.[307] Dummensteuern können darin begründet sein, dass Unwissenheit oder Informationsdefizite vorliegen, indem bspw. steuerliche Wahlmöglichkeiten nicht genutzt werden.[308] Denkbar ist aber auch, dass operative oder strategische Fehlentscheidungen getroffen werden, bspw. bei der Rechtsformwahl.[309]

Die Grenze für jede Steueroptimierung ist die Missbrauchsregel in § 42 AO. „Das Motiv, Steuern zu sparen, macht eine steuerliche Gestaltung noch nicht unangemessen. Eine rechtliche Gestaltung ist erst dann unangemessen, wenn der Steuerpflichtige die vom Gesetzgeber vorausgesetzte Gestaltung zum Erreichen

---

303 *Demuth/Kaiser/Eberhard*, in: Inderst/Bannenberg/Poppe, Compliance, 3. Aufl. 2017, Rn. 604; *Kromer/Pumpler/Henschel*, BB 2013, 791, 792; *Schwedhelm*, AnwBl 2009, 90, 91; *Streck*, in: Streck/Mack/Schwedhelm, Tax Compliance, 2. Aufl. 2016, Rn. 1.26; *Besch*/Starck, in: Hauschka/Moosmayer/Lösler, Corporate Compliance, 3. Aufl. 2016, § 33 Rn. 14; *Risse*, DB 2017, 2061, 2062; *Streck/Binnewies*, DStR 2009, 229, 231; *Schwartz*, in: Schulz, Compliance-Management im Unternehmen, 2017, 24. Kapitel Rn. 38; *Kohlepp*, Besteuerung gesetzlicher Krankenkassen, 2017, S. 41.

304 *Streck*, in: Streck/Mack/Schwedhelm, Tax Compliance, 2. Aufl. 2016, Rn. 1.26.

305 *Wehner*, Die Vermeidung steuerstrafrechtlicher Risiken durch Tax Compliance, 2017, S. 25.

306 *Tipke*, Die Steuerrechtsordnung Bd. I, 2. Aufl. 2000, S. 23, 493; *ders.*, Die Steuerrechtsordnung Bd. III, 2. Aufl. 2000, S. 1365; *Rose*, FS Tipke 1995, 153, 153.

307 *Rose*, FS Tipke 1995, 153, 153.

308 *Rose*, FS Tipke 1995, 153, 154.

309 *Rose*, FS Tipke 1995, 153, 158.

eines bestimmten wirtschaftlichen Ziels nicht gebraucht, sondern dafür einen ungewöhnlichen Weg wählt, auf dem nach der Wertung des Gesetzgebers das Ziel nicht erreichbar sein soll."[310]

Eine Steueroptimierung, die sich in einer „gesetzeskonforme[n] Minimierung der Steuerbelastung"[311] verwirklicht, ist vom Begriff und der Funktion von Tax Compliance umfasst (Grundsatz der Regelkonformität).[312] Dies zum einen schon aus dem Zweck, das Unternehmen vor Schäden zu schützen.[313] Hinter dem Begriff Schaden verbirgt sich letztlich ein monetärer Schaden. Dieser kann nicht nur durch Gesetzesverletzungen entstehen, sondern auch dadurch, dass mehr Steuern gezahlt werden, als nötig.[314] Darüber hinaus lässt sich Steueroptimierung mit dem Unternehmensinteresse begründen, was sich in der Regel auf die Erwirtschaftung von Gewinnen bezieht.[315] Gewinne werden jedoch durch überhöhte Steuerzahlungen gemindert.

Ein Beispiel für eine legale Steueroptimierung ist die sofortige Verlustverrechnung in der steuerlichen Organschaft nach § 14 Abs. 1 KStG. Bei dieser haben alle Organgesellschaften sowohl ihre Gewinne als auch ihre Verluste an die Organträgerin abzuführen. Anschließend werden die Gewinne und Verluste der einzelnen Organgesellschaften auf Ebene der Organträgerin saldiert und dort besteuert. Die dadurch ermöglichte sofortige Verlustverrechnung führt zu einer Minderung des zu versteuernden Einkommens, woraufhin insgesamt weniger Steuern zu zahlen sind, als würde jede Organgesellschaft selbst ihre Gewinne versteuern.[316]

---

310 St. Rspr. BFH, Urteil vom 29.5.2008, Az. IX R 77/06, BFHE 221, 231 = BStBl. II 2008, 789 = DStR 2008, 1586, 1587; Urteil vom 16.2.1992, Az. V R 1/91, BFHE 167, 215 = DStR 1992, 750, 750; ebenso *Klein*, BB 2016, 2006, 2007.

311 *Besch*/Starck, in: Hauschka/Moosmayer/Lösler, Corporate Compliance, 3. Aufl. 2016, § 33 Rn. 14; ebenso *Ehrke-Rabel/Kofler*, ÖStZ 2009, 456, 456; *Pfuhl*, Steuerorientierte Rechtsformplanung mittels Thesaurierungsbegünstigung und Abgeltungsteuer, 2014, S. 11.

312 *Ull*, in: Behringer, Compliance für KMU, 2012, S. 153.

313 Ebenso *Besch*/Starck, in: Hauschka/Moosmayer/Lösler, Corporate Compliance, 3. Aufl. 2016, § 33 Rn. 14.

314 So bezeichnet *Risse* Tax Compliance als Mittel einer „Kostensenkung durch Ausnutzung von steuerlichen Gestaltungsmöglichkeiten im Rahmen der Legalität", DB 2016, 2061, 2063.

315 *Rolf/Meisel*, CB 2015, 14, 14.

316 *Dötsch*, in: Dötsch/Pung/Möhlenbrock, KStG, 94. EL Stand 10/2018, § 14 Rn. 53.

2. Steueroptimierung unter Verstoß gegen geltende Gesetze

Rechtliche Gestaltungen, die den geltenden Gesetzen widersprechen, sind unter Compliance-Gesichtspunkten unzulässig. Wenn Compliance als Regelkonformität verstanden wird, dann muss das Unternehmen von Gestaltungen, die nicht regelkonform sind, Abstand nehmen.[317] Die legale Steuerplanung bzw. -optimierung endet dort, wo Steuerumgehungen nach § 370 AO oder § 378 AO zu sanktionieren sind.[318]

Das bedeutet, dass auch solche Regelverstöße zu unterbleiben haben, die sich nach wirtschaftlicher Betrachtung für das Unternehmen positiv auswirken,[319] sog. nützlicher Schaden.[320] Ebenso ist es unerheblich, ob die Wahrscheinlichkeit besteht, dass die Finanzverwaltung die Gestaltung aufgreift und sanktioniert.[321]

3. Risikobehaftete Steueroptimierung: aggressive Steuerplanung

Problematisch ist der Bereich dazwischen, also jene Steuervermeidungsstrategien, die sich weder klar im Gesetz finden, deren Rechtswidrigkeit aber auch nicht einwandfrei feststeht, die sich also in einem Graubereich bewegen. Die Gestaltungen kann man als „aggressive Steuerplanung“ bezeichnen, da dort „bewusst und unter Ausnutzung sämtlicher nationaler und internationaler“[322] Gegebenheiten Möglichkeiten gesucht werden, die zu einer geringeren Steuerbelastung führen sollen. Eine aggressive Steuerplanung ist stets auf der Grenze zur illegalen Steueroptimierung, sodass in diesen Fällen besondere Vorsicht geboten ist.[323] Eine solche Gestaltung stellten die Cum/Ex-Geschäfte dar, die zu diesem Zwecke erläutert werden sollen.

---

317 So auch *Streck*, in: Streck/Mack/Schwedhelm, Tax Compliance, 2. Aufl. 2016, Rn. 1.7, der missbräuchliche Gestaltungen von dem Tax Riskmanagement umfasst sieht, jedoch nicht von Tax Compliance; *Rolf/Meiisel*, CB 2015, 14, 15; *Demuth/Kaiser/Eberhard*, in: Inderst/Bannenberg/Poppe, Compliance, 3. Aufl. 2017, Rn. 604 sind hier etwas ungenau, da sie nur auf die Grenzen des Strafrechts hinweisen. Richtigerweise gelten aber die gesetzlichen Grenzen aller Rechtsgebiete.

318 *Ehrke-Rabel/Kofler*, ÖStZ 2009, 456, 456 f.

319 *Kort*, FS Hopt 2010, 983, 992.

320 *Zöllner/Noack*, in: Baumbach/Hueck, GmbHG, 21. Aufl. 2017, § 43 Rn. 23; *Fleischer*, in: Fleischer/Goette, Münchener Kommentar zum GmbHG, 2. Aufl. 2016, § 43 Rn. 43; *Schulz*, BB 2017, 1475, 1479; *Paefgen*, in: Ulmer/Habersack/Löbbe, GmbHG, 2. Aufl. 2014, § 43 Rn. 66; *Reichert*, FS Hoffmann-Becking 2013, 943, 952.

321 *Rolf/Meiisel*, CB 2015, 14, 15.

322 *Ehrke-Rabel/Kofler*, ÖStZ 2009, 456, 456.

323 *Ehrke-Rabel/Kofler*, ÖStZ 2009, 456, 456.

a) *Beispiel: Steueroptimierung durch die Cum/Ex-Geschäfte*

aa) Zugrundeliegender Sachverhalt

Vereinfacht dargestellt liegt den Cum/Ex-Geschäften folgender Sachverhalt zu Grunde: Durch Leerverkäufe[324] von Aktien vor dem Dividendenstichtag (Cum) und einer Lieferung der Aktien nach dem Dividendenstichtag (Ex) kam es dazu, dass zum Zeitpunkt der Dividendenauszahlung zwei Eigentümer der Aktien ausgewiesen wurden: der ursprüngliche Eigentümer und der Erwerber als wirtschaftlich Berechtigter, der sog. Leerkäufer. Da die Dividende von der emittierenden Gesellschaft als Nettodividende ausgezahlt wird,[325] bekam der ursprüngliche Eigentümer nach § 45a Abs. 3 S. 1 EStG a. F.[326] eine Steuerbescheinigung. Der wirtschaftliche Berechtigte, also derjenige, der die Aktien vom Leerverkäufer erwirbt, bekam eine Steuerbescheinigung aufgrund von § 45a Abs. 3 S. 2 EStG. Mit diesen Steuerbescheinigungen konnten beide, der ursprüngliche Eigentümer wie der wirtschaftlich Berechtigte, vom Finanzamt die tatsächlich nur einmal einbehaltene Kapitalertragsteuer zurückverlangen. Da die Kapitalertragsteuer eine Erhebungsform der Einkommensteuer ist, kann diese auf Antrag des Aktionärs angerechnet oder erstattet werden, § 36 Abs. 2 Nr. 2 EStG. Dies war nur deshalb möglich, da durch den Leerverkauf unklar blieb, wer zum Zeitpunkt der Dividendenausschüttung Eigentümer der Aktie war.[327]

bb) Rechtlich unklare Lage

Bis heute ist nicht endgültig geklärt, ob diese Gestaltungen legal oder illegal gewesen sind.[328] Die dem zugrundeliegende rechtliche Fragestellung lautet, ob es überhaupt möglich war, dass es zwei Eigentümer der Aktien geben konnte. Unter Hinweis auf die Rechtsprechung des BFH aus dem Jahr 1999 zum Dividendenstripping[329] wird dies teilweise bejaht, da der BFH den Eigentumserwerb an einer Aktie schon mit dem Vertragsschluss und nicht erst durch tatsächliche Lieferung

---

324 Es handelt sich um einen Leerverkauf, da der Verkäufer die Aktie zum Verkaufszeitpunkt noch nicht in seinem Depot hatte, sondern sie erst nachträglich (nach dem Dividendenstichtag) erwarb.

325 Nach § 43a Abs. 1 S. 1 Nr. 1 EStG sind auf Dividendenzahlungen an Aktionäre Kapitalertragsteuer in Höhe von 25 % zu erheben. Diese behält die AG ein und führt deshalb nur die Nettodividende ab, *Klein*, BB 2013, 1054, 1054.

326 *Florstedt*, NZG 2017, 601, 601.

327 *Florstedt*, NZG 2017, 601, 603.

328 BT-Drs. 18/3735, 2.

329 BFH, Urteil vom 15.12.1999, Az. I R 29/97, BFHE 190, 446 = BStBl. II 2000, 527.

bejahte. Für die Legalität der Cum/Ex-Gestaltung führen deren Befürworter[330] weiter die sog. Legalitätsthese an. Da es sich um eine Lücke im Gesetz handele, sei deren Ausnutzung legal.[331]

Andere halten die Gestaltung für illegal.[332] Es läge schon kein Eigentum des Leerkäufers vor. Eine Erstattung der Kapitalertragsteuer kommt nach § 44 Abs. 1 S. 1 und 3 EStG nur für den Anteilsinhaber als Gläubiger der Kapitalerträge in Betracht. Für die Anteilseignerschaft verweist § 20 Abs. 5 S. 2 EStG auf die allgemeinen Zurechnungsregeln des Steuerrechts in § 39 AO. Gemäß § 39 Abs. 1 AO sind die Wirtschaftsgüter dem Eigentümer zuzurechnen. Danach soll grundsätzlich der Begriff des Eigentümers mit demjenigen im Zivilrecht identisch sein. Das zivilrechtliche Sachenrecht ist jedoch von dem Grundsatz der Publizität[333] geprägt. Eine Eigentumsübertragung ohne Publizitätsakt gibt es nicht. Bei den Leerverkäufen fehlt es aber gerade an einem Publizitätsakt. Ausnahmen vom zivilrechtlichen Eigentum finden sich in § 39 Abs. 2 Nr. 1 AO, wonach wirtschaftlicher Eigentümer sein kann, wer die tatsächliche Herrschaft über die Sache in der Weise ausübt, dass er den Eigentümer für die gewöhnliche Nutzungsdauer von der Einwirkung auf das Wirtschaftsgut wirtschaftlich ausschließen kann. Auch diese Ausschließungsbefugnis steht einem Leerkäufer nicht zu. Nach der gesetzlichen Lage ist daher schon keine doppelte Eigentümerschaft denkbar. Im Ergebnis stimme dem auch die bisher ergangene Rechtsprechung zu, die ebenfalls einen Eigentumserwerb des Leerkäufers verneint.[334]

---

330 *Loritz*, WM 2017, 309; *ders.*, WM 2017, 353; *Berger/Matuszewski*, BB 2011, 3097, 3104; *Desens*, DStZ 2012, 142, 155; *ders.*, DStR 2014, 2317, 2322; *Klein*, BB 2013, 1054, 1055; *ders.*, BB 2016, 2006; *Podewills*, AG 2010, 391, 397.

331 *Berger/Matuszewski*, BB 2011, 3097, 3104; *Klein*, BB 2013, 1054, 1057; *ders.*, BB 2016, 2006, 2011 speziell zu den Versäumnissen aus dem Jahressteuergesetz von 2007, das die §§ 20 Abs. 1 Nr. 1 S. 4, 44 Abs. 1 S. 3, 45a Abs. 3 S. 1 EStG nur bezüglich der Involvierung inländischer Kreditinstitute änderte.

332 BT-Drs. 18/1603, 8; *Florstedt*, NZG 2017, 601, 604 f.; *ders.*, FR 2016, 641, 642 f.; *Bruns*, DStR 2010, 2061, 2063; *Rau*, DStR 2010, 1267, 1271; *Spengel/Eisgruber*, DStR 2015, 785, 795.

333 *Gaier*, in: Säcker/Rixecker/Oetker, Münchener Kommentar zum BGB, 7. Aufl. 2017, Einl. SachenR Rn. 22.

334 BFH, Urteil vom 16.4.2014, Az. I R 2/12, BFHE 246, 15, 23 f. = NZG 2014, 1317; Hessisches FG, Urteil vom 10.2.2016, Az. 4 K 1684/14, DStR 2016, 1084; Hessisches FG, Urteil vom 10.3.2017, Az. 4 K 977/14, zitiert nach juris; FG Düsseldorf, Urteil vom 12.12.2016, Az. 6 K 1544/11, zitiert nach juris.

b) *Entscheidung anhand des Unternehmensinteresses*

Bei der Frage, ob eine Steuergestaltung durchzuführen ist oder nicht,[335] hat sich der Geschäftsleiter am Unternehmensinteresse zu orientieren. Dazu gehört es, Schäden von der Gesellschaft abzuwenden und deren Vorteile zu wahren. Er hat also dafür Sorge zu tragen, den Bestand des Unternehmens zu sichern und zu einer dauerhaften Rentabilität beizutragen.[336]

aa) Corporate Reputation Management

Der Bestand eines Unternehmens sowie dessen Rentabilität werden in hohem Maße durch die Reputation des Unternehmens beeinflusst. Wie Studien herausgefunden haben, kann die Reputation bis zu 60 % der Marktbewertung des Unternehmens ausmachen. Sie gilt daher als einer der wichtigsten Wertfaktoren der Unternehmensbewertung.[337] Teil der Geschäftsleiterpflicht ist daher das sog. Corporate Reputation Management. Darunter versteht man alle Geschäftsführungsmaßnahmen, „die darauf gerichtet sind, die Unternehmensreputation, verstanden als das umfassende Ansehen des Unternehmens bei dessen sämtlichen Stakeholdern (...), also die tatsächlich-effektive oder emotionale Reaktion der Unternehmensstakeholder auf den Unternehmensnamen (...) im Verhältnis zu deren jeweiligen Wertevorstellungen und Zielen zu fördern.“[338] Ein Merkmal, welches sich auf die Unternehmensreputation auswirkt, ist die „Einschätzung über das Bestehen akzeptabler, ethischer Überzeugungen im Unternehmenshandeln

---

335 Das OLG Stuttgart vertritt die Ansicht, dass es für die Fälle, in denen außer der steuerlichen Nichtanerkennung der Gestaltung keine weiteren Nachteile drohen, sogar eine Verpflichtung zur Umsetzung bestünde, OLG Stuttgart, Urteil vom 12.5.1999, Az. 20 U 62/98, Rn. 156 zitiert nach juris. Dabei bleibt zu beachten, dass es sich bei dem dem Urteil zugrundeliegenden Sachverhalt um eine Anfechtungsklage eines Gesellschafters gegen die anderen Gesellschafter handelt. Wie später noch gezeigt wird, wird durch die Compliance-Pflicht die Geschäftsleitung und damit nicht zwingend alle anderen Gesellschafter verpflichtet; *Rolf/Meiisel*, CB 2015, 14, 14.

336 *Reichert*, FS Hoffmann-Becking 2013, 943, 953; *Rolf/Meiisel*, CB 2015, 14, 15; BGH, Urteil vom 27.9.1956, Az. II ZR 144/55, BGHZ 21, 354, 357; für die GmbH BGH, Urteil vom 28.4.2008, Az. II ZR 264/06, BGHZ 176, 204 = DB 2008, 1423 Rn. 38; *Haag/Acikgöz*, CB 2016, 265, 266.

337 *Seibt*, DB 2015, 171, 171 m. w. N.; *Fissenwert*, in: Fissenwert, Compliance für den Mittelstand, 2013, Kapitel 2 Rn. 16.

338 *Seibt*, DB 2015, 171, 171.

und das Vorliegen eines sozialen Verantwortungsbewusstseins".[339] Unter diesen Punkt lassen sich die Steueroptimierungen subsumieren. Steuern wohnt stets ein sozialer Aspekt inne, da diese die finanzielle Grundlage des steuerfinanzierten Staats der Bundesrepublik darstellen.[340] Damit decken sich die Erkenntnisse, dass negative Marktreaktionen beinahe mit Sicherheit erwartet werden können, wenn die zugrundeliegende Pflichtverletzung eine Verbindung zur Finanzverfassung aufweist,[341] insbesondere bei aggressiver Steuerplanung.[342]

Bei Gestaltungen, die zwar nicht durch eine Rechtsnorm verboten,[343] aber dennoch ethisch fragwürdig sind, muss die Geschäftsleitung eine Abwägung der voraussichtlichen Vorteile mit dem Reputationsverlust vornehmen. Dabei ist zu berücksichtigen, dass trotz gesetzlicher Legalität eine ethisch fragwürdige Gestaltung geeignet sein kann, das Bild des Unternehmens in der Öffentlichkeit zu trüben.[344] Wenn dies so ist, liegt eine solche Handlungsalternative nicht im Unternehmensinteresse.[345] So formulierte auch schon *Werner Flume* 1983: „Wenn aber die öffentliche Meinung solche Geschäfte missbilligt, so muss der Vorstand dies beachten, und wenn er der Ansicht ist, dass der Abschluss des – für sich genommen lukrativen – Geschäfts in der Rückwirkung auf die öffentliche Meinung für das Unternehmen und damit für die Gesellschaft nachteilig ist, muss er das Geschäft unterlassen."[346]

Auf gleicher Linie liegt die Rechtsprechung des BGH: „Es ist mit den Verhaltenspflichten des Vorstands als eines ordentlichen Geschäftsleiters daher durchaus vereinbar, dass er unentgeltliche Zuwendungen allein mit dem Ziel ausreicht,

---

339 *Seibt*, DB 2015, 171, 171; zum sozialen Verantwortungsbewusstsein auch *Aichberger/Schwartz*, DStR 2015, 1758, 1760; ebenso zur Wirkung von ethischem Verhalten auf die Unternehmensreputation *Nikoleyczik/Graßl*, NZG 2017, 161, 162; *Schulz*, BB 2017, 1475, 1477.

340 *Richter/Welling*, FR 2015, 297, 299; dazu sogleich ausführlich unter cc).

341 *Nietsch*, ZHR 180 (2016), 733, 761.

342 *Seibt*, Reputationsrisiken werden oft unterschätzt, Geschäftsleiter sollten „Corporate Reputation Management" als wesentlichen Teil der Risikosteuerung betrachten, in: Börsen-Zeitung Nr. 31 vom 14.2.2015, S. 9.

343 *Seibt*, DB 2015, 171, 171.

344 *Fleischer*, DB 2017, 2015, 2020; zu den Risiken auch *Aichberger/Schwartz*, die zutreffend darauf hinweisen, dass der Reputationsverlust bereits durch einen einzigen Vorfall begründet sein kann und auch dann besteht, wenn sich die Anschuldigungen im Nachhinein als falsch erweisen, DStR 2015, 1758, 1761.

345 *Fleischer*, DB 2017, 2015, 2020.

346 *Flume*, Allgemeiner Teil des bürgerlichen Rechts, Bd. I/2: Die juristische Person, 1983, § 2 VIII 3, S. 60.

die soziale Akzeptanz der Aktiengesellschaft zu verbessern, sie als „good corporate citizen" darzustellen und dadurch indirekt ihr wirtschaftliches Fortkommen zu verbessern".[347]

bb) Ethische Merkmale der Tax Compliance

Der Schutz der Unternehmensreputation ist wiederrum direkt durch Tax Compliance bezweckt.[348] Die Tatsache, dass außerrechtliche Maßstäbe in Form des Reputationsschutzes in eine Entscheidung der Geschäftsleitung über eine aggressive Steuerplanung Eingang finden, steht ebenfalls im Einklang mit dem Funktionsverständnis von Compliance. Tax Compliance ist eine „grundsätzliche Wertentscheidung",[349] Recht und Gesetz zu befolgen. Aus dieser Formulierung ergibt sich, dass Compliance selbst eine ethische Komponente zugrunde liegt.

Ethische Merkmale finden sich ebenso in denen von der Geschäftsleitung und den Mitarbeitern zu befolgenden unternehmensinternen Richtlinien, die teilweise explizit als ethische Regeln bezeichnet werden.[350] So werden in Verhaltenskodizes (Code of Conducts) neben rechtlichen und geschäftlichen auch ethische Standards formuliert, die bei der Ausführung der Geschäfte Beachtung finden sollen.[351] Diese Standards sind zumeist überobligatorisch, da sie über rein rechtliche Vorgaben weit hinausgehen.[352] So schreibt der ADAC e. V. in § 20b seiner Satzung, dass er sich zu regelkonformen und sozialverantwortlichem Handeln mit „hohen ethischen Standards" bekenne.[353] Der DFB hat eine Ethik-Kommission eingerichtet, die sowohl bei Verstößen gegen den speziell eingerichteten

347 BGH, Urteil vom 6.11.2011, Az. 1 StR 215/01, BGHSt 47, 187 = DB 2002, 626, 626.

348 *Kromer/Pumpler/Henschel*, BB 2013, 791, 794; *Besch/Starck*, in: Hauschka/Lösler/Moosmayer, Corporate Compliance, 3. Aufl. 2016, § 33 Rn. 17; OECD, OECD-Leitsätze für multinationale Unternehmen, 2011, S. 72 Ziffer 102, abrufbar unter: https://mneguidelines.oecd.org/48808708.pdf (10.1.2018); *Schulz*, BB 2017, 1475, 1477.

349 *Streck*, in: Streck/Mack/Schwedhelm, Tax Compliance, 2. Aufl. 2017, Rn. 1.23; *Kromer/Pumpler/Henschel*, BB 2013, 791, 791.

350 *AKEIÜ*, DB 2010, 1509, 1510; *Faust*, in: Schimansky/Bunte/Lwowski, Bankrechts-Handbuch, 5. Aufl. 2017, § 109 Rn. 6; *Fuhrmann*, in: Fuhrmann/Linnerz/Pohlmann, DCGK, 1. Aufl. 2016, Ziffer 4 Rn. 50; *Merkt*, ZIP 2014, 1705, 1706; *Runte/Eckert*, in: Bürgers/Köber, AktG, 4. Aufl. 2017, § 161 Rn. 95 f.

351 *Runte/Eckert*, in: Bürgers/Körber, AktG, 4. Aufl. 2017, § 161 Rn. 96.

352 *Runte/Eckert*, in: Bürgers/Körber, AktG, 4. Aufl. 2017, § 161 Rn. 96, 102.

353 ADAC, Satzung Allgemeiner Deutscher Automobil-Club e. V., 2016, abrufbar unter: https://www.adac.de/-/media/adac/pdf/wir-ueber-uns/ev/satzung_adac_-ev.pdf?la=de-de (6.2.2018).

Ethik-Kodex sowie gegen interne Compliance-Regularien handeln muss.[354] VW begründet die Wichtigkeit der Befolgung der steuerlichen Gesetze damit, dass dadurch Vertrauen der Kunden, der Finanzverwaltung und der Öffentlichkeit geschaffen werde.[355]

cc) Ethische Komponente von Steuern

Ethisches Verhalten zeichnet sich dadurch aus, dass es geprägt ist von der Verantwortung und Verpflichtung anderen gegenüber.[356] Diese Verantwortung und Verpflichtung anderen gegenüber zeigt sich in der Pflicht zur Zahlung von Steuern.[357] Die Bundesrepublik ist ein sog. Steuerstaat.[358] Das bedeutet, dass sie sich nicht über eigenes Staatseigentum finanziert,[359] sondern über die Besteuerung des Privateigentums und der Eigentumsverwendung der Steuerpflichtigen. Dementsprechend wurde auch das Grundgesetz formuliert, denn die in Art. 14 Abs. 1 GG kodifizierte Eigentumsgarantie hätte ansonsten keine Berechtigung.[360] Die Entscheidung für einen Steuerstaat ergibt sich ebenso aus den Regeln zur Finanzausstattung des Staates, Art. 105 und Art. 106 GG, in welchen sich ausschließlich Aussagen über Steuern finden. Das Grundgesetz selbst geht daher davon aus, dass die Finanzausstattung des Staates im Wesentlichen über die Erhebung von Steuern erfolgt.[361] Dies ist bis heute zutreffend;[362] im Jahr 2017 stammten 95,33 % aller Einnahmen aus der allgemeinen Finanzverwaltung.[363]

---

354 § 46a der Satzung des DFB, abrufbar unter: https://www.dfb.de/fileadmin/_dfbdam/159360-02_Satzung.pdf (6.2.2018).

355 Verhaltensgrundsätze des Volkswagen Konzerns (Code of Conduct), Stand 10/2017, S. 37, abrufbar unter: https://www.volkswagenag.com/presence/konzern/documents/Code_of_Conduct_2017_VW_Konzern_deutsch.pdf (12.2.2018).

356 Duden, Fremdwörterbuch, 11. Aufl. 2015.

357 So auch *Richter/Welling*, FR 2015, 297, 299, die die Staatsfinanzierung als ethischen Grundsatz heranziehen; oder *Florstedt*, der vom „Allgemeingut Steuern" spricht, NZG 2017, 601, 609.

358 *Tipke*, Steuerrechtsordnung Bd. I, 2. Aufl. 2000, S. 1 f.; *Kirchhof*, Jura 1983, 505, 505; *Isensee*, FS Ipsen 1970, 409, 409; *Waldhoff*, in: Isensee/Kirchhof, Handbuch des Staatsrechts Bd. V, 3. Aufl. 2007, § 116 Rn. 5.

359 *Isensee*, FS Ipsen 1970, 409, 416.

360 *Kirchhof*, in: Hansmeyer, Staatsfinanzierung im Wandel, 1983, S. 34.

361 *Kirchhof*, Jura 1983, 505, 506; *Waldhoff*, in: Isensee/Kirchhof, Handbuch des Staatsrechts Bd. V, 3. Aufl. 2007, § 116 Rn. 7.

362 *Tipke*, Steuerrechtsordnung Bd. I, 2. Aufl. 2000, S. 1 f.; *Kirchhof*, Jura 1983, 505, 505.

363 Gesetz über die Feststellung des Bundeshaushaltsplans für das Haushaltsjahr 2017 (Haushaltsgesetz 2017) vom 20.12.2016, BGBl. I 2016, 3016, 3026.

Die Finanzausstattung benötigt der Staat, um seine „Verantwortlichkeit für die Allgemeinheit“[364] zu erbringen, also zur Aufgabenerfüllung.[365] Zu den Aufgaben des Staates gehören der Rechtsgüterschutz der Einzelnen und der Allgemeinheit, die Durchsetzung von Gesetzen und in einem Sozialstaat ebenfalls die Gewährung einer wirtschaftlichen Existenzgrundlage für jeden Bürger.[366] Da gerade durch die Einnahmen aus Steuermitteln Aufgaben für die Allgemeinheit erfüllt werden, liegt der ethische Charakter von Steuern auf der Hand.

dd) Ethische Merkmale in nationalen Gesetzen, internationalen Regelwerken sowie europäischen Richtlinien

Vorgaben zu ethischem Handeln, insbesondere in Bezug auf die Steuerplanung, finden sich bereits heute in gesetzlichen Vorschriften auf nationaler wie internationaler Ebene. Vorweggenommen sei hier, dass es sich dabei zumeist um „mittelbare Pflichten“ handelt, die nicht zu einer konkreten Handlungsweise zwingen, sondern das Verhalten vielmehr über Berichtspflichten steuern.[367]

(1) Leitbild des ehrbaren Kaufmanns

Im Unternehmensrecht wird ethisches Verhalten mit dem Leitbild des ehrbaren Kaufmanns verbunden, welches in mehreren Regelwerken niedergeschrieben wurde. So heißt es in § 1 Abs. 1 IHKG: *„Die Industrie- und Handelskammern haben (...) die Aufgabe, das Gesamtinteresse der ihnen zugehörigen Gewerbetreibenden ihres Bezirkes wahrzunehmen (...); dabei obliegt es ihnen insb. (...) für Wahrung von Anstand und Sitte des ehrbaren Kaufmanns zu wirken.“* In der Präambel zum DCGK seit der Fassung vom 7. Februar 2017 heißt es:[368] *„Diese Prinzipien [der sozialen Marktwirtschaft] verlangen nicht nur Legalität, sondern auch ethisch fundiertes, eigenverantwortliches Verhalten (Leitbild des ehrbaren Kaufmanns)“.*

---

364 *Kirchhof*, in: Hansmeyer, Staatsfinanzierung im Wandel, 1983, S. 33.

365 *Tipke*, Steuerrechtsordnung Bd. I, 2. Aufl. 2000, S. 1 f.; *Kirchhof*, Jura 1983, 505, 505.

366 *Kirchhof*, Jura 1983, 505, 505; *Tipke*, Steuerrechtsordnung Bd. I, 2. Aufl. 2000, S. 2; *Kirchhof*, in: Hansmeyer, Staatsfinanzierung im Wandel, 1983, S. 35.

367 *Nietsch*, ZHR 180 (2016), 733, 762.

368 Regierungskommission Deutscher Corporate Governance Kodex, Deutscher Corporate Governance Kodex (in der Fassung vom 7. Februar 2017 mit Beschlüssen aus der Plenarsitzung vom 7. Februar 2017), BAnz AT 24.4.2017 B2; Berichtigung in BAnz AT 19.5.2017 B2.

Was unter dem Leitbild eines ehrbaren Kaufmanns genau zu verstehen ist, wird nicht explizit definiert. Man verbindet damit jedoch Eigenschaften wie Verlässlichkeit, Integrität, Fairness und Glaubwürdigkeit.[369] Von einem ehrbaren Kaufmann wird mehr erwartet, als die reine Einhaltung von Gesetzen. Dies entspricht heute teilweise dem Compliance-Gedanken.[370] Eine aktuelle Umschreibung der Figur des ehrbaren Kaufmanns ist die „verantwortungsvolle Unternehmensführung".[371] Diese setzt sich wiederrum aus drei Merkmalen zusammen: der Eigenverantwortung, der Unternehmensverantwortung und der Verantwortung gegenüber Wirtschaft und Gesellschaft.[372] Dies spiegelt sich auch in der Begründung zur Erweiterung der Präambel des DCGK wieder. Die Kodexänderung hatte es zum Ziel, eine „deutliche Leitbotschaft zum Thema ethisches Verhalten" zu senden. Es sei ein Grundpfeiler der Marktwirtschaft, dass allgemein anerkannte ethische Grundsätze im Wirtschaftsleben beachtet würden. Diese verstünden sich als Synonym für das Leitbild des ehrbaren Kaufmanns, der auch „ohne gesetzliche oder festgelegte Regelungen [wisse], was man tun darf und was nicht".[373]

Der Begriff des ehrbaren Kaufmanns umfasst damit ethisches Verhalten gegenüber der Wirtschaft und der Gesellschaft. Bezogen auf die Cum/Ex-Gestaltungen wurde einer Verantwortung gegenüber der Gesellschaft nicht nachgekommen. Die zurückerstatteten Steuern gingen zu Lasten des gesamten Steueraufkommens der Bundesrepublik Deutschland. Es handelte sich daher um eine Gestaltung zu Lasten der Gesellschaft.[374]

Eine rechtliche Verpflichtung zur Einhaltung der Eigenschaften, die das Leitbild eines ehrbaren Kaufmanns darstellen, gibt es jedoch nicht. Als Teil der Präambel des DCGK ist die Leitfigur des ehrbaren Kaufmanns nicht einmal Teil der comply-or-explain-Pflicht aus § 161 Abs. 1 S. 1 AktG.[375] Dementsprechend ist der Vorstand durch die Kodexerweiterung nicht gezwungen, sich über sein eigenes ehrbares Verhalten zu erklären.

---

369 *Schwalbach*, Der Aufsichtsrat 2017, 72, 73.

370 *Hauschka*, CCZ 2017, 97.

371 *Schwalbach*, Der Aufsichtsrat 2017, 72, 73.

372 *Schwalbach*, Der Aufsichtsrat 2017, 72, 73.

373 Regierungskommission DCGK, Erläuterungen der Änderungsvorschläge der Regierungskommission Deutscher Corporate Governance Kodex aus der Plenarsitzung vom 13.10.2016, S. 1, abrufbar unter: http://www.dcgk.de/de/konsultationen/aktuelle-konsultationen.html (28.12.2017).

374 *Florstedt*, NZG 2017, 601, 609.

375 *Fleischer*, DB 2017, 2015, 2017.

(2) OECD-Leitsätze für multinationale Unternehmen

In denen in Deutschland nicht rechtlich verbindlichen[376] Leitsätzen der OECD für multinationale Unternehmen aus dem Jahr 2011[377] wird speziell auf das Thema Steueroptimierung eingegangen. Unternehmen sollen bei der Pflicht Steuern zu zahlen, „dem Buchstaben und dem Geist der Steuergesetze und –vorschriften (…) gerecht werden".[378] Das bedeutet nicht, dass ein Unternehmen höhere Steuern zahlen muss, als sie sich aus dem Gesetz ergeben. Das steuerpflichtige Unternehmen soll aber die hinter einem jeden Gesetz stehende Absicht des Gesetzgebers befolgen.[379] Um den Geist des Gesetzes zu ermitteln, sollen zumutbare Maßnahmen getroffen werden. Anschließend sollen die Steuergesetze an deren Wortlaut und an den Angaben aus dem Gesetzgebungsverfahren interpretiert werden.[380]

Die OECD verlangt also von den Unternehmen, von einer Steueroptimierung abzusehen, wenn erkennbar ist, dass der Gesetzgeber die Absicht hatte, eine entsprechende Gestaltung als unzulässig zu erklären.[381] In die Abwägungsentscheidung der Geschäftsleitung sollen daher explizit außerrechtliche Maßstäbe miteinbezogen werden, wenn sie sich in der Absicht des Gesetzgebers erkennen lassen.

(3) BEPS

Bei dem Projekt von G20 und OECD Base Erosion and Profit Shifting (BEPS), zu deutsch Bekämpfung der Gewinnverkürzung und Gewinnverlagerung, aus dem Jahr 2015 wurden 13 Aktionspunkte verabschiedet. Zielsetzung war es, die Gewinnverkürzung und Gewinnverlagerung durch die Ausnutzung internationaler nicht koordinierter Steuergesetze zu verhindern, die ansonsten zu einer

376 *Besch/Starck*, in: Hauschka/Lösler/Moosmayer, Corporate Compliance, 3. Aufl. 2016, § 33 Rn. 11.

377 OECD, OECD-Leitsätze für multinationale Unternehmen, 2011, abrufbar unter: https://mneguidelines.oecd.org/48808708.pdf (10.1.2018).

378 OECD, OECD-Leitsätze für multinationale Unternehmen, 2011, S. 71 Ziffer 1, abrufbar unter: https://mneguidelines.oecd.org/48808708.pdf (10.1.2018).

379 OECD, OECD-Leitsätze für multinationale Unternehmen, 2011, S. 71 Ziffer 1, abrufbar unter: https://mneguidelines.oecd.org/48808708.pdf (10.1.2018).

380 OECD, OECD-Leitsätze für multinationale Unternehmen, 2011, S. 70 f. Ziffer 100, abrufbar unter: https://mneguidelines.oecd.org/48808708.pdf (10.1.2018).

381 So argumentiert auf deutscher Ebene auch *Florstedt*, NZG 2017, 601, 609.

„doppelten Nichtbesteuerung“[382] führen.[383] BEPS stellt damit weitere ethische Maßstäbe auf.[384] Bisher legale Steuervermeidungsstrategien werden als „moralisch verwerflich“[385] dargestellt und sollen bekämpft werden.

Der Aktionspunkt 13 der BEPS-Maßnahmen wurde durch die Richtlinie der EU 2016/881 vom 25. Mai 2016[386] in deutsches Recht transformiert und ist seitdem in § 138a AO kodifiziert.[387] § 138a AO regelt den länderbezogenen Bericht multinationaler Unternehmensgruppen, die sog. Country-by-Country-Reports (CbC-Reports).[388] Die Pflicht zur Übermittlung eines CbC-Reports an das Bundeszentralamt für Steuern (BZSt) trifft inländische Konzernobergesellschaften, die mindestens ein ausländisches Unternehmen oder eine ausländische Betriebsstätte umfassen und einen konsolidierten Umsatzerlös im vorangegangenen Wirtschaftsjahr von 750 Millionen EUR erwirtschaftet haben, § 138a Abs. 1 S. 1 AO. Bestandteil des Berichts sind zum einen die Summe der Umsatzerlöse (§ 138 Abs. 2 Nr. 1 lit. c AO) sowie die im Wirtschaftsjahr gezahlten Ertragsteuern und die im Wirtschaftsjahr für dieses Wirtschaftsjahr gezahlten und zurückgestellten Ertragsteuern (§ 138 Abs. 2 Nr. 1 lit. d und e AO). Ziel des CbC-Reports ist es, mehr Transparenz in der Verwaltung zu schaffen, damit Prüfungsressourcen effektiver eingesetzt werden können.[389]

---

382 OECD, Erläuterungen, OECD/G20 Projekt Gewinnverkürzung und Gewinnverlagerung, 2015, S. 5, abrufbar unter: https://www.oecd.org/ctp/beps-erlauterung-2015.pdf (6.2.2018).

383 Zum Ganzen: OECD, Erläuterungen, OECD/G20 Projekt Gewinnverkürzung und Gewinnverlagerung, 2015, abrufbar unter: https://www.oecd.org/ctp/beps-erlauterung-2015.pdf (6.2.2018); *Schallmoser*, in: Hübschmann/Hepp/Spitaler, AO/FGO, 250. EL Stand 11/2018, § 138a AO Rn. 1.

384 *Ball/Papasikas*, BB 2016, 1495, 1495.

385 Stellungnahme des Deutschen Steuerberaterverbands vom 21.12.2016, Az. B 09/16 zum Entwurf eines IDW Praxishinweises 1/2016: Ausgestaltung und Prüfung eines Tax Compliance Management Systems gemäß IDW PS 980, S. 3, abrufbar unter: https://www.dstv.de/pruefende-berufe/stellungnahmen-pruefung/b-09-162 (28.1.2018).

386 ABl. Nr. L 146/8.

387 Gesetz zur Umsetzung der Änderungen der EU-Amtshilferichtlinie und von weiteren Maßnahmen gegen Gewinnverkürzungen und -verlagerungen vom 20.12.2016, BGBl. I 2016, 3000.

388 *Schallmoser*, in: Hübschmann/Hepp/Spitaler, AO/FGO, 250. EL Stand 11/2018, § 138a AO Rn. 1.

389 OECD, Erläuterungen, OECD/G20 Projekt Gewinnverkürzung und Gewinnverlagerung, 2015, S. 7, abrufbar unter: https://www.oecd.org/ctp/beps-erlauterung-2015.pdf (6.2.2018); *Schallmoser*, in: Hübschmann/Hepp/Spitaler, AO/FGO, 250. EL Stand 11/2018, § 138a AO Rn. 7.

(4) Nichtfinanzielle Erklärung, § 289c HGB

Die seit dem 1. Januar 2017 geltende nichtfinanzielle Erklärung aus den §§ 289b ff. HGB basiert auf einer Umsetzung der europäischen Corporate Social Responsability- (kurz: CSR-)Richtlinie.[390] CSR wird als Konzept verstanden, „das den Unternehmen als Grundlage dient, auf freiwilliger Basis soziale Belange und Umweltbelange in ihre Unternehmenstätigkeit und in die Wechselbeziehungen mit den Stakeholdern zu integrieren."[391] Durch die geschaffene Erklärungspflicht wird ein ethisches Verhalten der Unternehmen eingefordert.[392]

Kapitalgesellschaften i. S. d. § 289b Abs. 1 HGB müssen eine nichtfinanzielle Erklärung im Rahmen ihres Lageberichts nach § 289 HGB abgeben. Mindestinhalt dieser Erklärung sind Angaben zu Umweltbelangen, Arbeitnehmerbelangen, Sozialbelangen, der Achtung der Menschenrechte und die Bekämpfung von Korruption in Bezug auf das Geschäftsmodell der Kapitalgesellschaft, § 289c Abs. 2 HGB.[393] Absatz 3 erweitert die Angaben insoweit, als dass auch wesentliche Risiken, die durch die Geschäftstätigkeit und die Geschäftsbeziehungen der Kapitalgesellschaft in Bezug auf die Aspekte des Absatzes 2 entstehen können, zu machen sind. Liegen keine Konzepte bzgl. der genannten Belange vor, so hat die Kapitalgesellschaft dies zu begründen, § 289c Abs. 4 HGB (comply or explain).[394] Damit bezieht sich die Berichtspflicht auf überobligatorische Maßnahmen, die das Unternehmen freiwillig ergreift.[395]

Verpflichtet zur Abgabe einer solchen nichtfinanziellen Erklärung sind Kapitalgesellschaften i. S. d. § 289b Abs. 1 HGB, also solche, die „groß" i. S. d. § 267 Abs. 3 S. 1 HGB, die kapitalmarktorientiert nach § 264d HGB sind und die im Jahresdurchschnitt mehr als 500 Arbeitnehmer beschäftigen.[396] Kleine und

---

390 In deutsches Recht umgesetzt durch das Gesetz zur Stärkung der nichtfinanziellen Berichterstattung der Unternehmen in ihren Lage- und Konzernlageberichten (CSR-Richtlinie-Umsetzungsgesetz) vom 11.4.2017, BGBl. I 2017, 802.

391 Kommission der europäischen Gemeinschaft, Grünbuch, Europäische Rahmenbedingungen für soziale Verantwortung der Unternehmen, 18.7.2001, KOM(2011) 366 endgültig, S. 7, Ziffer 20; KOM(2011) 681 endgültig, S. 4 Ziffer 1.

392 *Eufinger*, EuZW 2015, 424, 425.

393 *Merkt*, in: Baumbach/Hopt, HGB, 38. Aufl. 2018, Vor § 238 Rn. 37.

394 *Eufinger*, EuZW 2015, 424, 426; *Kajüter*, IRZ 2016, 507, 511.

395 *Eufinger*, EuZW 2015, 424, 425.

396 *Merkt*, in: Baumbach/Hopt, HGB, 38. Aufl. 2018, Vor § 238 Rn. 37; *Kajüter*, IRZ 2016, 507, 508.

mittlere Unternehmen sind explizit von einer Erklärungspflicht ausgeschlossen, um diesen nicht weitere Aufgaben aufzubürden, die nur mit einem verhältnismäßig hohen Verwaltungsaufwand gemeistert werden können.[397]

In der nichtfinanziellen Erklärung aus § 289c HGB müssen bisher noch keinerlei Angaben zu steuerlichen Themen gemacht werden. Eine Möglichkeit dazu besteht aber schon heute, da es sich bei den Belangen, die § 289c Abs. 2 HGB nennt, um eine nicht abschließende Aufzählung handelt („zumindest").[398] Der Ausbau von Transparenz durch nichtfinanzielle Informationen wird aber als „kontinuierliches Bestreben"[399] beschrieben. Auf deutscher Ebene wurden im Gesetzgebungsverfahren bereits Ergänzungen, insb. zum Verbraucherschutz,[400] gefordert, bisher jedoch nicht umgesetzt. Aus den Beratungen für das CSR-Richtlinie-Umsetzungsgesetz geht jedoch hervor, dass in der Zukunft eine Erweiterung der Berichtspflicht denkbar ist.[401]

Die CSR-Richtlinie und das daraus bestehende Umsetzungsgesetz verpflichten die in § 289b Abs. 1 HGB genannten Unternehmen dazu, sich über die genannten sozialen und ökologischen Belange zu erklären. Es wird hier die Publizität bzw. Transparenz als Steuerungsmittel genutzt.[402] Durch die Pflicht zur Abgabe einer Erklärung sind die Unternehmen gezwungen, sich zumindest mit den genannten Themen auseinanderzusetzen und darüber zu erklären. Daneben bleibt es dem Markt, insb. dem Vertrauen der Investoren und Verbraucher überlassen, wie sie das in der Erklärung beschriebene Verhalten bewerten.[403] Fehlende ethische, soziale und ökologische Verantwortung kann unmittelbar vom Markt abgestraft werden.[404]

---

397 *Kajüter*, IRZ 2016, 507, 507; Plenarprotokoll 18/196, Deutscher Bundestag, Stenografischer Bericht, 196. Sitzung, 20.10.2016, 19561.

398 *Kajüter*, IRZ 2016, 507, 510.

399 Richtlinie 2014/95/EU des Europäischen Parlaments und des Rates vom 22.10.2014, ABl. 15.11.2014 L 330/1, Erwägungsgrund 1.

400 BT-Drs. 18/10030.

401 Plenarprotokoll 18/196, Deutscher Bundestag, Stenografischer Bericht, 196. Sitzung, 20.10.2016, 19561; Plenarprotokoll 18/221, Deutscher Bundestag, Stenografischer Bericht, 221. Sitzung, 9.3.2017, 22257.

402 *Eufinger*, EuZW 2015, 424, 424.

403 Richtlinie 2014/95/EU des Europäischen Parlaments und des Rates vom 22.10.2014, ABl. 15.11.2014 L 330/1, Erwägungsgrund 3; *Eufinger*, EuZW 2015, 424, 425.

404 *Fleischer*, DB 2017, 2015, 2017, 2019.

(5) Zukünftige Weiterführung von BEPS und CSR

Bereits mit Erlass der CSR-Richtlinie auf europäischer Ebene wurde eine Weiterentwicklung der Berichtspflicht aus der nichtfinanziellen Erklärung angekündigt. So wurde in die CSR-Richtlinie explizit aufgenommen, dass von der Kommission die Möglichkeit geprüft werden soll, ob in einem solchen zukünftigen Bericht auch Angaben zu machen sind, in welchem Mitgliedstaat und in welchem Drittstaat die Unternehmen tätig sind, wie hoch der erzielte Gewinn und insbesondere wie hoch die auf den Gewinn gezahlten Steuern sind.[405]

Darauf aufbauend hat die Europäische Kommission am 12. April 2016 einen Richtlinienvorschlag veröffentlicht, der die Richtlinie zur BEPS-Umsetzung ergänzen soll.[406] Unter dem vorgeschlagenen Artikel 48c Abs. 2 empfiehlt die Kommission, dass in einen ertragsteuerlichen Bericht einer Konzernobergesellschaft u.a. der Gewinn oder Verlust vor Ertragsteuern sowie der Betrag der noch zu zahlenden Ertragsteuern für das laufende Jahr und der Betrag der gezahlten Ertragsteuern benannt werden muss (vgl. Artikel 48c Abs. 2 lit. d, e, f). Über die bisherige Regelung durch BEPS hinausgehend, soll nach Absatz 5 des Richtlinienvorschlags nicht nur an die Finanzverwaltung berichtet werden. Daneben soll der Ertragsteuerinformationsbericht auf der Website des Unternehmens veröffentlich werden, wobei der Bericht gemäß Art. 48d Abs. 2 des Richtlinienvorschlags mindestens fünf Jahre in Folge auf der Webseite zugänglich zu machen ist.

Ebenso wie bei BEPS[407] wird auch mit diesem Richtlinienvorschlag das Ziel verfolgt, dass Steuern in dem Land entrichtet werden, in welchem die Gewinne erwirtschaftet werden, um dadurch die soziale Verantwortung der Unternehmen zu stärken, die durch die Steuerzahlung den Wohlstand des Landes beeinflussen.[408]

---

405 Richtlinie 2014/95/EU des Europäischen Parlaments und des Rates vom 22.10.2014, ABl. 15.11.2014 L 330/1, Artikel 1 Ziffer 6, einzufügender letzter Absatz zu Artikel 48 der Richtlinie 2013/34/EU.

406 Europäische Kommission, Vorschlag für eine Richtlinie des europäischen Parlaments und des Rates zur Änderung der Richtlinie 2013/34/EU im Hinblick auf die Offenlegung von Ertragsteuerinformationen durch bestimmte Unternehmen und Zweigniederlassungen, 12.4.2016, COM(2016) 198 final.

407 OECD, Erläuterungen, OECD/G20 Projekt Gewinnverkürzung und Gewinnverlagerung, 2015, S. 4, abrufbar unter: https://www.oecd.org/ctp/beps-erlauterung-2015.pdf (6.2.2018).

408 Europäische Kommission, Vorschlag für eine Richtlinie des europäischen Parlaments und des Rates zur Änderung der Richtlinie 2013/34/EU im Hinblick auf die

Durch die Veröffentlichung des Berichts auf der Website soll es zu einer „stärkeren öffentlichen Kontrolle“ kommen, die letztlich das Vertrauen der Öffentlichkeit in die Fairness der Steuersysteme stärken soll.[409] Denn durch öffentliche Kontrolle, die durch die Transparenz geschaffen wird, kann Gewinnkürzung und -verlagerung durch die negativen Auswirkungen auf die Reputation des Unternehmens bekämpft werden.[410]

Die Richtlinie wurde zwar bisher noch nicht erlassen, doch hat das Europäische Parlament zuletzt am 21. Juni 2017 über dem Vorschlag beraten,[411] sodass es nur noch eine Frage der Zeit sein dürfte, wann eine erweiterte Berichtspflicht zur ertragsteuerlichen Lage eines Konzerns verpflichtend wird.

c) *Zwischenergebnis*

Sowohl auf deutscher, europäischer und internationaler Ebene lässt sich deutlich erkennen, dass Unternehmen nicht nur zur Einhaltung von Recht und Gesetz angehalten sind. Daneben wird deren soziale und ethische Verantwortlichkeit betont. Es bleibt dennoch zu konstatieren, dass sich aus den dargestellten Regelwerken noch keine Rechtspflicht ergibt, tatsächlich ethisch zu handeln. Der Gesetzgeber setzt vielmehr auf Transparenz als Steuerungsmittel und schafft auf tatsächlicher Basis Anreize für ethisches Verhalten.[412]

Nimmt man nochmals Bezug auf die eingangs gestellte Frage, ob ein Geschäftsleiter eine Gestaltung zur Steueroptimierung auch dann treffen darf, wenn

---

Offenlegung von Ertragsteuerinformationen durch bestimmte Unternehmen und Zweigniederlassungen, 12.4.2016, COM(2016) 198 final, S. 2.

409 Europäische Kommission, Vorschlag für eine Richtlinie des europäischen Parlaments und des Rates zur Änderung der Richtlinie 2013/34/EU im Hinblick auf die Offenlegung von Ertragsteuerinformationen durch bestimmte Unternehmen und Zweigniederlassungen, 12.4.2016, COM(2016) 198 final, Erwägungsgrund 5; ebenso bei BEPS: OECD, Erläuterungen, OECD/G20 Projekt Gewinnverkürzung und Gewinnverlagerung, 2015, S. 4, abrufbar unter: https://www.oecd.org/ctp/beps-erlauterung-2015.pdf (6.2.2018).

410 Europäische Kommission, Arbeitsunterlage der Kommissionsdienststellen, Zusammenfassung der Folgenabschätzung, Auslotung des Potenzials für mehr Transparenz bei den Ertragsteuerinformationen, Begleitunterlagen zum Vorschlag für eine Richtlinie des Europäischen Parlaments und des Rates zur Änderung der Richtlinie 2013/34/EU im Hinblick auf die Offenlegung von Ertragsteuerinformationen durch bestimmte Unternehmen und Zweigniederlassungen, 12.4.2016, SWD(2016) 118 final, S. 2; *Risse*, DB 2017, 2061, 2062.

411 European Parliament, Plenary sitting, Report, A8-0227/2017.

412 *Eufinger*, EuZW 2015, 424, 424.

dadurch die Unternehmensreputation geschädigt wird, ist diese immer dann zu verneinen, wenn die negativen Auswirkungen die positiven überwiegen. Im Rahmen der unternehmerischen Entscheidung,[413] ob eine steuerliche Gestaltung gewählt werden soll, die möglicherweise legal ist, hat die Geschäftsleitung daher stets alle Umstände des Einzelfalls miteinzubeziehen. Diese sind neben der rechtlichen Würdigung alle möglichen negativen Folgen für das Unternehmen. Die Compliance-Pflicht legt es dem Vorstand dabei auf, auch mögliche Risiken für die Unternehmensreputation zu berücksichtigen, die durch ethisches Verhalten beeinflusst werden kann.[414] Trotz rechtlicher Legalität kann sich daraus die Pflicht ergeben, eine steuerliche Gestaltung nicht vorzunehmen.[415]

Da sich der Geschäftsleiter dabei am Unternehmensinteresse zu orientieren hat, kann dieser Theorie auch nicht entgegengehalten werden, die Nutzung unbestimmter Rechtsbegriffe wie des ethischen Verhaltens bildeten keine klaren Kriterien und führten daher zu Rechtsunsicherheit.[416] Die ethischen Regeln sind vielmehr durch die Gesetze und die Berichtspflichten fassbar, sodass diese in nachvollziehbarer Weise befolgt werden können.[417]

Bezogen auf die Cum/Ex-Geschäfte bedeutet diese Erkenntnis Folgendes: Unabhängig davon, ob sich die Gestaltungen als legal herausstellen sollten oder nicht, hatten die jeweiligen Geschäftsleiter zum Zeitpunkt der Vornahme der Gestaltung den Reputationsverlust miteinzukalkulieren. Da bei aggressiver Steuerplanung per se mit Imageverlusten zu rechnen ist, sind die Hürden bereits hoch. Hinzu kommt, dass es für jeden Geschäftsleiter auf der Hand liegen muss, dass eine einmal gezahlte Steuer nicht doppelt erstattet werden kann.[418] Bei einer solchen Vorgehensweise, bei der Gewinne Einzelner auf Kosten der Allgemeinheit erwirtschaftet werden,[419] sind die Reputationsverluste stark zu gewichten.

---

413 *Seibt*, DB 2015, 171, 171.

414 *Richter/Welling*, FR 2015, 297, 299.

415 So auch im Ergebnis *Schulz*, BB 2017, 1475, 1477; *Richter/Welling*, FR 2015, 297, 299.

416 *Merkt*, ZIP 2014, 1705, 1706; *Florstedt*, NZG 2017, 601, 609; *Hauschka*, CCZ 2017, 97; *Fleischer*, DB 2017, 2015, 2017, 2019; *Nikoleyczik/Graßl*, NZG 2017, 161, 162; Stellungnahme des Deutschen Steuerberaterverbands vom 21.12.2016, Az. B 09/16 zum Entwurf eines IDW Praxishinweises 1/2016: Ausgestaltung und Prüfung eines Tax Compliance Management Systems gemäß IDW PS 980, S. 3 abrufbar unter: https://www.dstv.de/pruefende-berufe/stellungnahmen-pruefung/b-09-162 (28.1.2018).

417 *Merkt*, ZIP 2014, 1705, 1706.

418 *Klein*, BB 2015, 726, 733; *Florstedt*, NZG 2017, 601, 609.

419 *Florstedt*, NZG 2017, 601, 609.

Kapitel 2: Herleitung einer Pflicht zur Tax Compliance

A. Herleitung einer allgemeinen Compliance-Pflicht

Mangels expliziter gesetzlicher allgemeiner Regelung der Compliance-Pflicht,[420] werden zu deren Begründung verschiedene Ansätze verfolgt, die im Folgenden dargestellt und diskutiert werden sollen.

I. Einzelanalogie zu § 91 Abs. 2 AktG

Teilweise wird vertreten, die Compliance-Pflicht ergäbe sich aus einer analogen Anwendung von § 91 Abs. 2 AktG.[421] Danach hat der Vorstand geeignete Maßnahmen zu treffen, insbesondere ein Überwachungssystem einzurichten, damit den Fortbestand der Gesellschaft gefährdende Entwicklungen früh erkannt werden.

Anknüpfungspunkt für die Compliance-Pflicht ist das Überwachungssystem aus § 91 Abs. 2 AktG. Zunächst stellt sich die Frage, ob das genannte Überwachungssystem die organisatorische Umsetzung der Compliance-Pflicht beschreibt. In der Betriebswirtschaftslehre wird teilweise vertreten, dass § 91 Abs. 2 AktG zur Implementierung eines ganzheitlichen Risikomanagementsystems verpflichtet, welches die Risikovermeidung, die Risikoverminderung, die Risikobewältigung sowie die Risikokompensation umfasse.[422] In diesem Fall fehlte es schon an einer planwidrigen Regelungslücke. Die juristische Literatur[423] hingegen sieht die Verpflichtung aus § 91 Abs. 2 AktG enger. Danach sei „lediglich" ein System zur Früherkennung bestandsgefährdender Entwicklungen einzurichten. Für diese Ansicht spricht, dass dem Wortlaut nach an *Entwicklungen* angesetzt wird. Entwicklungen sind konkrete Abläufe wohingegen Risiken abstrakt zu

---

420 Für das Aktiengesetz *Fleischer*, in: Spindler/Stilz, AktG, 3. Aufl. 2015, § 91 Rn. 49; *Uwe H. Schneider/Sven H. Schneider*, ZIP 2007, 2061, 2062; *Winter*, FS Hüffer 2010, 1103, 1104.

421 *Berg*, AG 2007, 271, 274 ff.; *Dreher*, FS Hüffer 2010, 161, 171; *Schwintowski*, NZG 2005, 200, 201 f.; *Schwintowski/Klaue*, WuW 2005, 370, 377; *Spindler*, WM 2008, 905, 906 f.

422 *Lück*, DB 1998, 8, 13.

423 *Fleischer*, AG 2003, 291, 298; *Liese*, BB-Spezial 5.2008, 17, 19.

verstehen sind.[424] Weiterhin kann argumentiert werden, dass unter Annahme eines umfassenden Risikomanagementsystems die in Art. 14 Abs. 1 GG garantierte Organisationsfreiheit verkannt würde.[425] Anzuführen ist auch die Begründung des Regierungsentwurfs. Darin heißt es, dass es sich um eine „gesetzliche Hervorhebung der allgemeinen Leitungsaufgabe des Vorstands“[426] handelt. Eine neue, weitergehende Pflicht sollte gerade nicht geschaffen werden.[427] Die Pflicht aus § 91 Abs. 2 AktG ist daher nicht umfassend genug, um selbst die Compliance-Pflicht zu begründen.[428] Eine Regelungslücke liegt daher vor.

Damit ist der Anwendungsbereich der Analogie eröffnet: „Voraussetzung für eine Analogie ist, dass das Gesetz eine planwidrige Regelungslücke enthält und der zu beurteilende Sachverhalt in rechtlicher Hinsicht so weit mit dem Tatbestand vergleichbar ist, den der Gesetzgeber geregelt hat, dass angenommen werden kann, der Gesetzgeber wäre bei einer Interessenabwägung, bei der er sich von denselben Grundsätzen hätte leiten lassen wie bei dem Erlass der herangezogenen Gesetzesvorschrift, zu dem gleichen Abwägungsergebnis gekommen.“[429]

Als Folge der Analogie soll die Rechtsfolge der Norm auf ähnliche Fälle übertragen werden.[430] Hier wird eingewendet, dass die Rechtsfolge des § 91 Abs. 2 AktG in zweifacher Hinsicht nicht ausreichend ist, um eine umfassende Compliance-Pflicht zu begründen.[431]

Schützen soll das Überwachungssystem aus § 91 Abs. 2 AktG ausweislich des Gesetzeswortlauts vor Entwicklungen, die den Fortbestand der Gesellschaft gefährden. Solche bestandsgefährdenden Risiken können auch durch Verstöße von Organmitgliedern und Unternehmensangehörigen gegen gesetzliche Vorschriften entstehen.[432] Man mag zwar argumentieren, dass sich die existenzbedrohenden Schäden nicht nur aus einem einzelnen großen Risiko ergeben

---

424 *Fleischer*, AG 2003, 291, 298.

425 *Liese*, BB-Spezial 5.2008, 17, 19.

426 BegrRegE KonTraG vom 28.1.1998, BT-Drucks. 13/9712, 15.

427 So auch *Fleischer*, AG 2003, 291, 299.

428 *Risse/Große-Allermann*, Ubg 2010, 629, 631.

429 BGH, Urteil vom 4.8.2010, Az. XII ZR 118/08, NJW 2010, 3087, 3087 Rn. 11.

430 *Bydlinski*, Methodenlehre und Rechtsbegriff, 2. Aufl. 1991, S. 477.

431 *Uwe H. Schneider*, NZG 2009, 1321, 1323; *Fleischer*, in: Spindler/Stilz, AktG, 3. Aufl. 2015, § 91 Rn. 50; *Hölters*, in: Hölters, AktG, 2. Aufl. 2014, § 93 Rn. 94; *Mertens/Cahn*, in: Zöllner/Noack, Kölner Kommentar zum AktG, 3. Aufl. 2010, § 91 Rn. 34.

432 BegrRegE KonTraG vom 28.1.1998, BT-Drucks. 13/9712, 15.

können, sondern auch durch die Addition vieler geringer und mittlerer Risiken eine Existenzgefährdung herbeigeführt werden kann.[433] Doch selbst dann würde die Compliance-Pflicht nur eingreifen, wenn eine Bestandsgefährdung, sei es durch ein einzelnes, sei es durch die Kumulation mehrerer Risiken, besteht. Eine Reduzierung auf bestandsgefährdende Risiken bildet letztlich nur einen Teil von Compliance ab. Für den Fall, dass es durch einen Rechtsverstoß zu einer Bestandsgefährdung kommt, bilden das Früherkennungssystem aus § 91 Abs. 2 AktG und die Compliance-Pflicht eine Schnittmenge.[434] Alle anderen Regelverstöße, die sich nicht bestandsgefährdend auswirken, sind von § 91 Abs. 2 AktG nicht erfasst, obwohl sie unter die Compliance-Pflicht fallen.[435] Dies ist vor allem deshalb erheblich, da das Tatbestandsmerkmal der Bestandsgefährdung nur in Ausnahmefällen erfüllt ist.[436] Das zeigt auch der Fall Siemens/Neubürger. Trotz sehr hoher Kartellbußen und Rechtsanwaltskosten war hier noch keine Bestandsgefährdung eingetreten.[437] Insofern ist die zu übertragende Rechtsfolge schon nicht weitgehend genug, da sie sich nur auf die Verhinderung bestandsgefährdender Risiken bezieht.

Die Rechtsfolge von § 91 Abs. 2 AktG setzt bezogen auf die Compliance-Pflicht erst auf zweiter Stufe an. Bevor etwaige organisatorische Vorkehrungen wie ein Überwachungssystem nach § 91 Abs. 2 AktG implementiert werden können, bedarf es auf erster Stufe zunächst einer Pflicht, die zur Einhaltung von Gesetzen und unternehmensinternen Richtlinien verpflichtet. Diese begründet § 91 Abs. 2 AktG gerade nicht.[438]

Zuletzt sei noch auf ein Argument aus der Praxis hingewiesen. Das Überwachungssystem aus § 91 Abs. 2 AktG wird gemäß § 317 Abs. 4 HGB bei der Prüfung des Jahresabschlusses durch den Wirtschaftsprüfer beurteilt. Bisher hat das Institut der Wirtschaftsprüfer (IDW) hier noch nicht vertreten, die Compliance-Organisation in diesem Rahmen ebenfalls zu überprüfen.[439] Im Ergebnis kann die Compliance-Pflicht daher nicht aus § 91 Abs. 2 AktG analog hergeleitet werden.

---

433 *Schwintowski*, NZG 2005, 200, 201 f. *Schwintowski/Klaue*, WuW 2005, 370, 377.

434 *Mertens/Cahn*, in: Zöllner/Noack, Kölner Kommentar zum AktG, 3. Aufl. 2010, § 91 Rn. 34.

435 *Uwe H. Schneider*, NZG 2009, 1321, 1323.

436 *Fleischer*, in: Spindler/Stilz, AktG, 3. Aufl. 2015, § 91 Rn. 50.

437 *Fleischer*, NZG 2014, 321, 322; *Merkt*, DB 2014, 2771, 2772.

438 *Merkt*, ZIP 2014, 1705, 1707, 1709.

439 *Kremer/Klahold*, ZGR 2010, 113, 120.

II. Gesamtanalogie

Statt der eben dargestellten Einzelanalogie wird eine Herleitung der Compliance-Pflicht aus einer Gesamtanalogie zu spezialgesetzlichen Compliance-Vorschriften erwogen.[440] Bei einer Gesamtanalogie oder Rechtsanalogie ergibt sich die zu übertragende Ratio nicht nur aus einer einzelnen Norm, sondern aus einer Vielzahl verwandter Vorschriften, die ein gemeinsames Prinzip beinhalten, welches auf einen ähnlichen Fall übertragen werden soll.[441]

Aus den § 130 OWiG, § 91 Abs. 2 AktG, § 14 GeldwäscheG[442] sowie den Organisationspflichten aus § 25a Abs. 1 S. 1 KWG, § 33 Abs. 1 S. 2 Nr. 1 WpHG a. F., § 29 VAG, § 52a Abs. 2 BImSchG und § 53 KrW-/AbfG a. F. wird das gemeinsame Prinzip entnommen, dass eine Pflicht zur Regelkonformität durch organisatorische Maßnahmen besteht.[443]

Für die Rechtsanalogie bedarf es einer unbewussten Regelungslücke und einer vergleichbaren Interessenlage.[444] Da es sich nur um spezialgesetzliche Vorschriften handelt, die für gewisse Branchen gelten, fehlt es an einer allgemeinen gesetzlichen Regelung der Compliance-Pflicht, womit sich eine unbewusste Regelungslücke begründen lässt.[445]

Die Begründung einer vergleichbaren Interessenlage bereitet hingegen Schwierigkeiten. Für eine vergleichbare Interessenlage kann die Heterogenität[446] der Vorschriften angeführt werden, zu welchen eine Gesamtanalogie vorgenommen werden soll. Es finden sich Normen aus allen Rechtsgebieten: § 91 Abs. 2 AktG aus dem Zivilrecht, § 130 OWiG sowie § 14 GeldwäscheG aus dem Straf- bzw. Ordnungswidrigkeitenrecht und die aufsichtsrechtlichen Vorschriften der § 25a KWG, § 33 WpHG a. F., § 29 VAG, § 52 BImSchG und § 53 KrW/AbfG aus dem Öffentlichen Recht. Die Heterogenität ergibt sich auch daraus, dass verschiedene Bereiche und wirtschaftliche Branchen abgedeckt werden. Wenn ein

---

440 *Uwe H. Schneider*, ZIP 2003, 645, 648 f.; *Sven H. Schneider*, Informationspflichten und Informationssystemeinrichtungspflichten im Aktienkonzern, 2006, S. 225 ff.; *Faust*, in: Schimansky/Bunte/Lwowski, Bankrechts-Handbuch, 5. Aufl. 2017, § 109 Rn. 95a; *Moosmayer*, Compliance, Praxisleitfaden für Unternehmen, 3. Aufl. 2015, Kapitel B Rn. 10; *Rack*, CB 2017, 59, 60.

441 *Bydlinski*, Methodenlehre und Rechtsbegriff, 2. Aufl. 1991, S. 478.

442 *Uwe H. Schneider*, ZIP 2003, 645, 649; *ders.*, ZGR 1996, 225, 230.

443 *Uwe H. Schneider*, ZIP 2003, 645, 649.

444 BGH, Urteil vom 4.8.2010, Az. XII ZR 118/08, NJW 2010, 3087, 3087 Rn. 11.

445 *Uwe H. Schneider*, ZIP 2003, 645, 649.

446 *Merkt*, ZIP 2014, 1705, 1707.

und dieselbe Pflicht in vielen Bereichen geregelt ist, so spricht viel dafür, dass es sich um eine grundsätzliche Pflicht handelt, die sich aus einem allgemeinen Rechtsgedanken herleitet.[447]

Das Argument der Heterogenität spricht im selben Maße auch gegen eine vergleichbare Interessenlage. Bereichsspezifische Vorschriften, insbesondere die aufsichtsrechtlichen Vorschriften in § 25a KWG, § 80 Abs. 1 WpHG und § 29 VAG haben besondere Schutzrichtungen und beruhen auf individuellen Risikosituationen der jeweiligen Branchen.[448] Den aufsichtsrechtlichen Regelungen zugrunde liegt der Finanzmarkt, dem eine überragende volkswirtschaftliche Bedeutung zukommt. Um dessen Funktionsfähigkeit zu gewährleisten, ist das Vertrauen des Marktes, der Institutskunden sowie speziell im Falle des § 80 WpHG das Anleger- und Emittenteninteresse zu stärken.[449] Hinzu kommt, dass auch die aufsichtsrechtlichen Vorschriften in sich nicht heterogen sind, sondern teilweise Spezialregeln für den eigenen Sektor aufstellen.[450]

Durch die Heterogenität der Vorschriften lässt sich auch an einem einheitlichen gesetzgeberischen Willen zweifeln. Dadurch, dass sich Aspekte der Compliance-Pflicht in unterschiedlichen Rechtsgebieten und Branchen finden, könnte man ebenso argumentieren, dass es sich gerade nicht um ein einheitliches gesetzgeberisches Gestaltungsmittel handelt.[451] Vielmehr reagiert der Gesetzgeber in bestimmten Branchen auf darin spezifisch vorkommende Risiken.

In der Formel zum Analogieschluss des BGH heißt es auch, dass *der Gesetzgeber* einen Tatbestand geregelt hat und, hätte er den vergleichbaren Tatbestand ebenfalls geregelt, wäre *er* zum selben Abwägungsergebnis gekommen.[452] Der Analogieschluss setzt daher voraus, dass es sich um denselben Gesetzgeber handelt. Dies war bei den genannten Vorschriften gerade nicht so. Viele der spezialgesetzlichen Vorgaben beruhen auf der Umsetzung europäischer

---

447 *Merkt*, ZIP 2014, 1705, 1707.

448 *Fleischer*, in: Spindler/Stilz, AktG, 3. Aufl. 2015, § 91 Rn. 49; *ders.*, NZG 2014, 321, 322; *Kremer/Klahold*, ZGR 2010, 113, 119; *Merkt*, ZIP 2014, 1705, 1707; *Verse*, ZHR 175 (2011), 401, 403; a. A. VG Frankfurt, Urteil vom 8.7.2004, Az. 1 E 7363/03 [1], VersR 2005, 57 Ls. 3.

449 *Thaten*, Die Ausstrahlung des Aufsichts- auf das Aktienrecht am Beispiel der Corporate Governance von Banken und Versicherungen, 2016, S. 214; *Gößwein/Hohmann*, BB 2011, 963, 963 f.

450 *Thaten*, Die Ausstrahlung des Aufsichts- auf das Aktienrecht am Beispiel der Corporate Governance von Banken und Versicherungen, 2016, S. 210.

451 *Kremer/Klahold*, ZGR 2010, 113, 119.

452 BGH, Urteil vom 4.8.2010, Az. XII ZR 118/08, NJW 2010, 3087, 3087 Rn. 11.

Richtlinien.[453] Von einer vergleichbaren Interessenlage, die durch einen einheitlichen Willen des Gesetzgebers gebildet wird, kann deshalb nicht ausgegangen werden.[454]

Darüber hinaus kann auch die analoge Anwendung von vereinzelt geregelten Organisationspflichten nicht die Compliance-Pflicht selbst begründen. Ebenso wie § 91 Abs. 2 AktG setzen die Organisationspflichten, insb. jene aus § 130 OWiG, denklogisch eine Compliance-Pflicht voraus.[455]

Zuletzt sei noch anzumerken, dass die Schutzrichtung der genannten Normen von der Schutzrichtung von Compliance abweicht. So schützt bspw. § 130 OWiG diejenigen Rechtsgüter, die von der jeweiligen Bezugstat geschützt werden sollen.[456] Im Steuerrecht sind das dann §§ 370, 371 AO, die das öffentliche Interesse am rechtzeitigen und vollständigen Steueraufkommen schützen.[457] Der Schutz geht also nach außen, bzgl. Rechtsgüter Dritter. Compliance bewirkt hingegen einen Schutz nach innen, da gerade die Gesellschaft selbst geschützt werden soll.[458]

Eine Compliance-Organisations-Pflicht kann daher nicht aus einer Gesamtanalogie zu spezialgesetzlichen Normen hergeleitet werden.

III. Grundsatz des ehrbaren Kaufmanns

Stober vertritt die Ansicht, Ursprung der Compliance-Pflicht sei bereits das Leitbild des ehrbaren Kaufmanns.[459] Dies ergebe sich daraus, dass sich die Merkmale von Compliance und dem Leitbild des ehrbaren Kaufmanns überschneiden:[460]

---

453 So beruht der § 29 VAG auf der Umsetzung der Richtlinie 2009/138/EG des Europäischen Parlaments und des Rates vom 25.11.2009 betreffend die Aufnahme und Ausübung der Versicherungs- und der Rückversicherungstätigkeit (Solvabilität II), ABl. 17.12.2009 L 335/1 und der § 33 WpHG a. F. (heute § 80 WpHG) auf der inzwischen außer Kraft getretenen Richtlinie 2004/39/EG des Europäischen Parlaments und des Rates vom 21.4.2004 über Märkte und Finanzinstrumente, ABl. L 145/1.

454 *Bürkle*, BB 2005, 565, 568.

455 *Merkt*, ZIP 2014, 1705, 1707; *Hunsmann*, DStR 2014, 855, 858; kritisch zu diesem Argument *Niesler*, der darauf verweist, dass die Konkretisierung von Aufsichtspflichten der Rspr. und der Literatur gerade den Anforderungen aus § 130 OWiG entspringe, in: Graf/Jäger/Wittig, Wirtschafts- und Steuerstrafrecht, 2. Aufl. 2017, § 130 OWiG Rn. 26; ausführlich zu den konkreten Anforderungen in Kapitel 3 C. I. 2.

456 *Ziegler*, in: Blum/Gassner/Seith, OWiG, 1. Aufl. 2016, § 130 Rn. 3.

457 *Jäger*, in: Klein, AO, 14. Aufl. 2018, § 370 Rn. 2.

458 *Thaten*, Die Ausstrahlung des Aufsichts- auf das Aktienrecht am Beispiel der Corporate Governance von Banken und Versicherungen, 2016, S. 211.

459 Zur Konkretisierung des Begriffs bereits unter Kapitel 1 D. III. 3. b) dd) (1).

460 Ebenso *Hauschka*, CCZ 2017, 97; *Casper*, in: Bankrechtstag 2008, S. 140.

Der unbestimmte Rechtsbegriff des ehrbaren Kaufmanns umfasst faires Verhandeln, Anstand, Ehrlichkeit, Verlässlichkeit und Verantwortung. Zu Compliance zählten die Werte Integrität, Respekt, Vielfalt und Qualität. Aus diesem Grund komme dem Begriff der Compliance neben dem Grundsatz des ehrbaren Kaufmanns nur eine deklaratorische Funktion zu.[461]

Gegen diese Ansicht spricht, dass hier nicht das Compliance-Konzept im Ganzen gewürdigt wird. Compliance beschränkt sich nicht nur auf regelkonformes Verhalten des Geschäftsleiters, sondern soll darüber hinaus auch die Regelkonformität aller Verbandsangehörigen sicherstellen. Anders ist es beim ehrbaren Kaufmann, dessen Grundsätze nur für den Geschäftsleiter persönlich gelten.[462]

Auch aus dogmatischer Sicht ist von der Herleitung der Compliance-Pflicht über den Begriff des ehrbaren Kaufmanns Abstand zu nehmen. Wer Kaufmann ist, richtet sich nach den §§ 1 ff. HGB. Danach sind Handelsgesellschaften wie bspw. die GmbH und die Aktiengesellschaft nach § 13 Abs. 3 GmbHG bzw. § 3 Abs. 1 AktG jeweils i. V. m. § 6 Abs. 1 HGB Formkauffrauen. Die Kaufmannseigenschaft besitzt bei einer Kapitalgesellschaft[463] daher die Gesellschaft selbst und nicht deren Geschäftsleiter. Das Leitbild des ehrbaren Kaufmanns adressiert mithin nur die Handelsgesellschaft direkt.[464] Adressat der Compliance-Pflicht ist aber der Geschäftsleiter[465] persönlich, insofern passt der Grundsatz des ehrbaren Kaufmanns nicht, da dieser ansonsten die „Ordnungsethik" der Gesellschaft auf die „Individualethik" des Geschäftsleiters zu projizieren versuchte.[466]

IV. Deutscher Corporate Governance Kodex

Eine Verpflichtung zur Compliance für die Geschäftsleitung könnte sich aus dem DCGK ergeben, der in den letzten Jahren mehrfach um Empfehlungen zur Compliance ergänzt wurde: Seit der Fassung vom 14. Juni 2007 findet die Thematik

---

461 *Stober*, NJW 2010, 1573, 1574 f.

462 *Merkt*, ZIP 2014, 1705, 1707.

463 Str. bei den Personenhandelsgesellschaften. Nach h. M. sind die persönlich haftenden Gesellschafter einer oHG und KG Kaufleute, *K. Schmidt*, in: Münchener Kommentar zum HGB, 4. Aufl. 2016, § 1 Rn. 67.

464 BGH, Urteil vom 29.2.1996, Az. IX ZR 153/95, NJW 1996, 1467, 1468; *K. Schmidt*, in: Münchener Kommentar zum HGB, 4. Aufl. 2016, § 1 Rn. 66; *Fleischer*, DB 2017, 2015, 2016.

465 Dazu sogleich in Kapitel 2 C. II. 1.

466 *Fleischer*, DB 2017, 2015, 2016.

Compliance Einzug in den Ziffern 3.4, 4.1.3 und 5.3.2.[467] In der Fassung vom 7. Februar 2017 wurde Ziffer 4.1.3 DCGK um einen Satz 2 ergänzt, der nun erstmalig eine Empfehlung zur Implementierung eines Compliance-Management-Systems aufnimmt.[468] Durch die Formulierung von Ziffer 4.1.3 Satz 1 DCGK „Der Vorstand *hat* für die Einhaltung (...) zu sorgen", könnte man vermuten, dass es sich um die Begründung einer Pflicht handelt.

Entsprechend der Systematik des DCGK stellt die Formulierung im Indikativ weder eine Empfehlung (gekennzeichnet durch das Wort *soll*) noch eine Anregung (gekennzeichnet durch das Wort *sollte*) dar.[469] Vielmehr bedeutet die Verwendung des Indikativs, dass es sich dabei um die Wiedergabe einer bereits bestehenden gesetzlichen Pflicht handelt.[470] Bezogen auf die Herleitung einer Compliance-Pflicht aus Ziffer 4.1.3 DCGK kommt man daher zu dem Ergebnis, dass die Regierungskommission DCGK davon ausgeht, dass es eine gesetzliche Verpflichtung zur Compliance bereits andernorts gibt.[471] Der Kodex selbst will eine solche Pflicht gerade nicht begründen, sondern begnügt sich alleine mit der deklaratorischen Wiederholung der Compliance-Pflicht.[472]

Gegen eine Verpflichtung zur Compliance durch den DCGK spricht weiter, dass die Regierungskommission Deutscher Corporate Governance Kodex keine Gesetzgebungsbefugnis besitzt. Die Regierungskommission ist eine private Expertenkommission, die nicht demokratisch legitimiert ist. Eine unmittelbare Verpflichtung durch Aussagen dieser Expertenkommission ist daher nicht möglich.[473]

Auch die Veröffentlichung des DCGK durch das Bundesministerium der Justiz und dem Verbraucherschutz im Bundesanzeiger nach § 161 Abs. 1 S. 1 AktG

---

467 *Aichberger/Schwartz*, DStR 2015, 1758, 1761.

468 *Bings*, CCZ 2017, 118, 118.

469 Präambel Abs. 11 DCGK.

470 Präambel Abs. 1 DCGK; *Bürkle*, BB 2007, 1797, 1798; *Baur/Holle*, NZG 2017, 170, 170; *Fleischer*, in: Fleischer/Goette, Münchener Kommentar zum GmbHG, 2. Aufl. 2016, § 43 Rn. 144; *Fuhrmann*, in: Fuhrmann/Linnerz/Pohlmann, DCGK, 1. Aufl. 2016, Ziffer 4 Rn. 47; *Uwe H. Schneider*, Beilage zu ZIP 22/2016, 70, 70; *Winter*, FS Hüffer 2010, 1103, 1104.

471 *Bürkle*, BB 2007, 1797, 1798; *Baur/Holle*, NZG 2017, 170, 170.

472 *Bürkle*, BB 2007, 1797, 1798; *Dreher*, FS Hüffer 2010, 161, 168.

473 Zum Ganzen: *Baur/Holle*, NZG 2017, 170, 170; BGH, Urteil vom 16.2.2009, Az. II ZR 185/07 – Kirch/Deutsche Bank, NZG 2009, 342, 346 Rn. 25 f.

verleiht dem Kodex keinen Gesetzesrang;[474] er ist vielmehr als soft law zu qualifizieren.[475] Allein deshalb ist es schon nicht möglich, dass sich aus dem DCGK eine rechtliche Verpflichtung herleiten lässt.[476]

Eine rechtliche Verpflichtung kann auch nicht über die Erklärungspflicht aus § 161 Abs. 1 S. 1 AktG begründet werden. Der Vorstand und der Aufsichtsrat müssen sich danach jährlich dazu äußern, ob sie die im DCGK niedergeschriebenen Empfehlungen im eigenen Unternehmen anwenden. Durch das BilMoG[477] aus dem Jahr 2009 wurde die Erklärungspflicht zu einer Begründungspflicht erweitert (comply or explain).[478]

Die Aufnahme der Compliance-Pflicht in den Kodex kann damit keine Compliance-Pflicht begründen. Sie dient aber der Bewusstseinsbildung und verdeutlicht die Wichtigkeit der Compliance-Pflicht.[479]

V. Allgemeine Leitungssorgfalt, §§ 76 Abs. 1, 93 Abs. 1 AktG

Die wohl h. M. in der Literatur vertritt die Ansicht, dass sich die Compliance-Pflicht aus der allgemeinen Leitungssorgfalt des Vorstands gem. §§ 76 Abs. 1, 93 Abs. 1 AktG ergibt.[480]

Gemäß § 76 Abs. 1 AktG hat der Vorstand die Gesellschaft unter eigener Verantwortung zu leiten. Inhaltlich konkretisiert § 93 Abs. 1 S. 1 AktG den Inhalt der Geschäftsleitertätigkeit indem er vorgibt, dass die Vorstandsmitglieder bei ihrer

---

474 *Bachmann*, in: Kremer/Bachmann/Lutter/v. Werder, DCGK, 7. Aufl. 2018, Rn. 80; *Aichberger/Schwartz*, DStR 2015, 1758, 1761; *Bergmoser/Theusinger/Gushurst*, BB-Spezial 5.2008, 1, 5.

475 OLG München, Urteil vom 6.8.2008, Az. 7 U 5628/07, NZG 2009, 508, 509; *Mertens/Cahn*, in: Zöllner/Noack, Kölner Kommentar zum AktG, 3. Aufl. 2010, § 91 Rn. 38; *Liese*, BB-Spezial 5.2008, 17, 20; *Reichert*, FS Hoffmann-Becking 2013, 943, 946.

476 *Bergmoser/Theusinger/Gushurst*, BB-Spezial 5.2008, 1, 5.

477 Gesetz zur Modernisierung des Bilanzrechts (Bilanzrechtsmodernisierungsgesetz – BilMoG) vom 25.5.2009, BGBl. I 2009, 1102, 1122.

478 *Liese*, BB-Spezial 5.2008, 17, 20; *Baur/Holle*, NZG 2017, 170, 170.

479 *Fleischer*, CCZ 2008, 1, 1.

480 *Mertens/Cahn*, in: Zöllner/Noack, Kölner Kommentar zum AktG, 3. Aufl. 2010, § 91 Rn. 35; *Bürkle*, BB 2007, 1797, 1799; *Fleischer*, in Spindler/Stilz, AktG, 3. Aufl. 2015, § 91 Rn. 50; *ders.*, AG 2003, 291, 298; *ders.*, BB 2008, 1070, 1072; *ders.*, in: Fleischer/Goette, Münchener Kommentar zum GmbHG, 2. Aufl. 2016, § 43 Rn. 144; *Immenga*, FS Schwark 2009, 199, 202; *Lutter*, FS Goette 2011, 289, 291; *Verse*, ZHR 175 (2011), 401, 404; *Winter*, FS Hüffer 2010, 1103, 1104; *AKEIÜ*, DB 2010, 1509, 1510; *Fuhrmann*, in: Fuhrmann/Linnerz/Pohlmann, DCGK, 1. Aufl. 2016, Ziffer 4 Rn. 61.

Geschäftsführung die Sorgfalt eines ordentlichen und gewissenhaften Geschäftsleiters anzuwenden haben.

1. *Legalitätspflicht*

Ein Aspekt der in § 93 Abs. 1 S. 1 AktG formulierten Sorgfaltspflicht ist die „etwas überhöht“[481] als Legalitätspflicht bezeichnete Sorgfaltspflicht.[482] Die Legalitätspflicht verlangt vom Vorstand zuvörderst, sich selbst gesetzestreu zu verhalten.[483] Der Vorstand muss sich selbst an gesetzliche Regeln, wie die des Aktiengesetzes (z.B. §§ 80, 81, 83 AktG) oder solche anderer Gesetze, insbesondere der kapitalmarktrechtlichen Vorschriften (z.B. §§ 14, 15 WpHG) halten. Die Legalitätspflicht erfasst daneben die von der Gesellschaft selbst gesetzten Normen wie die Satzung oder die Geschäftsordnung, also unternehmensinterne Richtlinien und Standards.[484] Unterfällt die Aktiengesellschaft auch ausländischem Recht, so umfasst die Legalitätspflicht des Vorstands ebenfalls die Einhaltung der ausländischen Rechtsnormen.[485]

2. *Legalitätskontrollpflicht*

Die Legalitätspflicht beschränkt sich jedoch nicht auf die Gesetzesbefolgung durch den Vorstand selbst. Sie umfasst darüber hinaus auch die Kontrolle, dass sich andere Personen der Gesellschaft, also insbesondere die Mitarbeiter, ebenfalls an Gesetz und Recht halten. Insofern trifft den Vorstand eine Legalitätskontrollpflicht, mit welcher er dafür Sorge zu tragen hat, „dass das Unternehmen so organisiert und beaufsichtigt wird, dass keine (...) Gesetzesverletzungen stattfinden“.[486] Dies ergibt sich bereits aus der Gesetzesbegründung zum KonTraG, in welcher es heißt, dass die Leitungspflicht auch solche Organisationspflichten

481 *Merkt*, ZIP 2014, 1705, 1706.

482 *Von Busekist/Hein*, CCZ 2012, 41, 43.

483 *Fleischer*, in: Spindler/Stilz, AktG, 3. Aufl. 2015, § 91 Rn. 50; *Bürgers*, in: Bürgers/Körber, AktG, 4. Aufl. 2017, § 93 Rn. 5; *von Busekist/Hein*, CCZ 2012, 41, 43; *Arnold*, ZGR 2014, 76, 78 f.; *Reichert*, FS Hoffmann-Becking 2013, 943, 944.

484 *Bürgers*, in: Bürgers/Körber, AktG, 4. Aufl. 2017, § 93 Rn. 7; *Arnold*, ZGR 2014, 76, 79.

485 *Mertens/Cahn*, in: Zöllner/Noack, Kölner Kommentar zum AktG, 3. Aufl. 2010, § 93 Rn. 73.

486 LG München I, Urteil vom 10.12.2013, Az. 5 HK O 1387/10, CB 2014, 167, 169; *Fleischer*, in: Spindler/Stilz, AktG, 3. Aufl. 2015, § 91 Rn. 50; *ders.*, CCZ 2008, 1, 2; *Bürgers*, in: Bürgers/Körber, AktG, 4. Aufl. 2017, § 93 Rn. 8a; *Mertens/Cahn*, in: Zöllner/Noack, Kölner Kommentar zum AktG, 3. Aufl. 2010, § 93 Rn. 80; *Reichert*, FS Hoffmann-Becking 2013, 943, 944 f.

beinhaltet, bei deren Verletzung dem Vorstand Schadensersatzpflichten nach § 93 Abs. 2 AktG drohen.[487]

VI. Allgemeiner Verbandsgrundsatz

Eine andere Ansicht will die Compliance-Pflicht aus einem allgemeinen verbandsrechtlichen Grundsatz herleiten.[488] Unter den Begriff des Verbands werden sowohl die Körperschaften als auch die Personengesellschaften gefasst. Ein Verband zeichnet sich durch das Vorhandensein „organisationsrechtlicher Elemente“[489] aus. Zu diesen gehören im Besonderen die „Bildung eines Geschäftsführungs- oder Willensbildungsorgans“,[490] die Ausdruck davon sind, dass es sich um ein rechtliches Gebilde fern von der Privatsphäre der Mitglieder handelt.[491] An diesem Punkt setzt die Compliance-Pflicht an: Derjenige, der im Verband die Leitungsverantwortung trägt, den treffen entsprechende Sorgfaltspflichten. Zu diesen Sorgfaltspflichten gehört es auch, auf die Normeinhaltung „durch den Verband im Verband“ zu achten.[492]

Die Normeinhaltung ist in einem Rechtsstaat ein schon immer geltendes Prinzip,[493] welches für jedes Rechtssubjekt gilt, weshalb die Anwendung auf den Verband an sich nicht in Frage stehen kann. Die darauffolgende Frage, wer verbandsintern zur „Normeinhaltung durch den Verband und im Verband“[494] verpflichtet ist, ergibt sich aus der Leitungsverantwortung.[495] Den jeweils Leitungsverantwortlichen treffen entsprechende Sorgfaltspflichten. Für die

---

487 RegE BT-Drs. 13/9712, 15; darauf hinweisend *Aichberger/Schwartz*, DStR 2015, 1758, 1761.

488 *Merkt*, ZIP 2014, 1705, 1707; diesem folgend *Schulz*, BB 2017, 1475, 1476; *Balke*, in: Born/Ghassemi-Tabar/Gehle, Münchener Handbuch des Gesellschaftsrechts Bd. 7, 5. Aufl. 2016, § 111 Rn. 6; *von Busekist/Hein*, CCZ 2012, 41, 43; *Larisch/von Hesberg*, CCZ 2017, 17, 20; von einem allgemeinen rechtlichen Grundsatz sprechend *Beneke*, BB 2016, 2327, 2330.

489 *Habersack*, Die Mitgliedschaft – subjektives und ‚sonstiges‘ Recht, 1996, S. 17.

490 *Habersack*, Die Mitgliedschaft – subjektives und ‚sonstiges‘ Recht, 1996, S. 17.

491 *Habersack*, Die Mitgliedschaft – subjektives und ‚sonstiges‘ Recht, 1996, S. 17.

492 *Merkt*, ZIP 2014, 1705, 1707; *ders.*, DB 2014, 2271, 2272.

493 Vgl. dazu Art. 20 Abs. 3 GG; *Hauschka/Moosmayer/Lösler*, in: Hauschka/Moosmayer/Lösler, Corporate Compliance, 3. Aufl. 2016, § 1 Rn. 2; *Poppe*, in: Inderst/Bannenberg/Poppe, Compliance, 3. Aufl. 2017, Rn. 12; *Kohlepp*, Besteuerung gesetzlicher Krankenkassen, 2017, S. 37; *Karla/Geier*, CB 2016, 474, 476; *Streck*, in: Streck/Mack/Schwedhelm, Tax Compliance, 2. Aufl. 2016, Rn. 1.1.

494 *Merkt*, ZIP 2014, 1705, 1707.

495 *Merkt*, ZIP 2014, 1705, 1707.

Aktiengesellschaft ergibt sich dies aus den §§ 76 Abs. 1, 93 Abs. 1 AktG, wie von der h. M. angenommen. Für die anderen Verbandsformen soll dies hiermit überprüft werden.

1. Allgemeine Leitungssorgfalt in der GmbH

Gemäß § 43 Abs. 1 GmbHG hat der Geschäftsführer einer GmbH in den Angelegenheiten der Gesellschaft die Sorgfalt eines ordentlichen Geschäftsmannes anzuwenden. Der Wortlaut des § 43 Abs. 1 GmbHG ist dem des § 93 AktG angenähert, weshalb für die GmbH im Prinzip nichts anderes gilt.[496]

Den Geschäftsleiter einer GmbH trifft die Legalitätspflicht, also die Pflicht, zum eigenen rechtstreuen Verhalten.[497] Rechtspflichten des Geschäftsleiters ergeben sich zum einen aus den allgemeinen Gesetzen;[498] im Steuerrecht sind das die Pflichten, die eigentlich der GmbH als Rechtssubjekt auferlegt sind.[499] Daneben ergeben sich zu befolgende Rechtspflichten des GmbH-Geschäftsführers aus den internen Pflichten, die bspw. in der Satzung oder Geschäftsordnung Niederschlag gefunden haben.[500] Wie in der Aktiengesellschaft beschränkt sich die Legalitätspflicht des Geschäftsleiters nicht nur auf sein eigenes regelkonformes Verhalten, daneben hat er durch organisatorische Vorkehrungen die Rechtmäßigkeit des Verhaltens der Gesellschaft nach außen sicherzustellen.[501] So wird zur Herleitung der Compliance-Pflicht eines Geschäftsführers einer GmbH schon explizit auf § 43 Abs. 1 GmbHG verwiesen.[502]

---

496 *Zöllner/Noack*, in: Baumbach/Hueck, GmbHG, 21. Aufl. 2017, § 43 Rn. 7; *Kort*, GmbHR 2013, 566, 566 ff.

497 *Fleischer*, in: Fleischer/Goette, Münchener Kommentar zum GmbHG, 2. Aufl. 2016, § 43 Rn. 21; *Zöllner/Noack*, in: Baumbach/Hueck, GmbHG, 21. Aufl. 2017, § 43 Rn. 17; *Paefgen*, in: Ulmer/Habersack/Löbbe, GmbHG, 2. Aufl. 2014, § 43 Rn. 49; *Ziemons*, in: Michalski/Heidinger/Leible, GmbHG, 3. Aufl. 2017, § 43 Rn. 59.

498 *Zöllner/Noack*, in: Baumbach/Hueck, GmbHG, 21. Aufl. 2017, § 43 Rn. 17, *Fleischer*, in: Fleischer/Goette, Münchener Kommentar zum GmbHG, 2. Aufl. 2016, § 43 Rn. 21.

499 *Zöllner/Noack*, in: Baumbach/Hueck, GmbHG, 21. Aufl. 2017, § 43 Rn. 17; *Fleischer*, in: Fleischer/Goette, Münchener Kommentar zum GmbHG, 2. Aufl. 2016, § 43 Rn. 30.

500 *Fleischer*, in: Fleischer/Goette, Münchener Kommentar zum GmbHG, 2. Aufl. 2016, § 43 Rn. 21.

501 *Zöllner/Noack*, in: Baumbach/Hueck, GmbHG, 21. Aufl. 2017, § 43 Rn. 17; *Fleischer*, in: Fleischer/Goette, Münchener Kommentar zum GmbHG, 2. Aufl. 2016, § 43 Rn. 142; *Ziemons*, in: Michalski/Heidinger/Leible, GmbHG, 3. Aufl. 2017, § 43 Rn. 174.

502 *Fleischer*, in: Fleischer/Goette, Münchener Kommentar zum GmbHG, 2. Aufl. 2016, § 43 Rn. 145; *Ziemons*, in: Michalski/Heidinger/Leible, GmbHG, 3. Aufl. 2017, § 43 Rn. 59.

2. *Allgemeine Leitungssorgfalt im Verein*

Auch für den Verein fehlt es an einer gesetzlichen Vorschrift, die die Sorgfaltspflichten des Vorstands beschreibt.[503] Alleine in § 27 Abs. 2 S. 2 BGB wird als Grund zur Widerrufung der Vorstandsstellung genannt, dass dieser unfähig zur ordnungsgemäßen Geschäftsführung ist. Was darunter zu verstehen ist, definiert das Gesetz nicht weiter, es verweist in § 27 Abs. 3 BGB lediglich auf Vorschriften über die Geschäftsführung ohne Auftrag. Anders als bei der Aktiengesellschaft und der GmbH kann die Geschäftsführungsbefugnis des Vorstands eines Vereins in weiten Teilen durch dessen Satzung bestimmt werden, §§ 40, 27 Abs. 3 BGB.[504]

Zurückzuführen ist das jedoch nicht darauf, dass dem Verein, als Grundform der Körperschaften,[505] andere Leitungssorgfalten aufgegeben werden sollten, als diejenigen, die für den Vorstand einer Aktiengesellschaft gelten. Das BGB-Vereinsrecht ist vielmehr im politischen Kontext seiner Entstehung zu sehen, wo es insbesondere um das Verhältnis von Staat und Verein ging. Dem Vereinsvorstand sollten daher möglichst wenig explizite Pflichten auferlegt werden, um seine Haftung bei Pflichtverletzungen zu vermeiden.[506] Das bedeutet, dass für die Geschäftsführungspflichten des Vereinsvorstands im Wesentlichen dasselbe gelten muss, wie bei den anderen Körperschaften der Aktiengesellschaft und der GmbH.

Zur ordnungsgemäßen Geschäftsführung gehört es daher, dass der Vorstand den Verein leitet und die laufenden Geschäfte durchführt und überwacht. Bestandteil der laufenden Geschäfte ist es sicherzustellen, dass „der Verein seine Rechtspflichten ordnungsgemäß erfüllt, insbesondere gesetzliche und satzungsmäßige Pflichten".[507] Zu den gesetzlichen Pflichten gehören die steuerlichen Pflichten, wie die Mitteilungspflichten gegenüber der Finanzbehörde sowie die Abgabe einer Steuererklärung, vgl. §§ 34 Abs. 1, 140 AO.[508] Entsprechend den

503 *Larisch/von Hesberg*, CCZ 2017, 17, 20.

504 *Arnold*, in: Säcker/Rixecker/Oetker/Limperg, Münchener Kommentar zum BGB, 7. Aufl. 2015, § 27 Rn. 37.

505 *Schöpflin*, in: Bamberger/Roth/Hau/Poseck, BeckOK BGB, 48. Edition Stand 1.11.2018, § 21 Rn. 37.

506 *Arnold*, in: Säcker/Rixecker/Oetker/Limperg, Münchener Kommentar zum BGB, 7. Aufl. 2015, § 27 Rn. 36.

507 *Burgard*, in: Krieger/Schneider, Handbuch Managerhaftung, 3. Aufl. 2017, § 6 Rn. 6.11; *Grambow*, CB 2017, 45, 45.

508 *Grambow*, CB 2017, 45, 45; *Stöber/Otto*, Handbuch zum Vereinsrecht, 11. Aufl. 2016, Rn. 375.

anderen Körperschaften trifft den Vereinsvorstand darüber hinaus eine Legalitätskontrollpflicht, wonach er dafür Sorge zu tragen hat, dass auch die übrigen Mitglieder und Funktionsträger des Vereins geltende Gesetze berücksichtigen.[509] Teilweise wird als dogmatische Grundlage für die Compliance-Pflicht im Verein bereits §§ 26, 27 Abs. 3 BGB angeführt.[510]

3. *Allgemeine Leitungssorgfalt in den Personengesellschaften*

Bei der GbR, der oHG und über den Verweis aus § 161 Abs. 2 HGB auch bei der KG, ist eine Leitungssorgfaltspflicht schwieriger zu finden, da eine solche anders als bei der Aktiengesellschaft und der GmbH nicht explizit im Gesetz genannt wird; die §§ 709 ff. BGB und die §§ 115 ff. HGB verwenden das Wort Sorgfalt zumindest nicht ausdrücklich. Vereinzelt wird vertreten, es gälten für die Sorgfaltspflicht in der oHG „im Ansatz vergleichbare Maßstäbe, wie sie zu §§ 93 Abs. 1 AktG, 43 Abs. 1 GmbHG entwickelt worden sind".[511] Dies kann aber nicht ohne Weiteres gelten. Bei den Kapitalgesellschaften tritt der Vorstand oder Geschäftsführer als Dritter im Vergleich zu der Gesellschaft auf, er ist damit gewissermaßen „Verwalter fremden Vermögens".[512] Anders ist es bei den Personengesellschaften. Hier gilt das Prinzip der Selbstorganschaft,[513] wonach grundsätzlich die Gesellschafter Geschäftsführer der Gesellschaft sind; die Gesellschafter verwalten daher ihr eigenes Vermögen. Es liegt also schon eine andere Interessenlage als bei den Körperschaften vor. Die Personengesellschaften sind typischerweise geprägt durch eine enge Verbundenheit der Gesellschafter und einem zwischen diesen bestehenden Vertrauensverhältnis.[514] Entsprechend hat der Gesellschafter-Geschäftsführer einer Personengesellschaft einen nach § 708 BGB[515] eingeschränkten Sorgfaltsmaßstab.[516]

---

509 *Larisch/von Hesberg*, CCZ 2017, 17, 20.

510 *Larisch/von Hesberg*, CCZ 2017, 17, 20.

511 *Schäfer*, in: Staub, HGB, 5. Aufl. 2009, § 114 Rn. 55, 37.

512 Für die GmbH BGH, Urteil vom 20.2.1995, Az. II ZR 143/93, BGHZ, 129, 30, 34 = DStR 1995, 1033; *Zöllner/Noack*, in: Baumbach/Hueck, GmbHG, 21. Aufl. 2017, § 43 Rn. 9; für die AG *Bürgers*, in: Bürgers/Körber, AktG, 4. Aufl. 2017, § 93 Rn. 3.

513 *Von Gerkan/Haas*, in: Röhricht/Graf von Westphalen, HGB, 4. Aufl. 2014, § 114 Rn. 7; *Roth*, in: Baumbach/Hopt, HGB, 38. Aufl. 2018, § 114 Rn. 24.

514 *Schäfer*, in: Staub, HGB, 5. Aufl. 2009, § 114 Rn. 62.

515 Dieser gilt entsprechend für die Geschäftsführer einer oHG und einer KG, § 105 Abs. 2 HGB, § 161 Abs. 2 HGB.

516 *Schäfer*, in: Staub, HGB, 5. Aufl. 2009, § 114 Rn. 37.

Gesetzlich wird der Inhalt der Geschäftsführungstätigkeit in einer Personengesellschaft kaum konkretisiert. In § 117 Hs. 2 HGB sowie in § 712 Abs. 1 Hs. 1 BGB heißt es aber, dass die Befugnis zur Geschäftsführung bei Unfähigkeit zur ordnungsmäßigen Geschäftsführung entzogen werden kann. Konkrete Anforderungen an die Geschäftsführungstätigkeit werden im Gesetz nicht definiert. In der Literatur wird dazu angegeben, dass sich für deren Inhalt und Umfang primär auf den Gesellschaftsvertrag zu beziehen sei.[517] Darüber hinaus werden lediglich Einzelfälle aufgezählt, wie bspw. der uneigennützige Einsatz der Arbeitskraft, der Leitung anhand der Gesellschaftsinteressen (vgl. z.B. § 112 Abs. 1 HGB), eine Widerspruchs- (vgl. § 115 Abs. 1 Hs. 2 HGB) und Beratungspflicht (vgl. § 116 Abs. 2 HGB) für Handlungen, die über den gewöhnlichen Betrieb des Handelsgewerbes hinausgehen, eine Auskunfts- und Rechenschaftspflicht[518] sowie die Herausgabe des durch die Geschäftsführung Erlangten.[519] Konkret wird hier weder eine Legalitäts- noch eine Legalitätskontrollpflicht entsprechend der §§ 76 Abs. 1, 93 Abs. 1 AktG, 43 Abs. 1 GmbHG genannt.

Personengesellschaften sind zwar keine juristischen Personen, sie besitzen dennoch eine eigene Rechtspersönlichkeit, eine „von den Mitgliedern getrennte Identität",[520] vgl. § 105 Abs. 2 HGB. Wie die Körperschaften handeln die Personengesellschaften nicht selbst, sondern werden durch ihre gesetzlichen Vertreter, den Gesellschaftern, vertreten. Das bedeutet, dass die gesetzlichen Pflichten, die die Gesellschaft treffen, von ihren Geschäftsleitern wahrzunehmen sind. Insofern ist es nur konsequent, den Geschäftsleitern dieselben Pflichten wie dem eigentlichen Regelungsadressaten, also der Gesellschaft, aufzubürden. Das bedeutet, dass sich „selbstverständlich"[521] auch der Geschäftsführer einer Personengesellschaft regelkonform zu verhalten hat.

---

517 *Schäfer*, in: Staub, HGB, 5. Aufl. 2009, § 114 Rn. 37; *Rawert*, in: Münchener Kommentar zum HGB, 4. Aufl. 2016, § 114 Rn. 42; *von Gerkan/Haas*, in: Röhricht/Graf von Westphalen, HGB, 4. Aufl. 2014, § 114 Rn. 20.

518 Diese ergibt sich aus §§ 713, 666 BGB, *Roth*, in: Baumbach/Hopt, HGB, 38. Aufl. 2018, § 114 Rn. 14.

519 *Rawert*, in: Münchener Kommentar zum HGB, 4. Aufl. 2016, § 114 Rn. 43; *Roth*, in: Baumbach/Hopt, HGB, 38. Aufl. 2018, § 114 Rn. 12 ff.; *von Gerkan/Haas*, in: Röhricht/Graf von Westphalen, HGB, 4. Aufl. 2014, § 114 Rn. 24.

520 *Reuter*, in: Säcker/Rixecker/Oetker/Limperg, Münchener Kommentar zum BGB, 7. Aufl. 2015, Vor § 21 Rn. 8.

521 *Gößwein/Hohmann*, BB 2011, 963, 963.

Eine Legalitätskontrollpflicht ergibt sich daraus, dass die Personengesellschaft zumindest aus zwei Personen besteht, vgl. § 705 BGB („die Gesellschafter"). Damit sich die *Person* Gesamthandsgesellschaft insgesamt rechtstreu verhält, treffen den Geschäftsführer Organisationspflichten. Diese ergeben sich bereits aus § 130 OWiG (gehörige Aufsicht) oder aus § 831 BGB.

4. *Bestehen eines allgemeinen Verbandsgrundsatzes*

Wenn auch andere Fragen des Verbands weniger einheitlich zu beantworten sind,[522] lässt sich aus obiger Darstellung ableiten, dass Einigkeit darüber besteht, dass derjenige, der die Leitungsverantwortung im Verband trägt, auch für die Leitungssorgfalt einzustehen hat.[523] Zur Leitungssorgfalt gehört sowohl in der Aktiengesellschaft, der GmbH, dem Verein sowie den Personengesellschaften, für die eigene Rechtstreue sowie für die Regelkonformität anderer Verbandsangehöriger zu sorgen, was dem Umfang der Compliance-Pflicht entspricht.

5. *Exkurs: Allgemeine Leitungssorgfalt beim Einzelkaufmann*

Anders als bei den Personen- und Kapitalgesellschaften gestaltet sich die Situation bei einem Einzelkaufmann anders. Dieser ist im Innenverhältnis nicht anderen Gesellschaftern gegenüber verpflichtet, sondern besteht als Einzelperson. Ihm fehlt es am verbandsrechtlichen Merkmal der gemeinsamen Zweckverfolgung auf rechtsgeschäftlicher Grundlage.[524] Es ist wiederrum selbstverständlich, dass sich der Einzelkaufmann selbst an Recht und Gesetz halten muss, wenn sich der jeweilige Gesetzesbefehl an ihn richtet.

Organisationspflichten des Kaufmanns ergeben sich bereits daraus, dass Kaufmann nach § 1 Abs. 1 HGB ist, wer ein Handelsgewerbe i. S. d. Absatz 2 betreibt. Ein Handelsgewerbe setzt die Erforderlichkeit kaufmännischer Einrichtungen voraus. Diese umfasst die kaufmännische Buchführung und Bilanzierung, die Firmierung nach § 17 HGB sowie die kaufmännische und ordnungsgemäße Vertretung nach den §§ 48 ff. HGB.[525] Ob eine kaufmännische Einrichtung

522 Im Besonderen zur Verbandsmitgliedschaft *Merkt*, in: Bruns, Tradition und Innovation, 2017, S. 185 ff.

523 *Merkt*, ZIP 2014, 1705, 1707.

524 *Habersack*, Die Mitgliedschaft – subjektives und ‚sonstiges' Recht, 1996, S. 18.

525 *Hopt*, in: Baumbach/Hopt, HGB, 38. Aufl. 2018, § 1 Rn. 23; *K. Schmidt*, in: K. Schmidt, Münchener Kommentar zum HGB, 4. Aufl. 2016, § 1 Rn. 70; *Kindler*, in: Ebenroth/Boujong/Joost/Strohn, HGB, 3. Aufl. 2014, § 1 Rn. 46; *Körber*, in: Oetker, HGB, 5. Aufl. 2017, § 1 Rn. 50.

erforderlich i. S. d. § 1 Abs. 2 HGB ist, richtet sich nach Art und Umfang des Gewerbetriebs.[526] Der Umfang eines Gewerbebetriebs beschreibt dessen quantitative Merkmale wie bspw. die Größe des Geschäftslokals, die Zahl der Betriebsstätten, eine überregionale Tätigkeit oder die Anzahl an Mitarbeitern.[527]

Bereits die Tatsache, dass der Geschäftsbetrieb des Einzelkaufmanns im Einzelfall eine bedeutende Größe erreichen kann (man denke nur an Schlecker), macht deutlich, dass auch hier organisatorische Vorkehrungen sinnvoll sein können, um alle Organisationseinheiten im Blick zu haben. Hinzu kommen die Hilfspersonen des Einzelkaufmanns, die diesen kraft ihrer Vertretungsmacht im Außenverhältnis verpflichten können, unabhängig davon, welche Weisungen der Kaufmann im Innenverhältnis erteilt hat, vgl. nur § 50 Abs. 1 HGB. Im Falle einer Pflichtverletzung, sei es durch den Einzelkaufmann selbst, sei es durch eine kaufmännische Hilfsperson, kann der Kaufmann nach § 17 Abs. 2 HGB unter seiner Firma verklagt werden. Die mit einem Prozess einhergehenden Reputationsrisiken treffen dann direkt die Firma des Kaufmanns.[528] Letztlich ist die Verklagbarkeit nach § 17 Abs. 2 HGB damit zumindest ähnlich wie die Organhaftung in § 93 Abs. 2 AktG oder § 43 Abs. 2 GmbHG, bei welchen Vorstand und Geschäftsführer für Pflichtverletzungen anderer Unternehmensangehöriger haften, wenn sie ein eigenes Organisationsverschulden trifft.

Hinzukommen die Sorgfaltsanforderungen aus § 347 Abs. 1 HGB, wonach bei Handelsgeschäften für die Sorgfalt eines ordentlichen Kaufmanns einzustehen ist. Die dadurch benannten Sorgfaltspflichten gelten für jeden Kaufmann, also auch für den Einzelkaufmann.[529] Darin verkörpert ist der „allgemeine Grundsatz [, dass] im Unternehmensbereich (…) strengere Sorgfaltsanforderungen gelten, als im Privatbereich“.[530]

---

526 *Hopt*, in: Baumbach/Hopt, HGB, 38. Aufl. 2018, § 1 Rn. 23; *Kindler*, in: Ebenroth/Boujong/Joost/Strohn, HGB, 3. Aufl. 2014, § 1 Rn. 48; *Körber*, in: Oetker, HGB, 5. Aufl. 2017, § 1 Rn. 51.

527 *Körber*, in: Oetker, HGB, 5. Aufl. 2017, § 1 Rn. 53; *Hopt*, in: Baumbach/Hopt, HGB, 38. Aufl. 2018, § 1 Rn. 23; *Kindler*, in: Ebenroth/Boujong/Joost/Strohn, HGB, 3. Aufl. 2014, § 1 Rn. 50.

528 *Arnold/Rohner*, in: Gummert, Münchener Anwaltshandbuch Personengesellschaftsrecht, 2. Aufl. 2015, § 3 Rn. 11; *Jenne*, Die Überprüfung und Zertifizierung von Compliance-Management-Systemen, 2017, S. 67.

529 *Joost*, in: Ebenroth/Boujong/Joost/Strohn, HGB, 3. Aufl. 2015, § 347 Rn. 4.

530 *K. Schmidt*, in: K. Schmidt, Münchener Kommentar zum HGB, 4. Aufl. 2018, § 347 Rn. 2.

Daraus lässt sich ableiten, dass auch den Einzelkaufmann eine den Verbänden entsprechende Legalitäts- und Legalitätskontrollpflicht dem Grunde nach trifft.[531] Davon abzugrenzen ist die Frage, inwieweit ein Einzelkaufmann im Einzelfall zur Treffung organisatorischer Vorkehrungen verpflichtet sein kann. Dies hängt grundsätzlich von der Risikoanalyse des einzelnen Geschäftsbetriebs ab. Aufgrund der wohl geringeren Größe des Geschäftsbetriebs und ggf. nur einer geringeren Anzahl an Mitarbeitern werden institutionelle Vorkehrungen meistens nicht erforderlich sein.[532]

VII. Stellungnahme

Auch wenn an anderer Stelle die Erheblichkeit der Festlegung der Compliance-Pflicht angezweifelt wird,[533] kann die Entscheidung in dogmatischer Hinsicht nicht ausbleiben. Die Rechtsgrundlage der Compliance-Pflicht hat vielerlei Auswirkungen.[534] Der Umfang der Pflichtendelegation richtet sich danach, ob es sich um eine Leitungsaufgabe handelt.[535] Wird die Compliance-Pflicht aus § 91 Abs. 2 AktG hergeleitet, so wird sie von der Reichweite der Prüfungspflichten des Abschlussprüfers nach § 317 Abs. 4 HGB mitumfasst.[536] Will man die Compliance-Pflicht auf alle Gesellschaftsformen übertragen, so stellen sich insb. Schwierigkeiten bei der Übertragung aktienrechtlicher Normen auf Personengesellschaften und kleine und mittlere Unternehmen.

1. *Anwendbarkeit auf alle Gesellschaftsformen*

Solange die Rechtsgrundlage in Vorschriften des Aktiengesetzes gesucht wird, kann diesen Ansichten entgegengehalten werden, dass die Compliance-Pflicht dann zu einem „Spezifikum des Aktienrechts“[537] gemacht wird. Es gibt jedoch keine Rechtfertigung dafür, wieso regelkonformes Verhalten nur von Aktiengesellschaften erwartet werden kann. Die Einhaltung von Recht und Gesetz

---

531 Im Ergebnis auch *Reichert*, FS Hoffmann-Becking 2013, 943, 962.

532 *Uwe H. Schneider*, Beilage zu ZIP 22/2016, 70, 70.

533 *Spindler*, in: Goette/Habersack, Münchener Kommentar zum AktG, 5. Aufl. 2019, § 91 Rn. 52; LG München I, Urteil vom 10.12.2013, Az. 5 HK O 1387/10, CB 2014, 167, 169.

534 *Merkt*, ZIP 2014, 1705, 1706; *Fleischer*, NZG 2014, 321, 322; *ders.*, in: Spindler/Stilz, AktG, 3. Aufl. 2015, § 91 Rn. 49.

535 Dazu unter Kapitel 2 C. II. 1.

536 *Dreher*, FS Hüffer 2010, 161, 169.

537 *Merkt*, ZIP 2014, 1705, 1706.

(Regelkonformität) gilt vielmehr für alle Gesellschaften und Unternehmensformen.[538] Besonders deutlich ist das mit Blick auf Tax Compliance. Die steuerlichen Pflichten gelten grundsätzlich für alle Verbände, unabhängig von deren Größe und rechtlicher Organisation.[539]

Würde man die Compliance-Pflicht aus § 91 Abs. 2 AktG herleiten, so fände sich schon auf Ebene der GmbH keine entsprechende Norm.[540] Bei einer Herleitung über die allgemeine Leitungssorgfaltspflicht aus §§ 76 Abs. 1, 93 Abs. 1 AktG findet sich zumindest eine Entsprechung in § 43 Abs. 1 GmbHG für den Geschäftsführer der GmbH. Für die Personengesellschaften existiert in den §§ 115 ff. HGB keine Vorschrift, die sich explizit mit der Sorgfalt des Geschäftsführers auseinandersetzt.

Der DCGK wendet sich ausweislich der Präambel an deutsche börsennotierte Gesellschaften und an Gesellschaften mit Kapitalmarktzugang im Sinne des § 161 Abs. 1 S. 2 AktG. Jedoch wird der Anwendungsbereich auch auf nicht kapitalmarktorientierte Gesellschaften ausgeweitet, da auch diesen die Beachtung des Kodex empfohlen wird.[541] Jedoch ist der Kodex an der dualistischen Struktur einer Aktiengesellschaft orientiert, da er sowohl Regeln für den Vorstand als auch für den diesen überwachenden Aufsichtsrat nennt. Solche Vorgaben passen nicht auf die Personengesellschaften.[542] Jedenfalls ist der DCGK kein formelles Gesetz und kann daher keine Rechtspflicht begründen.[543]

2. Anwendbarkeit auf alle Branchen

Weiterhin muss die Grundlage der Compliance-Pflicht auf alle Branchen anwendbar sein. Aus diesem Grund bemühen sich einige der Ansätze darum, die Compliance-Pflicht nicht aus einer konkreten Norm, sondern auf Grundlage eines tieferliegenden Verständnisses herzuleiten. So versucht die Theorie der Gesamtanalogie von *Uwe H. Schneider*, diversen spezialgesetzlichen Normen eine dahinterliegende gemeinsame und dadurch verallgemeinerungsfähige Zielrichtung abzugewinnen. *Stober* bemüht dafür das Leitbild des ehrbaren

---

538 *Schulz*, BB 2017, 1475, 1475; *Balke*, in: Born/Ghassemi-Tabar/Gehle, Münchener Handbuch des Gesellschaftsrechts Bd. 7, 5. Aufl. 2016, § 111 Rn. 6; *Merkt*, DB 2014, 2771, 2772.

539 *Kromer/Pumpler/Henschel*, BB 2013, 791, 792; *Besch/Starck*, in: Hauschka/Lösler/Moosmayer, Corporate Compliance, 3. Aufl. 2016, § 33 Rn. 5.

540 *Berg*, AG 2007, 271, 274.

541 Präambel Abs. 13 DCGK.

542 *Merkt*, ZIP 2014, 1705, 1707.

543 *Bergmoser/Theusinger/Gushurst*, BB-Spezial 5.2008, 1, 5.

Kaufmanns und die überwiegende Meinung in der Literatur verbindet einen grundsätzlichen Gedanken mit der Leitungssorgfaltspflicht der Geschäftsleitung. Von der Grundidee sind die meisten Theorien daher gar nicht so verschieden, wie man auf den ersten Blick annehmen möchte. Die Bemühungen, diesen allgemeinen Grundgedanken an konkreten Normen festzumachen, sind jedoch zum Scheitern verurteilt. Dies allein schon deshalb, da auch die genannten Normen letztlich keine inhaltliche Konkretisierung der Compliance-Pflicht ermöglichen und jeweils nur einen Ausschnitt der Compliance-Pflicht widerspiegeln können.

Es ist daher am Überzeugendsten, die Compliance-Pflicht aus einem allgemeinen Verbandsgrundsatz herzuleiten.

B. Herleitung einer speziellen Tax Compliance-Pflicht

Eine gesetzliche Grundlage für die Tax Compliance-Pflicht findet sich weder in den Steuergesetzen noch wird eine Pflicht durch den AEAO zu § 153 begründet.[544] Entsprechend dem Verständnis von Tax Compliance als Bestandteil der allgemeinen Corporate Compliance, wird daher auch die Pflicht zur Tax Compliance aus dem allgemeinen Verbandsgrundsatz hergeleitet.

C. Adressat der Tax Compliance-Pflicht

I. Allgemein

Die Einhaltung der Steuergesetze trifft alle Steuersubjekte. Steuersubjekte aus Unternehmenssicht sind Kapital- und Personengesellschaften,[545] Vereine, Betriebe gewerblicher Art der öffentlichen Hand und steuerbefreite Einrichtungen.[546] Die Einhaltung der steuerlichen Pflichten treffen den Steuerpflichtigen, § 33 AO.[547]

---

544 *Handel*, DStR 2017, 1945, 1945.

545 Anders als Kapitalgesellschaften sind Personengesellschaften bei der Frage der Versteuerung des Gewinns kein Steuersubjekt, da dieser nach der einheitlichen und gesonderten Gewinnfeststellung auf die Gesellschafter verteilt wird und dann von diesen auf persönlicher Ebene besteuert wird. Die Personengesellschaft ist aber für die Objektsteuern, wie bspw. die Grunderwerbsteuer oder Gewerbesteuer selbst Steuerobjekt.

546 *Kromer/Pumpler/Henschel*, BB 2013, 791, 792; *Besch/Starck*, in: Hauschka/Lösler/Moosmayer, Corporate Compliance, 3. Aufl. 2016, § 33 Rn. 5.

547 *König/Teichert*, DB 2017, 146, 148.

II. Unternehmensinterne Zuständigkeit

1. Grundsatz: Leitungsaufgabe

Die Compliance-Pflicht gehört zu den Leitungsaufgaben aller Geschäftsleiter;[548] gleichzeitig trifft die Pflicht auch jedes individuelle Mitglied in seiner Eigenschaft als Geschäftsleiter.[549] Der Grundsatz der Leitungsaufgabe ergibt sich bereits aus der Grundlage der Compliance-Pflicht, wonach die Leitungssorgfalt mit der Leitungsverantwortung korrespondiert.[550]

Ebenso ist die Erfüllung der steuerlichen Pflichten Aufgabe aller Mitglieder der Geschäftsleitung.[551] Die allgemeine Leitungssorgfalt schreibt vor, dass dabei die Sorgfalt eines ordentlichen und gewissenhaften Geschäftsmannes anzuwenden ist, vgl. § 43 Abs. 1 GmbHG, § 93 Abs. 1 S. 1 AktG. Diese Sorgfalt wird zum einen gegenüber der Gesellschaft selbst (dazu § 93 Abs. 2 S. 1 AktG), zum anderen aber auch gegenüber Dritten erwartet. Die Verantwortlichkeit gegenüber Dritten lässt sich aus einer Zusammenschau von §§ 7, 78, 9, 43 Abs. 3, 64, 84 GmbHG ableiten, aus welcher sich ergibt, dass bei der GmbH Sinn und Zweck des Gesellschaftsvermögens auch ist, die Gläubiger zu befriedigen. Diesen steht wegen § 13 Abs. 2 GmbHG nur die beschränkte Masse des Gesellschaftsvermögens zur Verfügung. Deshalb trifft die Sorgfaltspflicht zumindest indirekt auch den Schutz Dritter. Ein solcher Dritter ist der Steuergläubiger. Daraus zieht der BFH den Schluss, dass der steuerliche Vertreter ebenso im Rahmen von § 34 Abs. 1 AO zur Sorgfalt eines ordentlichen und gewissenhaften Geschäftsmannes verpflichtet ist.[552] Da diese Sorgfaltspflicht,

---

548 *Fleischer*, in: Fleischer/Goette, Münchener Kommentar zum GmbHG, 2. Aufl. 2016, § 43 Rn. 151; *Talaska*, BB 2012, 1195, 1997; BFH, Urteil vom 26.4.1984, Az. V R 128/79, BStBl. II 1984, 776 = ZIP 1984, 1345; so für den Gesamtvorstand einer Aktiengesellschaft: *Fleischer*, BB 2008, 1070, 1072; *ders.*, NZG 2014, 321, 323; *Kremer/Klahold*, ZGR 2010, 113, 125; *Bürgers*, in: Bürgers/Körber, AktG, 4. Aufl. 2017, § 93 Rn. 8a; *Mertens/Cahn*, in: Zöllner/Noack, Kölner Kommentar zum AktG, 3. Aufl. 2010, § 91 Rn. 36; LG München I, Urteil vom 10.12.2013, Az. 5 HK O 1387/10, CB 2014, 167, 170; *Arnold*, ZGR 2014, 76, 80; *Haag/Acikgöz*, CB 2016, 265, 268.

549 *Aichberger/Schwartz*, DStR 2015, 1758, 1758; BFH, Urteil vom 11.5.1962, Az. VI B 195/60 U, BStBl. II 1962, 342 = NJW 1962, 1640.

550 *Merkt*, ZIP 2014, 1705, 1707 und Kapitel 2 A.VI.

551 BFH, Urteil vom 26.4.1984, Az. V R 128/79, BStBl. II 1984, 776 = ZIP 1984, 1345; *König/Teichert*, DB 2017, 146, 148.

552 BFH, Urteil vom 26.4.1984, Az. V R 128/79, BStBl. II 1984, 776 = ZIP 1984, 1345.

wie dargestellt, die Geschäftsleitung trifft, fällt auch die Erfüllung steuerlicher Pflichten in ihre Zuständigkeit.

2. *Ausnahme: Delegation*

Vor allem in größeren, aber auch in kleineren und mittleren Unternehmen, in denen die steuerliche Expertise fehlt, wird es die Geschäftsleitung zumeist aus praktischen Gründen nicht selbst leisten können, allen steuerlichen Pflichten umfänglich selbst nachzukommen. Es besteht daher das Bedürfnis, die Wahrnehmung steuerlicher Aufgaben und Pflichten aufzuteilen. Dies kann zum einen durch eine Zuweisung auf Ebene der Geschäftsleitung (sog. horizontale Delegation)[553] oder auf Ebene der Mitarbeiter oder externer Steuerberater (sog. vertikale Delegation) geschehen.[554] An wen oder ob delegiert wird, steht im Ermessen der Geschäftsleitung.[555]

Eine horizontale Delegation beschreibt die Zuweisung bestimmter Bereiche an einen einzelnen Geschäftsführer oder ein einzelnes Vorstandsmitglied.[556] Dies kann entweder im Gesellschaftsvertrag geregelt werden oder durch Beschluss der anderen Geschäftsführer oder Vorstandsmitglieder geschehen, § 37 Abs. 1 GmbHG bzw. für die Aktiengesellschaft § 77 Abs. 2 AktG, wonach sich der Vorstand selbst eine Geschäftsordnung geben kann.[557] Eine vertikale Delegation an Mitarbeiter dient der Entlastung der Geschäftsführung. Hier ist denkbar, dass der Bereich Finanzen, Controlling oder Rechnungswesen zugewiesen wird.[558] Externen Beratern wie dem Steuerberater, dem Wirtschaftsprüfer oder dem Rechtsanwalt kann die Erfüllung der steuerlichen Pflichten durch Beauftragung ebenso zugewiesen werden.[559]

Grundsätzlich führt die Delegation von originären Leitungsaufgaben nicht zu einer Enthaftung der Geschäftsleiter.[560] Das bedeutet zunächst einmal, dass

---

553 *Aichberger/Schwartz*, DStR 2015, 1758, 1758.

554 *Fleischer* spricht davon, dass eine Delegation dann „nahezu zwingend“ sei, BB 2008, 1070, 1072.

555 *Kremer/Klahold*, ZGR 2010, 113, 125.

556 Gemeint ist ein Vorstand i. S. d. § 76 AktG und nicht ein Bereichsvorstand, LG München I, Urteil vom 10.12.2013, Az. 5 HK O 1387/10, CB 2014, 167, 170.

557 BFH, Urteil vom 26.4.1984, Az. V R 128/79, BStBl. II 1984, 776 = ZIP 1984, 1345.

558 *Rogge*, BB 2014, 664, 667; *Ehlers*, NWB 2012, 1535, 1542.

559 *Rogge*, BB 2014, 664, 667; *Mann*, DStR 2009, 506, 508.

560 *Spindler*, in: Goette/Habersack, Münchener Kommentar zum AktG, 5. Aufl. 2019, § 76 Rn. 18; BFH, Urteil vom 27.11.1990, Az. VII R 20/89, BFHE 163, 106 = BStBl. II 1991, 284 = NJW 1991, 2511, 2512; *Aichberger/Schwartz*, DStR 2015, 1758, 1758; *Froesch*,

die vollständige Delegation der steuerlichen Pflichten auf andere Personen per se nicht möglich ist.[561] Die Leitungsaufgabe muss vielmehr im Kern bei der Geschäftsleitung verbleiben.[562] Zu diesem nicht delegierbaren Kernbereich gehört auch die Erfüllung bestimmter steuerlicher Pflichten, z.B. der aus §§ 93, 137 ff., 140 ff., 149 ff. AO.[563] Das Verbot der Delegation von originären Leitungsaufgaben bedeutet aber nicht, dass die Leitungsorgane in vollem Umfang alle Aufgaben höchstpersönlich erledigen müssen, insbesondere dann, wenn dies mit deren Arbeitskapazität nicht vereinbar ist.[564] Möglich bleibt die Delegation von Hilfsfunktionen, also von Vorbereitung von Leitungsentscheidungen oder die Ausführung bereits getroffener Leitungsentscheidungen.[565] Bei erfolgter Delegation treffen den Auserwählten in erster Linie die steuerlichen Pflichten.[566] Eine Entlastung von der Gesamtverantwortung aller Geschäftsleiter wird dadurch jedoch nicht begründet.[567] Nach erfolgter wirksamer Delegation reduziert sich die Verantwortlichkeit der anderen Leitungsmitglieder,[568] solange kein Anlass dazu besteht, dass eine ordnungsgemäße Erfüllung der steuerlichen Pflichten nicht gewährleistet ist.[569] Für diese Begrenzung der Pflicht sind mehrere Voraussetzungen zu erfüllen.

DB 2009, 722, 724; *Rogall*, in: Mitsch, Karlsruher Kommentar zum OWiG, 5. Aufl. 2018, § 130 Rn. 40; *Niesler*, in: Graf/Jäger/Wittig, Wirtschafts- und Steuerstrafrecht, 2. Aufl. 2017, § 130 OWiG Rn. 34.

561 *Schulz*, BB 2017, 1475, 1478; *Arnold*, ZGR 2014, 76, 80; *Kort*, FS Hopt 2010, 983, 986.

562 *Freund*, NZG 2015, 1419, 1423.

563 BFH, Urteil vom 27.11.1990, Az. VII R 20/89, BFHE 163, 106 = BStBl. II 1991, 284 = NJW 1991, 2511, 2512; *Aichberger/Schwartz*, DStR 2015, 1758, 1758; *Froesch*, DB 2009, 722, 724.

564 *Spindler*, in: Goette/Habersack, Münchener Kommentar zum AktG, 5. Aufl. 2019, § 76 Rn. 18; *Kort*, FS Hopt 2010, 983, 988.

565 *Weber*, in: Hölters, AktG, 3. Aufl. 2017, § 76 Rn. 12.

566 Speziell für die horizontale Delegation: BFH, Urteil vom 26.4.1984, Az. V R 128/79, BStBl. II 1984, 776 = ZIP 1984, 1345; zur allgemeinen Compliance-Pflicht: *Arnold*, ZGR 2014, 76, 80.

567 BFH, Urteil vom 26.4.1984, Az. V R 128/79, BStBl. II 1984, 776 = ZIP 1984, 1345; speziell zur Konkurseröffnung BGH, Urteil vom 1.3.1994, Az. II ZR 81/94, BB 1994, 1163, 1164; OLG Celle, Urteil vom 6.5.1999, Az. 11 U 232/97, NZG 1999, 1064, 1065; *Rogge*, BB 2014, 664, 667; *Goette*, ZHR 175 (2011), 388, 394.

568 So auch: BGH, Urteil vom 15.10.1996, Az. VI ZR 319/95, BGHZ 133, 370, 377 f. = ZIP 1996, 2017, 2019 f.

569 *Aichberger/Schwartz*, DStR 2015, 1758, 1758.

a) *Schriftliche Fixierung*

Voraussetzung für eine wirksame Delegation der Erfüllung steuerlicher Pflichten ist zuvörderst, dass eine Zuteilung der jeweiligen Pflichten eindeutig erfolgt.[570] Im Rahmen einer horizontalen Delegation fordert der BFH[571] für die Eindeutigkeit, dass „zumindest schriftlich"[572] geregelt ist, welcher Geschäftsführer für welchen Bereich zuständig ist. Ansonsten könnte im Haftungsfall jeder Geschäftsführer auf die Verantwortlichkeit eines anderen verweisen.[573] Fehlt eine schriftliche Regelung der Zuständigkeiten, ist die Delegation fehlgeschlagen und es verbleibt bei der solidarischen Haftung aller Geschäftsführer.[574]

Bei einer vertikalen Delegation ist das Schriftformerfordernis nicht verpflichtend, aber dennoch empfehlenswert.[575]

b) *Umfang des Pflichtenkanons*

Im Rahmen der Delegation von steuerlichen Pflichten wandelt sich die Pflicht in eine Auswahlpflicht, eine Instruktionspflicht und eine Überwachungspflicht, bei denen der Gesamtvorstand ebenfalls die erforderliche Sorgfalt zu beachten hat.[576]

---

570 *Nolte/Becker*, BB-Spezial 5.2008, 23, 26.

571 BFH, Beschluss vom 21.10.2003, Az. VII B 353/02, BFH/NV 2004, 157, 157 mit Verweis auf BFH, Urteil vom 26.4.1984, Az. V R 128/79, BStBl. II 1984, 776 = ZIP 1984, 1345 und Urteil vom 17.5.1988, Az. VII R 90/85, GmbHR 1989, 170, 171; sowie die Parallelentscheidung, BFH, Urteil vom 17.5.1988, Az. VII R 89/95, zitiert nach juris; Beschluss vom 26.1.2006, Az. VII B 220/05, BFH/NV 2006, 906, 906.

572 BFH, Urteil vom 17.5.1988, Az. VII R 89/95, Rn. 3 zitiert nach juris.

573 BFH, Beschluss vom 21.10.2003, Az. VII B 353/02, BFH/NV 2004, 157, 157 mit Verweis auf BFH, Urteil vom 26.4.1984, Az. V R 128/79, BStBl. II 1984, 776 = ZIP 1984, 1345 und Urteil vom 17.5.1988, Az. VII R 90/85, GmbHR 1989, 170, 171; sowie die Parallelentscheidung, BFH, Urteil vom 17.5.1988, Az. VII R 89/95, Rn. 14 zitiert nach juris.

574 BFH, Beschluss vom 21.10.2003, Az. VII B 353/02, BFH/NV 2004, 157, 157 mit Verweis auf BFH, Urteil vom 26.4.1984, Az. V R 128/79, BStBl. II 1984, 776 = ZIP 1984, 1345 und Urteil vom 17.5.1988, Az. VII R 90/85, GmbHR 1989, 170; sowie die Parallelentscheidung, BFH, Urteil vom 17.5.1988, Az. VII R 89/95, Rn. 14 zitiert nach juris; zur allgemeinen Compliance-Pflicht: *Meier-Greve*, BB 2009, 2555, 2555 f.

575 *Aichberger/Schwartz*, DStR 2015, 1758, 1759.

576 So allgemein zur Delegation der Compliance-Pflicht: *Schulz*, BB 2017, 1475, 1478; *Meier-Greve*, BB 2009, 2555, 2555 f. *Lösler*, WM 2007, 676, 681; *Kort*, FS Hopt 2010, 983, 989; *Arnold*, ZGR 2014, 76, 81; speziell zur Erfüllung der steuerlichen Pflichten:

aa) Auswahlpflicht

Zunächst ist derjenige, der die steuerlichen Pflichten erfüllen soll, ordnungsgemäß auszuwählen.[577] Im Rahmen der Auswahlpflicht ist auf die hinreichende persönliche und fachliche Qualifizierung des Mitglieds der Geschäftsleitung bzw. des Mitarbeiters oder des externen Beraters zu achten.[578] Im Rahmen der persönlichen Qualifizierung gilt es, die Vertrauenswürdigkeit der Person zu berücksichtigen. Im Rahmen der horizontalen Delegation müssen sich die anderen Geschäftsleiter daher von der Ordnungsmäßigkeit der Geschäftsführung durch den ausgewählten Geschäftsleiter überzeugt haben.[579]

bb) Instruktionspflicht

Nachdem eine Person ausgewählt wurde, greift die Instruktionspflicht. Dazu muss der Auserwählte in seine neue Aufgabe eingewiesen und auf typische Gefahren hingewiesen werden.[580] Er muss so eingehend unterrichtet werden, dass unter normalen Umständen mit der ordnungsgemäßen Erledigung der Geschäfte zu rechnen ist.[581] Weiter muss der Gesamtvorstand die Aufgabenerfüllung durch den Mitarbeiter zuvor durch Weisungen oder abstrakte Regelungen zu Berichtspflichten, Eingriffsschwellen und -kompetenzen koordinieren.[582]

Rogge, BB 2014, 664, 667; *Talaska*, BB 2012, 1195, 1997; *Aichberger/Schwartz*, DStR 2015, 1758, 1758 f.; *Hilsebein*, CB 2016, 472, 472 f; speziell zur Überwachungs- bzw. Kontrollpflicht bei Delegierung der Buchführungspflicht an einen von zwei GmbH-Geschäftsführer: OLG Jena, Urteil vom 12.8.2009, Az. 7 U 244/07, NZG 2010, 226, 227; ebenso BGH, Urteil vom 15.10.1996, Az. VI ZR 319/95, BGHZ 133, 370, 377 f.

577 Urteil vom 30.6.1995, Az. VII R 85/94, BFH/NV 1996, 2 = Rn. 11 zitiert nach juris; BFH, Beschluss vom 5.3.1998, Az. VII B 36/97, BFH/NV 1998, 1325, 1326; *Rogge*, BB 2014, 664, 667.

578 BFH, Beschluss vom 18.8.1999, Az. VII B 106/99, GmbHR 2000, 392, 393 m. Anm. *Neusel*; *Meier-Greve*, BB 2009, 2555, 2555 f.; *Rogge*, BB 2014, 664, 667.

579 BFH, Urteil vom 26.4.1984, Az. V R 128/79, BStBl. II 1984, 776 = ZIP 1984, 1345.

580 *Meier-Greve*, BB 2009, 2555, 2555 f.; *Ludwig/Breimann/Kusch*, DStR 2016, 2240, 2243; *Niesler*, in: Graf/Jäger/Wittig, Wirtschafts- und Steuerstrafrecht, 2. Aufl. 2017, § 130 OWiG Rn. 33; KG Berlin, Beschluss vom 26.8.1997, Az. 2 Ss 182/97–5 Ws (B) 424/97, Rn. 8 zitiert nach juris.

581 Urteil vom 30.6.1995, Az. VII R 85/94, BFH/NV 1996, 2 = Rn. 11 zitiert nach juris.

582 *Gößwein/Hohmann*, BB 2011, 963, 965; *Goette*, ZHR 175 (2011), 388, 395.

cc) Überwachungspflicht

Zuletzt trifft die Geschäftsleiter bei einer Delegation eine Überwachungspflicht,[583] die sich letztlich aus der Legalitätskontrollpflicht ableitet.[584] Das bedeutet, dass die Person, an welche die steuerlichen Pflichten delegiert wurden, von den Geschäftsleitern laufend so überwacht werden muss, dass diese unter normalen Umständen mit der ordnungsgemäßen Erledigung der Geschäfte rechnen können und ein Fehlverhalten rechtzeitig erkannt werden kann.[585]

Die Geschäftsleitung muss daher für den Einzelfall geeignete Maßnahmen ergreifen, um die Einhaltung der betriebsbezogenen Pflichten zu überwachen.[586] Überwacht werden muss eine ggf. installierte Überwachungsorganisation, die Aufsichtspersonen sowie die handelnden Mitarbeiter selbst,[587] unabhängig davon, ob es im Unternehmen in der letzten Zeit zu Verstößen gekommen ist oder

---

583 BFH, Urteil vom 17.5.1988, Az. VII R 89/95, Rn. 13 zitiert nach juris; BFH, Beschluss vom 18.8.1999, Az. VII B 106/99, GmbHR 2000, 392, 393 m. Anm. *Neusel*; BFH, Urteil vom 27.11.1990, Az. VII R 20/89, BFHE 163, 106 = BStBl. II 1991, 284 = NJW 1991, 2511, 2512; für Compliance-Themen allgemein: *Meier-Greve*, BB 2009, 2555, 2556; *Niesler*, in: Graf/Jäger/Wittig, Wirtschafts- und Steuerstrafrecht, 2. Aufl. 2017, § 130 OWiG Rn. 36; BayObLG, Beschluss vom 10.8.2011, Az. 3 ObOWi 51/2001, NJW 2002, 766, 767.

584 Denn dieses umfasst ebenso eine Legalitätskontrollpflicht anderer, *Fleischer*, BB 2008, 1070, 1072; dazu bereits Kapitel 2 A. V. 2.

585 BFH, Beschluss vom 18.8.1999, Az. VII B 106/99, GmbHR 2000, 392, 393 m. Anm. *Neusel*; BFH, Urteil vom 27.11.1990, Az. VII R 20/89, BFHE 163, 106 = BStBl. II 1991, 284 = NJW 1991, 2511, 2512; für Compliance-Themen allgemein: *Meier-Greve*, BB 2009, 2555, 2556.

586 *Niesler*, in: Graf/Jäger/Wittig, Wirtschafts- und Steuerstrafrecht, 2. Aufl. 2017, § 130 OWiG Rn. 36 f.; BayObLG, Beschluss vom 10.8.2011, Az. 3 ObOWi 51/2001, NJW 2002, 766, 767; BGH, Urteil vom 25.6.1985, Az. KRB 2/85, NStZ 1986, 34; BFH, Beschluss vom 18.8.1999, Az. VII B 106/99, GmbHR 2000, 392, 393 m. Anm. *Neusel*; zu Mitarbeitern: BFH, Urteil vom 5.3.1985, Az. VII R 134/80, BFH/NV 1986, 61 = Rn. 21 zitiert nach juris; BFH, Urteil vom 27.11.1990, Az. VII R 20/89, BFHE 163, 106 = BStBl. II 1991, 284 = NJW 1991, 2511; Urteil vom 30.6.1995, Az. VII R 85/94, BFH/NV 1996, 2 = Rn. 12 zitiert nach juris; zu Prokurist: BFH, Urteil vom 2.7.1987, Az. VII R 162/84, BFH/NV 1988, 220 = Rn. 11 zitiert nach juris; zu Steuerberater: BFH, Urteil vom 30.8.1994, Az. VII R 101/92, BFHE 175, 509 = BStBl. II 1995, 278 = BB 1995, 238 = Rn. 21 zitiert nach juris.

587 *Niesler*, in: Graf/Jäger/Wittig, Wirtschafts- und Steuerstrafrecht, 2. Aufl. 2017, § 130 OWiG Rn. 37.

nicht.[588] Die Überwachungsmaßnahmen müssen so beschaffen sein, dass sie geeignet sind, Zuwiderhandlungen tatsächlich zu entdecken.[589]

Auch wenn die konkreten Überwachungsmaßnahmen der Einzelfallentscheidung vorbehalten sind, können doch einige grundsätzliche Angaben gemacht werden: Im Rahmen der Überwachungspflicht ist undenkbar, dass dem Beauftragten bei der Erfüllung der steuerlichen Pflichten freie Hand gelassen wird und keinerlei Aufsichtspflicht ausgeübt wird oder keine organisatorischen Vorkehrungen für eine Überwachung getroffen werden.[590]

Grundsätzlich müssen zur Überwachung die Einhaltung der steuerlichen Pflichten stichprobenartig überprüft werden.[591] In welchem zeitlichen Turnus diese vorgenommen werden müssen, wird je nach Einzelfall von der Rechtsprechung unterschiedlich gehandhabt. Einmal sind monatliche Kontrollen nicht ausreichend,[592] in einem anderen Urteil wurde genau das Gegenteil entschieden.[593] Anderswo soll eine zweimal jährlich vorgenommene Stichprobe genügen.[594]

Eine Verschärfung der Überwachungspflicht tritt ein, wenn Missstände entdeckt wurden.[595] In diesen Fällen wandelt sich die Überwachungspflicht in eine Interventionspflicht jedes einzelnen Mitglieds der Geschäftsleitung.[596] Die Gesamtverantwortung der übrigen Geschäftsleiter erwacht wieder, die Begrenzung ist aufgehoben.[597] Die Anforderungen an die Überwachungsmaßnahmen

---

588 *Ziegler*, in: Blum/Gassner/Seith, OWiG, 1. Aufl. 2016, § 130 Rn. 34.

589 *Niesler*, in: Graf/Jäger/Wittig, Wirtschafts- und Steuerstrafrecht, 2. Aufl. 2017, § 130 OWiG Rn. 37; nicht solche Maßnahmen, die lediglich Zufallstreffer bringen können, OLG Frankfurt, Beschluss vom 11.5.1978, Az. 2 Ws (B) 240/78, VRS 56, 109, 111.

590 Zu Mitarbeitern: BFH, Urteil vom 5.3.1985, Az. VII R 134/80, BFH/NV 1986, 61 = Rn. 21 zitiert nach juris.

591 *Hilsebein*, CB 2016, 472, 473; *Niesler*, in: Graf/Jäger/Wittig, Wirtschafts- und Steuerstrafrecht, 2. Aufl. 2017, § 130 OWiG Rn. 37.

592 *Ziegler*, in: Blum/Gassner/Seith, OWiG, 1. Aufl. 2016, § 130 Rn. 32.

593 BayObLG, Beschluss vom 10.8.2001, Az. 3 ObOWi 51/2001, NJW 2002, 766, 767.

594 BGH, Beschluss vom 21.10.1986, Az. KRB 5/86, WuW/E BGH 2329 = wistra 1987, 148 = Rn. 11 zitiert nach juris; OLG Frankfurt, Beschluss vom 21.9.1992, Az. 6 Ws (Kart) 12/91, NJW-RR 1993, 231, 231.

595 *Meier-Greve*, BB 2009, 2555, 2556; *Ziegler*, in: Blum/Gassner/Seith, OWiG, 1. Aufl. 2016, § 130 Rn. 34.

596 *Fleischer*, NZG 2014, 321, 323 ff.

597 BFH, Urteil vom 26.4.1984, Az. V R 128/79, BStBl. II 1984, 776 = ZIP 1984, 1345; *Rogge*, BB 2014, 664, 667.

steigen auch dann, wenn sich die Geschäftsleitung kaum „ein auf Tatsachen begründetes Urteil bilden kann, ob die für die Erledigung der steuerlichen Angelegenheiten der Gesellschaft hinzugezogene Situation die notwendige Gewähr der zuverlässigen Erledigung der steuerlichen Angelegenheiten der Gesellschaft bietet."[598]

Einen Spezialfall bilden Fachabteilungen wie die Steuerabteilung oder die Delegation an einen externen Steuerberater. Eine Kontrolle durch die Geschäftsleitung ist hier deshalb erschwert, da es gerade die Aufgabe dieser Abteilungen ist, das Leitungsorgan durch entsprechendes Spezialwissen auf steuerlicher Ebene zu versorgen.[599] Bei sorgfältiger Auswahl und Instruktion darf die Geschäftsleitung daher grundsätzlich auf die ordnungsgemäße Aufgabenerledigung durch die fachlich qualifizierte Steuerabteilung oder den Steuerberater vertrauen.[600] Ein blindes Vertrauen ist damit jedoch nicht gemeint. Die Geschäftsleitung ist vielmehr gehalten, „sich fortlaufend über den Geschäftsgang [zu] unterrichten, sodass [ihr] Unregelmäßigkeiten nicht über einen längeren Zeitraum verborgen bleiben können".[601] So hat der BFH beispielsweise entscheiden, dass sich die Geschäftsleitung selbst über die Richtigkeit der buch- und belegmäßigen Erfassung bei herausragenden Geschäftsvorfällen vergewissern muss.[602] Da es der Geschäftsleitung oft an fachlicher Kompetenz fehlen wird, ist sie zunächst gehalten, die Arbeit der Steuerabteilung oder des Steuerberaters in groben Zügen zu überprüfen und eine Plausibilitätskontrolle durchzuführen. Für die schwierigeren inhaltlichen Prüfungen kann der Geschäftsleiter eine Aufsichtsperson der Fachabteilung vorschalten, die diese für ihn auch fachlich kontrollieren kann.[603]

---

598 BFH, Beschluss vom 5.3.1998, Az. VII B 36/97, BFH/NV 1998, 1325, 1326.

599 *Niesler*, in: Graf/Jäger/Wittig, Wirtschafts- und Steuerstrafrecht, 2. Aufl. 2017, § 130 OWiG Rn. 40.

600 St. Rspr. BFH, z. B. Beschluss vom 28.8.2008, Az. VII B 240/07, BFH/NV 2008, 1983, 1983; Beschluss vom 4.5.2004, Az. VII B 318/03, BFH/NV 2004, 1363 = GmbHR 2004, 1244, 1245; *Aichberger/Schwartz*, DStR 2015, 1758, 1759; *Hilsebein*, CB 2016, 472, 473.

601 BFH, Beschluss vom 26.11.2008, Az. V B 210/07, BFH/NV 2009, 362 = Rn. 6 zitiert nach juris; Beschluss vom 31.10.2005, Az. VII B 66/05, BFH/NV 2006, 480, 481.

602 BFH, Beschluss vom 26.11.2008, Az. V B 210/07, BFH/NV 2009, 362 = Rn. 8 zitiert nach juris; Beschluss vom 28.8.2008, Az. VII B 240/07, BFH/NV 2008, 1983, 1983; Beschluss vom 11.12.2002, Az. IX B 124/02, BFH/NV 2003, 495.

603 *Niesler*, in: Graf/Jäger/Wittig, Wirtschafts- und Steuerstrafrecht, 2. Aufl. 2017, § 130 OWiG Rn. 40.

3. *Überwachungsorgan*

Anders als der Vorstand ist der Aufsichtsrat nicht steuerlicher Vertreter der Aktiengesellschaft nach § 34 AO.[604] Ebenso ist der Aufsichtsrat gemäß § 111 Abs. 4 S. 1 AktG explizit von des Maßnahmen der Geschäftsführung ausgeschlossen.[605] Das bedeutet zunächst einmal, dass der Aufsichtsrat mangels Leitungsbefugnis grundsätzlich nicht Adressat der Tax Compliance-Pflicht ist, ihn trifft also insbesondere nicht die Pflicht, irgendwie geartete organisatorische Maßnahmen im Unternehmen umzusetzen.[606]

Die Aufgabe des Aufsichtsrats erschöpft sich vielmehr in der Überwachung der Geschäftsführung nach § 111 Abs. 1 AktG. Dabei hat der Aufsichtsrat nicht jedwede Maßnahme des Vorstands zu überwachen, sondern solche Leitungsmaßnahmen, die für die Lage und Entwicklung des Unternehmens wesentlich sind.[607] In § 107 Abs. 3 S. 2 AktG werden beispielhaft die Überwachung der Rechnungslegungsprozesse, der Wirksamkeit des internen Kontrollsystems, des internen Revisionssystems sowie die Abschlussprüfung überprüft. Explizit wird die Compliance-Pflicht hier nicht genannt,[608] sie ist ebenso nicht von den internen Kontrollsystemen nach § 91 Abs. 2 AktG mitumfasst.[609] Zur Leitungspflicht des Vorstands gehört aber die Compliance-Pflicht, weshalb dessen Ausführung durch den Aufsichtsrat zu überwachen ist (indirekte Compliance-Pflicht).[610]

a) *Umfang der Überwachung*

Da der Aufsichtsrat nicht selbst das Leitungsorgan ist, ist dessen Überwachungsfokus mit Blick auf die Leitungsaufgabe des Vorstands eingeschränkt.[611] Eine

---

604 *Koenig*, in: Koenig, AO, 3. Aufl. 2014, § 34 Rn. 11.

605 *Arnold*, ZGR 2014, 76, 85.

606 *Kremer/Klahold*, ZGR 2010, 113, 123; *Uwe H. Schneider*, Beilage zu ZIP 22/2016, 70, 71; *Winter*, FS Hüffer 2010, 1103, 1119.

607 *Hüffer/Koch*, AktG, 13. Aufl. 2018, § 111 Rn. 2; *Winter*, in: FS Hüffer 2010, 1103, 1108; *Reichert/Ott*, NZG 2014, 241, 245; *Uwe H. Schneider*, Beilage zu ZIP 22/2016, 70, 71; *Habersack*, in: Goette/Habersack, Münchener Kommentar zum AktG, 5. Aufl. 2019, § 111 Rn. 19.

608 *Uwe H. Schneider*, Beilage zu ZIP 22/2016, 70, 71.

609 *Kort*, FS Hopt 2010, 983, 1000; *Winter*, FS Hüffer 2010, 1103, 1118; dazu bereits Kapitel 2 A. I.

610 *Kort*, FS Hopt 2010, 983, 997.

611 *Arnold*, ZGR 2014, 76, 101 f.; *Winter*, FS Hüffer 2010, 1103, 1112.

Überwachung durch den Aufsichtsrat hat sich nach den Kriterien Ordnungsmäßigkeit, Wirtschaftlichkeit und Zweckmäßigkeit zu richten.[612] Der Umfang, den die Überwachung einnehmen muss, richtet sich nach der Gefährdungslage.[613] Grundsätzlich steht es im Ermessen des Aufsichtsrats, wie dieser seine Überwachung durchführen will.[614] Besteht jedoch der Verdacht, dass das implementierte CMS nicht den Anforderungen entspricht, hat der Aufsichtsrat die Überwachungsmaßnahmen zu intensivieren. Kam es bereits zu schwerwiegenden Rechtsverletzungen, ist eine vertiefte Nachforschung des Aufsichtsrats geboten.[615]

Die Überwachung hat dabei zwei Zielrichtungen, einmal eine vergangenheitsbezogene und zum anderen eine präventive.[616]

aa) Vergangenheitsbezogene Überwachung der Compliance-Pflicht

Im Rahmen der vergangenheitsbezogenen Überwachung hat der Aufsichtsrat die Tätigkeit des Vorstands zu kontrollieren.[617] Das bedeutet, dass der Aufsichtsrat zum einen zu überprüfen hat, ob eine angemessene Compliance-Organisation eingerichtet wurde und ob im Nachhinein Compliance-Verstöße des Vorstands vorliegen. Solche können sein, dass er die Folgeaufgabe der Überwachung und Anpassung eines CMS nicht vornimmt, Compliance-Verstöße nicht aufklärt oder gar selbst pflichtwidrig gehandelt hat.[618]

---

612 *Hüffer/Koch*, AktG, 13. Aufl. 2018, § 111 Rn. 14; *Uwe H. Schneider*, Beilage zu ZIP 22/2016, 70, 71; *Kort*, FS Hopt 2010, 983, 998; *Winter*, FS Hüffer 2010, 1103, 1109; *Rack*, CB 2017, 59, 61; *Mertens/Cahn*, in: Zöllner/Noack, Kölner Kommentar zum AktG, 3. Aufl. 2013, § 111 Rn. 14.

613 *Winter*, FS Hüffer 2010, 1103, 1110; *Habersack*, in: Goette/Habersack, Münchener Kommentar zum AktG, 5. Aufl. 2019, § 111 Rn. 44; kritisch dazu *Mertens/Cahn*, in: Zöllner/Noack, Kölner Kommentar zum AktG, 3. Aufl. 2013, § 111 Rn. 25.

614 *Uwe H. Schneider*, Beilage zu ZIP 22/2016, 70, 72.

615 *Uwe H. Schneider*, Beilage zu ZIP 22/2016, 70, 72; *Winter*, FS Hüffer 2010, 1103, 1110.

616 *Arnold*, ZGR 2014, 76, 85; *Hüffer/Koch*, AktG, 13. Aufl. 2018, § 111 Rn. 3; *Uwe H. Schneider*, Beilage zu ZIP 22/2016, 70, 71; *Winter*, FS Hüffer 2010, 1103, 1109; *Rack*, CB 2017, 59, 61; *Habersack*, in: Goette/Habersack, Münchener Kommentar zum AktG, 5. Aufl. 2019, § 111 Rn. 12; *Mertens/Cahn*, in: Zöllner/Noack, Kölner Kommentar zum AktG, 3. Aufl. 2013, § 111 Rn. 15.

617 *Hüffer/Koch*, AktG, 13. Aufl. 2018, § 111 Rn. 5.

618 *Uwe H. Schneider*, Beilage zu ZIP 22/2016, 70, 70; *Hüffer/Koch*, AktG, 13. Aufl. 2018, § 111 Rn. 5; *Kort*, FS Hopt 2010, 983, 997 f.; *Arnold*, ZGR 2014, 76, 85 f.; *Winter*, FS

Als Überwachungsinstrument steht dem Aufsichtsrat zunächst das Recht zur Einsichtnahme u.a. in Bücher und Schriften der Gesellschaft sowie die Beauftragung eines Sachverständigen zu, § 111 Abs. 2 S. 1, 2 AktG,[619] wenn er einen konkreten Anlass hat, von Unregelmäßigkeiten ausgehen zu können.[620] Weitaus bedeutsamer als Überwachungsinstrument ist die periodische und die ad hoc-Berichtspflicht des Vorstands nach § 90 Abs. 1, 2 AktG.[621] Eine spezielle Berichtspflicht zur Compliance ist hier nicht geregelt,[622] sodass auf § 90 Abs. 1 S. 3 AktG zurückzugreifen ist, wonach der Vorsitzende bei sonstigen wichtigen Anlässen zu berichten hat, wozu Compliance-Fälle gehören.[623] Daneben hat der Aufsichtsrat selbst nach § 90 Abs. 3 S. 1 AktG das Recht, vom Vorstand Berichte einzufordern. Dieses Recht besteht dann, wenn es schwerwiegende Verdachtsmomente gibt, die gegen eine ordnungsgemäße Geschäftsführung durch den Vorstand sprechen.[624] Im Rahmen dieser Berichtspflicht hat der Vorstand den Aufsichtsrat über die Implementierung eines CMS und die Änderungen desselben zu informieren. Kam es zu Fehlverhalten im Unternehmen, ist der Aufsichtsrat ad hoc über diese Compliance-Fälle zu unterrichten.[625] Eine weitere Erkenntnisquelle stellt der Bericht und die Möglichkeit der Befragung des Abschlussprüfers dar, § 171 Abs. 1 AktG, der gemäß § 170 AktG dem Aufsichtsrat vorzulegen ist.[626] Der Abschlussprüfer hat nach § 317 Abs. 4 HGB zwar das Risikoüberwachungssystem nach § 91 Abs. 2 AktG zu überprüfen, dies überschneidet sich mit einer Compliance-Organisation aber nur, wenn es um bestandsgefährdende Risiken geht.[627] Nach § 321 Abs. 1 S. 3 HGB berichtet der Abschlussprüfer aber auch über

---

Hüffer 2010, 1103, 1118; *Habersack*, in: Goette/Habersack, Münchener Kommentar zum AktG, 5. Aufl. 2019, § 111 Rn. 20.

619 *Uwe H. Schneider*, Beilage zu ZIP 22/2016, 70, 72; *Rack*, CB 2017, 59, 62; *Arnold*, ZGR 2014, 76, 88 f.

620 *Arnold*, ZGR 2014, 76, 89.

621 *Uwe H. Schneider*, Beilage zu ZIP 22/2016, 70, 72; *Arnold*, ZGR 2014, 76, 86 f.; Ziffer 3.4 Abs. 2 DCGK.

622 *Winter*, FS Hüffer 2010, 1103, 1113.

623 *Arnold*, ZGR 2014, 76, 87; *Rack*, CB 2017, 59, 61.

624 *Uwe H. Schneider*, Beilage zu ZIP 22/2016, 70, 72; *Winter*, FS Hüffer 2010, 1103, 1115 f.

625 *Winter*, FS Hüffer 2010, 1103, 1114.

626 *Arnold*, ZGR 2014, 76, 88; *Uwe H. Schneider*, Beilage zu ZIP 22/2016, 70, 72.

627 *Mertens/Cahn*, in: Zöllner/Noack, Kölner Kommentar zum AktG, 3. Aufl. 2010, § 91 Rn. 34.

bei der Prüfung festgestellte Unrichtigkeiten oder Verstöße gegen gesetzliche Vorschriften. Etwaige Verstöße können den Rückschluss auf eine fehlerhafte Compliance-Organisation zulassen, sodass der Aufsichtsrat durch diese sog. Redepflicht des Abschlussprüfers in der Lage ist, die Etablierung eines CMS im Unternehmen zu überprüfen.[628]

Zu der vergangenheitsbezogenen Überwachung gehört auch, ggf. Ersatzansprüche gegen das Vorstandsmitglied zu prüfen und durchzusetzen.[629] Insbesondere wenn es zu Rechtsverstößen im Unternehmen gekommen ist, zeigt sich die Bedeutung des Überwachungsorgans Aufsichtsrat. Dann hat der Vorstand im Rahmen seiner Compliance-Pflicht den „Dreiklang Aufklären, Abstellen, Ahnden"[630] zu befolgen. Ein entdecktes Fehlverhalten kann entweder auf einem eigenmächtigen Verstoß der einzelnen Person beruhen oder auf einem Organisationsverschulden des Vorstands, der bspw. seiner Überwachungspflicht nicht ausreichend nachgekommen ist. Der Vorstand selbst befindet sich daher in einem Interessenkonflikt, in welchem er sich nicht selbst belasten will.[631]

bb) Präventive Überwachung der Compliance-Pflicht

Die präventive Funktion der Überwachung durch den Aufsichtsrat zeigt sich vor allem in der Beratungsfunktion des Aufsichtsrats, vgl. auch Ziffer 5.1.1 Satz 1 DCGK.[632] Daneben gibt es die Zustimmungsvorbehalte nach § 111 Abs. 4 S. 2 AktG, durch welche der Aufsichtsrat bestimmte Geschäfte seiner Zustimmung unterwerfen kann.[633]

b) Überwachendes Gremium

Die Überwachung der Compliance-Pflicht des Vorstands muss nicht zwingend vom gesamten Gremium Aufsichtsrat übernommen werden. Vielmehr ist es möglich, einen Prüfungsausschuss einzurichten, der speziell für die Überwachung der Compliance zuständig ist, vgl. § 107 Abs. 3 S. 2 AktG sowie die

---

628 *Winter*, FS Hüffer 2010, 1103, 1118.

629 BGH, Urteil vom 21.4.1991, Az. II ZR 175/95, NJW 1997, 1926 – ARAG/Garmenbeck; *Hüffer/Koch*, AktG, 13. Aufl. 2018, § 111 Rn. 7; *Arnold*, ZGR 2014, 76, 86.

630 *Fleischer*, in: Spindler/Stilz, AktG, 3. Aufl. 2015, § 91 Rn. 57.

631 *Rack*, CB 2017, 59, 59; *Uwe H. Schneider*, Beilage zu ZIP 22/2016, 70, 73.

632 *Hüffer/Koch*, AktG, 13. Aufl. 2018, § 111 Rn. 13; *Uwe H. Schneider*, Beilage zu ZIP 22/2016, 70, 71; *Arnold*, ZGR 2014, 76, 85; *Winter*, FS Hüffer 2010, 1103, 1110.

633 *Arnold*, ZGR 2014, 76, 85; *Winter*, FS Hüffer 2010, 1103, 1110.

Empfehlung in Ziffer 5.3.2 Satz 1 DCGK.[634] Dabei ist zu beachten, dass ein etwaiger Prüfungsausschuss nicht die gesamte Überwachungsaufgabe übernehmen kann, zu der eigentlich der gesamte Aufsichtsrat verpflichtet ist. Er soll vielmehr den Aufsichtsrat unterstützen, indem er bspw. Beschlüsse vorbereitet.[635]

634 *Uwe H. Schneider*, Beilage zu ZIP 22/2016, 70, 71; *Kremer/Klahold*, ZGR 2010, 113, 124; *Winter*, FS Hüffer 2010, 1103, 1124 f.

635 *Arnold*, ZGR 2014, 76, 97.

Kapitel 3: Organisation

A. Begriff des Tax Compliance-Management-Systems

Tax Compliance geht über die reine Regelkonformität hinaus, indem diese durch organisatorische Maßnahmen sicherzustellen ist.[636] Die organisatorische Komponente dient dazu, die materielle Wertentscheidung der Regelkonformität im Unternehmen durch organisatorische Vorkehrungen durchzusetzen.[637] So hat das LG München I diese Compliance-Organisation beschrieben, als dass sie auf „Schadensprävention und Risikokontrolle angelegt"[638] sein soll. Ein Tax CMS als eine mögliche Organisationsform kann daher als eine „unternehmensinterne, angemessene und den gesetzlichen Vorgaben Rechnung tragende Organisationsstruktur [verstanden werden], die die Einhaltung der Steuergesetze bzw. der sich daraus ergebenden steuerlichen Pflichten gewährleistet und zugleich steuerliche Risiken kontrolliert".[639]

Bereits heute besitzen dem Vernehmen nach eine Vielzahl an Unternehmen „organisatorische Maßnahmen zur Sicherstellung der systematischen Erfüllung ihrer steuerlichen Pflichten".[640] Diese werden nicht immer als Tax CMS bezeichnet oder zeigen teilweise noch Nachholbedarf, insb. im Rahmen der Dokumentation auf.[641]

---

636 Ziffer 4.1.3 DCGK.

637 *Kromer/Pumpler/Henschel*, BB 2013, 791, 791.

638 Urteil vom 10.12.2013, Az. 5 HK O 1387/10, CB 2014, 167, 169.

639 *Rogge*, BB 2014, 664, 665; ebenso IDW Praxishinweis 1/2016 Tz. 8; *von Wolfersdorff/Hey*, WPg 2016, 934, 935; *Kromer/Pumpler/Henschel*, BB 2013, 791, 791.

640 IDW Praxishinweis 1/2016 Tz. 39; Stellungnahme des Deutschen Steuerberaterverbands vom 21.12.2016, Az. B 09/16 zum Entwurf eines IDW Praxishinweises 1/2016: Ausgestaltung und Prüfung eines Tax Compliance Management Systems gemäß IDW PS 980, S. 2, abrufbar unter: https://www.dstv.de/pruefende-berufe/stellungnahmen-pruefung/b-09-162 (28.1.2018); BDI, Stellungnahme zum Entwurf eines IDW Praxishinweises 1/2016: Ausgestaltung und Prüfung eines Tax Compliance Management Systems gemäß IDW PS 980 vom 9.1.2017, S. 3, abrufbar unter: https://www.idw.de/blob/98176/33a02239d8fcb9dcb465e734ba5241ce/down-idw praxishinweis-1-2016-bdi-data.pdf (20.7.2017); *Geuenich*, NWB 2016, 2560, 2566.

641 Stellungnahme des Deutschen Steuerberaterverbands vom 21.12.2016, Az. B 09/16 zum Entwurf eines IDW Praxishinweises 1/2016: Ausgestaltung und Prüfung eines Tax Compliance Management Systems gemäß IDW PS 980, S. 2, abrufbar unter: https://www.dstv.de/pruefende-berufe/stellungnahmen-pruefung/b-09-162 (28.1.2018); BDI, Leitfaden innerbetriebliche Kontrollsysteme, 22.11.2017, Fn. 876, S. 11.

I. Abgrenzung zum IKS

In der steuerrechtlichen Literatur sowie in Veröffentlichungen der Finanzverwaltung[642] findet sich anstatt des Begriffs Tax CMS oft der Begriff des innerbetrieblichen Kontrollsystems bzw. inneren Kontrollsystems (IKS). Der Begriff findet sich ebenso im Aktienrecht in § 107 Abs. 3 S. 2 AktG oder im Bilanzrecht in § 298 Abs. 4 HGB.[643] Mit einem IKS wird „die Gesamtheit aller aufeinander abgestimmten und miteinander verbundenen Methoden, Einrichtungen und Maßnahmen bezeichnet, die u.a. zur Sicherung und zum Schutz des vorhandenen Vermögens von Verlusten aller Art und zur Gewinnung aussagefähiger sowie zeitnaher Aufzeichnungen" dienen.[644] Diese Definition zeigt, dass ein IKS zumindest in weiten Teilen einem Tax CMS gleicht, da beide auf organisatorische Maßnahmen abstellen, die Verluste im Unternehmen vermeiden sollen. Im Ergebnis ist es jedenfalls unstreitig, dass die Begriffe Tax CMS und IKS synonym verwendet werden.[645]

II. Abgrenzung zur Compliance-Funktion

Im Gesetz findet sich der Begriff Compliance-Funktion in den aufsichtsrechtlichen Normen der § 25a Abs. 1 S. 1 KWG, § 33 Abs. 1 WpHG a. F. und § 29 Abs. 1 VAG. Eine Legaldefinition sucht man jedoch vergeblich. Die Begriffswahl Compliance-Funktion ist wohl auf eine wörtliche Übersetzung des englischen Begriffs *compliance function* zurückzuführen.[646] So benutzt bspw. der Basler Ausschuss der Bank für Internationalen Zahlungsausgleich den Begriff *compliance function*. Verstanden wird compliance function hier als die Gruppe derjenigen Personen, die die Compliance-Verantwortung tragen. Es soll gerade keine organisatorische Struktur beschrieben werden.[647]

---

642 Im AEAO zu § 153 Tz. 2.6 spricht das BMF von einem innerbetrieblichen Kontrollsystem; in einem Schreiben vom 14.11.2014, Az. IV A 4 – S 0316/13/10003, BStBl. I 2014, 1450 Rn. 100 zitiert nach NWB nennt das BMF ein internes Kontrollsystem.

643 Zum Verhältnis zwischen Tax Compliance und § 289 Abs. 4 HGB *Risse/Große-Allermann*, Ubg 2010, 629.

644 *Winkeljohann/Lewe*, in: Grottel/Schmidt/Schubert/Winkeljohann, Beck'scher Bilanz-Kommentar, 11. Aufl. 2018, § 239 HGB Rn. 33.

645 *Hammerl/Hiller*, NWB 2016, 3448, 3449; *Ball/Papasikas*, BB 2016, 1495, 1495 Fn. 1; *Kowallik*, DB 2017, 385, 386; *Ludwig/Breimann/Kusch*, DStR 2016, 2240, 2240; *Handel*, DStR 2017, 1945, 1945; IDW Praxishinweis 1/2016 Tz. 3.

646 *Casper*, Bankrechtstag 2008, S. 141 Fn. 10.

647 Compliance and the compliance function in banks, April 2005, S. 7, abrufbar unter: https://www.bis.org/publ/bcbs113.pdf (30.12.2017); *Thaten*, Die Ausstrahlung des

Dieses Verständnis deckt sich auch mit dem Begriff der Steuerfunktion. Diese beschreibt allgemein die Aufgaben, die einer Steuerabteilung klassischerweise zukommen, also die Erfüllung der steuerlichen Pflichten des Unternehmens.[648] Steuerfunktion schließt aber auch den Zustand mit ein, in dem es keine eigenständige Abteilung gibt, die das Thema Steuern bearbeitet, sondern verschiedene Stellen sich mit steuerlichen Themen beschäftigen.[649]

B. Entscheidung über die Ausgestaltung eines Tax CMS

Zu unterscheiden ist die Compliance-Pflicht von der Compliance-Organisations-Pflicht. Während erstere das „Ob" beschreibt, beschäftigt sich zweitere mit dem „Wie", also der Umsetzung.[650]

I. Risikoanalyse

Der erste Schritt bei der Einführung eines Tax CMS liegt in einer Bestandsaufnahme, die die unternehmensspezifischen Risiken analysiert.[651] Dazu wird festgestellt, welche steuerlichen Pflichten das Unternehmen treffen und welche Risiken, also bspw. Sanktionen drohen.[652] Getreu dem Grundsatz: „Wer seine Risiken kennt, kann sie erfolgreich ausschließen bzw. minimieren".[653]

Aktien- auf das Aufsichtsrechts am Beispiel der Corporate Governance von Banken und Versicherungen, 2016, S. 198; Erwägungsgrund 31 der Richtlinie 2009/138/EG vom 25.11.2009 (Solvabilität II), ABl. 17.12.2009 L 335/1.

648 IDW Praxishinweis 1/2016 Tz. 11; BDI, Leitfaden innerbetriebliche Kontrollsysteme, 22.11.2017, Fn. 876, S. 13.

649 *Feller/Huber/Schanz*, DStR 2017, 1617, 1618 Fn. 8.

650 *Merkt*, ZIP 2014, 1705, 1707; *Balke*, in: Born/Ghassemi-Tabar/Gehle, Münchener Handbuch des Gesellschaftsrechts Bd. 7, 5. Aufl. 2016, § 112 Rn. 3.

651 *Fleischer*, in: Fleischer/Goette, Münchener Kommentar zum GmbHG, 2. Aufl. 2016, § 43 Rn. 147a; *Aichberger/Schwartz*, DStR 2015, 1758, 1763; *Ludwig/Breimann/Kusch*, DStR 2016, 2240, 2241; *Erdbrügger/Kaiser*, Ubg 2016, 412, 414; *von Frantzki*, Vortrag i. R. d. Münchner Steuerfachtagung 2017, 1, 6; *Uwe H. Schneider*, Beilage zu ZIP 22/2016, 70, 71; *Arnold*, ZGR 2014, 76, 79; *Kort*, FS Hopt 2010, 983, 985; *Winter*, FS Hüffer 2010, 1103, 1106.

652 *Schwartz*, in: Schulz, Compliance-Management im Unternehmen, 2017, Kapitel 24 Rn. 55; *Schulz*, BB 2017, 1475, 1479; *Streck/Binnewies*, DStR 2009, 229, 232; *Kiesel/Böhringer*, BB 2012, 1190, 1193; Ziffer 4.1.3 Satz 2 DCGK; *Bings*, CCZ 2017, 118, 119.

653 *Aichberger/Schwartz*, DStR 2015, 1758, 1763.

Für ein Tax CMS ist an dieser Stelle zu untersuchen, welchen Steuerarten die Geschäftstätigkeit des Unternehmens unterfällt und welche Sanktionen bei möglichen Pflichtverletzungen drohen.[654] Dabei kann und sollte insbesondere auf die Vergangenheit rekurriert werden und die dort aufgetretenen Fehler identifiziert werden. Dazu können Ergebnisse der früheren Betriebsprüfungen oder Ergebnisse von vergangenen Einspruchs- und Klageverfahren analysiert werden. Daneben sollte nachvollzogen werden, wie oft die Festsetzungen der Steuern von den eingereichten Steuererklärungen abwichen oder Nachzahlungen und Erstattungen vorkamen. In die Analyse sollten daneben steuerstrafrechtliche oder ordnungswidrigkeitenrechtliche Vorwürfe gegen das Unternehmen, dessen Geschäftsleitung und Mitarbeiter miteinbezogen werden.[655] Unabhängig von den speziellen und individuellen steuerlichen Risiken, kann die Gefahrgeneigtheit der Branche, in welcher das Unternehmen tätig ist, das Risikoprofil erhöhen.[656] Kam es in der Branche zu Compliance-Verstößen in der Vergangenheit, kann dies ebenfalls das Risikoprofil des einzelnen Unternehmens negativ beeinträchtigen.[657]

Im Rahmen der steuerlichen Risikoanalyse kommen typischerweise folgende Konstellationen vor: Bei der Einkommensteuer können das Verträge zwischen nahestehenden Personen sein, bei der Körperschaftsteuer insbesondere verdeckte Gewinnausschüttungen und der Wegfall von Verlustvorträgen bei Gesellschafterwechsel nach § 8c KStG. Risikopotential hat die Gewerbesteuer mit Kürzungs- und Hinzurechnungstatbeständen nach §§ 8, 9 GewStG; bei der Umsatzsteuer kann es um die Ordnungsmäßigkeit der erhaltenen Eingangsrechnungen für Zwecke der Geltendmachung des Vorsteuerabzugs oder auch die Inanspruchnahme einzelner Umsatzsteuerbefreiungen gehen.[658]

Am Ende der Risikoanalyse steht sodann die Entscheidung, ob und welche organisatorischen Vorkehrungen getroffen werden sollen.[659] Auch wenn häufig die Implementierung eines Tax CMS empfohlen wird,[660] gibt es weder eine

654 *Schulz*, BB 2017, 1475, 1479.

655 *Rogge*, BB 2014, 664, 665 f.; *Aichberger/Schwartz*, DStR 2015, 1758, 1763; *Kamchen*, NWB 2017, 3954, 3956.

656 *Fleischer*, NZG 2014, 321, 324.

657 *Fleischer*, NZG 2014, 321, 324.

658 *Rogge*, BB 2014, 664, 665.

659 *Kromer/Pumpler/Henschel*, BB 2013, 791, 799.

660 *Besch/Starck*, in: Hauschka/Moosmayer/Lösler, Corporate Compliance, 3. Aufl. 2016, § 33 Rn. 88; *Rogge*, BB 2014, 664, 664; *Aichberger/Schwartz* sprechen sogar von einer „faktischen Notwendigkeit", DStR 2015, 1758, 1762.

steuerliche noch eine sonstige gesetzliche Pflicht zur Etablierung eines Tax CMS.[661] Erst die durch die Risikoanalyse ermittelte Gefährdungslage im Einzelfall kann eine entsprechende Implementierungspflicht begründen.[662]

II. Ermessen

Wurde aufgrund der Risikoanalyse die Entscheidung getroffen, dass ein Tax CMS zu etablieren ist, stellt sich anschließend die Frage, welche Merkmale ein solches Tax CMS aufweist und wie die konkrete Ausgestaltung vorzunehmen ist. Hier ist zunächst festzustellen, dass es keine allgemeine, branchenunabhängige Rechtspflicht gibt, konkrete organisatorische Vorkehrungen zu treffen bzw. eine bestimmte institutionalisierte Compliance-Organisation zu implementieren.[663] Bei der Frage der organisatorischen Ausgestaltung der Compliance-Pflicht (dem „Wie") wird der Geschäftsleitung vielmehr ein breites Organisationsermessen zugebilligt.[664] Das ergibt sich bereits aus der verfassungsrechtlich geschützten Freiheit des Unternehmens zur Unternehmensorganisation aus Art. 14 Abs. 1 GG und Art. 12 Abs. 1 GG.[665]

---

661 BDI, Stellungnahme zum Entwurf eines IDW Praxishinweises 1/2016: Ausgestaltung und Prüfung eines Tax Compliance Management Systems gemäß IDW PS 980 vom 9.1.2017, S. 3, abrufbar unter: https://www.idw.de/blob/98176/33a02239d8fcb9dcb465e734ba5241ce/down-idwpraxishinweis-1-2016-bdi-data.pdf (20.7.2017).

662 *Winter*, FS Hüffer 2010, 1103, 1105; *Kort*, GmbHR 2013, 566, 568.

663 *Schaefer/Baumann*, NJW 2011, 3601, 3601; *Haag/Acikgöz*, CB 2016, 265, 265, 268; *Handel*, DStR 2017, 1945, 1946; *Böttcher*, NZG 2011, 1054, 1054; *von Busekist/Hein*, CCZ 2012, 41, 43; Ziffer 4.1.3 Satz 2 DCGK, der als Empfehlung formuliert ist; *Beneke*, BB 2016, 2327, 2330; *von Wolfersdorff/Hey*, WPg 2016, 934, 936; *Rogge*, BB 2014, 664, 668; *Hilsebein*, CB 2016, 472, 473; *Ludwig/Breimann/Kusch*, DStR 2016, 2240, 2240; *Risse*, DB 2017, 2061, 2065; *Welling*, IWB 2016, 630, 634.

664 *Fleischer*, in: Spindler/Stilz, AktG, 3. Aufl. 2015, § 91 Rn. 48; *ders.*, in: Fleischer/Goette, Münchener Kommentar zum GmbHG, 2. Aufl. 2016, § 43 Rn. 148; *Haag/Acikgöz*, CB 2016, 265, 268; *Bürkle*, BB 2005, 565, 569; *Liese*, BB-Spezial 5.2008, 17, 17; *Spindler*, in: Goette/Habersack, Münchener Kommentar zum AktG, 5. Aufl. 2019, § 93 Rn. 54; *Bürkle*, BB 2007, 1797, 1798; *Wilsing/Goslar*, GmbHR 2017, 1202, 1202; *König/Teichert*, DB 2017, 146, 149; *Zöllner/Noack*, in: Baumbach/Hueck, GmbHG, 21. Aufl. 2017, § 43 Rn. 17; *Ziemons*, in: Michalski/Heidinger/Leible, GmbHG, 3. Aufl. 2017, § 43 Rn. 174; *Uwe H. Schneider*, Beilage zu ZIP 22/2016, 70, 71.

665 *Kort*, FS Hopt 2010, 983, 985.

1. Kriterien zur Ermessensausübung

Die konkrete Ausgestaltung eines Tax CMS sowie der Umfang der organisatorischen Maßnahmen haben sich zunächst nach dem steuerlichen Risikoprofil zu richten.[666] Dieses Risikoprofil wird beeinflusst durch „Art, Größe und Organisation des Unternehmens, die zu beachtenden Vorschriften, die geographische Präsenz wie auch die Verdachtsfälle aus der Vergangenheit".[667]

Bezüglich der Unternehmensgröße gilt die Faustformel: Je größer das Unternehmen, desto umfangreichere organisatorische Vorkehrungen müssen getroffen werden.[668] Große Unternehmen, also insb. die Kapitalgesellschaften, müssen ein Mindestmaß an organisatorischen Vorkehrungen treffen.[669] Bei kleinen Unternehmen, wie bspw. Personengesellschaften, GmbHs[670] und kleineren Aktiengesellschaften,[671] in denen Mitarbeiteranzahl und geschäftliche Prozesse gut überschaubar sind und die Tätigkeit nicht besonders risikobehaftet ist, wird man keine „institutionelle Compliance-Strukturen"[672] verlangen können. Dennoch ist es mit Blick auf §§ 30, 130, 9 OWiG kaum denkbar, dass überhaupt keine organisatorischen Maßnahmen getroffen werden.[673]

---

666 *Kromer/Pumpler/Henschel*, BB 2013, 791, 798; *Rogge*, BB 2014, 664, 667; *Schulz*, BB 2017, 1475, 1478; *Zöllner/Noack*, in: Baumbach/Hueck, GmbHG, 21. Aufl. 2017, § 43 Rn. 17.

667 LG München I, Urteil vom 10.12.2013, Az. 5 HK O 1387/10, CB 2014, 167, 169; so auch *Mertens/Cahn*, in: Zöllner/Noack, Kölner Kommentar zum AktG, 3. Aufl. 2010, § 91 Rn. 36; *Schulz*, BB 2017, 1475, 1476; *Fleischer*, CCZ 2008, 1, 2; *Kromer/Pumpler/Henschel*, BB 2013, 791, 798; *Rogge*, BB 2014, 664, 668; *Aichberger/Schwartz*, DStR 2015, 1758, 1760; *Bürkle*, BB 2007, 1797, 1798; *Merkt*, DB 2014, 2771, 2772; *Erdbrügger/Kaiser*, Ubg 2016, 412, 414; *Welling*, IWB 2016, 630, 635; *König/Teichert*, DB 2017, 146, 149; *Zöllner/Noack*, in: Baumbach/Hueck, GmbHG, 21. Aufl. 2017, § 43 Rn. 17.

668 *Merkt*, ZIP 2014, 1705, 1711.

669 *Fleischer*, in: Spindler/Stilz, AktG, 3. Aufl. 2015, § 91 Rn. 48; *Hauschka/Greeve*, BB 2007, 165, 166; *Hüffer/Koch*, AktG, 13. Aufl. 2018, § 76 Rn. 15.

670 *Fleischer*, in: Fleischer/Goette, Münchener Kommentar zum GmbHG, 2. Aufl. 2016, § 43 Rn. 145; *Goette*, ZHR 175 (2011), 388, 396 f.; *Kort*, NZG 2008, 81, 84.

671 *Fleischer*, in: Spindler/Stilz, AktG, 3. Aufl. 2015, § 91 Rn. 48; so auch: *Haag/Acikgöz*, CB 2016, 265, 269.

672 *Fleischer*, in: Spindler/Stilz, AktG, 3. Aufl. 2015, § 91 Rn. 48; *ders.*, in: Fleischer/Goette, Münchener Kommentar zum GmbHG, 2. Aufl. 2016, § 43 Rn. 144; *Bicker*, AG 2012, 542, 544; *Reichert/Ott*, ZIP 2009, 2173, 2174; *Baur/Holle*, NZG 2017, 170, 171; *von Busekist/Hein*, CCZ 2012, 41, 43.

673 *Gößwein/Hohmann*, BB 2011, 963, 964.

2. *Anwendbarkeit der Business Judgement Rule*

Bei der Frage der Ausgestaltung des konkreten Tax CMS steht dem Geschäftsleiter[674] die Business Judgement Rule aus § 93 Abs. 1 S. 2 AktG zu.[675] Diese hat als Voraussetzungen, dass eine unternehmerische Entscheidung vorliegt, die frei von sachfremden und Sonderinteressen getroffen wird, die dem Wohle der Gesellschaft dient und auf Grundlage angemessener Information erging. Zudem muss der Geschäftsleiter gutgläubig bzgl. der vorangehenden Voraussetzungen gewesen sein.[676]

Bis auf die aufsichtsrechtlichen Vorgaben in § 25a KWG, § 80 Abs. 1 WpHG und § 29 VAG gibt es keine Pflicht, konkrete Maßnahmen im Rahmen eines Tax CMS umzusetzen. Es ist daher Aufgabe des Geschäftsleiters, aus einer Vielzahl an möglichen Maßnahmen diejenigen auszuwählen, die aus seiner Sicht Rechtsverstöße verhindern oder zumindest erschweren können.[677] Es liegt daher eine unternehmerische Entscheidung vor, sodass die Business Judgement Rule Anwendung findet.[678]

III. Grenze des Verhältnismäßigkeitsprinzips

Das Ermessen der Geschäftsleitung im Rahmen der Ausgestaltung organisatorischer Maßnahmen oder sogar bei der Implementierung eines Tax CMS wird begrenzt durch den Verhältnismäßigkeitsgrundsatz.[679] Das bedeutet, dass nur solche Maßnahmen zu treffen sind, die geeignet, erforderlich und angemessen sind.[680]

---

674 Anwendbarkeit auf Verein: *Arnold*, in: Münchener Kommentar zum BGB, 7. Aufl. 2015, § 27 Rn. 41.

675 *Mertens/Cahn*, in: Zöllner/Noack, Kölner Kommentar zum AktG, 3. Aufl. 2010, § 91 Rn. 37; *Fleischer*, in: Fleischer/Goette, Münchener Kommentar zum GmbHG, 2. Aufl. 2016, § 43 Rn. 148; *Schulz*, BB 2017, 1475, 1478; *Winter*, FS Hüffer 2010, 1103, 1106.

676 *Merkt*, DB 2014, 2331, 2332.

677 *Zöllner/Noack*, in: Baumbach/Hueck, GmbHG, 21. Aufl. 2017, § 43 Rn. 22b; *Ziemons*, in: Michalski/Heidinger/Leible, GmbHG, 3. Aufl. 2017, § 43 Rn. 138.

678 *Von Busekist/Hein*, CCZ 2012, 41, 43; *Kort*, FS Hopt 2010, 983, 991, 995.

679 *Reichert*, FS Hoffmann-Becking 2013, 943, 951.

680 *Merkt*, DB 2014, 2331, 2331; *Mertens/Cahn*, in: Zöllner/Noack, Kölner Kommentar zum AktG, 3. Aufl. 2010, § 91 Rn. 36; *Fleischer*, in: Fleischer/Goette, Münchener Kommentar zum GmbHG, 2. Aufl. 2016, § 43 Rn. 148; *König/Teichert*, DB 2017, 146, 149; *Bürkle*, BB 2005, 565, 569 f.; *Schulz*, BB 2017, 1475, 1478; *Bürkle*, BB 2007, 1797, 1798; *Rogge*, BB 2014, 664, 665; *König/Teichert*, DB 2017, 146, 149; Ziffer 4.1.3 Satz 2 DCGK; *Steinhauff*, GmbH-StB 2017, 131, 131; *Zöllner/Noack*, in: Baumbach/Hueck,

Geeignet ist eine Aufsichtsmaßnahme, wenn sie dazu in der Lage ist, die Zuwiderhandlung zu unterbinden oder wesentlich zu erschweren (vgl. auch den Gesetzeswortlaut in § 130 OWiG).[681] Die Erforderlichkeit besagt, dass der Geschäftsleiter zwischen mehreren gleich wirksamen Maßnahmen diejenige auswählen darf, mit welchen der geringste Eingriff verbunden ist.[682] Die Angemessenheit bestimmt sich danach, ob ein Tax CMS geeignet ist, Risiken für wesentliche Regelverstöße rechtzeitig und zuverlässig zu erkennen und solche Verstöße zu verhindern.[683] Ziel eines Tax CMS ist es daher nicht, jeden einzelnen Regelverstoß mit an Sicherheit grenzender Wahrscheinlichkeit zu verhindern, sondern die wesentlichen Regelverstöße zu kontrollieren und weitestgehend zu erschweren.[684] Dafür müssen die Maßnahmen objektiv (z.B. rechtliche Zulässigkeit, also keine lückenlose Telefon- und Videoüberwachung[685]) und im konkreten Fall (z.B. keine überhöhten und unverhältnismäßigen Kosten) zumutbar sein.[686] Damit Maßnahmen zumutbar sind, dürfen sie zum angestrebten Erfolg nicht außer Verhältnis stehen.[687]

Das bedeutet bezogen auf das „Wie" der organisatorischen Umsetzung der Compliance-Pflicht, dass die Maßnahmen sich nach dem Risikoprofil des Unternehmens sowie insbesondere auch dessen Größe zu richten haben.[688] Zu berücksichtigen bleibt auch, dass Maßnahmen, die die finanziellen Verhältnisse eines Unternehmens übersteigen, mit dem Grundsatz der Verhältnismäßigkeit nicht

GmbHG, 21. Aufl. 2017, § 35 Rn. 67; *Uwe H. Schneider*, Beilage zu ZIP 22/2016, 70, 71; *Niesler*, in: Graf/Jäger/Wittig, Wirtschafts- und Steuerstrafrecht, 2. Aufl. 2017, § 130 OWiG Rn. 30; *Beck*, in: Graf, BeckOK OWiG, 20. Edition Stand 1.10.2018, § 130 Rn. 50; OLG Düsseldorf, Urteil vom 5.4.2006, Az. VI-2 Kart 5 + 6/05 OWi, WuW 2007, 265, 268; *Ziegler*, in: Blum/Gassner/Seith, OWiG, 1. Aufl. 2016, § 130 Rn. 22; *Rogall*, in: Mitsch, Karlsruher Kommentar zum OWiG, 5. Aufl. 2018, § 130 Rn. 40.

681 *Rogall*, in: Mitsch, Karlsruher Kommentar zum OWiG, 5. Aufl. 2018, § 130 Rn. 45.

682 *Reichert*, FS Hoffmann-Becking 2013, 943, 951; *Rogall*, in: Mitsch, Karlsruher Kommentar zum OWiG, 5. Aufl. 2018, § 130 Rn. 50.

683 IDW Praxishinweis 1/2016 Tz. 15.

684 *König/Teichert*, DB 2017, 146, 149; *Rogge*, BB 2014, 664, 665.

685 *Rogall*, in: Mitsch, Karlsruher Kommentar zum OWiG, 5. Aufl. 2018, § 130 Rn. 40.

686 *Beck*, in: Graf, BeckOK OWiG, 20. Edition Stand 1.10.2018, § 130 Rn. 50; OLG Düsseldorf, Beschluss vom 12.11.1998, Az. 2 Ss OWi 385–98 – (OWi) 112–98 III, NStZ-RR 1999, 151 f.

687 *Ziegler*, in: Blum/Gassner/Seith, OWiG, 1. Aufl. 2016, § 130 Rn. 45.

688 *Rogall*, in: Mitsch, Karlsruher Kommentar zum OWiG, 5. Aufl. 2018, § 130 Rn. 43; *Reichert*, FS Hoffmann-Becking 2013, 943, 952.

vereinbar sind.[689] Der Geschäftsleiter hat diejenigen Maßnahmen umzusetzen, die das Unternehmen am wenigsten belasten (Erforderlichkeit) aber gleichzeitig dem Unternehmensinteresse am meisten dienen.[690]

C. Inhaltliche Vorgaben: Merkmale eines Tax CMS

Mangels einer rechtlichen Verpflichtung zur Implementierung eines Tax CMS kann es naturgemäß keine einheitlichen Richtlinien geben, aus welchen konkreten Bestandteilen sich ein Tax CMS zusammensetzt.[691] Dennoch ist es aus Sicht eines Geschäftsleiters wichtig, sich bei der Ausgestaltung eines Tax CMS an zumindest gewisse Merkmale halten zu können. Dies ergibt sich schon daraus, dass Voraussetzung für die Anwendbarkeit der Business Judgement Rule die Entscheidung auf einer angemessenen Informationsgrundlage ist. Dies setzt voraus, dass der Geschäftsleiter seine Entscheidungsgrundlage sorgfältig ermittelt hat.[692] Dafür können Merkmale eines Tax CMS aus den gesetzlichen Normen, der Rechtsprechung, der Literatur und in Leitfäden ermittelt werden, aus denen ein Tax CMS bestehen soll.[693]

Um übereinstimmende Merkmale identifizieren zu können, sollen die jeweiligen Quellen analysiert und sodann die jeweiligen Voraussetzungen dargestellt werden. Es ist nochmals darauf hinzuweisen, dass die konkrete Ausgestaltung eines Tax CMS gerade im Ermessen der Geschäftsleitung steht, so dass hier nicht das Ziel sein kann, konkrete Handlungsweisen und explizite Elemente zu benennen. Es geht vielmehr darum, allgemeingültige Merkmale zu identifizieren. Die untersuchten Quellen sollen daher eine Relevanz zu Tax Compliance aufweisen, beanspruchen aber keinen Anspruch auf Vollständigkeit.

I. Gesetzliche organisatorische Vorgaben

Im Rahmen der gesetzlichen Vorgaben sind zum einen die branchenspezifischen Kodifizierungen einer Compliance-Funktion, die Merkmale der gehörigen Aufsicht nach § 130 OWiG sowie steuerrechtliche Vorgaben zu untersuchen.

---

689 *Reichert*, FS Hoffmann-Becking 2013, 943, 952.

690 *Reichert*, FS Hoffmann-Becking 2013, 943, 959.

691 *Von Wolfersdorff/Hey*, WPg 2016, 934, 936; *Rogge*, BB 2014, 664, 668.

692 *Fleischer*, in: Fleischer/Goette, Münchener Kommentar zum GmbHG, 2. Aufl. 2016, § 43 Rn. 84; *Ziemons*, in: Michalski/Heidinger/Leible, GmbHG, 3. Aufl. 2017, § 43 Rn. 139.

693 *Haag/Acikgöz*, CB 2016, 265, 265.

1. Branchenspezifische Kodifizierung

Zunächst gibt es spezielle Vorgaben für die Compliance-Funktion in der Kreditwirtschaft in § 25a KWG, für Finanzdienstleistungsunternehmen in § 80 Abs. 1 WpHG[694] und für Versicherungen in § 64 VAG.[695] Diese und insbesondere die dazugehörigen Verwaltungsanweisungen der Bundesanstalt für Finanzdienstleistungsaufsicht (BaFin) MaComp[696] und MaRisk[697] sowie die neue Delegierten Verordnung (EU) 2017/565[698] benennen konkrete Merkmale, die die jeweiligen Unternehmen umzusetzen haben. Um den Rahmen dieser Arbeit nicht zu sprengen, soll auf diese nicht genauer eingegangen werden. Es soll lediglich darauf hingewiesen werden, dass die steuerlichen Risiken als sogenannte Legalrisiken zu den operationellen Risiken im Sinne von Basel II gehören, in deutsches Recht umgesetzt in § 25a KWG und MaRisk.[699] Für Unternehmen in diesen speziellen Branchen gibt es daher konkrete Anforderungen an die organisatorischen Umsetzungen.

Eine direkte Übertragung auf Unternehmen außerhalb dieser Branchen ist nicht möglich. Denkbar ist lediglich, dass solche Angaben, die sich in allen drei Branchen wiederfinden und damit als sektorübergreifend verstanden werden können, als Leitgedanken auf andere Branchen ausstrahlen können.[700]

---

694 Ehemals § 33 Abs. 1 WpHG, geändert durch Zweites Gesetz zur Novellierung von Finanzmarktvorschriften auf Grund europäischer Rechtsakte (Zweites Finanzmarktnovellierungsgesetz – 2. FiMaNoG) vom 23.6.2017, BGBl. I 2017, 1693, 1741.

695 *Haag/Acikgöz*, CB 2016, 265, 265.

696 BaFin, Rundschreiben 4/2010 vom 7.6.2016, geändert am 8.3.2017, Mindestanforderungen an die Compliance-Funktion und die weiteren Verhaltens-, Organisations- und Transparenzpflichten nach §§ 31 ff. WpHG für Wertpapierdienstleistungsunternehmen (MaComp), abrufbar unter: https://www.bafin.de/SharedDocs/Veroeffentlichungen/DE/Rundschreiben/rs_1004_wa_macomp.html (30.12.2017).

697 BaFin, Rundschreiben 9/2017 (BA) vom 27.10.2017, Mindestanforderungen an das Risikomanagement – MaRisk, abrufbar unter: https://www.bafin.de/SharedDocs/Veroeffentlichungen/DE/Rundschreiben/2017/rs_1709_marisk_ba.html (30.12.2017).

698 Delegierte Verordnung (EU) 2017/565 der Kommission vom 25.4.2016, zur Ergänzung der Richtlinie 2014/65/EU des Europäischen Parlaments und des Rates in Bezug auf die organisatorischen Anforderungen an Wertpapierfirmen und die Bedingungen für die Ausübung ihrer Tätigkeit sowie in Bezug auf die Definition bestimmter Begriffe für die Zwecke der genannten Richtlinien, ABl. vom 31.3.2017 L 87/1.

699 *Kromer/Pumpler/Henschel*, BB 2013, 791, 791, 793 f.; *Besch/Starck*, in: Hauschka/Lösler/Moosmayer, Corporate Compliance, 3. Aufl. 2016, § 33 Rn. 9.

700 Umfassend dazu *Thaten*, Die Ausstrahlung des Aufsichts- auf das Aktienrecht am Beispiel der Corporate Governance von Banken und Versicherungen, 2016, S. 208 ff;

2. *Gehörige Aufsicht, § 130 OWiG*

Merkmale organisatorischer Vorkehrungen im Rahmen eines Tax CMS können[701] sich aus dem Tatbestandsmerkmal der *gehörigen Aufsicht* nach § 130 Abs. 1 S. 1 OWiG ergeben.[702]

Was die gehörige Aufsicht i. S. d. § 130 Abs. 1 S. 1 OWiG genau beinhaltet, stellt das Gesetz nur teilweise[703] in § 130 Abs. 1 S. 2 OWiG klar. Danach umfasst sie die Bestellung, die sorgfältige Auswahl und Überwachung von Aufsichtspersonen. Im Übrigen richtet sich die konkrete Ausgestaltung der Aufsichtsmaßnahmen nach den Umständen des Einzelfalls,[704] insbesondere nach der Organisation des Betriebs, der Vielfalt und Art der zu beachtenden Vorschriften sowie der praktischen Durchführbarkeit der Überwachung.[705]

Rechtsprechung und Literatur haben die Aufsichtspflicht des § 130 Abs. 1 S. 1 OWiG in die folgenden Fallgruppen untergliedert, die nicht immer genau voneinander zu trennen sind, sich im Einzelfall ergänzen können oder sogar voneinander abhängen.[706]

Fleischer, in: Spindler/Stilz, AktG, 3. Aufl. 2015, § 91 Rn. 61; *Schulz*, BB 2017, 1475, 1478 f.; *Spindler*, in: Goette/Habersack, Münchener Kommentar zum AktG, 5. Aufl. 2019, § 91 Rn. 65; *Haag/Acikgöz*, CB 2016, 265, 265; a. A. VG Frankfurt am Main, Urteil vom 8.7.2004, Az. 1 E 7363/03 [1], VersR 2005, 57 Ls. 2.

701 Dabei ist klarzustellen, dass allein eine fehlende Compliance-Organisation im Umkehrschluss nicht eine Aufsichtspflichtverletzung nach § 130 OWiG bejahen kann, *Niesler*, in: Graf/Jäger/Wittig, Wirtschafts- und Steuerstrafrecht, 2. Aufl. 2017, § 130 OWiG Rn. 12.

702 *Seer*, in: Tipke/Lang, Steuerrecht, 23. Aufl. 2018, § 23 Rn. 123.

703 *Beck*, in: Graf, BeckOK OWiG, 20. Edition Stand 1.10.2018, § 130 Rn. 39.

704 *Bohnert/Krenberger/Krumm*, in: Bohnert/Krenberger/Krumm, OWiG, 4. Aufl. 2016, § 130 Rn. 17 ff.; *Niesler*, in: Graf/Jäger/Wittig, Wirtschafts- und Steuerstrafrecht, 2. Aufl. 2017, § 130 OWiG Rn. 30; *Hunsmann*, DStR 2014, 855, 857; BGH, Urteil vom 25.6.1985, Az. KRB 2/85, NStZ 1986, 34, 34; OLG Düsseldorf, Beschluss vom 12.11.1998, Az. 2 Ss OWi 385–98 - (OWi) 112–98 III, NStZ-RR 1999, 151, 151.

705 OLG Düsseldorf, Beschluss vom 12.11.1998, Az. 2 Ss OWi 385–98 - (OWi) 112–98 III, NStZ-RR 1999, 151, 151.

706 *Niesler*, in: Graf/Jäger/Wittig, Wirtschafts- und Steuerstrafrecht, 2. Aufl. 2017, § 130 OWiG Rn. 31; *Beck*, in: Graf, BeckOK OWiG, 20. Edition Stand 1.10.2018, § 130 Rn. 49, 59 ff.; *Rogall*, in: Mitsch, Karlsruher Kommentar zum OWiG, 5. Aufl. 2018, § 130 Rn. 42; *Ziegler*, in: Blum/Gassner/Seith, OWiG, 1. Aufl. 2016, § 130 Rn. 32.

a) Aufgabenverteilung und Verantwortlichkeit

Im Rahmen der Organisation des Betriebs bzw. des Unternehmens steht an erster Stelle die Zuteilung von steuerlichen Aufgaben und Verantwortlichkeiten.[707] Das bedeutet, dass für eine konkrete, lückenlose, klare und überschneidungsfreie Verantwortlichkeit unter den einzelnen Mitarbeitern und Aufsichtspersonen zu sorgen ist.[708] Darauf zu achten ist, dass Inhalt und Umfang der Pflichten den Mitarbeitern selbst sowie den Aufsichtspersonen mitgeteilt werden.[709] Wichtig ist jedoch, dass der Inhaber sich nie vollumfänglich von seiner Aufsichtspflicht durch Delegation befreien kann. Die Letztverantwortung liegt immer bei ihm.[710]

b) Auswahl und Instruktion

Für die entsprechenden Aufgaben hat der Betriebsinhaber zunächst geeignete und zuverlässige Mitarbeiter sorgfältig auszuwählen.[711] Nach der Auswahl ist der entsprechende Mitarbeiter umfassend in seinen Aufgabenbereich einzuweisen. Im Laufe der Zeit gilt es sodann, diesen systematisch aus- und weiterzubilden.[712]

c) Kontrolle

Der Inhaber des Betriebs bzw. des Unternehmens behält trotz Möglichkeit zur Delegation die „Oberaufsicht".[713] Er muss daher geeignete Maßnahmen ergreifen,

---

707 *Rogall*, in: Mitsch, Karlsruher Kommentar zum OWiG, 5. Aufl. 2018, § 130 Rn. 42; *Kiesel/Böhringer*, BB 2012, 1190, 1193.

708 *Niesler*, in: Graf/Jäger/Wittig, Wirtschafts- und Steuerstrafrecht, 2. Aufl. 2017, § 130 OWiG Rn. 33; OLG Düsseldorf, Beschluss vom 12.11.1998, Az. 2 Ss OWi 385-98 – (OWi) 112-98 III, NStZ-RR 1999, 151, 152; *Ziegler*, in: Blum/Gassner/Seith, OWiG, 1. Aufl. 2016, § 130 Rn. 33.

709 *Niesler*, in: Graf/Jäger/Wittig, Wirtschafts- und Steuerstrafrecht, 2. Aufl. 2017, § 130 OWiG Rn. 33; KG Berlin, Beschluss vom 26.8.1997, Az. 2 Ss 182/97–5 Ws (B) 424/97, Rn. 8 zitiert nach juris.

710 *Rogall*, in: Mitsch, Karlsruher Kommentar zum OWiG, 5. Aufl. 2018, § 130 Rn. 40; *Niesler*, in: Graf/Jäger/Wittig, Wirtschafts- und Steuerstrafrecht, 2. Aufl. 2017, § 130 OWiG Rn. 34.

711 *Rogall*, in: Mitsch, Karlsruher Kommentar zum OWiG, 5. Aufl. 2018, § 130 Rn. 42; *Niesler*, in: Graf/Jäger/Wittig, Wirtschafts- und Steuerstrafrecht, 2. Aufl. 2017, § 130 OWiG Rn. 32.

712 *Niesler*, in: Graf/Jäger/Wittig, Wirtschafts- und Steuerstrafrecht, 2. Aufl. 2017, § 130 OWiG Rn. 41; *Ziegler*, in: Blum/Gassner/Seith, OWiG, 1. Aufl. 2016, § 130 Rn. 33.

713 *Niesler*, in: Graf/Jäger/Wittig, Wirtschafts- und Steuerstrafrecht, 2. Aufl. 2017, § 130 OWiG Rn. 28; *Ziegler*, in: Blum/Gassner/Seith, OWiG, 1. Aufl. 2016, § 130 Rn. 33.

um die Einhaltung der betriebsbezogenen Pflichten zu überwachen.[714] Überwacht werden muss eine ggf. installierte Überwachungsorganisation, die Aufsichtspersonen sowie die handelnden Mitarbeiter selbst,[715] unabhängig davon, ob es im Unternehmen in der letzten Zeit zu Verstößen gekommen ist oder nicht.[716]

d) Krisenmanagement

Im Falle einer Zuwiderhandlung ist der Inhaber des Betriebs bzw. des Unternehmens gehalten, geeignete Maßnahmen zu ergreifen, um Zuwiderhandlungen in der Zukunft zu verhindern.[717] Dem entsprechenden Mitarbeiter sind zumindest Konsequenzen anzudrohen.[718]

e) Dokumentation

Zuletzt hat der Betriebs- bzw. Unternehmensinhaber seine Aufsichtsmaßnahmen zu dokumentieren. Dies dient zum einen, um den Vorwurf einer etwaigen Aufsichtspflichtverletzung zu entkräften, zum anderen wird dadurch Transparenz für den Fall geschaffen, in dem Dritte eine Nachprüfung durchführen müssen.[719]

3. Vorgaben aus dem Steuerrecht

Zwar ist die Einrichtung eines Tax CMS als solches in der AO nicht vorgeschrieben. Aus den einzelnen gesetzlich geregelten Steuerpflichten können jedoch zumindest mittelbar Anforderungen abgeleitet werden, die im Rahmen der Organisation eines Tax CMS zu berücksichtigen sind.[720] Man könnte sogar sagen, dass das Steuerrecht durch die vielfältigen Vorgaben allein in der Abgabenordnung

---

714 *Niesler*, in: Graf/Jäger/Wittig, Wirtschafts- und Steuerstrafrecht, 2. Aufl. 2017, § 130 OWiG Rn. 36; BayObLG, Beschluss vom 10.8.2011, Az. 3 ObOWi 51/2001, NJW 2002, 766, 767.

715 *Niesler*, in: Graf/Jäger/Wittig, Wirtschafts- und Steuerstrafrecht, 2. Aufl. 2017, § 130 OWiG Rn. 37.

716 *Ziegler*, in: Blum/Gassner/Seith, OWiG, 1. Aufl. 2016, § 130 Rn. 34.

717 *Niesler*, in: Graf/Jäger/Wittig, Wirtschafts- und Steuerstrafrecht, 2. Aufl. 2017, § 130 OWiG Rn. 35; *Ziegler*, in: Blum/Gassner/Seith, OWiG, 1. Aufl. 2016, § 130 Rn. 33.

718 *Niesler*, in: Graf/Jäger/Wittig, Wirtschafts- und Steuerstrafrecht, 2. Aufl. 2017, § 130 OWiG Rn. 35; *Ziegler*, in: Blum/Gassner/Seith, OWiG, 1. Aufl. 2016, § 130 Rn. 32.

719 *Niesler*, in: Graf/Jäger/Wittig, Wirtschafts- und Steuerstrafrecht, 2. Aufl. 2017, § 130 OWiG Rn. 44.

720 *Von Wolfersdorff/Hey*, WPg 2016, 934, 936.

„substantiell Vorreiter der Compliance-Strukturen"[721] ist. Es bedarf lediglich einer Inkorporierung der bereits bestehenden steuerlichen Vorschriften in ein Tax CMS.[722]

Welche dieser Pflichten bei der Implementierung beachtet werden müssen, richtet sich nach dem konkreten Einzelfall. Während die Vorgaben aus der Abgabenordnung alle steuerpflichtigen Unternehmen treffen, sind die Anforderungen aus den Gesetzen zu den einzelnen Steuerarten nur für diejenigen Unternehmen relevant, die Sachverhalte verwirklichen, die den jeweiligen Steuerarten unterfallen.

Beispielhaft sollen im Folgenden wichtige steuerrechtlich zu beachtende Vorgaben dargestellt werden.

a) *Pflicht zum Vorhalt eines innerbetrieblichen Kontrollverfahrens, § 14 Abs. 1 S. 6, Abs. 3 UStG*

Für die Umsatzsteuer spielt die Rechnung gem. § 14 Abs. 1 S. 1 UStG eine bedeutende Rolle, da diese Voraussetzung für den Vorsteuerabzug nach § 15 Abs. 1 S. 1 Nr. 1 S. 2 UStG ist und damit einen direkten Kostenfaktor im Unternehmen darstellt.[723]

Die Pflicht zur Rechnungserstellung besteht gem. § 14 Abs. 2 S. 1 Nr. 2 UStG für einen Unternehmer, der eine steuerpflichtige Leistung gegenüber anderen Unternehmen für deren Unternehmen erbringt. In dieser Rechnung hat der rechnungsstellende Unternehmer auch die Steuer auszuweisen, § 14 Abs. 4 S. 1 Nr. 8 UStG.[724]

Voraussetzungen für eine ordnungsgemäße Rechnung, die von der Finanzverwaltung anerkannt wird, sind die Echtheit der Herkunft (§ 14 Abs. 1 S. 3 UStG), die Unversehrtheit des Inhalts (§ 14 Abs. 1 S. 4 UStG) und die Lesbarkeit der Rechnung (§ 14 Abs. 1 S. 2 UStG). Wie ein Unternehmen diese drei Voraussetzungen gewährleistet, kann es selbst festlegen, § 14 Abs. 1 S. 5 UStG. „*Dies kann durch jegliche innerbetriebliche Kontrollverfahren erreicht werden, die einen verlässlichen Prüfpfad zwischen Rechnung und Leistung schaffen können*", § 14 Abs. 1 S. 6 UStG. Die Ausgestaltung eines innerbetrieblichen Kontrollverfahrens hat

721 *Streck*, in: Streck/Mack/Schwedhelm, Tax Compliance, 2. Aufl. 2016, Rn. 1.5.

722 *Streck*, in: Streck/Mack/Schwedhelm, Tax Compliance, 2. Aufl. 2016, Rn. 1.5; *Risse/Große-Allermann*, Ubg 2010, 629, 633.

723 *Creed/Link*, BB 2016, 983, 985.

724 *Stadie*, UStG, 3. Aufl. 2015, § 14 Rn. 2.

weder der Gesetzgeber[725] noch die Finanzverwaltung[726] zwingend vorgegeben. Es steht daher im Ermessen der Unternehmen.[727]

Ziel des innerbetrieblichen Kontrollverfahrens ist der Abgleich der Rechnung mit den Zahlungsverpflichtungen, so dass nur solche Rechnungen beglichen werden, für die tatsächlich eine Verpflichtung besteht.[728] Ein solcher Abgleich kann EDV-unterstützt sein oder manuell durchgeführt werden.[729] Bei einem manuellen Abgleich reicht eine einfache Überprüfung anhand vorhandener geschäftlicher Unterlagen, wie z.B. der Kopie der Bestellung aus.[730] Eine Kontrolle ist auch im Rahmen der Rechnungslegung möglich. Eine gesonderte Dokumentationspflicht[731] für das innerbetriebliche Kontrollverfahren gibt es nicht.[732]

Lediglich für elektronische Rechnungen benennt § 14 Abs. 3 UStG beispielhaft Verfahren, mit welchen die beiden Merkmale aus § 14 Abs. 1 S. 2 UStG sichergestellt werden können: „*Unbeschadet anderer nach Absatz 1 zulässiger Verfahren gelten bei einer elektronischen Rechnung die Echtheit der Herkunft und die Unversehrtheit des Inhalts als gewährleistet durch*

1. *eine qualifizierte elektronische Signatur oder eine qualifizierte elektronische Signatur mit Anbieter-Akkreditierung (…)*
2. *elektronischen Datenaustausch (EDI) (…), wenn in der Vereinbarung über diesen Datenaustausch der Einsatz von Verfahren vorgesehen ist, die die Echtheit der Herkunft und die Unversehrtheit der Daten gewährleisten.*“

---

725 Weder im UStG noch in Art. 233 MwStSysRL finden sich Beschreibungen eines verlässlichen Prüfpfads, *Widmann*, in: Schwarz/Widmann/Radeisen, UStG, 203. EL Stand 11/2018, § 14 Rn. 29.

726 Abschn. 14.4 Abs. 5 Umsatzsteuer-Anwendungserlass (UStAE) vom 1.10.2010, BStBl. I 2010, 846, zuletzt geändert durch BStBl. I 2017, 104.

727 *Kraeusel*, in: Reiß/Kraeusel/Langer/Wäger, UStG, 140. EL Stand 1.8.2012, § 14 Rn. 80; *Weymüller*, in: Weymüller, BeckOK UStG, 19. Edition Stand 7.12.2018, § 14 Rn. 100.

728 Abschn. 14.4 Abs. 5 S. 1 UStAE; *Widmann*, in: Schwarz/Widmann/Radeisen, UStG, 203. EL Stand 11/2018, § 14 Rn. 30.

729 Abschn. 14.4 Abs. 5 S. 4 UStAE.

730 Abschn. 14.4 Abs. 6 S. 2 UStAE; *Weymüller*, in: Weymüller, BeckOK UStG, 19. Edition Stand 7.12.2018, § 14 Rn. 103.

731 Abschn. 14.4 Abs. 6 S. 3 UStAE.

732 Zum Ganzen: *Kraeusel*, in: Reiß/Kraeusel/Langer/Wäger, UStG, 140. EL Stand 1.8.2012, § 14 Rn. 80.

Es soll dadurch sichergestellt werden, dass eine elektronische Rechnung nicht mehr nachträglich verändert werden kann.[733]

Das UStG spricht hier zwar von Kontrollverfahren, da diese lediglich aus manuellem Abgleich bestehen können, bedarf es dafür keine größeren organisatorischen Umsetzungen. Es sollten wohl auch keine weiteren Aufzeichnungspflichten erlassen werden.[734] Dennoch muss auch im Rahmen eines Tax CMS gewährleistet werden, dass eine irgendwie geartete Kontrolle der Rechnung nach § 14 UStG stattfindet.

b) *Melde- und Anzeigepflichten*

Im Steuerrecht gibt es diverse Anzeigepflichten, die dazu dienen, dass der Finanzbehörde steuerlich erhebliche Umstände bekannt werden.[735] Zu nennen sind hier beispielhaft die Anzeigepflicht nach § 4g Abs. 5 S. 1 EStG bei Entnahme eines Wirtschaftsguts oder Bildung eines Ausgleichspostens nach § 4g Abs. 2 EStG, umfangreiche Anzeigepflichten in § 19 GrEStG bei Geschäften über Grundstücke, die Anzeigepflicht nach § 13a Abs. 7 ErbStG um eine Steuerbefreiung für Betriebsvermögen im Erbschaftsfall zu erhalten sowie § 22 Abs. 3 UmwStG.

Daneben gibt es die allgemeinen steuerlichen Anzeigepflichten in den §§ 137 bis 139 AO. Nach § 137 AO haben Steuerpflichtige, die nicht natürliche Personen sind, dem zuständigen Finanzamt und der Gemeinde die Gründung, den Erwerb der Rechtsfähigkeit, die Änderung der Rechtsform, eine Verlegung der Geschäftsleitung oder des Sitzes und die Auflösung innerhalb von einem Monat anzuzeigen.[736]

Die Pflicht zur Anzeige über die Erwerbstätigkeit i. S. d. § 138 AO trifft sowohl natürliche als auch juristische Personen.[737] Diese Anzeigepflicht greift dann ein,

---

733 *Widmann*, in: Schwarz/Widmann/Radeisen, UStG, 203. EL Stand 11/2018, § 14 Rn. 63.

734 *Widmann*, in: Schwarz/Widmann/Radeisen, UStG, 203. EL Stand 11/2018, § 14 Rn. 31; *Weymüller*, in: Weymüller, BeckOK UStG, 19. Edition Stand 7.12.2018, § 14 Rn. 103.1.

735 *Brandis*, in: Tipke/Kruse, AO/FGO, 153. EL Stand 9/2018, § 173 AO Rn. 1.

736 *Mack*, in: Streck/Mack/Schwedhelm, Tax Compliance, 2 Aufl. 2016, Rn. 1.45; *Besch/Starck*, in: Hauschka/Lösler/Moosmayer, Corporate Compliance, 3. Aufl. 2016, § 33 Rn. 30.

737 *Schwartz*, in: Schulz, Compliance-Management im Unternehmen, 2017, 24. Kapitel Rn. 7.

wenn ein Betrieb eröffnet (vgl. § 138 Abs. 1 S. 1 AO), verlegt oder aufgegeben (vgl. § 138 Abs. 1 S. 4 AO) wird. Auch hier gibt es eine einmonatige Anzeigefrist nach Eintritt des meldepflichtigen Ereignisses, § 138 Abs. 4 AO.

Bestimmte Auslandsengagements nach § 138 Abs. 2 S. 1 Nr. 1–5 AO sind nach § 138 Abs. 5 S. 1 AO zusammen mit der Einkommensteuer- oder Körperschaftsteuererklärung für den Besteuerungszeitraum, in dem der mitzuteilende Sachverhalt verwirklicht wurde, spätestens jedoch bis zum Ablauf von 14 Monaten nach Ablauf dieses Besteuerungszeitraums zu erstatten. Unterbleibt eine Anzeige nach § 138 Abs. 2 AO, so kann dies eine bußgeldbewährte Steuergefährdung nach § 379 Abs. 2 Nr. 1 AO darstellen.[738]

c) Buchführungs- und Aufzeichnungspflichten

aa) Steuerliche Buchführungs- und Aufzeichnungspflichten, §§ 140–148 AO

Grundsätzlich verweist § 140 AO auf bereits bestehende Buchführungs- und Aufzeichnungspflichten außerhalb des Steuerrechts, wie insb. den §§ 238 ff. HGB. Die handelsrechtlichen Vorschriften werden so zu steuerlichen Pflichten „transformiert“,[739] sog. derivative Buchführungspflicht.[740] § 238 Abs. 1 AO verpflichtet, die Bücher nach den Grundsätzen ordnungsgemäßer Buchführung (GoB) zu führen.

Diese gelten gem. § 238 Abs. 1 S. 1 HGB nur für Kaufmänner i. S. d. §§ 1–3 und 6 HGB.[741] Nicht von der handelsrechtlichen Buchführungspflicht umfasst sind bspw. Kleingewerbetreibende i. S. d. § 1 Abs. 2 HGB, die nicht nach § 2 HGB konstitutiv im Handelsregister eingetragen wurden oder für Land- und Forstwirte, die nicht nach § 3 Abs. 1 HGB im Handelsregister eingetragen sind.[742] Diese können jedoch über § 141 Abs. 1 S. 1 AO originär[743] zu Buchführungs- und

---

738 *Schwartz*, in: Schulz, Compliance-Management im Unternehmen, 2017, 24. Kapitel Rn. 7.

739 BFH, Urteil vom 16.12.2014, Az. X R 42/13, BStBl. II 2015, 519 = BFH/NV 2015, 790, 793.

740 *Schwartz*, in: Schulz, Compliance-Management im Unternehmen, 2017, 24. Kapitel Rn. 8; *Besch/Starck*, in: Hauschka/Moosmayer/Lösler, Corporate Compliance, 3. Aufl. 2016, § 33 Rn. 31.

741 *Cöster*, in: Koenig, AO, 3. Aufl. 2014, § 140 Rn. 17; *Rätke*, in: Klein, AO, 14. Aufl. 2018, § 140 Rn. 4.

742 *Rätke*, in: Klein, AO, 14. Aufl. 2018, § 140 Rn. 4.

743 *Schwartz*, in: Schulz, Compliance-Management im Unternehmen, 2017, 24. Kapitel Rn. 8.

Aufzeichnungspflichten im Rahmen ihrer Steuerverpflichtung angehalten sein, wenn bestimmte Grenzen in Bezug auf Umsatz, Gewinn oder Wirtschaftswert überschritten werden.[744]

Zweck der Buchführungs- und Aufzeichnungspflichten ist es, dass diese nach § 158 AO der Besteuerung zugrunde gelegt werden sollen, sog. Beweiskraft der Buchführung.[745] Wer buchführungspflichtig ist, hat seinen Gewinn durch den Betriebsvermögensvergleich zu bestimmen.[746] Gewinn wird nach § 4 Abs. 1 S. 1 EStG definiert als der Unterschiedsbetrag zwischen dem Betriebsvermögen am Schluss des Wirtschaftsjahres und dem Betriebsvermögen am Schluss des vorangegangenen Wirtschaftsjahres, vermehrt um den Wert der Entnahmen und vermindert um den Wert der Einlagen.

Für den Fall der unrichtigen Buchführung und Aufzeichnung, kann die Finanzverwaltung nach § 162 Abs. 2 S. 2 AO die Besteuerungsgrundlage schätzen.[747] Daneben kann ein Zwangsgeld nach § 328 AO festgesetzt werden oder die unrichtige Buchführung bzw. Aufzeichnung kann als Ordnungswidrigkeit nach § 379 Abs. 1 Nr. 3 AO mit einer Geldbuße bis zu 5.000 EUR geahndet werden.[748] Es ist daher für die Unternehmen schon aus finanziellen Aspekten wichtig, den Pflichten aus den §§ 140 ff. AO ordnungsgemäß nachzukommen.

Bücher sind die Handelsbücher nach §§ 238 ff. HGB und Aufzeichnungen meinen die den Handelsbüchern entsprechenden Niederschriften von Nichtkaufleuten. Aufzeichnungen sollen einzelne Geschäftsvorfälle dokumentieren, enthalten daher Ausführungen, die nicht unter die Bücher fallen.[749] Die Buchführung muss so beschaffen sein, dass sie einem sachverständigen Dritten innerhalb angemessener Zeit einen Überblick über die Geschäftsvorfälle und über die Lage des Unternehmens vermitteln kann, § 145 Abs. 1 S. 1 AO. Aufzeichnungen sind so vorzunehmen, dass der Zweck den sie für die Besteuerung erfüllen sollen, erreicht wird, § 145 Abs. 2 AO. Die materielle Ordnungsmäßigkeit wird in § 146

---

744 *Besch/Starck*, in: Hauschka/Lösler/Moosmayer, Corporate Compliance, 3. Aufl. 2016, § 33 Rn. 32.

745 *Creed/Link*, BB 2016, 983, 983.

746 *Besch/Starck*, in: Hauschka/Moosmayer/Lösler, Corporate Compliance, 3. Aufl. 2016, § 33 Rn. 33.

747 *Creed/Link*, BB 2016, 983, 983.

748 *Rätke*, in: Klein, AO, 14. Aufl. 2018, § 140 Rn. 1.

749 *Cöster*, in: Koenig, AO, 3. Aufl. 2014, § 140 Rn. 6 f.

Abs. 1 S. 1 AO konkretisiert; Buchführung und Aufzeichnung sind einzeln, vollständig, richtig, zeitgerecht und geordnet vorzunehmen.[750]

Eine bestimmte Form der Buchführung ist nicht vorgeschrieben. Es können dabei Loseblätter sowie tatsächliche Bücher verwendet werden oder eine Speicherung auf EDV-Datenträgern (vgl. § 146a AO) vorgenommen werden.[751] Für den Fall, dass ein Unternehmen von einem Datenverarbeitungssystem zur Aufstellung der Bücher Gebrauch macht,[752] verlangt die Finanzverwaltung von den Unternehmen Kontrollen, die die Beachtung der Ordnungsvorschrift des § 146 AO sicherstellt. Beispielhaft werden dazu aufgezählt: „Zugangs- und Zugriffsberechtigungskontrollen (...), Funktionstrennungen, Erfassungskontrollen mit Fehlerhinweisen und Plausibilitätsprüfungen, Abstimmungskontrollen bei der Dateneingabe, Verarbeitungskontrollen [sowie] Schutzmaßnahmen gegen die beabsichtigte und unbeabsichtigte Verfälschung von Programmen, Daten und Dokumenten."[753] Durch die beispielhafte Aufzählung wird deutlich, dass die Finanzverwaltung den Unternehmen keine konkrete Ausgestaltung eines Kontrollsystems bzgl. § 146 AO vorschreibt. Vielmehr hängt dessen Ausführung wiederrum von dem jeweiligen Unternehmen ab. Kriterien sind dabei dessen Komplexität und die Diversifikation der Geschäftstätigkeit, der Organisationsstruktur sowie das eingesetzte Datenverarbeitungs-System.[754]

Dieses Kontrollsystem darf nicht zum Papiertiger verkommen. Deshalb verlangt die Finanzverwaltung, dass die Dokumentation des IKS Teil der Verfahrensdokumentation ist.[755] Es müssen daher in übersichtlich gegliederter Form vollständige und schlüssige Angaben zu Inhalt, Aufbau, Ablauf und Ergebnissen des Datenverarbeitungs-Verfahrens gemacht werden. Der Umfang der Dokumentationspflicht richtet sich abermals nach dem Einzelfall.[756] Eine fehlerhafte

---

750 BMF vom 14.11.2014, Az. IV A 4 – S 0316/13/10003, Grundsätze zur ordnungsmäßigen Führung und Aufbewahrung von Büchern, Aufzeichnungen und Unterlagen in elektronischer Form sowie zum Datenzugriff (GoBD), BStBl. I 2014, 1450 Rn. 19 zitiert nach NWB.

751 *Cöster*, in: Koenig, AO, 3. Aufl. 2014, § 140 Rn. 8.

752 *Creed/Link*, BB 2016, 983, 983.

753 BMF vom 14.11.2014, Az. IV A 4 – S 0316/13/10003 (GoBD), BStBl. I 2014, 1450 Rn. 100 zitiert nach NWB.

754 BMF vom 14.11.2014, Az. IV A 4 – S 0316/13/10003 (GoBD), BStBl. I 2014, 1450 Rn. 100 zitiert nach NWB.

755 BMF vom 14.11.2014, Az. IV A 4 – S 0316/13/10003 (GoBD), BStBl. I 2014, 1450 Rn. 102 zitiert nach NWB.

756 BMF vom 14.11.2014, Az. IV A 4 – S 0316/13/10003, (GoBD) BStBl. I 2014, 1450 Rn. 151 zitiert nach NWB.

Dokumentation kann zur Verwerfung der Buchführung führen.[757] Auch in diesem Fall ist dann eine Steuerschätzung nach § 162 Abs. 2 S. 2 AO möglich.[758]

Ein Tax CMS muss daher so ausgestaltet sein, dass den GoB und den zusätzlichen Voraussetzungen der §§ 141–146 AO genügende Buchführungen und Aufzeichnungen erstellt werden können.

bb) Aufzeichnungspflicht nach § 90 Abs. 3 AO

Eine weitere Aufzeichnungspflicht findet sich in § 90 Abs. 3 AO. Danach müssen über die Art und den Inhalt von Geschäftsbeziehungen Aufzeichnungen gemacht werden, wenn eine grenzüberschreitende Geschäftsbeziehung mit Auslandsbezug i. S. d. § 1 Abs. 4 AStG vorliegt.

Der Inhalt der Aufzeichnungspflicht ist in § 90 Abs. 3 S. 2 AO geregelt. Danach bedarf es zunächst einer Sachverhaltsdokumentation, die die Geschäftsvorfälle darstellt. Bei Verrechnungspreisen müssen die wirtschaftlichen und rechtlichen Grundlagen für den Fremdvergleichsgrundsatz[759] beachtenden Vereinbarungen von Bedingungen und eine Angemessenheitsdokumentation bzgl. des Zeitpunkts der Verrechnungspreisbestimmung und zur verwendeten Verrechnungspreismethode erstellt werden. Satz 8 erklärt, dass über außergewöhnliche Geschäftsvorfälle Aufzeichnungen zeitnah zu erstellen sind.

Diese eher allgemein gefassten Angaben werden durch die aufgrund von § 90 Abs. 3 S. 11 AO erlassene Rechtsverordnung des Bundesministeriums der Finanzen mit Zustimmung des Bundesrats, der Gewinnabgrenzungsaufzeichnungsverordnung (GAufvZ),[760] konkretisiert. Hier gilt sodann Ähnliches wie bei den Buchführungs- und Ausführungspflichten nach §§ 140 ff. AO: Die Aufzeichnungen sollen so abgefasst sein, dass sie es einem sachverständigen Dritten innerhalb angemessener Frist ermöglichen, die Sachverhalte zu erkennen und die Beachtung des Fremdvergleichsgrundsatzes zu prüfen, § 2 Abs. 1 S. 2 GAufvZ. Letztlich bestimmen sich Art und Umfang der Aufzeichnungen auch hier nach dem Einzelfall, § 2 Abs. 2 S. 1 GAufvZ.

---

757 BMF vom 14.11.2014, Az. IV A 4 – S 0316/13/10003, (GoBD) BStBl. I 2014, 1450 Rn. 155 zitiert nach NWB.

758 *Creed/Link*, BB 2016, 983, 984.

759 BT-Drs. 15/481, 18.

760 Verordnung zu Art, Inhalt und Umfang von Aufzeichnungen im Sinne des § 90 Abs. 3 der Abgabenordnung (Gewinnabgrenzungsaufzeichnungsverordnung – GAufzV) vom 12.07.2017, BGBl. I 2017, 2367.

Interessant ist die Begründung der GAufvZ zu § 2 Abs. 3: „*Hervorzuheben ist, dass Verrechnungspreisrichtlinien ein wichtiges Element eines innerbetrieblichen Kontrollsystems (siehe hierzu Anwendungserlass zu § 153 AO) im Bereich der Verrechnungspreise darstellen können.*“[761] Damit gibt die Finanzverwaltung, ausgehend vom AEAO zu § 153, wo lediglich die Existenz eines innerbetrieblichen Kontrollsystems genannt wurde, nun einen ersten Hinweis, was Bestandteil eines innerbetrieblichen Kontrollsystems sein kann.[762] Verrechnungspreisrichtlinien können ein Bestandteil der in § 90 Abs. 3 AO geforderten Aufzeichnung sein, wenn sie dem Fremdvergleichsgrundsatz genügen sowie für einzelne Unternehmen eine oder mehrere geeignete Verrechnungspreismethoden vorgeben, § 2 Abs. 3 S. 5 GAufvZ. Damit dienten Verrechnungspreisrichtlinien zunächst der Vereinfachung der Aufzeichnung. Durch die Begründung zur Änderung der GAufvZ vom 23. Mai 2017 bekommt die Verrechnungspreisrichtlinie einen potentiellen neuen Zweck, nämlich als Instrument zur Vermeidung steuerlicher Risiken durch Fehler bei den Verrechnungspreisen.[763]

cc) Aufzeichnungspflicht nach § 22 UStG

Nach § 22 Abs. 1 S. 1 UStG ist der Unternehmer verpflichtet, zur Feststellung der Steuer und der Grundlagen ihrer Berechnung Aufzeichnungen zu machen. Da die Umsatzsteuer eine Anmeldesteuer nach § 150 AO ist, benötigt der Unternehmer die Aufzeichnungen, um die Umsatzsteuer selbst nach § 18 Abs. 1 UStG zu berechnen und letztlich ordnungsgemäße Umsatzsteuer-Voranmeldungen und Umsatzsteuerer-Jahresklärungen (§ 18 Abs. 1, 3 UStG) abzugeben.[764]

§ 22 UStG wird ergänzt durch die §§ 63 bis 68 UStDV, die insbesondere die Aufzeichnungspflichten für bestimmte Sachverhalte (z.B. Einfuhr, Kleinunternehmer) konkretisieren. Doch auch hier finden sich im Wesentlichen nur allgemeine Grundsätze; die Ausgestaltung der Aufzeichnungen im Einzelnen steht im Ermessen des Unternehmers. Er kann daher sowohl einfachste Anschreibungen vornehmen, als auch die GoB berücksichtigen.[765]

---

761 BR-Drs. 404/17, 14.

762 *Busch/Fischer/Riva/Kirsch*, DB 2017, 2822, 2822.

763 *Busch/Fischer/Riva/Kirsch*, DB 2017, 2822, 2826.

764 *Flückiger*, in: Schwarz/Widmann/Radeisen, UStG, 203. EL Stand 11/2018, § 22 Rn. 1; *Heidner*, in: Bunjes, UStG, 17. Aufl. 2018, § 22 Rn. 2.

765 *Heuermann*, in: Sölch/Ringleb, UStG, 83. EL Stand 9/2018, § 22 Rn. 36; *Heidner*, in: Bunjes, UStG, 17. Aufl. 2018, § 22 Rn. 4; *Flückiger*, in: Schwarz/Widmann/Radeisen, UStG, 203. EL Stand 11/2018, § 22 Rn. 4.

dd) Aufzeichnungspflichten nach § 4 Abs. 3 EStG

Ergänzende[766] Aufzeichnungspflichten zu jenen der Abgabenordnung finden sich im Einkommensteuergesetz.

Bestimmte Gruppen von Steuerpflichtigen[767] sind nach § 4 Abs. 3 EStG dazu verpflichtet, eine Einnahmen-Überschussrechnung zu erstellen, um ihren Gewinn zu ermitteln. Im Rahmen dieser Einnahmen-Überschussrechnung schreibt § 4 Abs. 3 S. 5 EStG vor, dass „*die Wirtschaftsgüter des Anlagevermögens und Wirtschaftsgüter des Umlaufvermögens im Sinne des Satzes 4 (…) unter Angabe des Tages der Anschaffung oder der Herstellung und der Anschaffungs- oder Herstellungskosten oder des an anderen Stellen getretenen Werts in besondere, laufend zu führende Verzeichnisse aufzunehmen*“ sind. Diesem Verzeichnis kommt Beweisfunktion zu, um im Falle der Veräußerung oder der Entnahme nachweisen zu können, dass die tatsächlichen Anschaffungs- und Herstellungskosten abgezogen wurden.[768]

Praktisch ist der Steuerpflichtige darüber hinaus verpflichtet, neben dem Verzeichnis ein Verzeichnis über die Betriebseinnahmen und Betriebsausgaben zu führen und entsprechende Belege aufzuheben, damit das Finanzamt anhand dieser die Richtigkeit der Aufzeichnungen nachvollziehen kann.[769]

ee) Aufzeichnungspflicht nach § 4 Abs. 7 EStG

Die Aufzeichnungspflicht in § 4 Abs. 7 EStG, die für alle Steuerpflichtigen mit betrieblichen Einkünften unabhängig von der Art der Gewinnermittlung gilt,[770] dient dazu, die Prüfung der Abziehbarkeit von Aufwendungen leicht und sicher zu gestalten sowie Manipulationsmöglichkeiten zu verhindern.[771] Aufwendungen im Sinne des § 4 Abs. 5 S. 1 Nr. 1–4, 6b und 7 EStG sind daher einzeln und getrennt von den sonstigen Betriebsausgaben aufzuzeichnen, § 4 Abs. 7 S. 1 EStG. Sanktioniert wird das Fehlen einer einzelnen und getrennten Aufzeichnung damit, dass diese Aufwendungen nicht als Betriebsausgaben zu berücksichtigen

---

766 *Nacke*, in: Littmann/Bitz/Pust, EStG, 133. EL Stand 1/2019, §§ 4, 5 Rn. 1513.

767 Das können Land- und Forstwirte sein, Selbstständige gem. § 18 EStG und Gewerbetreibende, wenn sie nicht dazu verpflichtet sind, Bücher zu führen und einen Jahresabschluss zu fertigen, §§ 140, 141 AO, *Nacke*, in: Littmann/Bitz/Pust, EStG, 133. EL Stand 1/2019, §§ 4, 5 Rn. 1502.

768 *Meurer*, in: Lademann, EStG, 232. EL Stand 9/2017, § 4 Rn. 464.

769 BFH, Urteil vom 15.4.1999, Az. IV R 68/98, BStBl. II 1999, 481; *Nacke*, in: Littmann/Bitz/Pust, EStG, 133. EL Stand 1/2019, §§ 4, 5 Rn. 1513.

770 *Meurer*, in: Lademann, EStG, 232. EL Stand 9/2017, § 4 Rn. 776.

771 *Nacke*, in: Littmann/Bitz/Pust, EStG, 133. EL Stand 1/2019, §§ 4, 5 Rn. 2101.

sind, § 4 Abs. 7 S. 2 EStG. Unter Aufzeichnung i. S. d. § 4 Abs. 7 EStG wird das schriftliche Festhalten, das Verbuchen verstanden.[772] Nicht ausreichend ist eine einfache Ablage von Belegen.[773] Eine getrennte Aufzeichnung erfolgt innerhalb der Buchführung auf gesonderten Konten (beim Bestandsvergleich) oder im Rahmen einer gesonderten Ausgabenaufzeichnung (bei der Gewinnermittlung nach § 4 Abs. 3 EStG).[774] Dabei können sowohl separate Konten als auch jeweils eine besondere Spalte für jede Gruppe von Aufwendung aus § 4 Abs. 7 EStG geführt werden, R 4.11 Abs. 1 EStR 2012.[775] Es ist aber auch möglich, dass für diese Aufwendungen insgesamt ein Konto bzw. eine Spalte angelegt wird, R 4.11 Abs. 2 EStR 2012. Eine Aufzeichnung ist dann einzeln i. S. d. § 4 Abs. 7 EStG, wenn jede Aufwendung einzeln aufgenommen wird; Sammelbuchungen sind grds.[776] nicht zulässig.[777] Verwaltung und Rechtsprechung verlangen darüber hinaus, dass die Aufzeichnung zeitnah getätigt wird.[778] Das ist dann gewahrt, wenn die Aufzeichnungen innerhalb von zehn Tagen getätigt werden, jedenfalls spätestens nach einem Monat.[779]

ff) Aufzeichnungspflicht nach § 41 EStG

Für den Lohnsteuerabzug schreibt § 41 EStG spezielle Aufzeichnungspflichten vor. „*Der Arbeitgeber hat am Ort der Betriebsstätte (...) für jeden Arbeitnehmer und jedes Kalenderjahr ein Lohnkonto zu führen*“, § 41 Abs. 1 S. 1 EStG. „Lohnkonto

---

772 *Nacke*, in: Littmann/Bitz/Pust, EStG, 133. EL Stand 1/2019, §§ 4, 5 Rn. 2105.

773 BFH, Urteil vom 26.2.1988, Az. III R 20/85, BStBl. II 1988, 613; Urteil vom 13.5.2004, Az. IV R 47/02, BFH/NV 2004, 1402, 1403; *Meurer*, in: Lademann, EStG, 232. EL Stand 9/2017, § 4 Rn. 776.

774 *Nacke*, in: Littmann/Bitz/Pust, EStG, 133. EL Stand 1/2019, §§ 4, 5 Rn. 2106.

775 Einkommensteuer-Richtlinien 2005 (EStR 2005) vom 16.12.2005, BStBl. I 2005, Sondernummer 1/2005, 3, geändert durch Einkommensteuer-Änderungsrichtlinien 2008 (EStÄR 2008) vom 18.12.2008, BStBl. I 2008, 1017, geändert durch EStÄR 2012 vom 25.3.2013, BStBl. I 2013, 276.

776 Ausnahme: Geschenke, die die Freigrenze von 35 EUR nicht überschreiten, R 4.11 Abs. 2 S. 2 Nr. 2 EStR 2012.

777 *Nacke*, in: Littmann/Bitz/Pust, EStG, 133. EL Stand 1/2019, §§ 4, 5 Rn. 2107.

778 H 4.11 Einkommensteuer-Hinweise (EStH) 2016 „Besondere Aufzeichnung“, BMF, Amtliches Einkommensteuer-Handbuch 2016, abrufbar unter: http://bmf-esth.de/esth/2016/home.html (13.2.2018); BFH, Urteil vom 22.1.1988, Az. III R 171/82, BStBl. II 1988, 535, 536.

779 BFH, Urteil vom 24.3.1970, Az. I R 38/68, BStBl. II 1970, 540, 541; *Nacke*, in: Littmann/Bitz/Pust, EStG, 133. EL Stand 1/2019, §§ 4, 5 Rn. 2109; *Meurer*, in: Lademann, EStG, 232. EL Stand 9/2017, § 4 Rn. 779.

bedeutet die Aufzeichnung von den Arbeitslohn betreffenden Buchungen in Form einer logischen Datenstruktur, vor allem Zu- und Abgänge (Auszahlungen, Einbehaltungen etc.)".[780] Welche Angaben in dem Lohnkonto aufzuzeichnen sind, regeln § 41 Abs. 1 S. 2–6 EStG und § 4 LStDV. Nicht festgeschrieben ist eine bestimmte Form (z.B. Buch-, Heft-, Loseblatt- oder Karteiform), in welcher ein solches Lohnkonto zu führen ist. Sie richtet sich vielmehr nach der Art der Durchführung der Lohnabrechnung.[781]

Das Lohnkonto dient den steuerlichen Zwecken nach § 142 Abs. 2 AO insofern, als es dazu geeignet ist, die Verpflichtung, für lohnsteuerliche Zwecke den bezahlten Arbeitslohn durch die einbehaltene Lohnsteuer und Kirchensteuer aufzuzeichnen, zu beweisen.[782] Auf dieser Grundlage kann dann eine Lohnsteuer-Außenprüfung nachvollziehen, wie bestimmte Zuwendungen an den Arbeitgeber lohnsteuerlich zu behandeln sind. Bei Verletzung der Aufzeichnungspflicht aus § 41 EStG wirkt der Inhalt des Lohnkontos im Haftungsfall als Beweislastumkehr gegen den Arbeitgeber.[783]

d) *Aufbewahrungspflichten, § 147 AO*

§ 147 AO regelt die Aufbewahrung von denen in Absatz 1 genannten Unterlagen, wie bspw. den Büchern und Aufzeichnungen, Jahresabschlüssen, Buchungsbelegen und sonstigen Unterlagen, soweit sie für die Besteuerung von Bedeutung sind. Die Aufbewahrungspflicht reicht je nach Dokument zwischen sechs und zehn Jahren, soweit nicht andere Steuergesetze kürzere Aufbewahrungsfristen vorschreiben, § 147 Abs. 3 S. 1 AO. Sie korrespondiert unmittelbar mit den Buchführungs- und Aufzeichnungspflichten und ist deren notwendiger Bestandteil.[784] Daraus leitet sich auch ab, dass sich der sachliche Umfang der Aufbewahrungspflicht nach dem Umfang der Aufzeichnungspflicht richtet.[785] Aufbewahrungsort

---

780 *Martin*, in: Lademann, EStG, 232. EL Stand 9/2017, § 41 Rn. 12.

781 *Stickan*, in: Littmann/Bitz/Pust, EStG, 133. EL Stand 1/2019, § 41 Rn. 6; *Martin*, in: Lademann, EStG, 232. EL Stand 9/2017, § 41 Rn. 16.

782 *Martin*, in: Lademann, EStG, 232. EL Stand 9/2017, § 41 Rn. 9.

783 *Stickan*, in: Littmann/Bitz/Pust, EStG, 133. EL Stand 1/2019, § 41 Rn. 1, 3 f.

784 AEAO zu § 147 Nr. 1; BFH, Urteil vom 26.2.2004, Az. XI R 25/02, BFH/NV 2004, 858 = BStBl. II 2004, 599 = DStR 2004, 954, 955; *Dißars*, in: Schwarz/Pahlke, AO/FGO, 186. EL Stand 12/2018, § 147 AO Rn. 1.

785 BMF, vom 14.11.2014, Az. IV A 4 – S 0316/13/10003 (GoBD), BStBl. I 2014, 1450 Rn. 113 zitiert nach NWB; BFH, Urteil vom 24.6.2009, Az. VIII 123 R 80/06, BStBl. II 2010, 452 = NJW 2009, 3534, 3535.

ist gemäß § 146 Abs. 2 S. 1 AO der Geltungsbereich der Abgabenordnung, damit die Finanzbehörde Zugriff auf die Unterlagen hat.[786]

Die Aufbewahrung muss geordnet sein, wobei es dem Steuerpflichtigen überlassen ist, ein bestimmtes Ordnungssystem auszuwählen. Es muss jedenfalls gewährleistet sein, dass ein sachverständiger Dritter innerhalb angemessener Zeit die aufbewahrten Unterlagen prüfen kann.[787] Denkbar ist ebenso eine Aufbewahrung auf Datenträgern, § 147 Abs. 2 AO.

e) Auskunfts- und Vorlagepflichten, §§ 93, 97 AO

Sind die Unterlagen mit Hilfe eines Datenverarbeitungssystems erstellt worden, hat die Finanzbehörde im Rahmen der Außenprüfung das Recht, Einsicht in die gespeicherten Daten zu nehmen und das Datenverarbeitungssystem zur Prüfung dieser Unterlagen zu nutzen, § 147 Abs. 6 S. 1 AO. Diese Bereitstellungspflicht versteht die Rechtsprechung sehr weitgehend. Die Unterlagen müssen vollständig und ohne Sperre der Finanzbehörde zur Verfügung gestellt werden, unabhängig davon, ob der Steuerpflichtige meint, gewisse Konten hätten keine Auswirkung auf die steuerliche Bemessungsgrundlage.[788] Das bedeutet auch, dass bei einer Lohnsteuer-Außenprüfung die gesamte Finanzbuchhaltung bereitzustellen ist, da auch dort steuerrelevante Informationen zur Lohnbesteuerung vorhanden sein können.[789] Allerdings kann die Finanzbehörde die digitalen Aufzeichnungen auch nur insoweit nutzen, als der Steuerpflichtige zur Aufzeichnung und Aufbewahrung verpflichtet ist.[790]

f) Mitwirkungspflichten

Die Mitwirkungspflichten des Steuerpflichtigen im Veranlagungsverfahren beruhen auf einem „erheblichen Informationsgefälle“ zwischen diesem und der Finanzverwaltung.[791] Sie finden sich in allen Verfahrensstadien, neben dem Steuerveranlagungsverfahren auch im Steuerfahndungsverfahren, § 208 Abs. 1 S. 3 AO und im Steueraufsichtsverfahren, § 211 AO.

---

786 *Dißars*, in: Schwarz/Pahlke, AO/FGO, 186. EL Stand 12/2018, § 147 AO Rn. 8.

787 BMF, vom 14.11.2014, Az. IV A 4 – S 0316/13/10003 (GoBD), BStBl. I 2014, 1450 Rn. 117 zitiert nach NWB.

788 BFH, Beschluss vom 26.9.2007, Az. I B 53, 54/07, BStBl. II 2008, 415 = DStR 2007, 2156, 2157 f.

789 FG Münster, Urteil vom 16.5.2008, Az. 6 K 879/07, DStRE 2009, 629, 630.

790 FG Hamburg, Urteil vom 13.11.2006, Az. 2 K 198/05, DStRE 2007, 441, 441.

791 *Seer*, in: Tipke/Lang, Steuerrecht, 23. Aufl. 2018, § 21 Rn 171.

aa) Mitwirkungspflicht nach § 90 Abs. 1 AO

Eine allgemeine Mitwirkungspflicht zur Sachverhaltsermittlung findet sich in § 90 Abs. 1 AO. Danach haben Steuerpflichtige die für die Besteuerung erheblichen Tatsachen vollständig und wahrheitsgemäß offenzulegen sowie die ihnen bekannten Beweismittel anzugeben.[792] Diese Beteiligung an der Ermittlung des Sachverhalts wird teilweise schon selbst als Compliance verstanden.[793] Wie weit diese Mitwirkungspflicht geht, richtet sich nach den Umständen des Einzelfalls, § 90 Abs. 1 S. 3 AO. Der Umfang erhöht sich, je mehr Tatsachen und Beweismittel sich in der Sphäre des Steuerpflichtigen finden.[794]

bb) Mitwirkungspflicht nach § 200 AO

Eine weitere wichtige Mitwirkungspflicht des Steuerpflichtigen ist in § 200 AO im Rahmen der Außenprüfung geregelt. Hier soll der Steuerpflichtige bei der Feststellung der Sachverhalte, die für die Besteuerung erheblich sein können, mitwirken, § 200 Abs. 1 S. 1 AO. Durch § 200 AO werden die allgemeinen Mitwirkungspflichten des Steuerpflichtigen ergänzt,[795] insbesondere dadurch, dass die Tätigkeit des Prüfers in den eigenen Geschäftsräumen zu gewähren ist, vgl. § 200 Abs. 2 S. 1, Abs. 3 S. 2 AO.[796] Die Mitwirkung zeigt sich insbesondere darin, dass dem Prüfer ein geeigneter, möblierter Raum zur Verfügung zu stellen ist, § 200 Abs. 2 S. 2 AO.[797]

Diese Mitwirkung erfüllt der Steuerpflichtige insbesondere dadurch, dass er Auskünfte erteilt, Aufzeichnungen, Bücher, Geschäftspapiere und andere Urkunden zur Einsicht und Prüfung vorlegt, die zum Verständnis der Aufzeichnungen erforderliche Erläuterungen geben und die Finanzbehörde bei Ausübung ihrer Befugnisse nach § 147 Abs. 6 AO unterstützt, § 200 Abs. 1 S. 2 AO. Darin konkretisiert der Gesetzgeber beispielhaft die Mitwirkungspflichten der Steuerpflichtigen im Außenprüfungs-Verfahren.[798]

Der Umfang der Mitwirkungspflichten richtet sich auch hier nach den Umständen des Einzelfalls, vgl. § 90 Abs. 1 S. 3 AO. Über die Anforderungen entscheidet die Behörde nach pflichtgemäßem Ermessen im Rahmen des

792 *Rätke*, in: Klein, AO, 14. Aufl. 2018, § 90 Rn. 6.
793 *Seer*, in: Tipke/Lang, Steuerrecht, 23. Aufl. 2018, § 21 Rn. 171.
794 *Rätke*, in: Klein, AO, 14. Aufl. 2018, § 90 Rn. 7.
795 *Seer*, in: Tipke/Kruse, AO/FGO, 153. EL Stand 9/2018, § 200 AO Rn. 1.
796 *Rüsken*, in: Klein, AO, 14. Aufl. 2018, § 200 Rn. 1; BFH, Urteil vom 6.6.2012, Az. I R 99/10, BStBl. II 2013, 196 = DStR 2012, 1790, 1792 Rn. 16.
797 *Rüsken*, in: Klein, AO, 14. Aufl. 2018, § 200 Rn. 3.
798 *Seer*, in: Tipke/Kruse, AO/FGO, 153. EL Stand 9/2018, § 200 AO Rn. 3.

Prüfungsauftrags.[799] So müssen steuerrechtlich irrelevante Daten nicht zur Verfügung gestellt werden und können sogar gegen den Zugriff durch den Prüfer gesichert werden.[800]

cc) Erklärungspflichten

Eine zentrale Pflicht des Steuerpflichtigen ist die Erklärungspflicht. So hat er nach § 149 AO Steuererklärungen abzugeben, dazu zählen auch die Steueranmeldung, § 150 Abs. 1 S. 3 AO. Die Angaben in den Steuererklärungen sind wahrheitsgemäß nach bestem Wissen und Gewissen zu machen, § 150 Abs. 2 AO. Wer zur Abgabe der Steuererklärungen verpflichtet ist, bestimmen gem. § 149 Abs. 1 S. 1 AO die Einzelsteuergesetze. Für Unternehmen von Bedeutung sind die Steuererklärungspflichten aus § 25 Abs. 3 EStG für die Einkommensteuer, § 181 Abs. 2 AO für die einheitliche und gesonderte Gewinnfeststellung, § 31 KStG für die Körperschaftsteuer, § 14a GewStG für die Gewerbesteuer, § 18 Abs. 1, 3 UStG für die Umsatzsteuer und § 41a Abs. 1 EStG für die Lohnsteuer.[801]

Im Rahmen der Steuererklärungen sind auch Fristen zu beachten. So sind Steuererklärungen grundsätzlich bis spätestens sieben Monate nach Ablauf des Kalenderjahres oder des Zeitpunktes, auf den sie sich beziehen, abzugeben, § 149 Abs. 2 S. 1 AO. Eine verspätete Abgabe wird mit einem Verspätungszuschlag nach § 152 Abs. 1 S. 1 AO geahndet.[802]

Im Rahmen der Erklärung gibt es wiederrum Fallstricke. Beispielsweise sei hier auf die rechtlichen Zweifelsfälle eingegangen. Gemeint sind damit die Fälle, in denen es eine Kommentarmeinung gibt, mit deren Befolgung die Steuerschuld geringer ausfiele. Folgt der Steuerpflichtige der Kommentarmeinung, so wird das in der Steuererklärung nicht deutlich, da in dieser letztlich nur eine Zahl eingefügt wird. Der BGH hat daher entschieden, dass die Erklärungspflicht des Steuerpflichtigen in diesen Fällen dahingeht, dass er ebenfalls kenntlich machen muss, dass er nicht der Ansicht der Rechtsprechung oder der Finanzverwaltung folgt.[803] Denn nur, wenn die Erklärung des Steuerpflichtigen alle relevanten

---

799 BFH, Beschluss vom 11.9.1996, Az. VII B 176/94, BFH/NV 1997, 166, 169; Beschluss vom 4.4.2005, Az. VII B 305/05, BFH/NV 2005, 1226, 1227; *Rüsken*, in: Klein, AO, 14. Aufl. 2018, § 200 Rn. 2; *Intemann*, in: Koenig, AO, 3. Aufl. 2014, § 200 Rn. 6.

800 *Rüsken*, in: Klein, AO, 14. Aufl. 2018, § 200 Rn. 5a.

801 Zum Ganzen: *Schwartz*, in: Schulz, Compliance-Management im Unternehmen, 2017, 24. Kapitel Rn. 9.

802 *Schwartz*, in: Schulz, Compliance-Management im Unternehmen, 2017, 24. Kapitel Rn. 11.

803 BGH, Urteil vom 8.9.2011, Az. 1 StR 38/11, NZWiSt 2012, 71, 73.

Angaben enthält, erhält die Finanzverwaltung die Möglichkeit, die vom Steuerpflichtigen zugrunde gelegte Rechtsansicht zu prüfen. Fehlt der Hinweis auf eine abweichende Meinung, besteht die Gefahr der Einleitung eines steuerlichen Ermittlungsverfahrens.[804]

g) *Zahlung der Steuerschuld*

Die festgesetzten Steuern sind mit Eintritt der Fälligkeit zu zahlen. Diese richtet sich nach den Vorschriften der Steuergesetze, § 220 Abs. 1 AO. Fehlt eine spezielle Regelung, dann wird der Steueranspruch mit seiner Entstehung fällig. Zu beachten ist, dass Rechtsmittel wie der Einspruch oder eine Klageerhebung mangels aufschiebender Wirkung an der Fälligkeit nichts ausrichten können, vgl. § 361 Abs. 1 AO, § 69 Abs. 1 FGO. Die Steuern sind daher zunächst zu bezahlen. Bei Nichtentrichtung droht ein Säumniszuschlag in Höhe von 1 % des rückständigen Steuerbetrags pro angefangenen Monat.[805]

h) *Anzeige- und Berichtigungspflicht, § 153 AO*

Gemäß § 153 AO ist der Steuerpflichtige verpflichtet, den Finanzbehörden unverzüglich anzuzeigen und die erforderliche Richtigstellung vorzunehmen, dass eine von ihm oder für ihn abgegebene Erklärung unrichtig oder unvollständig ist und dass es dadurch zu einer Verkürzung von Steuern kommen kann oder bereits gekommen ist (§ 153 Abs. 1 Nr. 1 AO). Die Anzeige- und Berichtigungspflicht greift dann ein, wenn der Steuerpflichtige diese Unrichtigkeit nachträglich vor Ablauf der Festsetzungsfrist erkennt.[806]

i) *Ergebnis*

Die gesetzlichen Regelungen haben gezeigt, dass das Steuerrecht selbst einige Bestandteile eines Tax CMS vorschreibt. Es finden sich umfangreiche Anforderungen an den Steuerpflichtigen, bei deren Vielzahl die Gefahr einer Pflichtverletzung steigt. Um dieser und den damit zusammenhängenden Sanktionen zu entgehen, besteht eine praktische „Notwendigkeit",[807] organisatorische Vorkehrungen zu treffen.

---

804 *Richter/Welling*, FR 2015, 297, 299 f.; *Aichberger/Schwartz*, DStR 2015, 1691, 1694.

805 *Schwartz*, in: Schulz, Compliance-Management im Unternehmen, 2017, 24. Kapitel Rn. 11.

806 *Rätke*, in Klein, AO, 14. Aufl. 2018, § 153 Rn. 2, 7.

807 *Besch/Starck*, in: Hauschka/Moosmayer/Lösler, Corporate Compliance, 3. Aufl. 2016, § 33 Rn. 87; *Haag/Acikgöz*, CB 2016, 265, 268.

Für die Anzeigepflichten muss bspw. ein Meldeweg etabliert und kontrolliert werden, dass eine Anzeige tatsächlich, rechtzeitig und an die zuständige Behörde getätigt wurde.[808] Die meisten steuerlichen Vorgaben beziehen sich jedoch auf die Dokumentation im Rahmen der vielfältigen Aufzeichnungspflichten. Deren organisatorische Umsetzung bleibt an vielen Stellen dem Unternehmen überlassen.

II. Organisatorische Vorgaben der Rechtsprechung

Über die Jahre hinweg, hat die Rechtsprechung vereinzelt organisatorische Elemente eines CMS definiert.[809] Erste Impulse finden sich dafür im Kartellrecht.[810] Bereits in den 1970er Jahren wurde im Kartellrecht die Vorsorge- und Organisationspflicht des Unternehmensleiters konkretisiert.[811]

Das LG München I hat erstmals allgemeine Voraussetzungen einer Compliance-Organisation definiert. So genügt ein Vorstand einer Aktiengesellschaft seiner Organisationspflicht bei entsprechender Gefährdungslage nur dann, wenn er eine „auf Schadensprävention und Risikokontrolle angelegte institutionalisierte Compliance-Organisation" einrichtet.[812] Es geht besonders auf die Aufklärungs- und Aktualisierungspflicht ein. Bestandteil der Compliance-Pflicht ist es, „ausreichende Maßnahmen zur Aufklärung und Untersuchung von Verstößen, deren Abstellen und der Ahndung der betroffenen Mitarbeiter" einzuleiten.[813] Daneben gibt es konkrete Hinweise für den Einzelfall, bspw. die Erfassung sämtlicher Beraterverträge als geeignete Maßnahme.[814]

808 *Mack*, in: Streck/Mack/Schwedhelm, Tax Compliance, 2. Aufl. 2016, Rn. 1.55.

809 Ausführlich zu der Entwicklung in der Rechtsprechung: *Harbarth/Brechtel*, ZIP 2016, 241, 242.

810 *Fleischer*, in: Fleischer, Handbuch des Vorstandsrechts, 1. Aufl. 2006, § 8 Rn. 42; *Dreher*, ZWeR 2014, 75, 94; *Harbarth/Brechtel*, ZIP 2016, 241, 242.

811 KG Berlin, vom 13.4.1973, Az. Kart. 27/72 WuW/E OLG 1394, 1398 – japanischer Fotoimport; Urteil vom 8.2.1974, Az. Kart. 15/73, WuW/E OLG 1499, 1457 – bitumhaltige Bauschutzmittel II; BGH, Beschluss vom 24.3.1981, Az. KRB 4/80, LMRR 1981, 17 = WuW/E BGH 1799 – Revisionsabteilung.

812 LG München I, Urteil vom 10.12.2013, Az. 5 HK O 1387/10, CB 2014, 167, 169.

813 LG München I, Urteil vom 10.12.2013, Az. 5 HK O 1387/10, CB 2014, 167, 169.

814 LG München I, Urteil vom 10.12.2013, Az. 5 HK O 1387/10, CB 2014, 167, 169 f.; kritisch dazu im Hinblick auf die Problematik der hindsight bias *Jenne*, Die Überprüfung und Zertifizierung von Compliance-Management-Systemen, 2017, S. 325 f.

Bezogen auf steuerliche Organisationspflichten hat sich die Rspr. bisher insofern geäußert, als sie davon ausgeht, dass die Legalitätspflicht, also die Verantwortung für die Einhaltung der Gesetze, speziell jene des Steuerrechts, durch die Gesellschaft und alle Unternehmensangehörige sowohl gegenüber der Gesellschaft als auch gegenüber Dritten gilt.[815] Daraus wird abgeleitet, dass die Geschäftsleiter den Betrieb in Einklang mit den normativen Vorgaben zu organisieren haben.[816] Wie solche Organisationspflichten konkret auszusehen haben und ob dafür ein Tax CMS zu implementieren ist, hat die Rspr. bisher noch nicht bestimmt.[817]

In einer aktuellen Entscheidung[818] weist der BGH lediglich auf eine mögliche Berücksichtigung eines „effizienten Compliance-Managements“[819] hin, welches „auf die Vermeidung von Rechtsverstößen ausgelegt sein muss“.[820] Welches die Vorgaben für die Effizienz eines solchen Compliance-Management-Systems sind, benennt der BGH gerade nicht. Es bleibt daher abzuwarten, wie das LG München I auf die Revision hin entscheiden wird.

Insgesamt ist festzustellen, dass sich die Rechtsprechung nur sehr selten zu allgemeinen (Tax) Compliance-Aussagen hinreißen lässt. Die meisten Urteile beruhen auf Einzelfallentscheidungen, sodass sich daraus nur punktuell eine Erkenntnis gewinnen lässt.

III. Vorgaben in der Diskussion

Ein weiterer Anhaltspunkt, welche Merkmale ein Tax CMS haben sollte, sind die in der Literatur herausgearbeiteten Merkmale. Doch auch hier bleibt zu beachten, dass dadurch kein fester Pflichtenrahmen vorgegeben wird. Innerhalb der einzelnen Punkte besteht wiederrum ein breites Ermessen der Geschäftsleitung, mit welchen konkreten Maßnahmen die Merkmale gefüllt werden sollen.

---

815 BFH, Urteil vom 21.1.1972, Az. VI R 187/68, DB 1972, 1416; BGH, Urteil vom 15.10.1996, Az. VI ZR 319/95, BGHZ 133, 370 = DStR 1996, 2029, 2030 m. Anm. *Goette*.

816 BAG, Beschluss vom 6.5.2003, Az. 1 ABR 13/02, DB 2003, 2445, 2447; *Aichberger/Schwartz*, DStR 2015, 1758, 1761.

817 *Aichberger/Schwartz*, DStR 2015, 1758, 1761.

818 BGH, Urteil vom 9.5.2017, Az. 1 StR 265/16, wistra 2017, 390; dazu ausführlich Kapitel 4 D. II.

819 BGH, Urteil vom 9.5.2017, Az. 1 StR 265/16, wistra 2017, 390 Rn. 118.

820 BGH, Urteil vom 9.5.2017, Az. 1 StR 265/16, wistra 2017, 390 Rn. 118.

1. Klare Zuordnung von Zuständigkeiten und Verantwortungsbereichen

Innerhalb des Unternehmens sind die internen Zuständigkeiten klar zu verteilen.[821] Das bedeutet, dass es eine klare und eindeutige schriftliche[822] Zuordnung der Zuständigkeit geben muss, damit im Haftungsfall die Geschäftsleiter nicht jeweils auf die Zuständigkeit eines anderen verweisen können. Fehlt es an einer solchen Verteilung, so bleibt es bei der solidarischen Haftung aller Geschäftsführer.[823] Ziel der Zuordnung der Zuständigkeiten ist es, dass jede Aufgabe nur einmal wahrgenommen wird, es also nicht zu einer doppelten oder gar keiner Aufgabenwahrnehmung kommt.[824]

Eine Verteilung von Zuständigkeiten beginnt auf Ebene der Geschäftsleitung, wo der Bereich Steuern einem oder mehreren Geschäftsleitern zugeteilt werden kann.[825] Aber auch auf darunter liegenden Ebenen müssen Zuständigkeiten der einzelnen Mitarbeiter festgelegt werden.[826] Dabei wird zumeist die Erfüllung steuerlicher Pflichten der Steuerabteilung zugewiesen werden.[827] Daneben werden von den steuerlichen Pflichten aber auch andere Abteilungen des Unternehmens erfasst. Bei der Umsatzsteuer ist es z. B. so, dass steuerrelevante Entscheidungen häufig von fachfremden Personen im Einkauf oder Betrieb getroffen werden. Auf diesen Entscheidungen und denen sich daraus ergebenden Daten erstellt die Steuerabteilung dann die Umsatzsteuervoranmeldungen oder Umsatzsteuerjahreserklärung.[828] Es ist daher sicherzustellen, dass die damit betrauten

---

821 *Besch/Starck*, in: Hauschka/Moosmayer/Lösler, Corporate Compliance, 3. Aufl. 2016, § 33 Rn. 91; *Streck/Binnewies*, DStR 2009, 229, 231; *Schulz*, BB 2017, 1475, 1480; *Kromer/Pumpler/Henschel*, BB 2013, 791, 798; *Kohlepp*, Besteuerung gesetzlicher Krankenkassen, 2017, S. 42; *Rogge*, BB 2014, 664, 666; *Fleischer*, in: Fleischer/Goette, Münchener Kommentar zum GmbHG, 2. Aufl. 2016, § 43 Rn. 147a; *Aichberger/Schwartz*, DStR 2015, 1758, 1763; *Behringer*, BBK 2017, 875, 880; *Kaeser*, StbJb 2013/2014, 453, 462; *Kort*, FS Hopt 2010, 983, 985.

822 Dazu bereits Kapitel 2 C. II. 2. a).

823 BFH, Urteil vom 26.4.1984, Az. V R 128/79, BStBl. II 1984, 776 = ZIP 1984, 1345.

824 *Rogge*, BB 2014, 664, 667.

825 *Besch/Starck*, in: Hauschka/Moosmayer/Lösler, Corporate Compliance, 3. Aufl. 2016, § 33 Rn. 91; *Streck/Binnewies*, DStR 2009, 229, 231; *Rogge*, BB 2014, 664, 666.

826 *Besch/Starck*, in: Hauschka/Moosmayer/Lösler, Corporate Compliance, 3. Aufl. 2016, § 33 Rn. 91; *Streck/Binnewies*, DStR 2009, 229, 231.

827 *Kromer/Pumpler/Henschel*, BB 2013, 791, 798.

828 *Bracke/Maciuca*, 2017, 146, 147; *Schwartz*, in: Schulz, Compliance-Management im Unternehmen, 2017, 24. Kapitel Rn. 14; *Erdbrügger/Kaiser*, Ubg 2016, 412, 412.

Personen steuerrelevante Informationen erfassen und an die Steuerabteilung weiterleiten.[829] Ebenfalls risikobehaftet ist die Zuordnung bei der Lohnsteuer, da hier sowohl die Steuerabteilung als auch die Personalabteilung involviert sein kann.[830] Denkbar und in der Praxis häufig ist es auch, einen externen Berater zu beauftragen.[831] Im Rahmen der Zuständigkeitsverteilung muss weiter geklärt werden, dass jeder seine Pflichten kennt.[832]

2. *Vorbehaltloses und uneingeschränktes Bekenntnis der Unternehmensführung zur Rechtstreue („Commitment")*

Essentieller Bestandteil[833] eines funktionierenden (Tax) CMS ist, dass es sich bei Compliance nicht nur um ein „Lippenbekenntnis"[834] handelt, sondern diese tatsächlich gelebt wird. Dafür trägt die Geschäftsführung eine Art Vorbildfunktion. Durch Worte und eigene Taten hat sie zum Ausdruck zu bringen, dass sie von dem Compliance-System überzeugt ist und dessen Sinn und Zweck verinnerlicht hat (sog. tone at the top).[835]

Gegenüber Mitarbeitern und Dritten hat die Geschäftsleitung die Compliance-Strategie „unmissverständlich" zu kommunizieren (sog. tone from the top).[836] Dabei ist zu beachten, dass eine bestehende Strategie insbesondere auch an die ggf. vorhandenen externen Steuerberater zu kommunizieren ist.[837] Im Rahmen der Kommunikation ist deutlich zu machen, dass Steuern keine „unfaire

---

829 *Kromer/Pumpler/Henschel*, BB 2013, 791, 799; *Bracke/Maciuca*, 2017, 146, 147; *Schwartz*, in: Schulz, Compliance-Management im Unternehmen, 2017, 24. Kapitel Rn. 14; *Aichberger/Schwartz*, DStR 2015, 1758, 1763.

830 *Ludwig/Breimann/Kusch*, DStR 2016, 2240, 2241.

831 *Besch/Starck*, in: Hauschka/Moosmayer/Lösler, Corporate Compliance, 3. Aufl. 2016, § 33 Rn. 91; *Streck/Binnewies*, DStR 2009, 229, 231.

832 *Rogge*, BB 2014, 664, 665.

833 Die Compliance-Organisation steht und fällt mit dem glaubwürdigen Bekenntnis der Unternehmensspitze, *Kromer/Pumpler/Henschel*, BB 2013, 791, 799.

834 *Schulz*, BB 2017, 1475, 1481.

835 *Schulz*, BB 2017, 1475, 1480; *Arnold*, ZGR 2014, 76, 79; *Fleischer*, in: Fleischer/Goette, Münchener Kommentar zum GmbHG, 2. Aufl. 2016, § 43 Rn. 147a; *Aichberger/Schwartz*, DStR 2015, 1758, 1763; *von Frantzki*, Vortrag i. R. d. Münchner Steuerfachtagung 2017, 1, 7; *Kort*, FS Hopt 2010, 983, 985; *Winter*, FS Hüffer 2010, 1103, 1107; *Reichert*, FS Hoffmann-Becking 2013, 943, 947.

836 *Schulz*, BB 2017, 1475, 1480.

837 *Kromer/Pumpler/Henschel*, BB 2013, 791, 799.

Belastung"[838] für das Unternehmen sind, der Steuerehrlichkeit vielmehr eine hohe Priorität eingeräumt wird.[839]

3. *Informationsmanagement*

Weiterer Bestandteil eines Tax CMS soll das Informationsmanagement sein.[840] Im Unternehmen kennt dieses grundsätzlich zwei Berichtswege: von der Geschäftsleitung an die Mitarbeiter und an die externen Berater und andersherum, von Mitarbeitern und externen Beratern an die Geschäftsleitung.

Der erste Weg, von der Geschäftsleitung an die Mitarbeiter, hat zum Ziel, die Tax Compliance-Strategie des Unternehmens allen Mitarbeitern verständlich darzustellen und dessen Funktionsweise zu erklären. Im Rahmen der Ausübung der eigenen Tätigkeit muss den Mitarbeitern klar sein, welche konkreten Pflichten sie zu erfüllen haben und welche steuerlichen Problembereiche in ihrem Tätigkeitsfeld auftauchen.[841] Dies kann dadurch geschehen, dass ihnen die wesentlichen gesetzlichen Normen verständlich dargestellt und diese in Richtlinien niedergeschrieben werden. In der täglichen Arbeit können Checklisten oder Fristenlisten nützlich sein. Daneben müssen sie laufend über aktuelle Entwicklungen geschult werden.[842]

An die Geschäftsleiter sollen Informationen über die Funktionsfähigkeit des CMS herangetragen sowie Compliance-Fälle gemeldet werden können.[843] Nur durch diesen Informationsfluss bleibt gewährleistet, dass die Geschäftsleitung in die Lage versetzt wird, maßgebliche Entscheidungen zu treffen und ihr Geschäftsleiterermessen durch eine möglichst frühzeitige Risikoeinschätzung ordnungsgemäß auszuüben.[844] Die Information erfolgt durch turnusmäßige Berichterstattungen und anlassbezogene ad hoc-Meldungen.[845]

---

838 *Behringer*, BBK 2017, 875, 878.

839 *Behringer*, BBK 2017, 875, 878.

840 *Aichberger/Schwartz*, DStR 2015, 1758, 1763; *Auerbach/Jost*, in: Hopt/Wohlmannstetter, Handbuch Corporate Governance von Banken, 1. Aufl. 2011, S. 653; *Uwe H. Schneider*, Beilage zu ZIP 22/2016, 70, 71.

841 *Schulz*, BB 2017, 1475, 1480 f.; *Kromer/Pumpler/Henschel*, BB 2013, 791, 799.

842 *Kromer/Pumpler/Henschel*, BB 2013, 791, 799; *Aichberger/Schwartz*, DStR 2015, 1758, 1764.

843 *Fleischer*, in: Fleischer/Goette, Münchener Kommentar zum GmbHG, 2. Aufl. 2016, § 43 Rn. 149; Ziffer 4.1.3 Satz 3 DCGK; *Runte/Eckert*, in: Bürgers/Körber, AktG, 4. Aufl. 2017, § 161 Rn. 103, 105 ff.

844 *Rogge*, BB 2014, 664, 667.

845 *Aichberger/Schwartz*, DStR 2015, 1758, 1763.

4. Dokumentation

Ein wichtiger Bestandteil eines Tax CMS ist die Dokumentation.[846] Neben der Erfüllung der gesetzlichen Dokumentationspflichten,[847] dient die Dokumentation innerhalb eines Tax CMS dazu, unternehmensbezogene Informationen der Vergangenheit zur Verfügung zu stellen und diese im Rahmen der Risikoanalyse oder der Kontrolle auf Optimierungsbedarf zu überprüfen.[848] Nicht zuletzt kommt ihr eine Beweisfunktion zu, da die Geschäftsleitung durch die Dokumentation die Erfüllung ihrer Organisationspflichten nachweisen kann.[849] Dokumentiert werden soll die gesamte Tax Compliance-Strategie, also die Beschreibung der Prozesse.[850]

5. Ausreichende Ausstattung durch Personal und Ressourcen

Damit ein Tax CMS wirksam ist, muss es mit ausreichend finanziellen Ressourcen und Personal ausgestattet werden.[851] Dafür gilt die Gleichung: „Je höher das Ausmaß an internen und externen Ressourcen (…) und je besser ausgebildet die Mitarbeiter der Steuerfunktion sind, desto geringer ist die Wahrscheinlichkeit, dass die Vorgaben des Tax Compliance-Systems nicht erfüllt werden."[852] Geringe Personalausstattung kann vielmehr dazu führen, dass Steuerersparnisse oder sinnvolle Steuergestaltungen nicht oder nicht in gebotenem Maße genutzt werden.[853]

---

846 *Rogge*, BB 2014, 664, 668; *Aichberger/Schwartz*, DStR 2015, 1758, 1763; *Neuling*, DStR 2016, 1652, 1657; *Ludwig/Breimann/Kusch*, DStR 2016, 2240, 2241; die Rspr. hat sogar eine Rechtspflicht zur Dokumentation des Überwachungssystems aus § 91 Abs. 2 AktG bejaht, LG München I, Urteil vom 5.4.2007, Az. 5 HK O 15964/06, NZG 2008, 319; *Jenne/Mertens*, CCZ 2017, 285, 287; *Beneke*, BB 2016, 2327, 2333; *von Frantzki*, Vortrag i. R. d. Münchner Steuerfachtagung 2017, 1, 7; *Kaeser*, StbJb 2013/2014, 453, 465; *Kort*, FS Hopt 2010, 983, 985.

847 Dazu ausführlich oben Kapitel 3 C. I. 3. c).

848 *Besch/Starck*, in: Hauschka/Moosmayer/Lösler, Corporate Compliance, 3. Aufl. 2016, § 33 Rn. 92.

849 *Schulz*, BB 2017, 1475, 1482.

850 *Kromer/Pumpler/Henschel*, BB 2013, 791, 799.

851 *Kromer/Pumpler/Henschel*, BB 2013, 791, 799; *Rogge*, BB 2014, 664, 667; *Aichberger/Schwartz*, DStR 2015, 1758, 1759 f.; *Auerbach/Jost*, in: Hopt/Wohlmannstetter, Handbuch Corporate Governance von Banken, 1. Aufl. 2011, S. 654; *Behringer*, BBK 2017, 875, 880; *Fleischer*, in: Fleischer/Goette, Münchener Kommentar zum GmbHG, 2. Aufl. 2016, § 43 Rn. 147a; *Kaeser*, StbJb 2013/2014, 453, 463.

852 *Kromer/Pumpler/Henschel*, BB 2013, 791, 799.

853 *Kromer/Pumpler/Henschel*, BB 2013, 791, 800.

6. *Kontrolle, Aufklärung, Sanktion*

Ein CMS muss auch Kontrollmechanismen bereithalten, mit welchen die tatsächliche Regelbefolgung, sowohl der gesetzlichen Pflichten als auch der betriebsverfassungsrechtlichen Vorgaben überprüft werden kann.[854] Dafür sind grundsätzlich routinemäßige Überprüfungen und Stichproben adäquate Mittel.[855] Wurde ein Fehlverhalten festgestellt, so muss auf dieses mit einer angemessenen Sanktion reagiert werden.[856]

7. *Regelmäßige Anpassung und Aktualisierung des CMS*

Auch das Tax CMS selbst muss regelmäßig überwacht und kontrolliert werden.[857] Dabei wird überprüft, ob das CMS noch funktionsfähig ist und seinen Zweck erfüllen kann.[858] Es reicht nämlich gerade nicht aus, ein CMS einmal zu implementieren. Vielmehr muss es regelmäßig kontrolliert und ggf. anhand der neuen Gegebenheiten aktualisiert werden.[859] Eine Anpassung ist insb. dann notwendig,

---

854 *Runte/Eckert*, in: Bürgers/Körber, AktG, 4. Aufl. 2017, § 161 Rn. 102, 108; *Rogge*, BB 2014, 664, 667; *Risse*, DB 2017, 2061, 2065; *Aichberger/Schwartz*, DStR 2015, 1758, 1763; *Auerbach/Jost*, in: Hopt/Wohlmannstetter, Handbuch Corporate Governance von Banken, 1. Aufl. 2011, S. 653; *Neuling*, DStR 2016, 1652, 1657; *Fleischer*, in: Fleischer/Goette, Münchener Kommentar zum GmbHG, 2. Aufl. 2016, § 43 Rn. 149; *Jenne/Mertens*, CCZ 2017, 285, 285; *Kaeser*, StbJb 2013/2014, 453, 466; *Uwe H. Schneider*, Beilage zu ZIP 22/2016, 70, 71; *Arnold*, ZGR 2014, 76, 81; *Winter*, FS Hüffer 2010, 1103, 1107; *Reichert*, FS Hoffmann-Becking 2013, 943, 947; ausführlich zur Überwachungspflicht bei Delegation siehe Kapitel 2 C. II. 2. cc).

855 *Schulz*, BB 2017, 1475, 1481; *Rogge*, BB 2014, 664, 667.

856 *Runte/Eckert*, in: Bürgers/Körber, AktG, 4. Aufl. 2017, § 161 Rn. 108; *Schulz*, BB 2017, 1475, 1481.

857 LG München I, Urteil vom 10.12.2013, Az. 5 HK O 1387/10, CB 2014, 167, 170; *Fleischer*, in: Fleischer/Goette, Münchener Kommentar zum GmbHG, 2. Aufl. 2016, § 43 Rn. 150; *Kohlepp*, Besteuerung gesetzlicher Krankenkassen, 2017, S. 46; *Rogge*, BB 2014, 664, 667; *Behringer*, BBK 2017, 875, 883; *Erdbrügger/Kaiser*, Ubg 2016, 412, 414; *Welling*, IWB 2016, 630, 636; *Arnold*, ZGR 2014, 76, 81.

858 *Schulz*, BB 2017, 1475, 1481.

859 *Fleischer*, in: Fleischer/Goette, Münchener Kommentar zum GmbHG, 2. Aufl. 2016, § 43 Rn. 150; *Kohlepp*, Besteuerung gesetzlicher Krankenkassen, 2017, S. 46; *Rogge*, BB 2014, 664, 667; *Behringer*, BBK 2017, 875, 883; *Erdbrügger/Kaiser*, Ubg 2016, 412, 414; *Welling*, IWB 2016, 630, 636; *Arnold*, ZGR 2014, 76, 81; *Rogge*, BB 2014, 664, 667.

wenn auf festgestelltes Fehlverhalten oder eine Änderung der Gesetzeslage oder der Rechtsprechung eingetreten ist.[860]

IV. OECD

Auch die OECD hat sich in ihren Leitsätzen für multinationale Unternehmen[861] zu Bestandteilen eines Tax CMS geäußert. In Rahmen einer Änderung im Jahr 2011 wurde dieser Leitfaden um ein Kapitel zur Besteuerung ergänzt.[862]

1. Inhalt

In einem Tax CMS[863] sollen sich danach die Pflichten der Unternehmen zur Einhaltung der Steuergesetze und zur Zusammenarbeit mit den Finanzbehörden sowie zur Transparenz „widerspiegeln".[864]

Als erstes Element wird hier die Überwachung der Risiken im Steuerbereich genannt. Diese Überwachungsfunktion soll das *Board* treffen, was in Deutschland dem Aufsichtsrat entspricht. Als Vorschlag für eine solche Überwachung nennt die OECD die Entwicklung von steuerpolitischen Grundsätzen sowie die Errichtung interner Überwachungssysteme. Ziel der Überwachung ist es, dass das Board überprüfen kann, ob die Handlungen der Geschäftsleitung mit den Richtlinien des Boards übereinstimmen.[865]

Um eine Überwachung zu gewährleisten, nennt die OECD weitere organisatorische Merkmale. Eine Überwachung ist nur möglich, wenn das Board regelmäßig über alle steuerlichen Vorgänge informiert wird. Dazu müssen Berichtswege festgelegt werden. Um Informationen über eventuelles Fehlverhalten

---

860 *Schulz*, BB 2017, 1475, 1481; *Aichberger/Schwartz*, DStR 2015, 1758, 1764; *Ludwig/Breimann/Kusch*, DStR 2016, 2240, 2242; *Reichert*, FS Hoffmann-Becking 2013, 943, 949.

861 OECD, OECD-Leitsätze für multinationale Unternehmen, 2011, abrufbar unter: https://mneguidelines.oecd.org/48808708.pdf (10.1.2018).

862 OECD, OECD-Leitsätze für multinationale Unternehmen, 2011, S. 4, abrufbar unter: https://mneguidelines.oecd.org/48808708.pdf (10.1.2018); *Besch/Starck*, in: Hauschka/Moosmayer/Lösler, Corporate Compliance, 3. Aufl. 2016, § 33 Rn. 11.

863 Die OECD spricht insoweit von Risikomanagementsystemen.

864 OECD, OECD-Leitsätze für multinationale Unternehmen, 2011, S. 71 Ziffer 102, abrufbar unter: https://mneguidelines.oecd.org/48808708.pdf (10.1.2018).

865 OECD, OECD-Leitsätze für multinationale Unternehmen, 2011, S. 71 Ziffer 102, abrufbar unter: https://mneguidelines.oecd.org/48808708.pdf (10.1.2018).

zu generieren, muss auch bestimmt werden, wann und wie oft kontrolliert wird und in wessen Zuständigkeit diese Kontrollen fallen.[866]

2. Rechtsverbindlichkeit

Bei den Leitsätzen der OECD handelt es sich um „Empfehlungen der Regierungen an die multinationalen Unternehmen, die in oder von den Teilnehmerstaaten aus operieren".[867] Sie setzen selbst keine rechtsverbindlichen Grundsätze und können über geltendes Recht hinausgehen.[868] Während in einigen Mitgliedsstaaten die OECD-Standards verpflichtend sind oder spezielle Förderungen an die Einhaltung der Leitsätze geknüpft werden, gibt es in Deutschland bisher keine rechtliche Verpflichtung, sich an die OECD-Leitsätze zu halten, sodass deren Befolgung freiwillig ist.[869]

V. Vorgaben aus der Praxis

Aufgrund der zunehmenden Sensibilisierung der Unternehmen für das Thema Tax Compliance, haben sich neben der Wissenschaft und der Rechtsprechung auch andere Akteure um die Bestimmung von Merkmalen eines Tax CMS bemüht. Während es für die Bestimmung und Zertifizierung[870] eines allgemeinen CMS bereits eine Vielzahl an Leitfäden gibt,[871] befindet sich die Entwicklung von Leitfäden speziell für ein Tax CMS noch am Anfang.

---

866 OECD, OECD-Leitsätze für multinationale Unternehmen, 2011, S. 71 Ziffer 102, abrufbar unter: https://mneguidelines.oecd.org/48808708.pdf (10.1.2018).

867 OECD, OECD-Leitsätze für multinationale Unternehmen, 2011, S. 3, abrufbar unter: https://mneguidelines.oecd.org/48808708.pdf (10.1.2018).

868 OECD, OECD-Leitsätze für multinationale Unternehmen, 2011, S. 3, abrufbar unter: https://mneguidelines.oecd.org/48808708.pdf (10.1.2018).

869 *Besch/Starck*, in: Hauschka/Lösler/Moosmayer, Corporate Compliance, 3. Aufl. 2016, § 33 Rn. 11.

870 Dazu Kapitel 5.

871 So existieren neben dem IDW PS 980 bspw. der ISO-Standard 19600:2014 „Compliance Management Systems – Guidelines" der International Organisation for Standardization (ISO), ein Hamburger Compliance Modell der Handelskammer Hamburg und ein Zertifizierungsangebot des TÜV Rheinland anhand dessen Prüfungsstandard TR CMS 101:2011, *Merkt*, DB 2014, 2271, 2271 Fn. 3 ff; ein Berliner Compliance Modell für Hospitality-Maßnahmen, dazu eingehend *Teicke*, CB 2017, 67.

Eine wichtige Weichenstellung war die Beauftragung des IDW durch das BMF[872] im Zuge der Veröffentlichung des AEAO zu § 153.[873] Inhalt dieses Auftrags war die Erstellung eines Leitfadens für die Implementierung eines Tax CMS. Dies ist durch den IDW Praxishinweis 1/2016: Ausgestaltung und Prüfung eines Tax Compliance Management Systems gemäß IDW PS 980 (IDW Praxishinweis 1/2016)[874] geschehen, dessen finale Version am 31. Mai 2017 veröffentlich wurde. Im November 2017 hat der Bundesverband der Deutschen Industrie e. V. (BDI) einen eigenen Leitfaden[875] veröffentlicht. Daneben gibt es spezielle Standards für den Bereich des Zolls.[876] Im Juli 2018 hat auch die Bundessteuerberaterkammer (BStBK) einen eigenen Leitfaden veröffentlicht.[877]

Auch aus diesen Leitfäden können Unternehmen erste Anhaltspunkte für notwendige Bestandteile eines Tax CMS bei der Implementierung gewinnen.

1. *IDW Praxishinweis 1/2016*

Der Praxishinweis 1/2016 des IDW ist insofern keine Neuerfindung des IDW, da dieser auf dem allgemeinen Prüfungsstandard IDW PS 980: Grundsätze ordnungsmäßiger Prüfung von Compliance Management Systemen[878] beruht.[879] Der Praxishinweis stellt dar, wie die Grundsätze des IDW PS 980 auf ein Tax CMS angewendet werden können.[880]

---

872 *Kowallik*, DB 2017, 385, 385; *Ludwig/Breimann/Kusch*, DStR 2016, 2240, 2241; *Busch/Fischer/Riva/Kirsch*, DB 2017, 2822, 2822; *Seer*, in: Tipke/Kruse, AO/FGO, 153. EL Stand 9/2018, § 153 AO Rn. 33; *König/Teichert*, DB 2017, 146, 147; *Seer*, DB 2016, 2192, 2198.

873 Vgl. dazu IDW Praxishinweis 1/2016 Tz. 2, der explizit Bezug auf den AEAO zu § 153 nimmt.

874 IDW Life 2017, 837 ff.

875 BDI, Leitfaden innerbetriebliche Kontrollsysteme, 22.11.2017, abrufbar unter: https://bdi.eu/themenfelder/steuerpolitik/#/publikation/news/herausforderungen-bei-der-implementierung-eines-steuerlichen-innerbetrieblichen-kontrollsystems/ (30.12.2017).

876 https://finesolutions.ch/dienstleistungen-uebersicht/ (2.2.2018).

877 Hinweise der Bundessteuerberaterkammer für ein steuerliches innerbetriebliches Kontrollsystem – Steuer-IKS, abrufbar unter: https://www.bstbk.de/export/sites/standard/de/ressourcen/Dokumente/04_presse/publikationen/02_steuerrecht_rechnungslegung/53_2018-07-09_IKS-Hinweise.pdf (21.1.2019).

878 IDW-FN 2011, 203 ff.

879 IDW Praxishinweis 1/2016 Tz. 4.

880 IDW Praxishinweis 1/2016 Tz. 4.

a) Anwendungsbereich

Das IDW ist in der Rechtsform des eingetragenen nichtwirtschaftlichen Vereins nach § 21 BGB und damit privatrechtlich organisiert. Es repräsentiert ca. 82 % der deutschen Wirtschaftsprüfer, die freiwillig Mitglied werden können. Das IDW hat es sich neben der Interessenvertretung zur Aufgabe gemacht, die Berufsausübung der Wirtschaftsprüfer durch fachlichen Rat und berufsständische Standards zu unterstützen.[881]

Berufsrechtliche Standards werden durch die Verlautbarungen[882] des IDW geschaffen. Der größte Anteil an den Verlautbarungen sind die Prüfungsstandards, welche Fragen der Durchführung von Abschlussprüfungen betreffen (Abkürzung IDW PS). Ein solcher Prüfungsstandard kann ergänzt werden durch IDW Prüfungshinweise (IDW PH), die sich nur auf Einzelfragen eines allgemeinen IDW PS beziehen.[883]

Während die Verlautbarung zu einem allgemeinen CMS ein IDW PS ist (IDW PS 980), wurde die Ausgestaltung und Prüfung eines Tax CMS als Praxishinweis veröffentlicht. Was genau unter einem Praxishinweis zu verstehen ist, wird nicht erläutert. Der Unterschied zwischen einem Prüfungsstandard und einem Praxishinweis ist in formeller Sicht, dass der Praxishinweis nicht im Hauptausschuss[884] verabschiedet wird; der IDW Praxishinweis 1/2016 wurde von der Arbeitsgruppe „Tax Compliance“ erarbeitet und vom Steuerfachausschuss gebilligt.[885] In materieller Hinsicht finden sich Unterschiede zwischen einem Prüfungsstandard und einem Praxishinweis dahingehend, dass der Prüfungsstandard, wie sich bereits aus dem Wortlaut ergibt, einen allgemeinen Standard setzen will, dementsprechend einen größeren Anwendungsbereich hat. Der Praxishinweis hingegen beschäftigt sich nur mit einem Teil bzw. einzelnen Fragen[886] des allgemeinen PS, in diesem Fall mit einem Tax CMS. Als Hinweis ist der Praxishinweis 1/2016 lediglich eine Entscheidungshilfe für den Prüfer, hat aber eine geringere

---

881 Informationen abrufbar unter: https://www.idw.de/idw/ueber-uns/Kurzportrait (26.1.2018).

882 Verlautbarung wird verstanden als Überbegriff für alle fachlichen Äußerungen des IDW, IDW, WP Handbuch, 15. Aufl. 2017, Anhang Rn. 3.

883 IDW, WP Handbuch, 15. Aufl. 2017, Anhang Rn. 5.

884 Ebenso für Prüfungshinweise *Schülke*, IDW-Standards und Unternehmensrecht, 2014, S. 38.

885 IDW Praxishinweis 1/2016 Fn. 1.

886 So für die IDW PH, IDW, WP Handbuch, 15. Aufl. 2017, Anhang Rn. 5.

Verbindlichkeit als ein IDW PS.[887] Der Praxishinweis 1/2016 bietet daher eine Hilfestellung bei der Übertragung der allgemeinen Grundsätze des IDW PS 980 auf ein Tax CMS an.[888]

Entsprechend der Aufgabenstellung des IDW richten sich die Verlautbarungen daher direkt an die Mitglieder, also an die Wirtschaftsprüfer.[889] Diese sind gem. § 4 Abs. 9 S. 2 der IDW-Satzung[890] an die Verlautbarungen bei ihrer Berufsausübung gebunden.[891] Etwaige Abweichungen von den Prüfungsstandards sind vom Wirtschaftsprüfer an geeigneter Stelle, bspw. im Prüfungsbericht festzuhalten und zu begründen.[892]

Das bedeutet auch, dass der IDW Praxishinweises 1/2016 nicht an die Geschäftsleiter einzelner Unternehmen gerichtet ist, die daraus ablesen können sollen, wie ein Tax CMS konkret auszugestalten ist.[893] Der IDW Praxishinweis adressiert die Wirtschaftsprüfer, die ein Tax CMS prüfen. Deshalb definiert der Praxishinweis die Aspekte, mit welchen sich der Prüfer im Rahmen der Prüfung auseinanderzusetzen hat.[894] Eine rechtliche Verbindlichkeit ergibt sich daraus nicht.[895]

b) Grundelemente

Damit ein Tax CMS aus Sicht des IDW angemessen ist, muss es die folgenden sieben Grundelemente aufweisen,[896] die zusammen ein Tax CMS ergeben.[897] Zu beachten bleibt, dass der IDW PS 980 und damit auch der Praxishinweis 1/2016

---

887 *Ebke*, in: K. Schmidt/Ebke, Münchener Kommentar zum HGB, 3. Aufl. 2013, § 323 Rn. 32 zu den Fachnachrichten. Der IDW Praxishinweis 1/2016 wurde in der IDW Life 2017, 837 ff. unter der Überschrift Fachnachrichten abgedruckt.

888 IDW Praxishinweis 1/2016 Tz. 4 Satz 2.

889 *Hilsebein*, CB 2016, 472, 473; *Behringer*, BBK 2017, 875, 885; *Ziegler*, in: Blum/Gassner/Seith, OWiG, 1. Aufl. 2016, § 130 Rn. 36.

890 Satzung des Instituts für Wirtschaftsprüfer in Deutschland e. V. in der Fassung der auf dem 27. Wirtschaftsprüfertag am 19.9.2005 in Neuss beschlossenen Satzungsänderung, abrufbar unter: https://www.idw.de/blob/25414/ae371ab92fd068502a4374aae560a5bf/down-satzung-data.pdf (26.1.2018).

891 *Böttcher*, NZG 2014, 1054, 1056; IDW, WP Handbuch, 15. Aufl. 2017, Anhang Rn. 15.

892 So explizit im IDW PS 201 Tz. 13 (FN-IDW 2015, 300 ff.), IDW, WP Handbuch, 15. Aufl. 2017, Anhang Rn. 12.

893 *Withus*, CCZ 2015, 139, 142.

894 *Withus/Kunz*, BB 2015, 685, 685; *Withus*, CCZ 2015, 139, 142; *ders.*, BB 2016, 1387, 1387; *Schülke*, IDW-Standards und Unternehmensrecht, 2014, S. 15; WPg 2017, 730; *Böttcher*, NZG 2014, 1054, 1055.

895 *Uwe H. Schneider*, Beilage zu ZIP 22/2016, 70, 71.

896 IDW Praxishinweis 1/2016 Tz. 22.

897 *Behringer*, BBK 2017, 875, 884.

nicht so verstanden werden kann, als dass er verbindliche Musterbedingungen formuliert.[898] Der Praxishinweis dient vielmehr dazu, erste Anhaltspunkte zu liefern, die sodann im Einzelfall anzupassen bzw. zu ergänzen sind.[899] Das ergibt sich auch schon aus dem Praxishinweis 1/2016 selbst, der besagt, dass sich die Grundelemente an Unternehmen jeder Größe richten. Deren konkrete Ausgestaltung ist aber bei kleinsten und kleinen Unternehmen weniger umfangreich, als bei mittelgroßen und großen Unternehmen.[900]

aa) Tax Compliance-Kultur

Die Tax Compliance-Kultur beschreibt die Grundeinstellung und die erwarteten Verhaltensweisen innerhalb des Tax CMS.[901] Es soll deshalb gegenüber Personen innerhalb und außerhalb des Unternehmens schlüssig und glaubhaft kommuniziert werden, dass die Einhaltung steuerlicher Vorschriften wichtig ist, Verstöße dagegen nicht toleriert und entsprechend sanktioniert werden.[902]

bb) Tax Compliance-Ziele

Bevor ein Tax CMS eingerichtet werden kann, muss die Unternehmensleitung[903] auf Grundlage der Unternehmensstrategie und der vom Unternehmen zu beachtenden Regeln die Ziele eines Tax CMS erstellen.[904] Aus diesen Zielen ergeben sich sodann die Aufgaben der Steuerfunktion,[905] die bspw. in einer Steuerrichtlinie dokumentiert werden können.[906]

cc) Tax Compliance-Organisation

Im Rahmen der Tax Compliance-Organisation sind die Aufgaben, also die Rollen und Verantwortlichkeiten sowie die Ablauforganisation zu regeln.[907] In diesem Zusammenhang steht es der Geschäftsleitung frei, sowohl vertikale

---

898 *Schemmel*, CCZ 2012, 49, 51; *Görtz*, BB 2012, 178, 179; *Gelhausen/Wermelt*, CCZ 2010, 208, 212.

899 *Merkt*, DB 2014, 2271, 2275.

900 IDW Praxishinweis 1/2016 Tz. 4, 24 f.; so auch die Ansicht des Arbeitskreises, der den IDW PS 980 erstellt hat, *Withus/Kunz*, BB 2015, 685, 686.

901 IDW Praxishinweis 1/2016 Tz. 30.

902 IDW Praxishinweis 1/2016 Tz. 28.

903 IDW Praxishinweis 1/2016 Tz. 33.

904 IDW Praxishinweis 1/2016 Tz. 31.

905 IDW Praxishinweis 1/2016 Tz. 33.

906 IDW Praxishinweis 1/2016 Tz. 34.

907 IDW Praxishinweis 1/2016 Tz. 35.

als auch horizontale Delegationen vorzunehmen. Wichtig ist aber, dass die Aufgabenzuteilung eindeutig, umfassend und widerspruchsfrei geregelt ist.[908] Dabei ist besonders darauf zu achten, dass zwischen den Stellen der Steuerfunktion (gemeint sind insbesondere Schnittstellen zu anderen Fachbereichen, die ebenfalls mit steuerlichen Belangen betraut sind)[909] eine eindeutige Zuweisung erfolgt.[910]

dd) Tax Compliance-Risiken

Tax Compliance-Risiken sind die Risiken, die bei Verstößen gegen einzuhaltende Regeln bestehen. Diese sind im Rahmen einer Risikoerkennung und Risikobeurteilung festzustellen, in Risikoklassen einzuordnen und deren Eintrittswahrscheinlichkeit und mögliche Folgen zu berücksichtigen.[911] Es kann sich anbieten, die Risikoanalyse für jede Steuerart gesondert vorzunehmen, indem die für die jeweilige Steuerart geltenden Prozesse schriftlich festgehalten werden.[912]

ee) Tax Compliance-Programm

Das Tax Compliance-Programm ist derjenige Bestandteil eines Tax CMS, welcher auf die Tax Compliance-Risiken reagiert. Es werden durch das Tax Compliance-Programm Grundsätze und Maßnahmen eingeführt, die zum einen den ermittelten Tax Compliance-Risiken präventiv entgegenwirken und zum anderen Maßnahmen für den Fall bereithalten, dass Compliance-Verstöße festgestellt wurden.[913] Beispielhaft nennen die Tz. 44 und 45 mögliche präventive und detektive Maßnahmen. Zuletzt gilt es, das Tax Compliance-Programm schriftlich zu fixieren.[914]

ff) Tax Compliance-Kommunikation

Die Tax Compliance-Kommunikation dient dazu, das Tax Compliance-Programm den betroffenen Mitarbeitern und ggf. Dritten, die ebenfalls in die Erfüllung steuerlicher Pflichten des Unternehmens eingebunden sind, zu präsentieren.

---

908 IDW Praxishinweis 1/2016 Tz. 36 f.

909 So lautete zumindest die Formulierung für den Entwurf eines Praxishinweis 1/2016, Stand 22.6.2016, IDW, Loseblattsammlung, 59. EL Stand 11/2016.

910 IDW Praxishinweis 1/2016 Tz. 38.

911 IDW Praxishinweis 1/2016 Tz. 41.

912 IDW Praxishinweis 1/2016 Tz. 42.

913 IDW Praxishinweis 1/2016 Tz. 43.

914 IDW Praxishinweis 1/2016 Tz. 47.

Diese sind über festgelegte Rollen und Verantwortlichkeiten zu informieren, sodass sie ihre Aufgaben verstehen und sachgerecht erfüllen können. Ebenfalls zu kommunizieren sind Berichtsmöglichkeiten im Falle von neu entdeckten Tax Compliance-Risiken oder möglichen Verstößen.[915] Werden neue Tax Compliance-Risiken erkannt, so muss das bestehende Tax Compliance-Programm daraufhin überprüft werden und wenn nötig angepasst werden.[916]

gg) Tax Compliance-Überwachung und Verbesserung

Als letztes Merkmal nennt der Praxishinweis 1/2016 die Tax Compliance-Überwachung und Verbesserung. Dafür soll zunächst das implementierte Tax CMS in geeigneter Weise überwacht werden, was eine geeignete Dokumentation voraussetzt.[917] Überwacht werden können bspw. die in dem Tax Compliance-Programm aufgelisteten Maßnahmen oder die Prozessabläufe.[918]

Werden durch die Überwachung Regelverstöße erkannt, so sind diese an die Geschäftsleitung zu berichten und anschließend ggf. zu sanktionieren. Wichtig ist auch, dass Maßnahmen erkennbar getroffen werden, sodass Mängel dadurch beseitigt und künftige Regelverstöße vermieden werden.[919]

Spezielle Ausführungen macht der IDW zu der Überprüfung Dritter, denen die Erfüllung steuerlicher Pflichten des Unternehmens übertragen wurde. Hierbei muss sich vergewissert werden, dass diese über die zu erfüllende Tätigkeit aufgeklärt und dazu vertraglich verpflichtet sind. Daneben sind diesen die erforderlichen Informationen rechtzeitig und vollständig zur Bearbeitung vorzulegen. Zuletzt sind die von dem Dritten gefundenen Ergebnisse einer Plausibilitätskontrolle zu unterziehen.[920]

c) Zwischenergebnis

Mit den sieben Grundelementen bildet der IDW PS 980 und darauf basierend der IDW Praxishinweis 1/2016 heute in der Praxis eine Grundlage, auf welcher Tax CMS erstellt werden.[921]

---

915 IDW Praxishinweis 1/2016 Tz. 48.
916 IDW Praxishinweis 1/2016 Tz. 50.
917 IDW Praxishinweis 1/2016 Tz. 52.
918 IDW Praxishinweis 1/2016 Tz. 54.
919 IDW Praxishinweis 1/2016 Tz. 55.
920 IDW Praxishinweis 1/2016 Tz. 56.
921 *Withus/Kunz*, BB 2015, 685, 686; *Withus*, BB 2016, 1387, 1387.

Es bleibt aber zu beachten, dass der Praxishinweis 1/2016 dennoch eher allgemein gehalten ist.[922] Konkrete Maßnahmen werden zwar in den einzelnen Punkten[923] genannt. Durch die Formulierung *z. B.,*[924] *u. a.,*[925] *ggf.,*[926] wird deutlich, dass diese nicht als Pflichtbestandteile zu verstehen sind, sondern lediglich als Anregung bzw. denkbare Maßnahmen vorstellbar sind. In gleiche Richtung weist Tz. 25, wonach „*Art, Umfang und Konkretisierung der Grundsätze und Maßnahmen des Tax CMS (…) unterschiedlich ausgeprägt*" sein können, je nachdem, in welche Risikoklasse[927] das Unternehmen einzuordnen ist.[928]

2. *Leitfaden des BDI*

Im November 2017 hat der BDI ebenfalls einen Leitfaden zur Implementierung eines Tax CMS herausgegeben. Dieser soll als „Hilfestellung" bzw. „Orientierungshilfe" für die Unternehmen dienen, die ein Tax CMS implementieren wollen und vereint dabei das Wissen und die Erfahrung jener Industrieunternehmen, die Mitglied des BDI sind.[929]

a) Stellung des BDI

Der BDI ist die Spitzenorganisation der deutschen Industrie und der industrienahen Dienstleister (vgl. § 4 Abs. 2 der Satzung des BDI[930]) in Deutschland. Er vertritt 35 Branchenverbände und über 100.000 Unternehmen. Ziel des BDI ist es, die gemeinsamen Belange der in ihm zusammengeschlossenen Industriezweige zu fördern (vgl. § 2 Abs. 1 S. 1 der Satzung des BDI) sowie Information und wirtschaftspolitische Beratung für alle industrierelevanten Themen zu bieten (vgl. § 6 Abs. 1 der Satzung des BDI).[931]

---

922 *Withus/Kunz*, BB 2015, 685, 686.

923 Zum Beispiel in Tz. 44 und 45 des IDW Praxishinweis 1/2016.

924 IDW Praxishinweis 1/2016 Tz. 26, 30, 34, 40, 42, 44, 45, 47, 48, 49, 50, 51, 53, 54.

925 IDW Praxishinweis 1/2016 Tz. 32, 53.

926 IDW Praxishinweis 1/2016 Tz. 36, 50, 55.

927 Dieses ergibt sich aus den Parametern in IDW Praxishinweis 1/2016 Tz. 24.

928 Im Ergebnis auch *Ludwig/Breimann/Kusch*, DStR 2016, 2240, 2241; *Handel*, DStR 2017, 1945, 1946.

929 BDI, Leitfaden innerbetriebliche Kontrollsysteme, 22.11.2017, Fn. 876, S. 4 f.

930 BDI, Die Satzung des Bundesverbandes der Deutsche Industrie e. V. (BDI), Fassung laut Beschluss der Mitgliederversammlung vom 28.11.2016, abrufbar unter: https://bdi.eu/der-bdi/organisation/satzung/ (31.1.2018).

931 BDI, Unser Mandat, Unser Leitbild, Unsere Aufgaben, abrufbar unter: https://bdi.eu/der-bdi/ueber-uns/#/artikel/news/unser-mandat-unser-leitbild-unsere-aufgaben/ (31.1.2018).

Der BDI als privatrechtlich organisierter Verein besitzt keine Rechtsetzungsbefugnis, sodass die Vorgaben in dem Leitfaden keine allgemeine Bindungswirkung haben. Grundsätzlich kann der BDI seine Mitglieder über Entschließungen binden (vgl. § 6 Abs. 2 S. 1 der Satzung des BDI), bei dem Leitfaden für innerbetriebliche Kontrollsysteme handelt es sich aber nicht um eine solche Entschließung.

b) Fünf Elemente des steuerlichen innerbetrieblichen Kontrollsystems

Der BDI schlägt fünf Komponenten vor, die wesentlicher Bestandteil eines IKS sein sollen.[932] Die fünf Elemente sollen grundsätzlich Anwendung auf jedes Unternehmen finden. Es wird dennoch an vielen Stellen klargestellt, dass es sich lediglich um Anregungen handelt, die nur allgemeine Darstellungen zeigen, die jedenfalls nicht als abschließend[933] zu verstehen sind und im Einzelfall auf das individuelle Unternehmen und dessen Gegebenheiten, insb. nach Art und Umfang der Geschäftstätigkeit angepasst werden müssen.[934]

aa) steuerliche Organisation und Darstellung des Kontrollumfelds

Das erste Element ist die steuerliche Organisation. Im Rahmen eines Tax CMS sind zunächst die Unternehmensstruktur und der Unternehmensablauf abzubilden. Auf dieser Grundlage sind sodann die Aufgabenverteilung, eventuelle Vertretungsregelungen und Informationsflüsse zwischen den einzelnen Personen bzw. Bereichen zu regeln. Bei der Aufgabenverteilung, also der Delegation, ist darauf zu achten, dass die Personen sogfältig ausgewählt und überwacht werden.

Besonders hervorgehoben wird in dem Leitfaden die Dokumentation der steuerlichen Organisation. Diese soll die Zuständigkeiten umfassen sowie eine Beschreibung der Aufgaben, insb. für externe Dienstleister enthalten.[935]

bb) steuerliche Risiken und Risikoidentifizierung

Das Unternehmen hat die steuerlichen Risiken im Rahmen einer „Statusaufnahme“[936] regelmäßig zu analysieren, identifizieren, bewerten und dokumentieren.

---

932 BDI, Leitfaden innerbetriebliche Kontrollsysteme, 22.11.2017, Fn. 876, S. 11.
933 BDI, Leitfaden innerbetriebliche Kontrollsysteme, 22.11.2017, Fn. 876, S. 12.
934 BDI, Leitfaden innerbetriebliche Kontrollsysteme, 22.11.2017, Fn. 876, S. 15.
935 BDI, Leitfaden innerbetriebliche Kontrollsysteme, 22.11.2017, Fn. 876, S. 12.
936 BDI, Leitfaden innerbetriebliche Kontrollsysteme, 22.11.2017, Fn. 876, S. 11.

Ein besonderes Augenmerk soll auf diejenigen Risiken gelegt werden, die sich aus Regelverstößen ergeben. Anhaltspunkte für Risiken lassen sich den vorangegangenen Prüfungsfeststellungen der Finanzverwaltung entnehmen.[937]

cc) Kontrollidentifizierung und -durchführung

Aufgrund der Risikoidentifizierung ist das Unternehmen sodann gehalten, „Grundsätze und Maßnahmen fest[zu]legen, die diesen Risiken entgegenwirken“[938] und letztlich präventiv gegen steuerrechtliche Verstöße wirken. Um die Wirksamkeit und Effektivität dieser Grundsätze und Maßnahmen festzustellen, sollen angemessene Kontrollen durchgeführt werden. Diese Kontrollen sind sowohl turnusmäßig als auch stichprobenartig vorzunehmen, wobei die konkreten Maßnahmen der Kontrolle im Ermessen der Unternehmensleitung stehen. Kontrollen sowie deren Ergebnisse sind zu dokumentieren.[939]

dd) Information und Kommunikation

Ein weiteres vorgeschlagenes Element des BDI ist die Information und Kommunikation. Innerhalb des Unternehmens sind Kommunikationswege zu etablieren, die zum einen sicherstellen, dass steuerrelevante Informationen die Steuerfunktion erreichen, zum anderen sollen entdeckte Risiken oder Fehler mitgeteilt werden. An dieser Stelle fordert der BDI, dass die Informationen an die Steuerfunktion zu richten sind.[940] Dabei verkennt er, dass nicht die Steuerfunktion die Verantwortung für die Ausgestaltung eines Tax CMS trägt, sondern die Geschäftsleitung.[941] Zwar kann eine Delegation an die Steuerfunktion sinnvoll sein. Es ist aber nicht möglich, dass eine vollständige Pflichtendelegation auf diese vorgenommen wird, da die Letztverantwortung trotz Delegation bei der Geschäftsleitung liegen muss.

Neben der internen Kommunikation schlägt das BDI ebenfalls eine externe Kommunikation an die Finanzverwaltung vor, der das etablierte Tax CMS „zur Verfügung gestellt“[942] werden kann. Dies wohl insbesondere im Hinblick auf den AEAO zu § 153.[943]

---

937 BDI, Leitfaden innerbetriebliche Kontrollsysteme, 22.11.2017, Fn. 876, S. 13.
938 BDI, Leitfaden innerbetriebliche Kontrollsysteme, 22.11.2017, Fn. 876, S. 14.
939 BDI, Leitfaden innerbetriebliche Kontrollsysteme, 22.11.2017, Fn. 876, S. 15.
940 BDI, Leitfaden innerbetriebliche Kontrollsysteme, 22.11.2017, Fn. 876, S. 16.
941 Siehe dazu Kapitel 2 C. II. 1.
942 BDI, Leitfaden innerbetriebliche Kontrollsysteme, 22.11.2017, Fn. 876, S. 16.
943 BDI, Leitfaden innerbetriebliche Kontrollsysteme, 22.11.2017, Fn. 876, S. 16.

ee) Überwachung und Verbesserung

Die durch die Kontrollen festgestellten „wesentlichen“ Mängel sind durch geeignete Maßnahmen zu beseitigen und künftige Regelverstöße zu vermeiden.[944]

D. Zusammenfassung

Die Ausgestaltung eines Tax CMS steht im Ermessen der Geschäftsleitung.[945] Dieser obliegt es, die unbestimmten Rechtbegriffe der „Sorgfalt eines Geschäftsleiters“ sowie der Legalitätskontrollpflicht in eine konkrete Fassung zu gießen. Auch wenn es bisher keine rechtsverbindlichen Vorgaben gibt, welche konkreten Bestandteile ein Tax CMS umfasst, lassen sich die in der Diskussion befindlichen Vorgaben soweit in Einklang bringen, als daraus sieben Merkmale abgeleitet werden können:[946]

- klare Zuständigkeiten- und Aufgabenverteilung,
- uneingeschränktes Commitment der Geschäftsleitung zur Tax Compliance,
- umfassendes Informationsmanagement innerhalb des Unternehmens,
- ausreichende personelle und finanzielle Ressourcenausstattung der Compliance-Funktion,
- umfassende Dokumentation des Tax CMS sowie der steuerlichen Pflichten,

---

944 BDI, Leitfaden innerbetriebliche Kontrollsysteme, 22.11.2017, Fn. 876, S. 16.

945 *Fleischer*, in: Spindler/Stilz, AktG, 3. Aufl. 2015, § 91 Rn. 48; *ders.*, in: Fleischer/Goette, Münchener Kommentar zum GmbHG, 2. Aufl. 2016, § 43 Rn. 148; *Haag/Acikgöz*, CB 2016, 265, 268; *Bürkle*, BB 2005, 565, 569; *Liese*, BB-Spezial 5.2008, 17, 17; *Spindler*, in: Goette/Habersack, Münchener Kommentar zum AktG, 5. Aufl. 2019, § 93 Rn. 54; *Bürkle*, BB 2007, 1797, 1798; *Wilsing/Goslar*, GmbHR 2017, 1202, 1202; *König/Teichert*, DB 2017, 146, 149; *Zöllner/Noack*, in: Baumbach/Hueck, GmbHG, 21. Aufl. 2017, § 43 Rn. 17; *Ziemons*, in: Michalski/Heidinger/Leible, GmbHG, 3. Aufl. 2017, § 43 Rn. 174; *Uwe H. Schneider*, Beilage zu ZIP 22/2016, 70, 71.

946 Für die Übereinstimmung des IDW Praxishinweises 1/2016 bzw. IDW PS 980 mit denen in der Rechtsprechung und Literatur herausgearbeiteten Merkmalen: *Jenne*, Die Überprüfung und Zertifizierung von Compliance-Management-Systemen, 2017, S. 340; *Balke*, in: Born/Ghassemi-Tabar/Gehle, Münchener Handbuch des Gesellschaftsrechts Bd. 7, 5. Aufl. 2016, § 112 Rn. 6; *von Busekist/Hein*, CCZ 2012, 41, 45; für die Übereinstimmung mit § 130 OWiG: *Jenne/Mertens*, CCZ 2017, 285, 286; *Bock*, in Rotsch, Criminal Compliance, 1. Aufl. 2015, § 8 Rn. 1.

- Krisenmanagement im Falle von Fehlverhalten in Form von Aufklären, Abstellen, Ahnden sowie
- laufende Systemanpassungen.

Im Rahmen des Ermessens ist die Geschäftsleitung daher gehalten, die Grundmerkmale mit Leben zu füllen und entsprechend in der eigenen Gesellschaft umzusetzen.

Kapitel 4: Wirkung eines den Anforderungen entsprechenden Tax CMS

In erster Linie ist ein Tax CMS darauf ausgerichtet, steuer- und steuerstrafrechtliche Haftungsrisiken zu vermeiden.[947] Diese präventive Funktion soll bewirken, dass alle steuerlichen Pflichten unternehmensseitig ordnungsgemäß erfüllt werden und es dadurch erst gar nicht zu einer Pflichtverletzung kommt. Doch auch ein wirksames Tax CMS kann Regelverstöße nicht vollständig ausschließen.[948] Menschliches Fehlverhalten, sei es durch vorsätzliche Pflichtverstöße, Verletzung von Sorgfaltspflichten oder sogar kriminellen Aktivitäten[949] sind Risiken, die sich trotz funktionierendem Tax CMS nicht immer vermeiden lassen.

Befeuert durch den AEAO zu § 153 bildet die Frage, ob das Vorhalten eines Tax CMS das Vorsatzelement bei der Steuerhinterziehung nach § 370 AO bzw. die Leichtfertigkeit bei § 378 AO entkräften kann, bisher den Kern der Diskussion um die möglichen Auswirkungen eines Tax CMS.[950] Eine Beschränkung der Diskussion auf diesen Punkt wäre jedoch „zu kurz gedacht."[951] So vielfältig wie die steuerlichen Pflichtverletzungen, so vielfältig sind die möglichen Sanktionen. Das Interesse der Haftungsvermeidung erschöpft sich nicht in den steuerstrafrechtlichen Sanktionen. Daneben gibt es eine Vielzahl an steuerrechtlichen Sanktionen, wie bspw. die steuerlichen Nebenleistungen i. S. d. § 3 Abs. 4 AO. Über das reine Steuerrecht hinaus geht es ebenfalls um die Vermeidung einer Geldbuße gegen den Inhaber des Betriebs nach § 130 OWiG bzw. das Unternehmen selbst nach § 30 OWiG.[952]

---

947 Dazu Kapitel 1 D. I. 2; *Handel*, DStR 2017, 1945, 1945.

948 IDW Praxishinweis 1/2016 Tz. 1; *Schulz*, BB 2017, 1475, 1477; BDI, Stellungnahme zum Entwurf eines IDW Praxishinweises 1/2016: Ausgestaltung und Prüfung eines Tax Compliance Management Systems gemäß IDW PS 980 vom 9.1.2017, S. 3, abrufbar unter: https://www.idw.de/blob/98176/33a02239d8fcb9dcb465e734ba5241ce/down-idwpraxishinweis-1-2016-bdi-data.pdf (20.7.2017); *Behringer*, BBK 2017, 875, 884; BDI, Leitfaden innerbetriebliche Kontrollsysteme, 22.11.2017, Fn. 876, S. 8; *Jenne/Mertens*, CCZ 2017, 285, 285; *Erdbrügger/Kaiser*, Ubg 2016, 412, 413; *Karla/Geier*, CB 2016, 474, 477; *Kamchen*, NWB 2017, 3954, 3955.

949 *Schulz*, BB 2017, 1475, 1477; *König/Teichert*, DB 2017, 146, 149.

950 *Rogge*, BB 2014, 664, 665.

951 *Risse*, DB 2017, 2061, 2061.

952 *Risse*, DB 2017, 2061, 2061.

In diesem Kapitel soll daher untersucht werden, welche Wirkungen ein implementiertes Tax CMS im Fall von steuerlichen Pflichtverletzungen haben kann. Dazu ist zunächst ein möglicher Anknüpfungspunkt im Gesetz zu finden und dann die Beachtung eines Tax CMS zu erörtern.

A. Steuerstrafrecht

Im Steuerstrafrecht gibt es zum einen die Steuerhinterziehung nach § 370 AO sowie die leichtfertige Steuerverkürzung nach § 378 AO. Daneben gibt es noch weitere Tatbestände (z.B. § 374 AO Steuerhehlerei), die jedoch nicht Teil dieser Arbeit sein sollen. Die §§ 371, 378 Abs. 3 AO konkurrieren mit der steuerstrafrechtlich unbedeutenden Anzeige- und Berichtigungspflicht nach § 153 AO von einfachen Fehlern.

I. Abgrenzungsschwierigkeiten

Trotz unterschiedlicher Rechtsfolgen ist eine Abgrenzung zwischen den Tatbeständen der Steuerhinterziehung nach § 370 AO, der leichtfertigen Steuerverkürzung nach § 378 AO und der Anzeige- und Berichtigungspflicht nach § 153 AO nicht einfach, da es Überschneidungen sowohl auf objektiver als auch auf subjektiver Tatbestandsebene gibt.

Im objektiven Tatbestand überschneiden sich die Fälle von § 153 AO und von §§ 371, 378 Abs. 3 AO, da in jedem Fall die Steuererklärung im Zeitpunkt der Abgabe objektiv unrichtig war[953] und dadurch eine Verkürzung von Steuern droht.[954] Objektive Unrichtigkeit besteht, wenn entgegen §§ 90 Abs. 1 S. 2, 150 Abs. 2 S. 1 AO nicht alle steuerlich erheblichen Tatsachen vollständig und wahrheitsgemäß offengelegt wurden, AEAO zu § 153 Tz. 2.6 Satz 2.[955]

Auf subjektiver Tatbestandsebene ist eine Überschneidung weniger offensichtlich, da hier zunächst eine scheinbar klare Unterscheidung der drei Normen gegeben ist: Eine Steuerhinterziehung nach § 370 AO verlangt ein vorsätzliches Verhalten, § 378 AO Leichtfertigkeit und § 153 AO über das Merkmal des

953 AEAO zu § 153 Tz. 2.1 Satz 1; *Ludwig/Breimann/Kusch*, DStR 2016, 2240, 2240; *Beyer*, BB 2016, 2527, 2527; *Behringer*, BBK 2017, 875, 876; *Schwedhelm/Talaska*, ifSt-Schrift 513, 2016, 9; *Erdbrügger/Jehke*, BB 2016, 2455, 2457; *Beneke*, BB 2016, 2327, 2328; *Schwedhelm*, GmbH-StB 2017, 83, 83; *Weigell/Görlich*, FR 2016, 989, 989; *Karla/Geier*, CB 2016, 474, 475; *Scholz*, KSR 2016, 11.

954 *Schwedhelm/Talaska*, ifSt-Schrift 513, 2016, 11.

955 *Erdbrügger/Jehke*, BB 2016, 2455, 2457.

nachträglichen Erkennens im Grunde nur leichte Fahrlässigkeit oder unvorsätzliches Handeln (sog. bloßer Arbeitsfehler).[956]

Grundsätzlich schließen sich daher die strafbefreiende Selbstanzeige nach § 371 AO und die Anzeige- und Berichtigungspflicht nach § 153 AO aus. Wenn der Steuerpflichtige bei Abgabe einer Steuererklärung deren Unrichtigkeit weder kennt noch billigend in Kauf nimmt,[957] unterliegt er bzgl. des § 370 AO einem vorsatzausschließendem Tatbestandsirrtum nach § 16 Abs. 1 S. 1 StGB.[958] Hat der Steuerpflichtige sogar bewusst falsche Tatsachen angegeben, so handelt er vorsätzlich i. S. d. § 370 AO, ein nachträgliches Erkennen i. S. d. § 153 AO ist dann schon begrifflich ausgeschlossen.[959] Wenn der Steuerpflichtige bei Abgabe der Steuererklärung[960] deren Unrichtigkeit leichtfertig nicht erkannt hat, ist eine leichtfertige Steuerverkürzung nach § 378 AO einschlägig. Erlangt er sodann nachträglich Kenntnis von der Unrichtigkeit, ist er daneben nach § 153 AO zur unverzüglichen Anzeige und Berichtigung verpflichtet.[961]

Diese Ausführungen beziehen sich in dieser Form auf den direkten Vorsatz, also auf die Vorsatzformen Absicht und sicheres Wissen.[962] Eine Ausnahme dieser Grundsätze gilt beim Vorliegen der dritten Vorsatzform, dem Eventualvorsatz. In dieser Konstellation nimmt der BGH eine Überschneidung von § 153 AO und § 371 AO an. Ein *nachträgliches* Erkennen im Sinne des § 153 Abs. 1 S. 1 Nr. 1 AO sei nach dem insoweit eindeutigen Wortlaut auch dann möglich, wenn der Steuerpflichtige zum Zeitpunkt der Abgabe eine Steuerverkürzung billigend in Kauf nehme. Der mit bedingtem Vorsatz handelnde Täter rechne zum Zeitpunkt der Abgabe der Erklärung zwar mit deren objektiven Unrichtigkeit, er kenne die Unrichtigkeit aber nicht sicher. In diesem Fall sei daher zur Erlangung

---

956 *Erdbrügger/Jehke*, BB 2016, 2455, 2457; *Geberth/Welling*, DB 2015, 1742, 1744.

957 Dazu explizit BGH, Urteil vom 8.9.2011, Az. 1 StR 38/11, NZWiSt 2012, 71, 73.

958 So auch *Schwedhelm*, GmbH-StB 2017, 83, 85.

959 *Rätke*, in: Klein, AO, 14. Aufl. 2018, § 153 Rn. 7; *Seer*, in: Tipke/Kruse, AO/FGO, 153. EL Stand 9/2018, § 153 AO Rn. 15.

960 § 153 AO findet auf alle Erklärungen Anwendung, die Einfluss auf die Höhe der festgesetzten Steuer haben, AEAO zu § 153 Tz. 3 Satz 1.

961 BGH, Beschluss vom 17.3.2009, Az. 1 StR 479/08, BB 2009, 1903, 1904; *Schwedhelm/Talaska*, ifSt-Schrift 513, 2016, 12; *Krumm*, in: Tipke/Kruse, AO/FGO, 153. EL Stand 9/2018, § 378 AO Rn. 26; *Rätke*, in: Klein, AO, 14. Aufl. 2018, § 153 Rn. 8.

962 *Rätke*, in: Klein, AO, 14. Aufl. 2018, § 153 Rn. 8; *Schwedhelm/Talaska*, ifSt-Schrift 513, 2016, 14; *Seer*, in: Tipke/Kruse, AO/FGO, 153. EL Stand 9/2018, § 153 AO Rn. 20.

der Straffreiheit sowohl eine strafbefreiende Selbstanzeige nach § 371 AO als auch die Anzeige und Berichtigung nach § 153 AO notwendig.[963]

II. Relevanz der Abgrenzung

Die Überschneidung sowohl auf objektiver als auch auf subjektiver Tatbestandsebene führen in der Praxis zunehmend zu Verunsicherung.[964] Zunächst war die Unterscheidung zwischen einer strafbefreienden Selbstanzeige nach §§ 371, 378 Abs. 3 AO und der Anzeige- und Berichtigungspflicht in der Praxis weniger relevant, da eine Berichtigung nach § 153 AO regelmäßig auch die Voraussetzung des § 371 AO erfüllte.[965] Die Abgabe einer zusätzlichen Selbstanzeige war grundsätzlich nicht notwendig.[966]

Durch die Verschärfung der Voraussetzungen einer Selbstanzeige,[967] die zu einer Abschaffung der Teilselbstanzeige, der Schaffung des Mindestberichtigungszeitraums von zehn Jahren nach § 371 Abs. 1 AO sowie der Einführung des Strafzuschlags nach § 398a AO geführt hat, ist die Unterscheidung von § 371 AO und § 153 AO von praktischer Bedeutung.[968] Die Voraussetzungen zur Erlangung der Straffreiheit differieren stark, sodass es entscheidend darauf ankommt, auf welcher Grundlage korrigiert und ggf. Straffreiheit erlangt werden kann.[969] Insbesondere befürchtet die Praxis, dass im Falle einer Nacherklärung durch den Steuerpflichtigen nach § 153 AO die Strafsachenstelle oder die Steuerfahndung darin einen Verdacht auf Steuerhinterziehung sehen. Eine Selbstanzeige ist zu diesem Zeitpunkt dann nicht mehr möglich, da die Tat durch die Anzeige und Berichtigung nach § 153 AO nach § 371 Abs. 2 Nr. 2 AO und § 378 Abs. 3 S. 1

963 BGH, Beschluss vom 17.3.2009, Az. 1 StR 479/08, BB 2009, 1903, 1905; *Rätke*, in Klein, AO, 14. Aufl. 2018, § 153 Rn. 8; *Schwedhelm/Talaska*, ifSt-Schrift 513, 2016, 15; kritisch dazu: *Seer*, in: Tipke/Kruse, AO/FGO, 153. EL Stand 9/2018, § 153 AO Rn. 21; AEAO zu § 153 Tz. 2.2 Satz 2.

964 *Erdbrügger/Jehke*, BB 2016, 2455, 2455.

965 *Neuling*, DStR 2016, 1652, 1653; *Erdbrügger/Jehke*, BB 2016, 2455, 2455; *Seer*, DB 2016, 2192, 2192.

966 *Seer*, DB 2016, 2192, 2192; *Schwedhelm/Talaska*, ifSt-Schrift 513, 2016, 9, die auf die Ausnahmen hinweisen: Sperrgründe nach § 371 Abs. 2 AO, Festsetzungsfrist gem. § 169 Abs. 2 S. 2 AO, Festsetzung von Hinterziehungszinsen, § 235 AO.

967 Dazu Kapitel 1. C. III.

968 *Schwedhelm/Talaska*, ifSt-Schrift 513, 2016, 9; *Hilsebein*, CB 2016, 472, 472; *Behringer*, BBK 2017, 875, 876; *Seer*, in: Tipke/Kruse, AO/FGO, 153. EL Stand 9/2018, § 153 AO Rn. 22.

969 *Von Wolfersdorff/Hey*, WPg 2016, 934, 934.

AO entdeckt ist.[970] Aus diesem Grund wird teilweise, soweit möglich, neben der Anzeige und Berichtigung vorsorglich eine Selbstanzeige abgegeben (sog. selbstanzeigefeste Anzeige und Berichtigung),[971] die einen deutlich höheren Verwaltungsaufwand erfordern, als die Berichtigung nach § 153 AO.[972]

Welche Voraussetzungen eine solche selbstanzeigefeste Anzeige und Berichtigung zu erfüllen hat, soll im Folgenden dargestellt werden.

1. *Strafbefreiende Selbstanzeige nach § 371 AO als persönlicher Strafaufhebungsgrund*

Liegen die Voraussetzungen von § 370 AO vor, bleibt dem Steuerhinterzieher einzig die strafbefreiende Selbstanzeige nach § 371 AO als persönlicher Strafaufhebungsgrund,[973] um einer Bestrafung zu entgehen.[974] Eine Berichtigung nach § 153 AO ist nicht mehr möglich.[975]

Um in den Genuss der strafbefreienden Selbstanzeige nach § 371 AO zu kommen, muss der Täter gegenüber der Finanzbehörde zu allen Steuerstraftaten einer Steuerart in vollem Umfang die unrichtigen Angaben berichtigen, die unvollständigen Angaben ergänzen oder die unterlassenen Angaben nachholen, § 371 Abs. 1 S. 1 AO. Die Angaben müssen Informationen zu allen unverjährten Steuerstraftaten einer Steuerart, mindestens aber zu allen Steuerstraftaten einer Steuerart innerhalb der letzten zehn Kalenderjahre enthalten, § 371 Abs. 1 S. 2 AO. Sind Steuerverkürzungen bereits eingetreten oder wurden Steuervorteile bereits erlangt, so hat der Täter die hinterzogenen Steuern sowie die darauf beruhenden steuerlichen Nebenleistungen nach §§ 235, 233a AO fristgemäß zu entrichten, § 371 Abs. 3 S. 1 AO.

Die Berichtigungserklärung nach § 371 Abs. 1 S. 1 AO muss die für die Besteuerung notwendigen Tatsachen enthalten. Diese müssen so dargestellt werden, dass die Finanzbehörde ohne langwierige Nachforschungen in die Lage versetzt

---

970 *Richter/Welling*, FR 2015, 297, 297; *Schwedhelm/Talaska*, ifSt-Schrift 513, 2016, 10.

971 *Neuling*, DStR 2016, 1652, 1653; *Rätke*, in: Klein, AO, 14. Aufl. 2018, § 153 Rn. 8; *Neuling*, DStR 2015, 558, 562 f.; *Erdbrügger/Jehke*, BB 2016, 2455, 2455; *Beneke*, BB 2016, 2327, 2328; *von Frantzki*, Vortrag i. R. d. Münchner Steuerfachtagung 2017, 1, 3.

972 *Erdbrügger/Jehke*, BB 2016, 2455, 2455.

973 *Seer*, in: Tipke/Kruse, AO/FGO, 153. EL Stand 9/2018, § 371 AO Rn. 1; *Jäger*, in: Klein, AO, 14. Aufl. 2018, § 371 AO Rn. 1.

974 *Rätke*, in: Klein, AO, 14. Aufl. 2018, § 153 Rn. 8.

975 *Behringer*, BBK 2017, 875, 876.

wird, die Steuer richtig festzusetzen.[976] Wichtig ist, dass der Steuerpflichtige eine eigene Leistung erbringt, aufgrund derer eine korrekte Steuerfestsetzung möglich ist, das kann auch durch die Abgabe einer Steuererklärung geschehen.[977]

Im Unternehmen ist es denkbar, dass mehrere Personen an der Steuerhinterziehung beteiligt waren, also einzelne Mitarbeiter und die Geschäftsleitung. In diesen Fällen ist darauf zu achten, dass jeder einzelne eine Selbstanzeige abzugeben hat. Koordinierungsbedarf ist auch insofern nötig, als durch eine frühzeitige Selbstanzeige für einen Beteiligten für die übrigen Beteiligten der Ausschlussgrund des § 371 Abs. 2 Nr. 2 AO eingreift.[978]

Das Vollständigkeitsgebot des § 371 Abs. 1 S. 2 AO erschwert die Selbstanzeige in hohem Maße.[979] Die Vollständigkeit ist ein objektives Merkmal, sodass sie auch dann ausscheidet, wenn der Selbstanzeigende nach all den Jahren Erinnerungslücken aufweist.[980] Ebenso bereiten Dauersachverhalte Schwierigkeiten, die ebenfalls über zehn Jahre nachzuvollziehen sind.[981] Unklar ist bis heute auch, was mit der Frist von zehn Kalenderjahren gemeint ist. Anknüpfungspunkt kann sowohl die Steuerentstehung, die Tatbegehung oder die Tatvoll- bzw. -beendigung sein.[982]

Eine strafbefreiende Selbstanzeige ist nicht möglich, wenn einer der acht in § 371 Abs. 2 AO genannten Sperrgründe vorliegt.[983] Aus Unternehmenssicht relevant[984] ist der Sperrgrund aus § 371 Abs. 2 Nr. 3 AO. Danach ist eine Selbstanzeige ausgeschlossen, wenn es sich bei der verkürzten Steuer um einen Betrag von mehr als 25.000 EUR handelt. Dieser Betrag ist zwar für natürliche Personen

---

976 *Jäger*, in: Klein, AO, 14. Aufl. 2018, § 371 Rn. 50; *Seer*, in: Tipke/Kruse, AO/FGO, 153. EL Stand 9/2018, § 371 AO Rn. 24; *Beckemper*, in: Hübschmann/Hepp/Spitaler, AO/FGO, 250. EL Stand 11/2018, § 371 AO Rn. 59.

977 *Seer*, in: Tipke/Kruse, AO/FGO, 153. EL Stand 9/2018, § 371 AO Rn. 20; *Jäger*, in: Klein, AO, 14. Aufl. 2018, § 371 Rn. 52.

978 *Seer*, in: Tipke/Kruse, AO/FGO, 153. EL Stand 9/2018, § 371 AO Rn. 16 f.; *ders.*, DB 2016, 2192, 2195.

979 *Erdbrügger/Jehke*, BB 2016, 2455, 2455; *Seer*, in: Tipke/Kruse, AO/FGO, 153. EL Stand 9/2018, § 371 AO Rn. 26; *Karla/Geier*, CB 2016, 474, 475.

980 *Seer*, in: Tipke/Kruse, AO/FGO, 153. EL Stand 9/2018, § 371 AO Rn. 30.

981 *Wulf*, wistra 2016, 337, 337.

982 *Seer*, in: Tipke/Kruse, AO/FGO, 153. EL Stand 9/2018, § 371 AO Rn. 32; *ders.*, DB 2016, 2192, 2193; Finanzministerium NRW, 26.1.2015, Az. S 0702-8f – V A 1, FR 2015, 244.

983 *Seer*, in: Tipke/Kruse, AO/FGO, 153. EL Stand 9/2018, § 371 AO Rn. 64.

984 *Erdbrügger/Kaiser*, Ubg 2016, 412, 413; *Welling*, IWB 2016, 630, 631; *Seer*, DB 2016, 2192, 2195.

hoch, bei der Unternehmensbesteuerung hingegen vergleichsweise niedrig.[985] Eine Absehung von der Strafverfolgung ist bei Überschreiten der 25.000 EUR-Grenze nur noch über eine Einstellung nach § 398a AO möglich, wozu ein erheblicher Betrag an die Staatskasse zu entrichten ist.[986]

Anschlussgeprüfte Unternehmen können faktisch von der Selbstanzeige keinen Gebrauch machen, da für sie regelmäßig der Ausschlusstatbestand des § 371 Abs. 2 S. 1 Nr. 1 lit. a AO greift.[987] Danach tritt keine Straffreiheit ein, wenn dem Unternehmen gegenüber eine Prüfungsanordnung nach § 196 AO bekannt gegeben worden ist. Der Umfang des Ausschlusses bezieht sich auf den sachlichen und zeitlichen Umfang der Prüfungsanordnung, also auf die Steuerarten und Besteuerungszeiträume, die in der Anordnung genannt sind.[988] Bei Dauersachverhalten ist es denkbar, dass diese über mehrere Jahre steuerlich fehlerhaft beurteilt wurden. Auch wenn die aktuelle Prüfungsanordnung nur bestimmte Jahre erfasst,[989] wird durch die Anschlussprüfung ebenfalls für die davorliegenden Jahre der Ausschlussgrund des § 371 Abs. 2 S. 1 Nr. 1 lit. a AO greifen.

2. *Strafbefreiende Selbstanzeige nach § 378 Abs. 3 AO als persönlicher Strafaufhebungsgrund*

Liegen die Voraussetzungen einer leichtfertigen Steuerverkürzung nach § 378 Abs. 1 AO vor, kommt als persönlicher Strafaufhebungsgrund die strafbefreiende Selbstanzeige nach § 378 Abs. 3 AO in Betracht. Dazu muss der Täter gegenüber der Finanzbehörde die unrichtigen Angaben berichtigen, die unvollständigen Angaben ergänzen oder die unterlassenen Angaben nachholen, bevor ihm oder seinem Vertreter die Einleitung eines Straf- oder Bußgeldverfahrens wegen der Tat bekannt gegeben worden ist, § 378 Abs. 3 S. 1 AO. In dem Fall, in dem eine Steuerverkürzung bereits eingetreten ist, muss der Täter zur Erlangung von Straffreiheit die verkürzten Steuern fristgemäß entrichten, § 378 Abs. 3 S. 2 AO.

Im Vergleich zur strafbefreienden Selbstanzeige bei der Steuerhinterziehung gem. § 371 AO hat § 378 Abs. 3 AO wesentlich geringere Voraussetzungen. Es

---

985 *Geuenich*, NWB 2016, 2560, 2560.

986 Zu dem „progressiven Vollmengenstaffeltarif" *Seer*, DB 2016, 2192, 2193; ebenso Kapitel 1 C. III.

987 *Schwedhelm/Talaska*, ifSt-Schrift 513, 2016, 38; *Geberth/Welling*, DB 2015, 1742, 1743.

988 *Wulf*, Stbg 2013, 269, 270.

989 Und insofern durch die aktuelle Prüfungsanordnung kein Ausschluss für die vorangegangenen Jahre statuiert wird, vgl. § 371 Abs. 2 S. 2 AO, *Jäger*, in: Klein, AO, 14. Aufl. 2018, § 371 Rn. 114.

gibt nur einen Sperrgrund, nämlich die Bekanntgabe der Einleitung eines Steuer- oder Bußgeldverfahrens gegenüber dem Täter oder seinem Vertreter,[990] eine Berichtigung ist ohne Geldbuße möglich, da § 398a keine Anwendung findet.[991] Ebenso kann eine Teilselbstanzeige abgegeben werden (vgl. den Wortlaut von § 378 Abs. 3 AO *wegen der Tat*).[992]

3. Anzeige- und Berichtigungspflicht des § 153 AO

Erkennt ein Steuerpflichtiger nachträglich aber vor Ablauf der Festsetzungsfrist die Unrichtigkeit einer Steuererklärung, so ist er verpflichtet, dies unverzüglich anzuzeigen und die erforderliche Richtigstellung vorzunehmen, § 153 Abs. 1 S. 1 AO. Verpflichtet wird dadurch der Steuerpflichtige selbst, sein steuerlicher Vertreter nach §§ 34, 35 AO sowie der Gesamtrechtsnachfolger des Steuerpflichtigen, § 153 Abs. 1 S. 2 AO.

Rechtsfolge des § 153 AO ist es, dass dieser unverzüglich (vgl. § 121 BGB) beim örtlich und sachlich zuständigen Finanzamt anzuzeigen hat, dass die Erklärung fehlerhaft oder unvollständig war. Darüber hinaus hat er die falschen oder unvollständigen Angaben zu berichtigen.[993] Dabei ist zu beachten, dass die Anzeige stets unverzüglich zu erstatten ist, die Berichtigung aber nachgereicht werden kann, wenn dafür längere Zeit benötigt wird, um die entsprechenden Unterlagen aufzubereiten.[994]

4. Ergebnis

Die Relevanz der Abgrenzung von strafbefreiender Selbstanzeige insbesondere nach § 371 AO und der Anzeige- und Berichtigungspflicht nach § 153 AO ist in den letzten Jahren gestiegen. Die Voraussetzungen, die § 371 AO an eine Selbstanzeige stellt und die Berichtigungspflicht des § 153 AO differieren stark. Hinzu kommt, dass eine Selbstanzeige in für Unternehmen relevanten Konstellationen

---

990 *Bülte*, in: Hübschmann/Hepp/Spitaler, AO/FGO, 250. EL Stand 11/2018, § 378 AO Rn. 102; *Jäger*, in: Klein, AO, 14. Aufl. 2018, § 378 Rn. 41; *Krumm*, in: Tipke/Kruse, AO/FGO, 153. EL Stand 9/2018, § 378 AO Rn. 26.

991 *Behringer*, BBK 2017, 875, 876; *Bülte*, in: Hübschmann/Hepp/Spitaler, AO/FGO, 250. EL Stand 11/2018, § 378 AO Rn. 102.

992 *Krumm*, in: Tipke/Kruse, AO/FGO, 153. EL Stand 9/2018, § 378 AO Rn. 27; *Bülte*, in: Hübschmann/Hepp/Spitaler, AO/FGO, 250. EL Stand 11/2018, § 378 AO Rn. 110.

993 *Rätke*, in: Klein, AO, 14. Aufl. 2018, § 153 Rn. 20; *Seer*, in: Tipke/Kruse, AO/FGO, 153. EL Stand 9/2018, § 153 AO Rn. 23.

994 *Heuermann*, in: Hübschmann/Hepp/Spitaler, AO/FGO, 250. EL Stand 11/2018, § 153 AO Rn. 15; AEAO zu § 153 Tz. 5.2 Satz 2; *Karla/Geier*, CB 2016, 474, 474.

ggf. nicht möglich ist, da die Summe der hinterzogenen Steuer den Sperrgrund des § 371 Abs. 2 Nr. 3 AO verwirklicht und dann mit einer zusätzlichen Strafzahlung zu rechnen ist,[995] oder das Unternehmen anschlussgeprüft ist und daher zumeist der Ausschlussgrund des § 371 Abs. 2 Nr. 1 lit. a AO einschlägig ist.

Die Abgrenzung zwischen der Selbstanzeige nach § 378 Abs. 3 AO und der Anzeige- und Berichtigungspflicht nach § 153 AO bereitet weniger Probleme, da in diesem Fall die Berichtigung regelmäßig auch die Voraussetzungen von § 378 Abs. 3 AO erfüllen wird[996] und hier grundsätzlich eine Überschneidung der beiden Tatbestände möglich ist.[997]

III. Abgrenzung anhand des Bestehens eines Tax CMS, AEAO zu § 153

Der AEAO zu § 153 wurde auf Bitten der Koalitionsfraktionen CDU/CSU und SPD erlassen, um die in der Praxis relevante Frage der Abgrenzung zwischen der bloßen Berichtigung und der strafbefreienden Selbstanzeige zu erleichtern und damit letztlich zu mehr Rechtssicherheit zu führen.[998] Rechtsanwender sollen Verwaltungsentscheidungen in Zukunft besser antizipieren können.[999] Der Finanzverwaltung sollte eine „Richtschnur"[1000] an die Hand gegebene werden, mit welcher sie entscheiden kann, ob eine Weiterleitung an die BuStra notwendig ist.[1001]

Daraufhin wurde am 14. Juli 2015 der vorläufige Diskussionsentwurf mit Stand vom 16. Juni 2015 versandt und schließlich am 23. Mai 2016 der finale Anwendungserlass zu § 153 AO veröffentlicht.[1002] In dessen Textziffer 2.6 Satz 6 heißt es: „*Hat der Steuerpflichtige ein innerbetriebliches Kontrollsystem eingerichtet, das der Erfüllung der steuerlichen Pflichten dient, kann dies ggf. ein Indiz darstellen, dass gegen das Vorliegen eines Vorsatzes oder der Leichtfertigkeit sprechen kann, jedoch befreit dies nicht von einer Prüfung des jeweiligen Einzelfalls.*"

---

995 *Seer*, in: Tipke/Kruse, AO/FGO, 153. EL Stand 9/2018, § 153 AO Rn. 31.

996 *Seer*, in: Tipke/Kruse, AO/FGO, 153. EL Stand 9/2018, § 153 AO Rn. 31.

997 BGH, Beschluss vom 17.3.2009, Az. 1 StR 479/08, BB 2009, 1903, 1904; *Schwedhelm/Talaska*, ifSt-Schrift 513, 2016, 12; *Krumm*, in: Tipke/Kruse, AO/FGO, 153. EL Stand 9/2018, § 378 AO Rn. 26; *Rätke*, in: Klein, AO, 14. Aufl. 2018, § 153 Rn. 8.

998 BT-Drs. 18/3439, 7; *Behringer*, BBK 2017, 875, 875 f.; *Esterer/Eisgruber*, DB 2017, 986, 987.

999 *Erdbrügger/Jehke*, BB 2016, 2455, 2455.

1000 *Ludwig/Breimann/Kusch*, DStR 2016, 2240, 2240.

1001 *Ludwig/Breimann/Kusch*, DStR 2016, 2240, 2240.

1002 BStBl. I 2016, 490.

1. *Vorsatz bei der Steuerhinterziehung, § 370 AO*

Als subjektives Tatbestandselement fordert die Steuerhinterziehung nach § 370 AO Vorsatz i. S. d. § 15 StGB, vgl. § 369 Abs. 2 AO.[1003] Vorsatz besteht aus einem Wissens- und einem Wollenselement, sodass man ihn knapp als Wissen und Wollen zur objektiven Tatbestandsverwirklichung definieren kann.[1004] Die Vorsatzform Absicht (dolus directus 1. Grades) ist jene, bei der das Wollen um die Tatbestandsverwirklichung im Vordergrund steht. Dolus directus 2. Grades betont das Wissenselement (sicheres Wissen); der Täter weiß hier um die Tatbestandsverwirklichung bzw. hält diese für sicher.

Die dritte Vorsatzform ist der bedingte Vorsatz bzw. Eventualvorsatz (dolus eventualis), bei welchem der Täter die Tatbestandsverwirklichung weder für sicher hält noch anstrebt; er hält sie aber für möglich.[1005] Nach der Definition der Rechtsprechung[1006] ist Eventualvorsatz gegeben, „wenn der Täter die Verwirklichung der Merkmale des gesetzlichen Tatbestands für möglich hält und billigend in Kauf nimmt."[1007] Billigend in Kauf nehmen kann auch dann vorliegen, wenn dem Täter der Eintritt des Taterfolgs eigentlich unerwünscht ist, er sich aber dennoch mit dessen Tatbestandsverwirklichung seines erstrebten Ziels willens abfindet, sog. Billigen im Rechtssinne.[1008] Bezogen auf die Steuerhinterziehung muss der Täter den Steueranspruch dem Grunde und der Höhe nach kennen oder zumindest für möglich halten und ihn verkürzen wollen, sog. Steueranspruchstheorie. Da der Hinterziehungsvorsatz keine sichere Kenntnis bzgl. des Grundes und der Höhe des Steueranspruchs voraussetzt, ist ausreichend,

---

1003 *Jäger*, in: Klein, AO, 14. Aufl. 2018, § 370 Rn. 170; *Hellmann*, in: Hübschmann/Hepp/Spitaler, AO/FGO, 250. EL Stand 11/2018, § 370 AO Rn. 212.

1004 *Sternberg-Lieben/Schuster*, in: Schönke/Schröder, StGB, 29. Aufl. 2014, § 15 Rn. 9; *Fischer*, StGB, 65. Aufl. 2018, § 15 Rn. 5; *Krumm*, in: Tipke/Kruse, AO/FGO, 153. EL Stand 9/2018, § 370 AO Rn. 123; *Jäger*, in: Klein, AO, 14. Aufl. 2018, § 370 Rn. 170; *Hellmann*, in: Hübschmann/Hepp/Spitaler, AO/FGO, 250. EL Stand 11/2018, § 370 AO Rn. 216.

1005 *Fischer*, StGB, 65. Aufl. 2018, § 15 Rn. 6–8; *Sternberg-Lieben/Schuster*, in: Schönke Schröder, StGB, 29. Aufl. 2014, § 15 Rn. 9; *Fischer*, StGB, 65. Aufl. 2018, § 15 Rn. 64–68.

1006 Für eine Übersicht zu den anderen Theorien, die zur Bestimmung des Eventualvorsatzes vertreten werden, s. *Fischer*, StGB, 65. Aufl. 2018, § 15 Rn. 9a m. w. N.

1007 St. Rspr. siehe nur BGH, Urteil vom 8.9.2011, Az. 1 StR 38/11, NStZ 2012, 160, 161; *Schwedhelm/Talaska*, ifSt-Schrift 513, 2016, 17.

1008 *Fischer*, StGB, 65. Aufl. 2018, § 15 Rn. 9b.

dass der Täter die Verwirklichung der gesetzlichen Merkmale für möglich hält und billigend in Kauf nimmt.[1009]

Der AEAO zu § 153 unterscheidet in Tz. 2.6 Satz 6 nicht zwischen den verschiedenen Vorsatzformen, sondern verweist pauschal darauf, dass ein Tax CMS gegen Vorsatz sprechen kann.[1010] Um eine endgültige Aussage treffen zu können, ist nach den einzelnen Vorsatzformen zu differenzieren.

a) Indiz gegen Absicht (dolus directus 1. Grades)

Bei der Absicht dominiert das Wollenselement. Grundsätzlich kommt mit einem Tax CMS, dass der Erfüllung steuerlicher Pflichten dient, zum Ausdruck, dass eine Pflichtverletzung nicht gewollt ist. Andererseits hat jedes Tax CMS systemimmanente Grenzen. Nicht jeder Pflichtverstoß kann durch angemessene organisatorische Maßnahmen vermieden werden.[1011] Insbesondere dort, wo der Täter eine Pflichtverletzung will, also mit dolus directus 1. Grades handelt, wird auch ein Tax CMS ihn nicht von der Tatbegehung abhalten können. In diesem Fall kann ein Tax CMS kein Indiz gegen die Vorsatzform der Absicht sein.[1012]

b) Indiz gegen Wissen (dolus directus 2. Grades)

Beim dolus directus 2. Grades steht das Wissen um die Tatbestandsverwirklichung im Vordergrund. Hier gilt grundsätzlich das eben Gesagte. Auch bei der Vorsatzform des dolus directus 2. Grades ist ein Tax CMS kein Indiz gegen den Vorsatz, da es hier ebenfalls an seine natürlichen Grenzen kommt. Ist der Täter Teil der Geschäftsleitung, gilt ggf. sogar genau das Gegenteil: Da Bestandteil des Tax CMS ein Informationssystem ist, das die Geschäftsleitung insbesondere über etwaige Risiken oder Fehlverhalten zu informieren hat, muss bei einem bestehenden und effektiven Tax CMS das Wissenselement eher

---

1009 BGH, Urteil vom 8.9.2011, Az. 1 StR 38/11, NStZ 2012, 160, 161; *Krumm*, in: Tipke/Kruse, AO/FGO, 153. EL Stand 9/2018, § 370 AO Rn. 125; AEAO zu § 153 Tz. 2.6; *Jäger*, in: Klein, AO, 14. Aufl. 2018, § 370 Rn. 171.

1010 *Hilsebein*, CB 2016, 472, 473; *Richter/Welling*, FR 2015, 297, 303.

1011 IDW Praxishinweis 1/2016 Tz. 1; *Schulz*, BB 2017, 1475, 1477; *Behringer*, BBK 2017, 875, 884; BDI, Leitfaden innerbetriebliche Kontrollsysteme, 22.11.2017, Fn. 876, S. 8; *Jenne/Mertens*, CCZ 2017, 285, 285; *Erdbrügger/Kaiser*, Ubg 2016, 412, 413; *Karla/Geier*, CB 2016, 474, 477; *Kamchen*, NWB 2017, 3954, 3955.

1012 Im Ergebnis auch *Richter/Welling*, FR 2015, 297, 303; *von Frantzki*, Vortrag i. R. d. Münchner Steuerfachtagung 2017, 1, 7 f.

bejaht werden.[1013] Gegen die Vorsatzform des dolus directus 2. Grades kann ein Tax CMS daher kein Indiz sein.

c) Indiz gegen Eventualvorsatz (dolus eventualis)

Diese „pathologische[n] Fälle“[1014] sind in der Praxis nicht diejenigen, die seriöse Unternehmen vor Abgrenzungsschwierigkeiten stellen.[1015] Interessanter ist daher die Frage, ob das Vorhalten eines Tax CMS auch gegen den Eventualvorsatz sprechen kann. Für die Bejahung des Eventualvorsatzes muss der Täter die Tatbestandsverwirklichung konkret für möglich gehalten und dennoch billigend in Kauf genommen haben.[1016]

aa) Konkretes für möglich halten

Ob der Täter einen bestehenden Steueranspruch konkret für möglich hält hängt davon ab, ob man ihm nachweisen kann, dass er um die realen Geschehnisse weiß und diese auch steuerrechtlich laienhaft erfasst hat.[1017] Ein Kennen-Müssen reicht gerade nicht aus.[1018]

Bestandteil eines angemessenen und effektiven Tax CMS ist die Kommunikation zwischen den einzelnen Abteilungen, die die Steuerfunktion wahrnehmen. Diese beinhaltet auch, Probleme und steuerrechtliche Risiken aufzudecken. Ein für möglich halten muss also dann bejaht werden, wenn die Berichtswege entsprechende Probleme und Risiken angezeigt haben. Wurden solche gerade nicht aufgedeckt, kann dieses Verhalten bei einem funktionierenden Tax CMS zumindest ein Indiz dagegen sein, dass der Täter den Steueranspruch und die Steuerverkürzung für möglich gehalten hat.[1019]

bb) Billigend in Kauf nehmen

Schwieriger ist die Widerlegung des Merkmals der billigenden Inkaufnahme. Dieses stellt das voluntative Element des Eventualvorsatzes dar, bei welchem man auf den ersten Blick schnell sagen möchte, dies sei durch ein Tax CMS widerlegt,

---

1013 In diese Richtung *Schwedhelm/Talaska*, ifSt-Schrift 513, 2016, 20.

1014 *Richter/Welling*, FR 2015, 297, 302.

1015 *Schwedhelm/Talaska*, ifSt-Schrift 513, 2016, 14; *Ball/Papasikas*, BB 2016, 1495, 1496.

1016 *Fischer*, StGB, 65. Aufl. 2018, § 15 Rn. 9, 9b.

1017 *Krumm*, in: Tipke/Kruse, AO/FGO, 153. EL Stand 9/2018, § 370 AO Rn. 131; *Jäger*, in: Klein, AO, 14. Aufl. 2018, § 370 Rn. 175.

1018 AEAO zu § 153 Tz. 2.4 Satz 1; *Krumm*, in: Tipke/Kruse, AO/FGO, 153. EL Stand 9/2018, § 370 AO Rn. 134.

1019 *Krumm*, in: Tipke/Kruse, AO/FGO, 153. EL Stand 9/2018, § 370 AO Rn. 135.

da durch die Implementierung eines solchen Systems gerade zum Ausdruck gebracht wird, steuerliche Pflichtverletzungen vermeiden zu wollen.[1020]

Im allgemeinen Strafrecht kann ein billigend in Kauf nehmen auch dann vorliegen, wenn der Taterfolg dem Täter eigentlich unerwünscht ist.[1021] Die theoretische Grundlage dazu wurde insb. bei den Gewalt- und Tötungsdelikten geschaffen. Der voluntative Charakter der billigenden Inkaufnahme ergibt sich bereits aus der Gefährlichkeit der Handlung. Denn bei Tötungsdelikten geht der BGH davon aus, dass im Rahmen des subjektiven Elements eine hohe Hemmschwelle[1022] besteht. Wer diese Hemmschwelle durch eine gefährliche Tathandlung überschreitet, bei dem liegt ein Wollenselement, wenn auch abgeschwächt, vor. Das ist dann das billigend in Kauf nehmen.[1023] Zu einer solchen Hemmschwelle kann es nur kommen, wenn der Täter bei laienhafter Beurteilung seiner Handlung erkennen kann, dass sie gefährlich ist und dadurch ein Straftatbestand erfüllt sein kann. Für die Tötungsdelikte lässt sich die Lebensgefährlichkeit einer Handlung plastisch vorstellen.[1024]

Anders ist das aber im Steuerrecht. § 370 AO ist als Blankettnorm formuliert, die strafbare Handlung ergibt sich erst aus den allgemeinen Steuergesetzen.[1025] Die Wertung in der Laiensspähre ist hier um ein Vielfaches schwieriger, als bei Tötungsdelikten. Im Steuerrecht muss der Täter laienhaft erkannt haben, dass ein Steueranspruch existieren könnte und es durch seine unvollständigen oder unrichtigen Angaben zu einer Steuerverkürzung in gewisser Höhe kommen kann.[1026] Anders als bei den Gewalt- und Tötungsdelikten gibt es eine entsprechende natürliche Hemmschwelle nicht. Aus diesem Grund lässt sich ein voluntatives Element im Steuerstrafrecht nicht aus einer etwaigen Gefährlichkeit herleiten. Das führt dazu, dass billigend in Kauf nehmen im Steuerstrafrecht im Wissenselement aufgeht und keine eigenständige Bedeutung hat.[1027]

1020 *Richter/Welling*, FR 2015, 297, 303; *Werder/Rudolf*, BB 2016, 1433, 1437; *Jäger*, Deutscher Bundestag Finanzausschuss, Wortprotokoll der 25. Sitzung, Protokoll-Nr. 18/25, 12; AEAO zu § 153 Tz. 2.6; *Erdbrügger/Jehke*, BB 2016, 2455, 2458.

1021 *Fischer*, StGB, 65. Aufl. 2018, § 15 Rn. 9b.

1022 St. Rspr. siehe nur BGH, Urteil vom 22.3.2012, Az. 4 StR 558/11, NJW 2012, 1524, 1526 Rn. 32.

1023 *Fischer*, StGB, 65. Aufl. 2018, § 15 Rn. 9c.

1024 *Schwedhelm/Talaska*, ifSt-Schrift 513, 2016, 18.

1025 *Krumm*, in: Tipke/Kruse, AO/FGO, 153. EL Stand 9/2018, § 370 AO Rn. 2.

1026 *Krumm*, in: Tipke/Kruse, AO/FGO, 153. EL Stand 9/2018, § 370 AO Rn. 125; *Jäger*, in: Klein, AO, 14. Aufl. 2018, § 370 AO Rn. 171.

1027 *Krumm*, in: Tipke/Kruse, AO/FGO, 153. EL Stand 9/2018, § 370 AO Rn. 126, 130; *Schwedhelm/Talaska*, ifSt-Schrift 513, 2016, 19.

Entsprechend nimmt der BGH das Vorliegen eines Eventualvorsatzes im Steuerrecht schon an, wenn ein Sachverhalt gegenüber der Finanzverwaltung nicht offengelegt wird, obwohl der Täter es für möglich hält, dass ein solcher besteht.[1028]

Da das voluntative Element im Steuerstrafrecht fehlt, kann ein Tax CMS an dieses nicht anknüpfen.[1029]

d) Ergebnis

Die pauschale Aussage des AEAO zu § 153 in Tz. 2.6 Satz 6, ein Tax CMS könne ggf. ein Indiz gegen Vorsatz darstellen, kann in dieser Allgemeinheit nicht bestätigt werden. Gegen die direkten Vorsatzformen dolus directus 1. und 2. Grades kann ein Tax CMS nicht entkräftend wirken. Eine Indizwirkung kann es aber im Rahmen des Eventualvorsatzes entfalten, um zu entscheiden, ob der Täter die Tatbestandsverwirklichung konkret für möglich gehalten hat.

2. Leichtfertigkeit bei der leichtfertigen Steuerverkürzung, § 378 AO

Im Rahmen der Steuerordnungswidrigkeit der leichtfertigen Steuerverkürzung nach § 378 AO wird auf Ebene des subjektiven Tatbestands Leichtfertigkeit gefordert. Leichtfertigkeit beschreibt einen erhöhten Fahrlässigkeitsgrad,[1030] der im Zivilrecht dem der groben Fahrlässigkeit entspricht.[1031]

„Leichtfertig handelt, wer die Sorgfalt außer Acht lässt, zu der er nach den besonderen Umständen des Falles und seinen persönlichen Fähigkeiten und Kenntnissen verpflichtet und imstande ist, obwohl sich ihm aufdrängen musste, dass dadurch eine Steuerverkürzung eintreten wird."[1032] Das liegt nach der Rechtsprechung des BFH dann vor, „wenn der Täter nach den Gegebenheiten des Einzelfalls und seinen individuellen Fähigkeiten in der Lage gewesen wäre,

---

1028 BGH, Urteil vom 8.9.2011, Az. 1 StR 38/11, NStZ 2012, 160, 161 f.

1029 *Schwedhelm/Talaska*, ifSt-Schrift 513, 2016, 19; *Krumm*, in: Tipke/Kruse, AO/FGO, 153. EL Stand 9/2018, § 370 AO Rn. 135; im Ergebnis wohl auch *Wulf*, wistra 2016, 337, 339; *Schwedhelm*, GmbH-StB 2017, 83, 85.

1030 *Krumm*, in: Tipke/Kruse, AO/FGO, 153. EL Stand 9/2018, § 378 AO Rn. 14; *Bülte*, in: Hübschmann/Hepp/Spitaler, AO/FGO, 250. EL Stand 11/2018, § 378 AO Rn. 41.

1031 *Bülte*, in: Hübschmann/Hepp/Spitaler, AO/FGO, 250. EL Stand 11/2018, § 378 AO Rn. 41; BFH, Urteil vom 29.10.2013, Az. VIII R 27/10, DStR 2013, 2694, 2697 Rn. 30.

1032 *Jäger*, in: Klein, AO, 14. Aufl. 2018, § 378 Rn. 20 mit Verweis auf BGH, Urteil vom 17.12.2014, Az. 1 StR 324/14, wistra 2015, 191, 194 Rn. 29; BFH, Urteil vom 24.7.2014, Az. V R 44/13, DStR 2014, 1827, 1828 Rn. 15.

den aus den einschlägigen gesetzlichen Regelungen sich im konkreten Fall ergebenden Sorgfaltspflichten zu genügen."[1033] Dem muss eine Gesamtwürdigung des Täterverhaltens zugrunde gelegt werden.[1034]

In Abgrenzung zur leichten und mittleren Fahrlässigkeit bedarf es einer schwerwiegenden Sorgfaltswidrigkeit.[1035] Eine solche ist gegeben, wenn der Täter grob achtlos handelt,[1036] also Risiken nicht erkannt hat,[1037] die offensichtlich vorhersehbar waren und die sich jedem verständigen Menschen aufgedrängt hätten.[1038] Bei der Implementierung eines Tax CMS wird zu Beginn ein Risikoprofil des Unternehmens erstellt und dieses laufend ergänzt.[1039] Wenn ein effektives und angemessenes Tax CMS vorliegt, ist es nicht denkbar, dass offensichtliche Risiken unerkannt bleiben. Denn die Vermeidung von Risiken ist gerade die „Kernaufgabe eines Tax CMS".[1040] Es kann daher ein Indiz für die Leichtfertigkeit sein, wenn Organisationsmaßnahmen nur rudimentär vorliegen.[1041]

Als weiterer Anknüpfungspunkt für die Leichtfertigkeit können Sorgfaltspflichtverletzungen dienen, die schon im Vorfeld der Steuererklärung liegen, z.B. unsorgfältige Buchführung sowie mangelnde Überwachung und Auswahl der Personen, auf die die Erfüllung steuerlicher Pflichten delegiert wird.[1042] Die Beachtung aller steuerlichen Vorschriften, die für den Steuererklärungsprozess relevant sind[1043] sowie die Auswahl-, Überwachungs- und Instruktionspflichten bei Delegation[1044] sind solche Pflichten, deren Sicherstellung gerade durch ein Tax CMS gewährleistet werden soll.

1033 BFH, Urteil vom 29.10.2013, Az. VIII R 27/10, DStR 2013, 2694, 2697 Rn. 30; *Krumm*, in: Tipke/Kruse, AO/FGO, 153. EL Stand 9/2018, § 378 AO Rn. 14.

1034 Ebd.

1035 AEAO zu § 153 Tz. 2.7 Satz 1.

1036 *Bülte*, in: Hübschmann/Hepp/Spitaler, AO/FGO, 250. EL Stand 11/2018, § 378 AO Rn. 42.

1037 *Schwedhelm/Talaska*, ifSt-Schrift 513, 2016, 21.

1038 *Bülte*, in: Hübschmann/Hepp/Spitaler, AO/FGO, 250. EL Stand 11/2018, § 378 AO Rn. 45.

1039 Statt aller *Fleischer*, in: Fleischer/Goette, Münchener Kommentar zum GmbHG, 2. Aufl. 2016, § 43 Rn. 147a.

1040 *Schwedhelm/Talaska*, ifSt-Schrift 513, 2016, 21.

1041 *Von Wolfersdorff/Hey*, WPg 2016, 934, 938.

1042 *Krumm*, in: Tipke/Kruse, AO/FGO, 153. EL Stand 9/2018, § 378 AO Rn. 16.

1043 *Vitale*, in: IDW, Tax Compliance, 2017, S. 14; *Nagel/Waza*, DStZ 2008, 321, 323; *Talaska*, BB 2012, 1195; *Ebbinghaus/Neu*, StuB 2016, 862, 863.

1044 Statt vieler *Schulz*, BB 2017, 1475, 1478.

Das bedeutet, dass ein Tax CMS gegen die Leichtfertigkeit nach § 378 AO spricht, da es sich unproblematisch unter dessen Voraussetzungen subsumieren lässt.[1045] Teilweise wird sogar behauptet, dass das bestehende effektive und angemessene Tax CMS ein zwingendes Indiz gegen die Leichtfertigkeit sei.[1046]

IV. Wirkungsweise im Ermittlungs- und Strafverfahren

1. Aussagegehalt des AEAO zu § 153

a) Formulierung

Die Tz. 2.6 des AEAO ist „äußerst vorsichtig formuliert".[1047] Die Begriffe *kann*, *ggf.* und *Indiz* sowie der Zusatz *jedoch befreit dies nicht von einer Prüfung des jeweiligen Einzelfalles* zeigen an, dass die reine Existenz eines Tax CMS nicht automatisch dazu führen kann, dass Vorsatz bzw. Leichtfertigkeit nicht vorliegen.[1048]

b) Mögliche negative Auswirkung bei fehlendem Tax CMS

Im Schrifttum wird befürchtet, dass künftig das Fehlen eines Tax CMS negativ bewertet werden könnte und sogar als Indiz für die Leichtfertigkeit oder das Vorliegen vorsätzlichen Handelns dienen könnte.[1049] Besonders kleine und mittlere Unternehmen, die weder über Kapazitäten noch über ausreichend finanzielle Mittel für den Aufbau eines umfassenden Tax CMS verfügen, könnten durch dieses Verständnis benachteiligt werden.[1050]

1045 *Seer*, in: Tipke/Kruse, AO/FGO, 153. EL Stand 9/2018, § 153 AO Rn. 32; *Wulf*, wistra 2016, 337, 339.

1046 *Schwedhelm/Talaska*, ifSt-Schrift 513, 2016, 22; *Ball/Papasikas*, BB 2016, 1495, 1496; *Schwedhelm*, GmbH-StB 2017, 83, 86.

1047 *Beneke*, BB 2016, 2327, 2330; so auch *Behringer*, BBK 2017, 875, 876.

1048 *Erdbrügger/Jehke*, BB 2016, 2455, 2459; *Behringer*, BBK 2017, 875, 876 f.

1049 *Neuling*, DStR 2016, 1652, 1656; *Erdbrügger*, npoR 2016, 206, 208; *Erdbrügger/Jehke*, BB 2016, 2455, 2456; *Steinhauff*, GmbH-StB 2017, 131, 131; *Karla/Geier*, CB 2016, 474, 477.

1050 *Weigell/Görlich*, FR 2016, 989, 991; *Schwartz*, in: Schulz, Compliance-Management im Unternehmen, 2017, 24. Kapitel Rn. 45; BDI, Stellungnahme zum Entwurf eines IDW Praxishinweises 1/2016: Ausgestaltung und Prüfung eines Tax Compliance Management Systems gemäß IDW PS 980 vom 9.1.2017, S. 3, abrufbar unter: https://www.idw.de/blob/98176/33a02239d8fcb9dcb465e734ba5241ce/down-idwpraxishinweis-1-2016-bdi-data.pdf (20.7.2017); *Hilsebein*, CB 2016, 472, 473; *Handel*, DStR 2017, 1945, 1945.

Im Verfahren vor den Finanzbehörden gilt jedoch weiterhin der Amtsermittlungsgrundsatz aus § 88 Abs. 1 AO, wonach die Finanzbehörde zunächst den Sachverhalt von Amts wegen zu ermitteln hat, um zu entschieden, ob ein vorsätzliches oder leichtfertiges Handeln vorliegt.[1051] Würde man das Fehlen eines Tax CMS als vorsatzbegründend verstehen, läge es letztlich am Steuerpflichtigen nachzuweisen, dass die subjektiven Merkmale fehlten. In dieser nicht gerechtfertigten Beweislastumkehr läge dann ein Verstoß gegen den Amtsermittlungsgrundsatz.[1052]

Durch den AEAO zu § 153 kann zudem keine Pflicht begründet werden, ein Tax CMS vorhalten zu müssen. Eine Rechtsetzungsbefugnis zur Pflichtenbegründung besitzt eine Verwaltungsanweisung nicht. Solche Anweisungen dienen der Selbstbindung der Verwaltung und richten sich daher nur an die darunterliegenden Verwaltungsbehörden.[1053] Die Steuerpflichtigen selbst werden davon nicht unmittelbar adressiert.[1054]

Die zurückhaltende Formulierung soll berücksichtigen, dass es keine Blaupause bei der Implementierung eines Tax CMS gibt, sondern sich die konkreten Anforderungen und Merkmale stets nach den Gegebenheiten des Einzelfalls richten.[1055] Maßgeblich ist nur, dass ein Tax CMS ernsthaft und angemessen eingeführt wurde.[1056]

2. *Relevanz eines Tax CMS im Ermittlungs- und Strafverfahren*

a) *Ermittlungen durch Angehörige der Finanzverwaltung*

Kommt es zur Abgabe einer objektiv unrichtigen Erklärung, so hat zuerst der Finanzbeamte im Verwaltungsverfahren oder der Betriebsprüfer, der den Fehler entdeckt, zu entscheiden, ob der Fall an die BuStra weitergeleitet werden soll.

1051 *Rätke*, in: Klein, AO, 14. Aufl. 2018, § 88 Rn. 1.

1052 *Neuling*, DStR 2016, 1652, 1656; Stellungnahme des DAV Nr. 41/2015 zum vorläufigen Diskussionsentwurf des BMF AEAO zu § 153 AO (Stand 16.06.2015) vom 11.8.2015, S. 6, abrufbar unter: https://anwaltverein.de/de/newsroom/sn-41-15-abgrenzung-einer-berichtigung-von-einer-strafbefreienden-selbstanzeige (20.2.2017); *König/Teichert*, DB 2017, 146, 147.

1053 *Englisch*, in: Tipke/Lang, Steuerrecht, 23. Aufl. 2018, § 5 Rn. 28; BVerfG, Beschluss vom 31.5.1988, Az. 1 BvR 520/83, BVerfGE 78, 214, 228 = NJW 1989, 666, 667 f.; *Pump/Leibner*, StBp 2006, 37, 43.

1054 *Erdbrügger*, npoR 2016, 206, 208.

1055 AEAO zu § 153 Tz. 2.6 Satz 6; *Erdbrügger/Jehke*, BB 2016, 2455, 2458; *Schwedhelm/Talaska*, ifSt-Schrift 513, 2016, 39.

1056 *Von Wolfersdorff/Hey*, WPg 2016, 934, 939; *Welling*, IWB 2016, 630, 636.

aa) Veranlagende Finanzbeamte

Zunächst wird der veranlagende Finanzbeamte ggf. eine Unstimmigkeit in der Steuererklärung erkennen. Dieser hat dann die Entscheidung zu treffen, ob der Fall an die BuStra weiterzuleiten ist, Ziffer 130 Abs. 1 AStBV (St) 2017. Voraussetzung dafür ist, dass der Verdacht einer Straftat vorliegt. Mit Verdacht ist gemäß Ziffer 26 AStBV (St) 2017 der Anfangsverdacht nach §§ 152 Abs. 2, 160 Abs. 1 StPO gemeint. Zu dessen Begründung bedarf es konkreter Tatsachen,[1057] die dafür sprechen, dass der vorliegende Sachverhalt die Merkmale einer Straftat erfüllt.[1058] Der Finanzbeamte ist Teil der Finanzverwaltung und daher durch die Verwaltungsanweisung der übergeordneten Behörden gebunden, vgl. Art. 108 Abs. 3 S. 1 i.V. m. Art. 85 Abs. 3, 4 GG. Der AEAO zu § 153 des BMF bindet ihn daher unmittelbar.[1059] Im Rahmen der Frage, ob ein Anfangsverdacht vorliegt, sind daher Tatsachen zu sammeln, die sowohl für die Erfüllung des objektiven als auch für die Erfüllung des subjektiven Tatbestands sprechen. Es ist daher zu berücksichtigen, dass ein Tax CMS ggf. ein Indiz darstellen kann, dass gegen das Vorliegen eines Vorsatzes oder Leichtfertigkeit sprechen kann, AEAO zu § 153 Tz. 2.6 Satz 6. Ein bestehendes, effektives und angemessenes Tax CMS findet daher bei der Frage, ob ein Anfangsverdacht besteht durch die Finanzverwaltung Berücksichtigung. Im Rahmen der Einzelfallprüfung[1060] kann es zwar nicht zu einer sicheren Verneinung des Anfangsverdachts führen, es stellt aber sicherlich ein wichtiges Argument dar,[1061] welches die Behörde im Rahmen ihrer Beurteilung zu gewichten hat.[1062]

1057 *Schmitt*, in: Meyer-Goßner/Schmitt, StPO, 61. Aufl. 2018, § 152 Rn. 4; *Weigell/Görlich*, FR 2016, 989, 990.

1058 *Beneke*, BB 2016, 2327, 2329; BGH, Beschluss vom 1.6.1994, Az. StB 10/94, NJW 1994, 2839, 2840.

1059 *Englisch*, in: Tipke/Lang, Steuerrecht, 23. Aufl. 2018, § 5 Rn. 28; *Neuling*, DStR 2016, 1652, 1653; *Geuenich*, NWB 2016, 2560, 2562; *Erdbrügger/Jehke*, BB 2016, 2455, 2458; BFH, Urteil vom 16.9.2015, Az. XI R 27/13, BFH/NV 2016, 252, 254; *Beneke*, BB 2016, 2327, 2327.

1060 AEAO zu § 153 Tz. 2.6 Satz 6 letzter Hs.

1061 *Von Wolfersdorff/Hey*, WPg 2016, 934, 937; *Risse*, DB 2017, 2061, 2065; *Seer*, in: Tipke/Kruse, AO/FGO, 153. EL Stand 9/2018, § 153 AO Rn. 32; *König/Teichert*, DB 2017, 146, 147.

1062 *Beneke*, BB 2016, 2327, 2329; *Erdbrügger*, npoR 2016, 206, 207; *Steinhauff*, GmbH-StB 2017, 131, 131; *Geuenich*, NWB 2016, 2560, 2562.

bb) Betriebsprüfer

Wie der Veranlagungsbeamte ist der Betriebsprüfer einer der Personen, die mit einer etwaigen Straftat zuerst in Berührung kommen können. Nach § 10 Abs. 1 S. 1 BpO[1063] hat der Betriebsprüfer bei Vorliegen eines Anfangsverdachts den Fall an die BuStra weiterzuleiten. Da der Betriebsprüfer ebenfalls Teil der Finanzverwaltung ist, wird er durch den AEAO zu § 153 gebunden, sodass für ihn dieselben Ausführungen wie beim veranlagenden Finanzbeamten gelten.

cc) Ermittlungen durch die BuStra

Kommt der veranlagende Finanzbeamte zu dem Ergebnis, es läge ein Anfangsverdacht vor, schaltet er die BuStra ein. Die BuStra können auf Grundlage des § 387 Abs. 2 AO eingerichtet werden. Dabei handelt es sich nicht um eigenständige Behörden, sondern um einen organisatorischen Teil des Finanzamts, der ein Sachgebiet darstellt.[1064]

(1) Ermittlungen als Hilfsorgan der Staatsanwaltschaft, § 386 Abs. 1 S. 1 AO

Nach § 386 Abs. 1 S. 1 AO ermittelt die Finanzbehörde den Sachverhalt, wenn der Verdacht einer Steuerstraftat vorliegt. In dieser Konstellation gehört sie zwar, wie gesehen, organisatorisch zur Finanzverwaltung, im funktionellen Sinne untersteht sie jedoch den Justizbehörden.[1065] Die Finanzbehörde kann daher als „Hilfsorgan der Staatsanwaltschaft" bezeichnet werden.[1066] In diesen Fällen ist die Position der Finanzbehörde vergleichbar mit jener der Polizeibehörden, weshalb die Finanzbehörde der Weisung der Staatsanwaltschaft nach §§ 160, 161, 163 StPO i. V. m. § 402 AO unterliegt.[1067] In diesem Fall ist die BuStra nicht als Finanzbehörde sondern als Justizbehörde zu verstehen, weshalb eine Bindung durch das BMF und den erlassenen AEAO zu § 153 nicht möglich ist.[1068]

1063 BStBl. I 2000, 368.

1064 *Wollschläger*, in: Hüls/Reichling, Steuerstrafrecht, 1. Aufl. 2016, § 387 AO Rn. 14; *von Briel/Ehlscheid*, Steuerstrafrecht, 2. Aufl. 2001, § 3 Rn. 98.

1065 *von Briel/Ehlscheid*, Steuerstrafrecht, 2. Aufl. 2001, § 3 Rn. 98.

1066 *Sprenger*, in: Leitner/Rosenau, Wirtschafts- und Steuerstrafrecht, 1. Aufl. 2016, § 386 AO Rn. 5.

1067 *Sprenger*, in: Leitner/Rosenau, Wirtschafts- und Steuerstrafrecht, 1. Aufl. 2016, § 386 AO Rn. 5.

1068 *Beneke*, BB 2016, 2327, 2327.

Ob ein Anfangsverdacht vorliegt, richtet sich daher nach den allgemeinen Regeln der §§ 152 Abs. 1, 160 Abs. 2 StPO i. V. m. § 385 Abs. 1 AO. Es bedarf daher wieder der Ermittlung konkreter Tatsachen, auf denen ein solcher Anfangsverdacht begründet ist.[1069] Im Rahmen der Ermittlung sind alle Umstände zu berücksichtigen. Auch wenn es insofern keine Bindung durch den AEAO zu § 153 gibt, werden dennoch die Tatsachen ermittelt, zu denen auch ein Tax CMS zählt. Es ist dann im Rahmen der Beurteilung, ob ein Anfangsverdacht vorliegt, zu bewerten, inwiefern sich ein ggf. bestehendes Tax CMS auswirkt.

(2) Selbstständige Ermittlungen der BuStra, § 386 Abs. 2 AO

Daneben besitzt die BuStra eine Befugnis zur selbstständigen Ermittlung nach § 386 Abs. 2 Nr. 1 AO, wenn die Tat ausschließlich eine Steuerstraftat darstellt. In diesem Fall ist sie anders als nach § 386 Abs. 1 S. 1 AO nicht Hilfsorgan der Staatsanwaltschaft,[1070] weshalb die Staatsanwaltschaft der Finanzbehörde keine Weisungen nach § 152 GVG erteilen kann.[1071] In diesem Zusammenhang wird die BuStra als Teil der Finanzverwaltung tätig. Deshalb ist sie in den Fällen des § 386 Abs. 2 AO im Rahmen ihrer Ermittlung an Verwaltungsanweisungen gebunden, wie insb. den AEAO.[1072] Im Rahmen der Ermittlung, ob ein Anfangsverdacht vorliegt, hat die BuStra daher zu berücksichtigen, dass ein Tax CMS ggf. ein Indiz gegen den Vorsatz und die Leichtfertigkeit im Einzelfall darstellen kann, AEAO zu § 153 Tz. 2.6 Satz 6.

Doch auch im Fall des § 386 Abs. 2 AO bleibt die Staatsanwaltschaft Herrin des Verfahrens. Dies zeigt sich im Evokationsrecht der Staatsanwaltschaft aus § 368 Abs. 4 S. 2 AO, wonach sie die Sache jederzeit an sich ziehen kann. Ist die Evokation erfolgt, so müssen die Steuerfinanzbeamten wieder den Ermittlungen der Staatsanwaltschaft folgen, der dann wieder ein Weisungsrecht nach § 152 GVG zusteht.[1073] Ab diesem Zeitpunkt muss dann konsequenterweise die Bindungswirkung des AEAO zu § 153 wieder erlöschen, da die BuStra nun der Weisungsbefugnis der Staatsanwaltschaft unterstellt ist.

1069 *Schmitt*, in: Meyer-Goßner/Schmitt, StPO, 61. Aufl. 2018, § 152 Rn. 4.

1070 *Wollschläger*, in: Hüls/Reichling, Steuerstrafrecht, 1. Aufl. 2016, § 386 AO Rn. 4.

1071 *Wollschläger*, in: Hüls/Reichling, Steuerstrafrecht, 1. Aufl. 2016, § 386 AO Rn. 4; *Sprenger*, in: Leitner/Rosenau, Wirtschafts- und Steuerstrafrecht, 1. Aufl. 2016, § 386 AO Rn. 2, 9; BGH, Beschluss vom 30.4.2009, Az. 1 StR 90/09, NStZ 2009, 514 Rn. 3.

1072 *Von Briel/Ehlscheid*, Steuerstrafrecht, 2. Aufl. 2001, § 3 Rn. 6.

1073 *Sprenger*, in: Leitner/Rosenau, Wirtschafts- und Steuerstrafrecht, 1. Aufl. 2016, § 386 AO Rn. 2; BGH, Beschluss vom 30.4.2009, Az. 1 StR 90/09, NStZ 2009, 514 Rn. 3; *Wollschläger*, in: Hüls/Reichling, Steuerstrafrecht, 1. Aufl. 2016, § 386 AO Rn. 4.

Im Übrigen sei noch knapp darauf hingewiesen, dass die Ermittlungsbefugnis der BuStra beim Vorliegen einer Steuerstraftat endet, wenn diese einen Anfangsverdacht als begründet ansieht. Sie beantragt dann den Erlass eines Strafbefehls oder gibt ansonsten die Akten an die Staatsanwaltschaft ab, § 401 AO.

dd) Abweichende Verwaltungsanweisungen

Schwieriger sind die Formulierungen von § 10 Abs. 1 S. 2 BpO und Ziffer 130 Abs. 3 AStBV (St) 2017, die alleine die Möglichkeit der Durchführung eines Straf- und Bußgeldverfahrens ausreichen lassen wollen. Wird auf die Möglichkeit abgestellt, so bedeutet das, dass die Schwelle des Anfangsverdachts nach § 152 Abs. 2 StPO noch nicht überschritten ist,[1074] es liegt daher ein geringerer Maßstab vor.[1075] Die Möglichkeit der Durchführung eines Strafverfahrens soll bspw. dann ausgeschlossen sein, „wenn offensichtlich kein schuldhaftes und vorwerfbares Verhalten vorliegt oder offensichtlich ist, dass objektive oder subjektive Tatbestandsmerkmale mit der im Straf- oder Bußgeldverfahren erforderlichen Gewissheit nicht nachzuweisen sind".[1076] Das Merkmal der *Offensichtlichkeit* bildet eine sehr hohe Hürde, die ein Betriebsprüfer nur schwer annehmen wird. Wie gesehen, kann trotz Vorhalten eines Tax CMS vorsätzliches Handeln nicht mit letzter Sicherheit ausgeschlossen werden, sodass ein offensichtliches Fehlen subjektiver Tatbestandsmerkmale nicht ohne Weiteres festgestellt werden kann. Wohl aus diesem Grund wurde in der Vergangenheit die Möglichkeit i. S. d. § 10 Abs. 1 S. 2 BpO allein durch die Erfüllung des objektiven Tatbestands bejaht, denn dies reiche bereits aus, dass eine Straftat möglich sei. Der subjektive Tatbestand sei dann erst im strafrechtlichen Ermittlungsverfahren zu ermitteln.[1077] Auch dieser Vorgehensweise gebietet der AEAO zu § 153 in Tz. 2.5 Satz 4 Einhalt, da er klarstellt, dass nicht jede objektive Unrichtigkeit den Verdacht einer Steuerstraftat oder Steuerordnungswidrigkeit nahelegt. Damit werden die Vorgaben an die Möglichkeit gem. § 10 Abs. 1 S. 2 BpO und Ziffer 130 Abs. 2 AStBV (St) zumindest relativiert.[1078]

1074 Gleich lautende Erlasse der obersten Finanzbehörden der Länder zu Anwendungsfragen zu § 10 Abs. 1 BpO vom 31.8.2009, BStBl. I 2009, 829, 829.

1075 *Geuenich*, NWB 2016, 2560, 2560.

1076 Gleich lautende Erlasse der obersten Finanzbehörden der Länder zu Anwendungsfragen zu § 10 Abs. 1 BpO vom 31.8.2009, BStBl. I 2009, 829, 830.

1077 *Schwedhelm/Talaska*, ifSt-Schrift 513, 2016, 10; *Schwedhelm*, GmbH-StB 2017, 83, 84.

1078 *Seer*, DB 2016, 2192, 2197.

Um Unklarheiten zu vermeiden, wäre daher eine Anpassung von § 10 Abs. 1 S. 2 BpO sowie Ziffer 130 Abs. 2 AStBV (St) wünschenswert.[1079]

b) Ermittlungen durch die Staatsanwaltschaft

Die Staatsanwaltschaft ist nicht Teil der Finanzverwaltung und daher nicht durch den AEAO zu § 153 gebunden.[1080] Das liegt daran, dass Justizbehörden den jeweiligen Bundesländern zugeordnet sind. Erlasse der Bundesbehörden (wie hier des BMF) können Landesbehörden nicht binden.[1081] Wurde die Staatsanwaltschaft in die Ermittlungen durch die Finanzbehörden eingeschaltet oder hat sie die Strafsache nach § 386 Abs. 4 S. 2 AO an sich gezogen, hat diese ebenfalls einen auf konkreten Tatsachen begründeten Anfangsverdacht nach §§ 152 Abs. 2, 160 Abs. 1 StPO festzustellen.[1082] Es gilt insofern dasselbe wie bei der Ermittlung durch die Finanzverwaltung, dass auch hier ein Tax CMS im Rahmen einer Gesamtwürdigung miteinzubeziehen ist.

c) Strafverfahren

Wie die Staatsanwaltschaft sind auch die Strafgerichte nicht Teil der Verwaltung und daher nicht durch den AEAO zu § 153 formal gebunden.[1083] Im Rahmen der Beweiswürdigung hat der Tatrichter jedoch umfassend alle objektiven und subjektiven Tatumstände zu würdigen.[1084]

Da es sich beim Vorsatz naturgemäß um ein inneres Merkmal handelt, ist dieses nicht unmittelbar nachzuweisen. Aus diesem Grund wird anhand der objektiven Umstände des Einzelfalls, inbs. der tatsächlichen Gefährlichkeit des Geschehens auf einen möglichen Vorsatz geschlossen.[1085] Im Steuerstrafrecht

---

1079 *Beneke*, BB 2016, 2327, 2327.

1080 *Schwedhelm*, GmbH-StB 2017, 83, 83; *von Wolfersdorff/Hey*, WPg 2016, 934, 940; *Beneke*, BB 2016, 2327, 2327; *Erdbrügger/Jehke*, BB 2016, 2455, 2459; *Neuling*, DStR 2016, 1652, 1653.

1081 *Erdbrügger/Jehke*, BB 2016, 2455, 2458 f.; *Sell*, in: Schwedhelm/Talaska, ifSt-Schrift 513, 2016, 30.

1082 *Schmitt*, in: Meyer-Goßner/Schmitt, StPO, 61. Aufl. 2018, § 152 Rn. 4.

1083 *Siekmann*, in: Sachs, GG, 8. Aufl. 2018, Art. 108 Rn. 43; *Schwedhelm*, GmbH-StB 2017, 83, 83; *von Wolfersdorff/Hey*, WPg 2016, 934, 940; *Beneke*, BB 2016, 2327, 2327; *Erdbrügger/Jehke*, BB 2016, 2455, 2459; *Neuling*, DStR 2016, 1652, 1653.

1084 St. Rspr., BGH, Urteil vom 21.9.2000, Az. 1 StR 236/00, NStZ 2001, 86, 86; *Jäger*, in: Klein, AO, 14. Aufl. 2018, § 370 Rn. 177; *Krumm*, in: Tipke/Kruse, AO/FGO, 153. EL Stand 9/2018, § 370 AO Rn. 130.

1085 *Richter/Welling*, FR 2015, 297, 303; *Hilsebein*, CB 2016, 472, 472; *von Wolfersdorff/Hey*, WPg 2016, 934, 935; *Geuenich*, NWB 2016, 2560, 2563.

ist eine Abgrenzung anhand der äußeren Gegebenheiten deutlich schwieriger.[1086] Anders als bei Körperverletzungs- und Tötungsdelikten kann hier nicht auf den Erfahrungssatz der Gefährlichkeit des Handelns zurückgegriffen werden. Es muss daher im „konkreten Lebenssachverhalt mit seinen ganz spezifischen steuerrechtlichen Vorgaben"[1087] nach einem geeigneten Anknüpfungspunkt für einen Vorsatz gesucht werden. Im Rahmen der Sachverhaltsermittlung ist der Tatrichter zur umfassenden Sachverhaltsaufklärung berufen. Dies verpflichtet ihn, alle entscheidungserheblichen Umstände zu ermitteln und anschließend zu würdigen. Im Rahmen dieser Würdigung kann ein Tax CMS mit einfließen. Da grundsätzlich auch das Vorleben des Täters eine Rolle spielen kann,[1088] könnte ein Tax CMS dazu beitragen, dieses Vorleben positiv darzustellen, da davon ausgegangen werden kann, dass bei einem bestehenden und funktionierendem Tax CMS in der Regel wenig gravierende Pflichtverletzungen vorliegen werden.

Das bedeutet, dass auch der Strafrichter zur Bestimmung des Vorliegens des subjektiven Tatbestands objektive Kriterien sucht, auf deren Grundlage der Vorsatz bzw. die Leichtfertigkeit bestimmt werden kann. Da im Strafverfahren der Amtsermittlungsgrundsatz gilt, wird auch der Strafrichter ein bestehendes Tax CMS würdigen.

V. Ergebnis

Aufgrund der vagen Formulierung bleibt es letztlich eine Frage des Einzelfalls, ob es durch die Implementierung eines Tax CMS tatsächlich zu einer Sanktionsvermeidung kommen kann.

Nach dogmatischen Gesichtspunkten ist es möglich, dass ein Tax CMS sowohl gegen den Eventualvorsatz als auch gegen die Leichtfertigkeit sprechen kann. Letztlich bleibt es bei einer Einzelfallentscheidung, die alle Umstände des Einzelfalls zu würdigen hat. Eine Bindungswirkung durch den AEAO zu § 153 besteht nur bzgl. der Finanzverwaltung. Die Staatsanwaltschaft sowie der Strafrichter sind davon nicht umfasst. Da der AEAO zu § 153 letztlich nur angibt, dass eine Indizwirkung im Einzelfall ggf. denkbar ist, erstreckt sich die Bindung gegenüber der Finanzverwaltung ebenfalls nur darauf, dass ein Tax CMS in die

1086 *Ludwig/Breimann/Kusch*, DStR 2016, 2240, 2240; *Richter/Welling*, FR 2015, 297, 303.

1087 *Richter/Welling*, FR 2015, 297, 303.

1088 *Krumm*, in: Tipke/Kruse, AO/FGO, 153. EL Stand 9/2018, § 370 AO Rn. 130.

Abwägung miteinzubeziehen ist. Nichts anderes gilt für die Staatsanwaltschaft und den Tatrichter, wenn diese den Sachverhalt von Amts wegen zu ermitteln haben. Im Ergebnis ergibt sich daher wohl kein Unterschied, ob es sich um eine Ermittlung der Justiz oder der Verwaltung handelt.

B. Berücksichtigung eines Tax CMS im Rahmen von Ermessensentscheidungen

Neben dem Steuerstrafrecht finden sich weitere Sanktionsmöglichkeiten im allgemeinen Steuerrecht, insbesondere im Verfahrensrecht der Abgabenordnung. Solche Sanktionen können als gebunden Entscheidungen vorliegen, wie bspw. die Säumniszuschläge nach § 240 AO oder die Verzinsung nach § 233 S. 1 AO. Im Falle einer gebundenen Entscheidung schreibt das Gesetz eine einzige Rechtsfolge zwingend vor,[1089] sodass eine Abweichung von dieser nicht in Betracht kommt. Ein Tax CMS kann bei gebundenen Entscheidungen daher keine Berücksichtigung finden.

Daneben gibt es eine Vielzahl an Ermessensentscheidungen, die hingegen Anknüpfungspunkt für ein Tax CMS sein können.

I. Grundlagen der Ermessensentscheidung und Ermessensfehler

Befugt zur Ausübung des Ermessens ist allein die nach den allgemeinen Regeln zuständige Behörde; ein Selbsteintrittsrecht der übergeordneten Behörde besteht grundsätzlich nicht. Nur wenn eine Anweisung vorliegt, ist die untere entscheidende Behörde an die Meinung der übergeordneten Behörde gebunden.[1090]

Ermessen beschreibt die Situation, in welcher die Finanzbehörde zwischen zwei oder mehreren Verhaltensalternativen auf Rechtsfolgenseite wählen kann.[1091] Dabei gibt es einen zweistufigen Ermessensaufbau: Auf erster Stufe ist zu entscheiden, ob eine im Gesetz vorgesehene Rechtsfolge überhaupt vollzogen

---

1089 *Pump/Leibner*, StBp 2006, 37, 38.

1090 *Pump/Leibner*, StBp 2006, 37, 38.

1091 *Maurer*, Allgemeines Verwaltungsrecht, 19. Aufl. 2017, § 7 Rn. 7; BFH, Urteil vom 26.7.1972, Az. I R 158/71, BStBl. II 1972, 919 = BFHE 106, 489; Urteil vom 28.10.1981, Az. I R 156/78, BStBl. II 1982, 88 = BFHE 134, 335; Urteil vom 26.3.1991, Az. VII R 66/90, BStBl. II 1991, 545 = BFHE 164, 7; *Dauven*, SteuerStud 2009, 254, 254.

werden soll (sog. Entschließungsermessen).[1092] Auf zweiter Stufe ist sodann eine der vorgesehenen Rechtsfolgen auszuwählen (sog. Auswahlermessen).[1093] Dieses Auswahlermessen kann sowohl in persönlicher Hinsicht (gegen wen) als auch in sachlicher Hinsicht (welche Sanktion) bestehen.[1094]

Gemäß § 5 AO hat die Finanzbehörde ihr Ermessen entsprechend dem Zweck der Ermächtigung auszuüben und die gesetzlichen Grenzen des Ermessens einzuhalten. Im Rahmen der Zweckbindung ist diejenige Rechtsfolge zu wählen, die am geeignetsten ist, den Zweck der Norm zu erfüllen. Bei dieser Entscheidung muss sich die Finanzbehörde an sachlichen Kriterien orientieren; willkürliche Entscheidungen sind ausgeschlossen.[1095]

Ermessensfehler werden üblicherweise[1096] in drei Kategorien eingeteilt: Ermessensnichtgebrauch bzw. Ermessensunterschreitung, Ermessensüberschreitung und Ermessensfehlgebrauch.

Ermessensnichtgebrauch liegt vor, wenn die Finanzbehörde nicht erkennt, dass ihr eine Ermessensentscheidung eröffnet ist, sie vielmehr davon ausgeht, es handele sich um eine gebundene Entscheidung. Eine Ermessensunterschreitung ist gegeben, wenn zwar die Ermessensentscheidung als solche erkannt wird, die Gründe aber nicht ausreichend abgewogen werden oder eine Entscheidung getroffen wird, die den zugesprochenen Ermessensspielraum unterschreitet.[1097]

Eine Ermessensüberschreitung liegt vor, wenn die gesetzlichen Grenzen (vgl. auch § 5 AO) überschritten werden. Das ist dann der Fall, wenn eine Ermessensentscheidung vorgenommen wird, obwohl im Einzelfall ein Ermessen nicht eröffnet ist oder wenn eine Rechtsfolge zugesprochen wird, die in diesem

---

1092 BFH, Beschluss vom 26.2.2007, Az. VII B 98/06, BFH/NV 2007, 1270, 1271; *Lange*, in: Hübschmann/Hepp/Spitaler, AO/FGO, 250. EL Stand 11/2018, § 102 FGO Rn. 41.

1093 BFH, Urteil vom 1.7.2008, Az. II R 2/07, BStBl. II 2008, 897 = DB 2008, 2342, 2342; *Lange*, in: Hübschmann/Hepp/Spitaler, AO/FGO, 250. EL Stand 11/2018, § 102 FGO Rn. 42.

1094 *Dauven*, SteuerStud 2009, 254, 257; *Englisch*, in: Tipke/Lang, Steuerrecht, 23. Aufl. 2018, § 5 Rn. 149.

1095 *Englisch*, in: Tipke/Lang, Steuerrecht, 23. Aufl. 2018, § 5 Rn. 151.

1096 *Maurer*, Allgemeines Verwaltungsrecht, 18. Aufl. 2013, § 7 Rn. 19 ff.; *Englisch*, in: Tipke/Lang, Steuerrecht, 23. Aufl. 2018, § 5 Rn. 152; *Lange*, in: Hübschmann/Hepp/Spitaler, AO/FGO, 250. EL Stand 11/2018, § 102 FGO Rn. 94.

1097 *Englisch*, in: Tipke/Lang, Steuerrecht 23. Aufl. 2018, § 5 Rn. 152; *Maurer*, Allgemeines Verwaltungsrecht, 18. Aufl. 2013, § 7 Rn. 21 f.; *Lange*, in: Hübschmann/Hepp/Spitaler, AO/FGO, 250. EL Stand 11/2018, § 102 FGO Rn. 100; *Dauven*, SteuerStud 2009, 254, 258.

Ausmaß nicht vom Gesetz vorgesehen ist.[1098] Das wäre bspw. der Fall, wenn das Verzögerungsgeld nach § 146 Abs. 2b AO den gesetzlichen Höchstbetrag von 250.000 EUR überschreitet.

Ein Ermessensfehlgebrauch liegt vor, wenn sich die Finanzbehörde bei ihrer Entscheidung nicht vom Zweck des Gesetzes (vgl. § 5 AO), sondern von sachfremden Erwägungen leiten lässt.[1099] Das liegt vor, wenn Gesichtspunkte berücksichtigt werden, die nicht vom Zweck des Gesetzes umfasst sind oder solche Gesichtspunkte unberücksichtigt bleiben, die Erwähnung hätten finden müssen.[1100]

II. Bezugspunkt eines Tax CMS im Rahmen des Ermessens

Voraussetzung für jede Ermessensentscheidung ist zunächst, dass der entscheidungsrelevante Sachverhalt umfassend und einwandfrei zu ermitteln ist.[1101] Es müssen daher alle Aspekte, seien sie für den Steuerpflichtigen günstig oder ungünstig (vgl. dazu auch § 88 Abs. 1 S. 2 AO) ermittelt werden. Der Ermessensfehler der Ermessensunterschreitung kann geeigneter Bezugspunkt für ein Tax CMS darstellen. Dies ist denkbar, wenn der Sachverhalt nicht umfassend ausermittelt wird, weil nach einem Tax CMS überhaupt nicht gesucht wird, obwohl dafür konkrete Anhaltspunkte vorliegen.[1102] Eine Ermessensunterschreitung kann auch dann gegeben sein, wenn im Rahmen der Abwägung ein angemessenes und implementiertes Tax CMS gar nicht oder nur unzureichend gewürdigt wird.

Zu beachten bleibt, dass eine Ermessensbindung über den AEAO zu § 153 für die Ermessensentscheidungen der AEAO nicht zwingend ist. Zwar dienen Anwendungserlasse grundsätzlich der Vereinheitlichung von Ermessensentscheidungen in der Verwaltung (Selbstbindung der Verwaltung, Art. 3 Abs. 1 GG),[1103]

1098 *Englisch*, in: Tipke/Lang, Steuerrecht, 23. Aufl. 2018, § 5 Rn. 152; *Maurer*, Allgemeines Verwaltungsrecht, 18. Aufl. 2013, § 7 Rn. 20; *Lange*, in: Hübschmann/Hepp/Spitaler, AO/FGO, 250. EL Stand 11/2018, § 102 FGO Rn. 95; *Dauven*, SteuerStud 2009, 254, 257.

1099 *Englisch*, in: Tipke/Lang, Steuerrecht, 23. Aufl. 2018, § 5 Rn. 152; *Maurer*, Allgemeines Verwaltungsrecht, 18. Aufl. 2013, § 7 Rn. 22; *Lange*, in: Hübschmann/Hepp/Spitaler, AO/FGO, 250. EL Stand 11/2018, § 102 FGO Rn. 97.

1100 *Lange*, in: Hübschmann/Hepp/Spitaler, AO/FGO, 250. EL Stand 11/2018, § 102 FGO Rn. 97; *Dauven*, SteuerStud 2009, 254, 258.

1101 BFH, Urteil vom 23.5.1985, Az. V R 124/79, BStBl. II 1985, 489, 490 Ls. 1; *Pump/Leibner*, StBp 2006, 37, 40; *Dauven*, SteuerStud 2009, 254, 254.

1102 *Pump/Leibner*, StBp 2006, 37, 38.

1103 *Englisch*, in: Tipke/Lang, Steuerrecht, 23. Aufl. 2018, § 5 Rn. 35; BVerfG, Beschluss vom 31.5.1988, Az. 1 BvR 520/83, BVerfGE 78, 214, 228 = NJW 1989, 666, 667 f.; *Pump/Leibner*, StBp 2006, 37, 43.

sodass gleichartige Sachverhalte gleich zu entscheiden sind.[1104] Explizit befasst sich der AEAO zu § 153 jedoch nur mit dem subjektiven Element der §§ 370, 371, 378 AO. Auf die Frage der Ermessensausübung in anderem Zusammenhang geht er nicht ein, sodass insofern keine Aussage getroffen wird.

III. Überprüfung anhand einzelner Ermessensnormen der AO

1. Verspätungszuschlag, § 152 Abs. 1 AO

Ein Verspätungszuschlag nach § 152 Abs. 1 AO kann gegen denjenigen festgesetzt werden, der seiner Verpflichtung zur Abgabe einer Steuererklärung nicht oder nicht fristgemäß nachgekommen ist. Der Behörde wird durch diese Norm Entschließungsermessen und Auswahlermessen bzgl. der Höhe des Verspätungszuschlags eröffnet.[1105]

a) Entschließungsermessen

Im Entschließungsermessen hat die Behörde in pflichtgemäßem Ermessen zu entscheiden, ob ein Verspätungszuschlag festgesetzt werden soll.[1106] Es ist also möglich, dass im Einzelfall trotz Vorliegen der Tatbestandsvoraussetzungen des § 152 AO ein Verspätungszuschlag nicht festzusetzen ist.[1107] Es ist dabei insbesondere darauf zu achten, ob die Festsetzung eines Verspätungszuschlags dessen allgemeinen Zweck dient, vgl. auch § 5 AO.[1108] Der Verspätungszuschlag wird als Druckmittel eingesetzt, um den ordnungsgemäßen Ablauf des Steuersetzungsverfahren,[1109] also insbesondere eine zeitnahe Steuererhebung,[1110] zu gewährleisten.[1111] Damit hat der Verspätungszuschlag eine „präventive, erzieherische

---

1104 *Dauven*, SteuerStud 2009, 254, 258.

1105 *Seer*, in: Tipke/Kruse, AO/FGO, 153. EL Stand 9/2018, § 152 AO Rn. 22; *Dißars*, in: Schwarz/Pahlke, AO/FGO, 186. EL 12/2018, § 152 AO Rn. 76.

1106 BFH, Urteil vom 20.1.1993, Az. I R 117/91, BFH/NV 1994, 359, 359.

1107 BFH, Urteil vom 28.3.2007, Az. IX R 22/05, DStZ, 2007, 582, 583; *Seer*, in: Tipke/Kruse, AO/FGO, 153. EL Stand 9/2018, § 152 AO Rn. 22.

1108 *Dißars*, in: Schwarz/Pahlke, AO/FGO, 186. EL 12/2018, § 152 AO Rn. 105.

1109 BFH, Urteil vom 19.6.2001, Az. X R 83/98, BStBl. II 2001, 618 = DStR 2001, 1839, 1840; *Seer*, in: Tipke/Kruse, AO/FGO, 153. EL Stand 9/2018, § 152 AO Rn. 1.

1110 BFH, Urteil vom 26.6.2002, Az. IV R 63/00, BStBl. II 2002, 679 = DStRE 2002, 1265, 1266; *Seer*, in: Tipke/Kruse, AO/FGO, 153. EL Stand 9/2018, § 152 AO Rn. 1.

1111 *Dißars*, in: Schwarz/Pahlke, AO/FGO, 186. EL 12/2018, § 152 AO Rn. 1.

Wirkung für die Zukunft“[1112] und eine repressive Wirkung, in welcher die Pflichtverletzung geahndet werden soll.[1113]

Diese Zwecke werden dann nicht erreicht, wenn es sich um ein offenkundiges Versehen handelt,[1114] was bspw. das Vorliegen eines Ausreißers darstellen würde. Für diesen bedarf es weder einer erzieherischen Wirkung noch einer Ahndung desjenigen, der seine Pflichten im Grundsatz ernst nimmt. Ein bestehendes effektives Tax CMS drückt aus, dass das steuerpflichtige Unternehmen gewillt ist, seinen steuerlichen Pflichten nachzukommen.[1115] Der Gesetzesbefehl der fristgerechten Einreichung der Steuererklärung hat das Unternehmen erreicht. Eine Ahndung oder erzieherische Maßnahme ist hier unnötig, da das entsprechende Bewusstsein zur Gesetzesbefolgung bereits vorhanden ist. Stattdessen könnte eine Ermahnung genügen.[1116] Ergänzend kann darauf hingewiesen werden, dass ebenso im Entschließungsermessen das Gesamtverhalten des Steuerpflichtigen zu berücksichtigen ist, also auch früheres Fehlverhalten.[1117] Im Umkehrschluss sollte auch früheres regelkonformes Verhalten berücksichtigt werden, welches durch das Vorhalten eines angemessenen und effektiven Tax CMS positiv begünstigt wird.

Kann das Unternehmen durch ein dokumentiertes, effektives und gelebtes Tax CMS nachweisen, dass es sich bei dem Fristversäumnis um einen Ausreißer handelt, kann dies im Einzelfall dazu führen, dass von einem Verspätungszuschlag vollständig abgesehen wird.[1118]

b) Auswahlermessen

Hat sich die Behörde zur Festsetzung eines Verspätungszuschlags entschlossen, so kann ein Tax CMS im Rahmen der Bemessung des Verzögerungsgelds nach § 152 Abs. 2 AO Berücksichtigung finden. Die Finanzbehörde muss im Rahmen des Auswahlermessens im konkreten Einzelfall diejenige Rechtsfolge wählen, die

1112 *Dißars*, in: Schwarz/Pahlke, AO/FGO, 186. EL 12/2018, § 152 AO Rn. 2; BFH, Urteil vom 18.8.1988, Az. V R 19/83, BStBl. II 1988, 929, 930.

1113 *Dißars*, in: Schwarz/Pahlke, AO/FGO, 186. EL 12/2018, § 152 AO Rn. 2; BFH, Urteil vom 10.10.2002, Az. XI R 41/00, BStBl. II 2002, 124 = BB 2002, 664, 664 f.; *Seer*, in: Tipke/Kruse, AO/FGO, 153. EL Stand 9/2018, § 152 AO Rn. 1 f.

1114 *Seer*, in: Tipke/Kruse, AO/FGO, 153. EL Stand 9/2018, § 152 AO Rn. 22.

1115 Ebenso für die Bemessung der Geldbuße nach § 30 OWiG, *Raum*, in: Kastenrath, Compliance-Kommunikation, 2017, Kapitel 2 Rn. 48.

1116 *Seer*, in: Tipke/Kruse, AO/FGO, 153. EL Stand 9/2018, § 152 AO Rn. 22.

1117 *Dißars*, in: Schwarz/Pahlke, AO/FGO, 186. EL 12/2018, § 152 AO Rn. 81; BFH, Urteil vom 9.4.1987, Az. IV R 8/85, BFH/NV 1989, 1, 2.

1118 Im Ergebnis ebenso *Ull*, in: Behringer, Compliance für KMU, 2012, S. 156.

am besten geeignet ist, den Zweck der Vorschrift zu erfüllen.[1119] Dazu sind von der Finanzbehörde alle in § 152 Abs. 2 S. 2 AO genannten Kriterien, die abstrakt gleichwertig sind,[1120] zu beachten und gegeneinander abzuwägen.[1121]

Ein Tax CMS kann hier an das in § 152 Abs. 1 S. 2 AO genannte Merkmal des Verschuldens anknüpfen. Damit ist der Grad des Verschuldens gemeint, Vorsatz, grobe Fahrlässigkeit oder leichte Fahrlässigkeit.[1122] Entsprechend der Argumentation des AEAO zu § 153 kann man auch hier anführen, dass das Vorhandensein eines effektiven Tax CMS gegen Eventualvorsatz und grobe Fahrlässigkeit sprechen kann. In die Waagschale des Auswahlermessens würde dadurch nur noch die leichteste Form des Verschuldens fallen, was zumindest ein Kriterium für eine geringere Höhe des Verzögerungszuschlags ist.

Für das Verschulden darf auch die Steuervita, also das Verhalten in den Vorjahren herangezogen werden.[1123] Wie später noch darzustellen sein wird, benutzt die Finanzverwaltung den Compliance-Faktor eines Unternehmens im Rahmen der Steuervita.[1124] Aus diesem Grund kann ein Verschulden zumindest gemindert werden, wenn ein Tax CMS besteht, da dies in aller Wahrscheinlichkeit zu einer positiven Steuervita in der Vergangenheit geführt hat. Niedriges Verschulden ist dann ein Argument, dass zumindest zu einem betragsmäßig geringeren Verspätungszuschlag führen kann.

c) Rechtslage ab dem 1. Januar 2019

Zuletzt ist noch darauf hinzuweisen, dass die Ermessensvorgaben des § 152 AO in der Vergangenheit heftig kritisiert wurden.[1125] Die Ermessenseröffnung führte dazu, dass die Verspätungszuschläge nur zufällig festgesetzt wurden, was u.a. damit begründet wurde, dass im Massenvollzug wenig Zeit blieb, den Sachverhalt

---

1119 *Seer*, in: Tipke/Kruse, AO/FGO, 153. EL Stand 9/2018, § 152 AO Rn. 27; BFH, Urteil vom 30.4.1987, Az. IV R 42/85, BStBl. II 1987, 543, 545.

1120 *Seer*, in: Tipke/Kruse, AO/FGO, 153. EL Stand 9/2018, § 152 AO Rn. 27; *Dißars*, in: Schwarz/Pahlke, AO/FGO, 186. EL 12/2018, § 152 AO Rn. 76; BFH, Beschluss vom 9.11.2011, Az. V B 43/11., BFH/NV 2012, 170 = BeckRS 2011, 96945 Ls.

1121 BFH, Urteil vom 20.1.1993, Az. I R 117/91, BFH/NV 1994, 359, 359; *Seer*, in: Tipke/Kruse, AO/FGO, 153. EL Stand 9/2018, § 152 AO Rn. 27.

1122 *Seer*, in: Tipke/Kruse, AO/FGO, 153. EL Stand 9/2018, § 152 AO Rn. 34.

1123 BFH, Urteil vom 14.6.2000, Az. X R 56/98, BStBl. II 2001, 60, 63 f. = DStRE 2000, 1105, 1108; Urteil vom 29.3.2007, Az. IX R 9/05, BeckRS 2007, 25011854; Beschluss vom 11.4.2008, Az. XI B 219/07, BeckRS 2008, 25013314; Beschluss vom 23.6.2008, Az. IV B 106/07, BeckRS 2008, 25013732.

1124 *Haunhorst*, DStR 2010, 2105, 2109; dazu Kapitel 6 B. III. 1.

1125 *Seer*, StuW 2003, 40, 56 f.

ausreichend zu ermitteln, um eine Ermessensentscheidung zu treffen.[1126] Deshalb wurde § 152 AO reformiert, die Änderungen greifen für diejenigen Steuererklärungen, die nach dem 31.12.2018 abzugeben sind, § 8 Abs. 4 S. 1 EGAO.[1127] Ab diesem Zeitpunkt bleibt zwar die Grundregel beibehalten, dass die Festsetzung eines Verspätungszuschlags nach § 152 Abs. 1 AO n. F. im Ermessen der Behörde bleibt. Dieser Grundsatz wird aber deutlich durch § 152 Abs. 2 AO n. F. eingeschränkt, der eine Pflicht zur Festsetzung eines Verspätungszuschlags vorschreibt, wenn eine gewisse Verspätungsfrist abgelaufen ist, bspw. 14 Monate nach Ablauf des Kalenderjahres oder nach dem Besteuerungszeitpunkt, § 152 Abs. 2 Nr. 1 AO n. F. Ebenso wurde das Auswahlermessen bei der Bestimmung der Höhe des Verspätungszuschlags durch die § 152 Abs. 5–10 AO n. F. aufgehoben und durch exakte Kalkulationsgrößen ersetzt.[1128] In Zukunft wird daher die Berücksichtigung eines Tax CMS im Rahmen des Verspätungszuschlags nach § 152 AO n. F. nur in Ausnahmefällen im Rahmen des Entschließungsermessens nach § 152 Abs. 1 AO n. F. möglich sein. In den typischen Fällen nach § 152 Abs. 2 AO n. F. besteht kein Entschließungsermessen mehr.[1129]

Das Auswahlermessen kann in der Neuregelung in § 152 Abs. 1 AO n. F. weiter entsprechend der Kriterien nach § 152 Abs. 2 S. 2 AO ausgeübt werden, sodass sich hier keine Änderungen ergeben.[1130]

2. *Zwangsmittel, § 328 AO*

Steuerliche Verwaltungsakte können durch die erlassende Behörde, die zugleich Vollstreckungsbehörde ist, selbst im Verwaltungszwang vollstreckt werden, vgl. § 328 Abs. 1 S. 3 AO.[1131] Im Zwangsmittelverfahren besteht sowohl hinsichtlich der Androhung als auch der Festsetzung ein doppeltes Ermessen in Form von Entschließungsermessen und Auswahlermessen zwischen den verschiedenen Zwangsmitteln, § 328 Abs. 1 S. 1 AO.[1132]

1126 BT-Drs. 16/7100, 40, 223 f.

1127 Gesetz zur Modernisierung des Besteuerungsverfahrens vom 18.7.2016, BGBl. I 2016, 1679, 1688 ff.

1128 *Seer*, in: Tipke/Kruse, AO/FGO, 153. EL Stand 9/2018, § 152 AO Rn. 6.

1129 *Seer*, in: Tipke/Kruse, AO/FGO, 153. EL Stand 9/2018, § 152 AO Rn. 26.

1130 *Seer*, in: Tipke/Kruse, AO/FGO, 153. EL Stand 9/2018, § 152 AO Rn. 38.

1131 *Drüen*, in: Tipke/Kruse, AO/FGO, 153. EL Stand 9/2018, Vor § 328 AO Rn. 1.

1132 BFH, Urteil vom 13.2.1996, Az. VII R 43/95, BFH/NV 1996, 530, 532; *Drüen*, in: Tipke/Kruse, AO/FGO, 153. EL Stand 9/2018, § 328 AO Rn. 38.

a) *Entschließungsermessen*

Im Rahmen des Entschließungsermessens hat die Finanzbehörde zu entscheiden, ob sie ein Zwangsmittel anwenden will oder ob eine andere Vorgehensweise, wie bspw. eine erneute Aufforderung oder die Schätzung der Besteuerungsgrundlage im Einzelfall geeigneter ist.[1133]

Hier erscheint es fraglich, ob ein Tax CMS bereits das Entschließungsermessen so beeinflussen kann, dass von der Durchsetzung eines Zwangsmittels abgesehen wird. Zwangsmittel können unabhängig von einem etwaigen Verschulden des Steuerpflichtigen genutzt werden,[1134] da diese nicht dazu dienen, vergangenes Unrecht zu sanktionieren.[1135] Vielmehr soll der Steuerpflichtige zur Vornahme einer Handlung oder zur Duldung oder zur Unterlassung bewogen werden.[1136] Kommt das steuerpflichtige Unternehmen einer solchen Handlung trotz vorheriger Ermahnung nicht nach, wird ein Zwangsmittel festgesetzt, unabhängig davon, ob ein Tax CMS besteht oder nicht. Maßgeblich ist alleine, dass die verlangte Tätigkeit (Handlung, Duldung oder Unterlassen) nicht vorgenommen wurde.

b) *Auswahlermessen*

Beim Auswahlermessen hat die Behörde so dann zu entscheiden, welches der Zwangsmittel Zwangsgeld, Ersatzvornahme oder unmittelbarer Zwang sie anwenden will. Gemäß § 328 Abs. 2 S. 1 AO ist dasjenige Zwangsmittel zu bestimmen, durch das der Pflichtige und die Allgemeinheit am wenigsten beeinträchtigt werden. Das bedeutet, dass ein geeignetes und erforderliches Zwangsmittel auszuwählen ist.[1137] § 328 Abs. 2 S. 2 AO formuliert die letzte Voraussetzung des Verhältnismäßigkeitsprinzips, denn das Zwangsmittel muss in einem angemessenen Verhältnis zu seinem Zweck stehen. Es folgt daher hier eine Abwägung zwischen der Schwere des Eingriffs und Wert sowie der Notwendigkeit des verfolgten Zwecks.[1138] Hier kommt es auf den Einzelfall an, sodass keine allgemeinen Aussagen darüber getroffen werden können, ob ein Tax CMS tauglicher Ansatzpunkt im Auswahlermessen sein kann oder nicht.

1133 *Drüen*, in: Tipke/Kruse, AO/FGO, 153. EL Stand 9/2018, § 328 AO Rn. 39.

1134 *Hohman*, in Hübschmann/Hepp/Spitaler, AO/FGO, 250. EL Stand 11/2018, § 328 AO Rn. 9.

1135 BFH, Urteil vom 29.4.1980, Az. VII R 4/79, BStBl. II 1981, 110, 111; BFH, Beschluss vom 11.9.1996, Az. VII B 176/94, BFH/NV 1997, 166, 167.

1136 *Werth*, in: Klein, AO, 14. Aufl. 2018, § 328 Rn. 6.

1137 *Drüen*, in: Tipke/Kruse, AO/FGO, 153. EL Stand 9/2018, § 328 AO Rn. 40.

1138 *Drüen*, in: Tipke/Kruse, AO/FGO, 153. EL Stand 9/2018, § 328 AO Rn. 41.

3. *Verzögerungsgeld, § 146 Abs. 2b AO*

Auch die Festsetzung des Verzögerungsgelds nach § 146 Abs. 2b AO steht im doppelten Ermessen der Finanzbehörde: Sie hat Entschließungsermessen dahingehend, ob ein Verzögerungsgeld überhaupt festgesetzt werden soll und Auswahlermessen bei der Höhe, für die ein Rahmen von 2.500 EUR bis 250.000 EUR vorgegeben ist.[1139]

a) Entschließungsermessen

Im Rahmen des Entschließungsermessens macht das Gesetz keine konkreten Angaben. Das Ermessen ist daher nach den allgemeinen Regeln i. S. d. § 5 AO auszuüben: Das bedeutet zum einen, dass sich nach dem Zweck der Regelung zu richten ist, zum anderen nach dem Verhältnismäßigkeitsgrundsatz.[1140] Jedenfalls müssen die Umstände des Einzelfalls beachtet werden.[1141] Das Verzögerungsgeld aus § 146 Abs. 2b AO bezweckt zum einen, den Steuerpflichtigen zur zeitnahen Erfüllung seiner Mitwirkungspflichten anzuhalten,[1142] zum anderen soll die Verletzung der Mitwirkungspflicht sanktioniert werden.[1143] Ein Tax CMS könnte auch hier wiederrum bei der Ahndung der Verletzung der Mitwirkungspflicht ansetzen, da eine Sanktion dann nicht nötig ist, da das steuerpflichtige Unternehmen gerade durch die Implementierung eines Tax CMS zum Ausdruck bringt, dass es seine Pflichten im Grunde ernst nimmt.[1144] Der Sanktionscharakter greift daher nicht in voller Schärfe. Dies entspricht auch dem Verhältnismäßigkeitsgrundsatz, der in Anbetracht des relativ hohen Mindestbetrags von 2.500 EUR

1139 BFH, Urteil vom 24.2.2014, Az. IV R 25/11, DStRE 2014, 1130, 1134; *Dißars*, in: Schwarz/Pahlke, AO/FGO, 186. EL 12/2018, § 146 AO Rn. 49 f.

1140 BFH, Urteil vom 24.2.2014, Az. IV R 25/11, DStRE 2014, 1130, 1134; BT-Drs. 16/10189, 81; Hessisches FG, Beschluss vom 8.8.2011, Az. 8 V 1281/11, DStRE 2012, 447, 447 f.; *Dißars*, in: Schwarz/Pahlke, AO/FGO, 186. EL 12/2018, § 146 Rn. 50.

1141 BFH, Urteil vom 24.4.2014, Az. IV R 25/11, BStBl. II 2014, 819 = DStRE 2014, 1130, 1134 Rn. 47.

1142 BT-Drs. 16/10189, 81; *Drüen*, in: Tipke/Kruse, AO/FGO, 153. EL Stand 9/2018, § 146 AO Rn. 48; BMF, Fragen und Antworten zum Verzögerungsgeld nach § 146 Abs. 2b AO, Stand: 28.9.2011, Frage 1, abrufbar unter: http://www.bundesfinanzministerium.de/Content/DE/Downloads/BMF_Schreiben/Weitere_Steuerthemen/Betriebspruefung/001_a1.pdf;jsessionid=AB407F70AD370FCAE94CBD81459FFF0F?__blob=publicationFile&v=3 (2.2.2018).

1143 BFH, Urteil vom 28.8.2012, Az. I R 10/12, DStR 2013, 136, 139.

1144 Ebenso für die Bemessung der Geldbuße nach § 30 OWiG, *Raum*, in: Kastenrath, Compliance-Kommunikation, 2017, Kapitel 2 Rn. 48.

fordert, dass bereits im Entschließungsermessen sorgfältig abzuwägen ist, ob ein Verzögerungsgeld überhaupt festgesetzt werden soll. Von besonderer Bedeutung ist hier, ob der Betrag in Höhe von 2.500 EUR im Verhältnis zu der Pflichtverletzung und dem Ausmaß der Beeinträchtigung der Außenprüfung im Einzelfall angemessen ist.[1145] Das Vorliegen eines effektiven und angemessenen Tax CMS könnte deshalb beim fehlenden Ahndungscharakter dazu führen, dass die Festsetzung eines Verzögerungsgeldes ausbleibt.

b) Auswahlermessen

Im Rahmen des Auswahlermessens ist aus dem breiten gesetzlich genannten Rahmen von 2.500 EUR bis 250.000 EUR zu wählen. Spezielle Vorgaben, wie das Ermessen dazu auszuüben ist, fehlen im Gesetz.[1146] Daneben ist der Grad des Verschuldens zu berücksichtigen.[1147] Nicht berücksichtigt werden darf vorangegangenes Verhalten des Steuerpflichtigen, welches sich vor Aufforderung zur Vorlage von Unterlagen befand.[1148] Im Rahmen der Ermessenserwägung sind nach der Rspr. die Dauer der Fristüberschreitung, die Gründe und das Ausmaß der Pflichtverletzung sowie die Beeinträchtigung der Außenprüfung miteinzubeziehen.[1149] Am Verschulden könnte das Tax CMS ansetzen. Wiederrum kann es hier ein Indiz gegen Eventualvorsatz und grobe Fahrlässigkeit sein, sodass zumindest ein geringer Verschuldensgrad vorliegt. Dieser wird sich dann bei der Bemessung des Bußgeldes auswirken, dass ggf. niedriger angesetzt werden kann.

1145 BFH, Urteil vom 24.2.2014, Az. IV R 25/11, DStRE 2014, 1130, 1135; in eine ähnliche Richtung *Dißars*, in: Schwarz/Pahlke, AO/FGO, 186. EL 12/2018, § 146 AO Rn. 49, der das Vorliegen eines „wesentlichen" Falls fordert.

1146 *Drüen*, in: Tipke/Kruse, AO/FGO, 153. EL Stand 9/2018, § 146 AO Rn. 48.

1147 FG Berlin-Brandenburg, Beschluss vom 23.10.2012, Az. 5 V 5284/12, DStRE 2013, 878, 879; *Dißars*, in: Schwarz/Pahlke, AO/FGO, 186. EL 12/2018, § 146 AO Rn. 50.

1148 BFH, Urteil vom 24.2.2014, Az. IV R 25/11, DStRE 2014, 1130.

1149 BFH, Urteil vom 24.2.2014, Az. IV R 25/11, DStRE 2014, 1130, 1134; Urteil vom 28.8.2012, Az. I R 10/12, DStR 2013, 136, 139; BMF, Fragen und Antworten zum Verzögerungsgeld nach § 146 Abs. 2b AO, Stand: 28.9.2011, Frage 16, abrufbar unter: http://www.bundesfinanzministerium.de/Content/DE/Downloads/BMF_Schreiben/Weitere_Steuerthemen/Betriebspruefung/001_a1.pdf;jsessionid=AB407F70AD370FCAE94CBD81459FFF0F?__blob=publicationFile&v=3 (2.2.2018).

4. *Haftung als Verwaltungshelfer*

Auch bei der Frage, ob ein Unternehmen, welches als Verwaltungshelfer zur Abführung von Steuern fingieren kann, als Haftender in Anspruch genommen werden kann, eröffnet § 42d Abs. 3 S. 2 EStG der Behörde insoweit ein persönliches Auswahlermessen,[1150] gegenüber wem (also Arbeitgeber oder Arbeitnehmer) sie den Haftungsanspruch geltend machen will.

Ein bestehendes Tax CMS dürfte hier dennoch nur wenig Aussicht auf Erfolg haben. Der Haftung als Verwaltungshelfer liegt zugrunde, dass dadurch Steuerausfälle verhindert werden sollen,[1151] auf ein etwaiges Verschulden kommt es nicht an.[1152] Aus diesem Grund wird hier wohl eher darauf abgestellt werden, wer finanziell in der Lage ist, die Steuer zu zahlen, da das Steueraufkommen als solches geschützt werden soll. Ein Tax CMS kann diese Ermessensentscheidung daher nicht beeinflussen.

C. Berücksichtigung eines Tax CMS im Rahmen des Verschuldens

I. Allgemein

Nach dem AEAO zu § 153 ist ein Tax CMS für das Verschulden im Strafrecht relevant. Es liegt daher die Vermutung nahe, dass eine Berücksichtigung auf Verschuldensebene auch außerhalb des Steuerstrafrechts relevant sein kann.[1153]

Unter Verschulden versteht man Vorsatz und alle Arten der Fahrlässigkeit. „Vorsätzlich handelt, wer die Pflichten gekannt und ihre Verletzung gewollt hat".[1154] Im Rahmen der Fahrlässigkeit gilt im Steuerrecht nicht der aus den §§ 276, 278 BGB bekannte objektive Verschuldensbegriff des Zivilrechts. Stattdessen wird ein subjektives Verständnis zugrunde gelegt, was sich nach dem individuellen Verschulden des Erklärungspflichtigen richtet.[1155] „Schuldhaft handelt der Erklärungspflichtige, der diejenige Sorgfalt nicht anwendet, die ihm

---

1150 *Wagner*, in: Blümich, EStG, KStG, GesStG, 143. EL Stand 8/2018, § 42d EStG Rn. 84.

1151 *Wagner*, in: Blümich, EStG, KStG, GesStG, 143. EL Stand 8/2018, § 42d EStG Rn. 18.

1152 *Wagner*, in: Blümich, EStG, KStG, GesStG, 143. EL Stand 8/2018, § 42d EStG Rn. 58.

1153 *Von Wolfersdorff/Hey*, WPg 2016, 934, 936.

1154 BFH, Beschluss vom 12.7.1983, Az. VII B 19/83, BStBl. II 1983, 655, 656; FG Münster, Urteil vom 5.2.1997, Az. 1 K 5572/95 L, EFG 97, 1274.

1155 *Seer*, in: Tipke/Kruse, AO/FGO, 153. EL Stand 9/2018, § 152 AO Rn. 17; *Dißars*, in: Schwarz/Pahlke, AO/FGO, 186. EL 12/2018, § 152 AO Rn. 34; BFH, Urteil vom 26.4.1989, Az. I R 10/85, BStBl. II 1989, 693, 693.

aufgrund seiner Kenntnisse und Erfahrungen, der ihm zur Verfügung stehenden Hilfsmittel, der besonderen Belastung körperlicher, geistiger und seelischer Art zuzumuten ist."[1156] „Grob fahrlässig handelt, wer die Sorgfalt zu der er nach seinen persönlichen Kenntnissen und Fähigkeiten verpflichtet und imstande ist, in ungewöhnlich großem Maße verletzt".[1157]

II. Einzelne Normen

1. Verspätungszuschlag, § 152 AO

Gemäß § 152 Abs. 1 S. 2 AO ist von der Festsetzung eines Verspätungszuschlags abzusehen, wenn der Erklärungspflichtige glaubhaft macht, dass die Verspätung entschuldbar ist. Wann es an einem Verschulden fehlt, wird sehr restriktiv gehandhabt. Entschuldbar sollen schwere Krankheit, ein Unglücksfall oder hohes Alter sein.[1158] Eine hohe Arbeitsbelastung führt hingegen nicht zum Entfallen des Verschuldens, da der Steuerpflichtige dafür Vorsorge treffen muss und ggf. Ersatzkräfte einzustellen hat. Eine Ausnahme kann nur dort gelten, wo die Arbeitsüberlastung „unvorhersehbar und unabwendbar" war.[1159] Grobe Fahrlässigkeit ist gegeben, wenn der Steuerpflichtige trotz Aufforderung oder gesetzlicher Verpflichtung nicht rechtzeitig abgibt.[1160]

Zu denken wäre noch an einen Verbotsirrtum entsprechend § 17 S. 1 StGB. Damit diesem entschuldigende Wirkung zukommt, muss der Irrtum gem. § 17 S. 2 StGB unvermeidbar gewesen sein. An die Unvermeidbarkeit werden hohe Anforderungen gestellt, die nur in Ausnahmefällen vorliegen. Ist unklar, wann eine Steuererklärung abzugeben ist, kann sich jedenfalls einfach und kostenlos durch einen Anruf bei der Finanzbehörde informiert werden, sodass die Unvermeidbarkeit in der Regel nicht vorliegt.[1161]

1156 *Seer*, in: Tipke/Kruse, AO/FGO, 153. EL Stand 9/2018, § 152 AO Rn. 17; *Loose*, in: Tipke/Kruse, AO/FGO, 153. EL Stand 9/2018, § 69 AO Rn. 25.

1157 *Loose*, in: Tipke/Kruse, AO/FGO, 153. EL Stand 9/2018, § 69 AO Rn. 26.

1158 *Seer*, in: Tipke/Kruse, AO/FGO, 153. EL Stand 9/2018, § 152 AO Rn. 18; *Dißars*, in: Schwarz/Pahlke, AO/FGO, 186. EL 12/2018, § 152 AO Rn. 39; *Loose*, in: Tipke/Kruse, AO/FGO, 153. EL Stand 9/2018, § 173 AO Rn. 76a.

1159 *Seer*, in: Tipke/Kruse, AO/FGO, 153. EL Stand 9/2018, § 152 AO Rn. 18; BFH, Urteil vom 29.3.2007, Az. IX R 9/05, BeckRS 2007, 25011854.

1160 *Loose*, in: Tipke/Kruse, AO/FGO, 153. EL Stand 9/2018, § 173 AO Rn. 73 mit Verweis auf BFH, Urteil vom 16.9.2004, Az. IV R 62/02, BStBl. II 2005, 75 = DStR 2004, 2100, 2101.

1161 *Dißars*, in: Schwarz/Pahlke, AO/FGO, 186. EL 12/2018, § 152 AO Rn. 35 f.; FG München, Urteil vom 9.11.1990, Az. 3 K 3209/87, EFG 1991, 440; im Ergebnis ebenso *Seer*, in: Tipke/Kruse, AO/FGO, 153. EL Stand 9/2018, § 152 AO Rn. 19.

2. *Zuschlag auf die Schätzungssumme, § 162 Abs. 4 AO*

Gemäß § 162 Abs. 4 AO kann die von der Finanzverwaltung geschätzte Summe durch einen Zuschlag erhöht werden. Dabei handelt es sich um Fälle, die geschätzt werden müssen, weil der Steuerpflichtige nur unverwertbare Aufzeichnungen nach § 90 Abs. 3 AO vorlegt oder solche Aufzeichnungen verspätet einreicht. Von einem Aufschlag ist nach § 162 Abs. 4 S. 5 Alt. 1 AO abzusehen, wenn die Nichterfüllung der Pflichten nach § 90 Abs. 3 AO entschuldbar erscheint oder ein Verschulden nur geringfügig ist. Für die Frage, ob es das Verschulden entschuldbar erscheint, gilt nichts anderes als beim Verspätungszuschlag nach § 152 Abs. 1 S. 2 AO.[1162] Das bedeutet ebenso in diesem Fall, dass auch ein bestehendes Tax CMS wohl nur schwerlich dazu führen kann, dass jegliches Verschulden entfällt oder gar ein Verbotsirrtum besteht.[1163]

Alternativ ermöglicht § 162 Abs. 5 S. 5 Alt. 2 AO ein Absehen von einem Zuschlag, wenn das Verschulden nur geringfügig ist. Geringfügigkeit wird bei leichter Fahrlässigkeit angenommen.[1164] Wie gesehen, kann ein Tax CMS ein Indiz gegen Vorsatz und grobe Fahrlässigkeit sein, sodass es auch im Rahmen von § 162 Abs. 4 AO denkbar ist, dass nur noch eine geringfügigere Form des Verschuldens vorliegt.

3. *Festsetzungsfrist, § 169 AO*

§ 169 Abs. 2 S. 2 AO verlängert die Festsetzungsfrist im Falle einer Steuerhinterziehung oder einer leichtfertigten Steuerverkürzung auf zehn bzw. fünf Jahre. Dies gilt grds. auch dann, wenn nicht der Steuerpflichtige selbst Täter war, sondern eine Person, derer sich der Steuerpflichtige zur Erfüllung seiner steuerlichen Pflichten bedient hat, § 169 Abs. 2 S. 3 Hs. 1 AO. Die Festsetzungsfrist wird daher auch für Steuern des Unternehmens verlängert, für welche die gesetzlichen und steuerlichen Vertreter nach § 34 Abs. 1 S. 1 AO handeln.

Zu einer Verlängerung der Festsetzungsfrist kommt es nicht, wenn der Steuerschuldner nachweist, dass er durch die Tat keinen Vermögensvorteil erlangt hat und dass sie auch nicht darauf beruht, dass er die im Verkehr erforderlichen Vorkehrungen zur Verhinderung von Steuerverkürzungen unterlassen hat, § 169 Abs. 2 S. 3 Hs. 2 AO, sog. Exkulpation.[1165] Anknüpfungspunkt für ein Tax CMS kann die zweite Voraussetzung sein, also der Nachweis, dass die im Verkehr

1162 *Frotscher*, in: Schwarz/Pahlke, AO/FGO, 186. EL 12/2018, § 162 AO Rn. 125.
1163 A. A. *von Wolfersdorff/Hey*, WPg 2016, 934, 936.
1164 *Frotscher*, in: Schwarz/Pahlke, AO/FGO, 186. EL 12/2018, § 162 AO Rn. 126.
1165 *Drüen*, in: Tipke/Kruse, AO/FGO, 153. EL Stand 9/2018, § 169 AO Rn. 20.

erforderlichen Vorkehrungen zur Verhinderung von Steuerverkürzungen nicht unterlassen wurden.

Es gibt naturgemäß an dieser Stelle keine einheitlichen Vorgaben, welche Vorkehrungen im Verkehr erforderlich sind. Diese bestimmen sich nach den Umständen des Einzelfalls und der Zumutbarkeit.[1166] Die Anforderungen steigen mit dem Risiko, wonach ein Dritter eine Steuerhinterziehung oder leichtfertige Steuerverkürzung begehen könnte.[1167] Einzelne organisatorische Vorgaben dazu sind die stichprobenartige Überprüfung von Aufzeichnungen.[1168]

Diese Beschreibung ähnelt der eines Tax CMS. Auch hier richtet sich die konkrete Ausgestaltung nach dem Einzelfall, insb. nach dem Risikoprofil des Unternehmens. Im Rahmen der Überwachung des Tax CMS sind ebenso Stichproben durchzuführen. Meines Erachtens kann daher davon ausgegangen werden, dass ein den Anforderungen aus Kapitel 3 entsprechendes Tax CMS ebenso den Anforderungen aus § 169 Abs. 2 S. 3 Hs. 2 AO entspricht. Durch die Dokumentation des Tax CMS wird dem steuerpflichtigen Unternehmen der Exkulpationsnachweis bzgl. dieser Voraussetzung in der Regel gelingen dürfen.

Ob die Festsetzungsfrist nicht verlängert wird, hängt aber noch von einer zweiten Voraussetzung ab, nämlich dem Vermögensvorteil. Hier bietet ein Tax CMS keine Hilfestellung.

4. *Haftung der Vertreter, § 69 AO*

Die persönliche Haftung der steuerlichen Vertreter nach §§ 34, 35 AO, also insbesondere der Geschäftsleitung setzt voraus, dass diese eine ihnen auferlegte Pflicht vorsätzlich oder grob fahrlässig verletzt haben.

a) *Pflichtverletzung*

Zunächst bedarf es einer Pflichtverletzung, die ursächlich für den Haftungsschaden ist.[1169] In der Rechtsprechung wurden in der Vergangenheit bereits einige Pflichten des steuerlichen Vertreters beschrieben. So geht es bspw. darum, die bestehenden gesetzlichen Vorschriften zu beachten,[1170] Angestellte und Mitarbeiter

---

1166 BFH, Urteil vom 31.1.1989, Az. VII R 77/86, BStBl. II 1989, 442, 444 = Rn. 6 zitiert nach juris.

1167 BFH, Urteil vom 31.1.1989, Az. VII R 77/86, BStBl. II 1989, 442, 444.

1168 *Drüen*, in: Tipke/Kruse, AO/FGO, 153. EL Stand 9/2018, § 169 AO Rn. 20.

1169 *Loose*, in: Tipke/Kruse, AO/FGO, 153. EL Stand 9/2018, § 69 AO Rn. 20.

1170 BFH, Urteil vom 27.11.1990, Az. VII R 20/89, BStBl. II 1991, 284 = BB 1991, 1323, 1324.

sorgfältig auszuwählen[1171] und zu überwachen[1172] sowie einem steuerlichen Berater alle erforderlichen Unterlagen zur Verfügung zu stellen[1173] und die pünktliche Erledigung der steuerlichen Pflichten durch diesen zu überwachen.[1174] Dieser Pflichtenkatalog überschneidet sich mit dem Inhalt der Tax Compliance-Pflicht. Das bedeutet, dass eine Haftung des Geschäftsleiters wegen eines Haftungsschadens der Gesellschaft schon dann ausscheiden kann, wenn der Geschäftsleiter seiner Compliance-Pflicht nachgekommen ist und angemessene organisatorische Vorkehrungen getroffen hat.

b) Verschulden in Form von Vorsatz oder grober Fahrlässigkeit

Eine persönliche Inanspruchnahme ist darüber hinaus nur dann gegeben, wenn der steuerliche Vertreter bezüglich seiner Pflichtverletzung vorsätzlich oder grob fahrlässig gehandelt hat.[1175]

Wie im Steuerstrafrecht, kann ein Tax CMS auch im Rahmen des § 69 AO gegen den Eventualvorsatz und grobe Fahrlässigkeit sprechen. Von einer Sorgfaltspflichtverletzung „in ungewöhnlich großem Maße“[1176] kann dann nicht mehr gesprochen werden, wenn eine Risikoanalyse durchgeführt wird sowie Informationswege etabliert und routinemäßig Kontrollen und Anpassungen des bestehenden Tax CMS vorgenommen werden.[1177]

5. Aufhebung oder Änderung von Steuerbescheiden, § 173 Abs. 1 S. 1 Nr. 2 AO

Aufgrund neuer Tatsachen und Beweismittel können bereits erlassene Steuerbescheide nach § 173 Abs. 1 AO aufgehoben oder geändert werden. Geht es um Tatsachen oder Beweismittel, die zu einer niedrigeren Steuer führen würden, ist eine Aufhebung oder Änderung des Steuerbescheids zu Gunsten des Steuerpflichtigen nur dann möglich, wenn diesen kein grobes Verschulden daran trifft, dass diese Tatsachen oder Beweismittel erst nachträglich erkannt werden, § 173

1171 BFH, Urteil vom 30.6.1996, Az. VII R 85/94, BFH/NV 1996, 2, 3; Beschluss vom 27.5.2005, Az. III B 197/04, BFH/NV 2005, 1487, 1488.

1172 BFH, Urteil vom 10.5.1988, Az. VII R 24/85, BFH/NV 1989, 72, 74; Urteil vom 27.11.1990, Az. VII R 20/89, BStBl. II 1991, 284, 286.

1173 BFH, Beschluss vom 7.1.2003, Az. VII B 196/01, Rn 4 zitiert nach juris.

1174 BFH, Beschluss vom 20.2.2001, Az. VII B 111/00, BFH/NV 2001, 1097 = Rn. 9 zitiert nach juris.

1175 *Loose*, in: Tipke/Kruse, AO/FGO, 153. EL Stand 9/2018, § 69 AO Rn. 23.

1176 *Loose*, in: Tipke/Kruse, AO/FGO, 153. EL Stand 9/2018, § 69 AO Rn. 26.

1177 *Ball/Papasikas*, BB 2016, 1495, 1496.

Abs. 1 S. 1 Nr. 2 AO. Ein Verschulden liegt nicht vor, wenn es sich um Fehler handelt, die üblicherweise vorkommen und mit denen immer gerechnet werden muss.[1178] Durch ein Tax CMS sollen zwar möglichst alle Fehlverstöße vermieden werden, dies ist praktisch jedoch nicht möglich.[1179] Bei einem funktionierenden Tax CMS sollten deshalb nur noch solche Fehler vorliegen, die sich im Geschäftsleben ereignen können. Aus diesem Grund kann ein Tax CMS gegen grobes Verschulden in diesem Fall sprechen.[1180]

D. Berücksichtigung eines Tax CMS im Ordnungswidrigkeitenrecht

Aufgrund einer steuerlichen Pflichtverletzung kann ggf. eine Geldbuße gegenüber der Geschäftsleitung nach §§ 130, 9 OWiG sowie gegenüber dem Unternehmen selbst auf Grundlage von § 30 OWiG festgesetzt werden.

I. Tatbestandsebene „gehörige Aufsicht", § 130 OWiG

Soll eine Geldbuße gegen das Leitungsorgan, insb. die Geschäftsführer verhängt werden, so ist Anknüpfungspunkt für die Berücksichtigung eines Tax CMS das Tatbestandsmerkmal der *gehörigen Aufsicht.*[1181]

Zur Erfüllung der gehörigen Aufsicht hat der Geschäftsleiter nach § 130 Abs. 1 S. 1 OWiG solche Aufsichtsmaßnahmen zu treffen, die erforderlich sind, um Zuwiderhandlungen gegen Pflichten zu unterbinden oder zumindest zu erschweren. Da ein Tax CMS in präventiver Hinsicht darauf ausgerichtet ist, Rechtsverletzungen zu verhindern, sollen durch die Implementierung gerade solche Strukturen geschaffen werden. Wie gesehen ist ein Bestandteil eines Tax CMS die kontinuierliche Kontrolle sowohl der Effektivität des CMS als auch der

1178 *Loose*, in: Tipke/Kruse, AO/FGO, 153. EL Stand 9/2018, § 173 AO Rn. 78 mit Verweis auf BFH, Urteil vom 13.9.1990, Az. V R 110/85, Rn. 19 zitiert nach juris.

1179 *Erdbrügger/Kaiser*, Ubg 2016, 412, 413.

1180 *Von Wolfersdorff/Hey*, WPg 2016, 934, 936.

1181 *Ball/Papasikas*, BB 2016, 1495, 1496; *Werder/Rudolf*, BB 2016, 1433, 1439; *Schwartz*, in: Schulz, Compliance-Management im Unternehmen, 2017, Kapitel 24 Rn. 48; BGH, Urteil vom 9.5.2017, Az. 1 StR 265/16 mit Anm. *Baur/Holle*, 499, 500; *Aichberger/Schwartz*, DStR 2015, 1691, 1696; *Hunsmann*, DStR 2014, 855, 858; *Jenne/Mertens*, CCZ 2017, 285, 286; *Ziegler*, in: Blum/Gassner/Seith, OWiG, 1. Aufl. 2016, § 130 Rn. 31; *Rogall*, in: Mitsch, Karlsruher Kommentar zum OWiG, 5. Aufl. 2018, § 130 Rn. 58; *Schwedhelm/Talaska*, ifSt-Schrift 513, 2016, 21.

Mitarbeiter. Es ist daher geradezu naheliegend, dass durch ein Tax CMS Zuwiderhandlungen zumindest wesentlich erschwert werden.[1182]

II. Bemessung der Geldbuße, § 30 OWiG

Ein weiterer Ansatzpunkt für die Berücksichtigung eines wirksamen Tax CMS ist die Bemessung der Höhe einer Geldbuße.[1183] Vorbild dafür sind ausländische Jurisdiktionen, die einem bestehenden CMS bußgeldmindernde Wirkung beimessen, vgl. in Großbritannien Sec. 7 des U.K. Bribery Act 2010, in Italien das Decreto Legislativo n. 231/2001, in Brasilien Art. 7 VIII des sog. Clean Company Act, Gesetz Nr. 12.846 oder in den USA Kap. 8 der U.S. Sentencing Guidelines oder den FCPA Resource Guide.[1184]

Auf nationaler Ebene finden sich bisher keine expliziten gesetzlichen Ansatzpunkte, ein bestehendes CMS bußgeldmindernd zu berücksichtigen.[1185] In den Richtlinien der EU sowie der deutschen Behörden zur Bemessung einer Kartellgeldbuße wird ein bestehendes CMS bisher nicht mildernd berücksichtigt.[1186] Gesetzesvorschläge[1187] auf nationaler Ebene, die eine solche Berücksichtigung einführen wollen, sind bisher noch nicht umgesetzt worden.

1182 *Ziegler*, in: Blum/Gassner/Seith, OWiG, 1. Aufl. 2016, § 130 Rn. 36; *Raum*, in: Kastenrath, Compliance-Kommunikation, 2017, Kapitel 2 Rn. 49; BGH, Urteil vom 9.5.2017, Az. 1 StR 265/16, wistra 2017, 499, 500 mit Anm. *Baur/Holle*; zur gehörigen Aufsicht schon Kapitel 3 C. I. 2.

1183 BT-Drs. 17/11053, 21; *Hunsmann*, DStR 2014, 855, 858; *Ziegler*, in: Blum/Gassner/Seith, OWiG, 1. Aufl. 2016, § 130 Rn. 31; *von Galen/Maass*, in: Leitner/Rosenau, Wirtschafts- und Steuerstrafrecht, 1. Aufl. 2017, § 30 OWiG Rn. 42; *Rogall*, in: Mitsch, Karlsruher Kommentar zum OWiG, 5. Aufl. 2018, § 130 Rn. 58; *Moosmayer/Gropp-Stadler*, NZWiSt 2012, 241, 242; *Bosch*, ZHR 177 (2013), 454, 469; BT-Drs. 17/11053, 21.

1184 *Moosmayer*, CCZ 2016, 193; ebenfalls darauf hinweisend *Jenne/Mertens*, CCZ 2017, 285, 286 Fn. 16, 17; *Bürkle*, BB 2005, 565, 565; *Bergmoser/Theusinger/Gushurst*, BB-Spezial 5.2008, 1, 3; *Moosmayer/Gropp-Stadler*, NZWiSt 2012, 241, 241, 243.

1185 BGH, Urteil vom 9.5.2017, Az. 1 StR 265/16, wistra 2017, 499 mit Anm. *Baur/Holle*, 499, 500.

1186 Vgl. Leitlinien für das Verfahren zur Festsetzung von Geldbußen gemäß Artikel 23 Absatz 2 Buchstabe a) der Verordnung (EG) Nr. 1/2003 der-Kommission, ABl. vom 4.1.2003 L001; *Kremer/Klahold*, ZGR 2010, 113, 139.

1187 Zum Vorschlag des DICO e. V. für ein Compliance-Anreiz-Gesetz (CompAG) *Dierlamm*, CCZ 2014, 194; zum Vorschlag des BUJ für eine Reform der §§ 30, 130 OWiG *Beulke/Moosmayer*, CCZ 2014, 146.

Die bußgeldmindernde Berücksichtigung eines CMS auf nationaler Ebene hat aber durch das Urteil des BGH vom 9. Mai 2017[1188] an Bedeutung gewonnen. Diesem lag folgender Sachverhalt zugrunde: Ein in Deutschland ansässiges Rüstungsunternehmen verkaufte im Juli 2001 Panzerhaubitzen an den griechischen Staat. Eine in diesem Zusammenhang erstellte Rechnung über Provisionen gab der Angeklagte, ein leitender Angestellter und Prokurist des Unternehmens, zur Zahlung frei und leitete es an die Buchhaltung weiter. Diese Provisionszahlungen beruhten, wie der Angeklagte wusste, auf Bestechungsabreden. Wie von diesem zumindest billigend in Kauf genommen, wurden diese „Provisionszahlungen" 2002 entgegen § 4 Abs. 5 S. 1 Nr. 10 EStG als ordentliche Betriebsausgaben des Rüstungsunternehmens verbucht. Dies führte dazu, dass der Gewinn des Rüstungsunternehmens gemindert wurde, da er als Betriebsausgabe die Grundlage zur gesonderten und einheitlichen Feststellung (§ 180 Abs. 1 S. 1 Nr. 2 lit. a AO) minderte.[1189] Das Landgericht verurteilte den leitenden Angestellten wegen Beihilfe zur Steuerhinterziehung und belegte das Unternehmen mit einer Geldbuße von 175.000 EUR nach § 30 OWiG.[1190]

In seiner Revisionsentscheidung entscheid der BGH: „Für die Bemessung der Geldbuße [nach § 30 OWiG] ist (...) von Bedeutung, inwieweit die Nebenbeteiligte [ein in Deutschland ansässiges Rüstungsunternehmen, bei dem der Angeklagte als leitender Angestellter und Prokurist tätig war] ihrer Pflicht, Rechtsverletzungen aus der Sphäre des Unternehmens zu unterbinden, genügt hat und ein effizientes Compliance-Management installiert hat, das auf die Vermeidung von Rechtsverstößen ausgelegt sein muss. Dabei kann auch eine Rolle spielen, ob die Nebenbeteiligte in der Folge dieses Verfahrens entsprechende Regelungen optimiert und ihre betriebsinternen Abläufe so gestaltet hat, dass vergleichbare Normverletzungen zukünftig jedenfalls deutlich erschwert werden".[1191]

1. *Definition eines effektiven Tax CMS*

Welche inhaltlichen Voraussetzungen an ein Compliance-Management zu stellen sind, das ggf. bußgeldmindernd zu berücksichtigen ist, benennt der BGH nicht.[1192] Es heißt alleine, dass ein Compliance-Management „auf die

---

1188 BGH, Urteil vom 9.5.2017, Az. 1 StR 265/16, wistra 2017, 390, 399.

1189 BGH, Urteil vom 9.5.2017, Az. 1 StR 265/16, wistra 2017, 390, 390 Rn. 3–6.

1190 *Eufinger*, GWR 2017, 415.

1191 BGH, Urteil vom 9.5.2017, Az. 1 StR 265/16, wistra 2017, 390, 399 Rn. 118.

1192 BGH, Urteil vom 9.5.2017, Az. 1 StR 265/16 wistra 2017, 499, 500 mit Anm. *Baur/ Holle*.

Vermeidung von Rechtsverstößen ausgelegt sein muss".[1193] Ebenfalls keine Angaben finden sich dazu zu, wann ein Compliance-Management „effizient"[1194] ist. Auch wenn vereinzelt vertreten wird, das Vorliegen eines irgendwie gearteten, auch lückenhaften CMS[1195] könne ausreichend sein, kann dem nicht zugestimmt werden. Es geht vielmehr darum, dass ein angemessenes, den in Kapitel 3 erarbeiteten Merkmalen entsprechendes CMS vorliegt.[1196]

2. Zeitpunkt des Bestehens des Tax CMS

Für die bußgeldmindernde Wirkung eines Tax CMS nimmt der BGH zwei Zeitpunkte an, bei denen ein solches Tax CMS bestehen muss: einmal zur Zeit der Tatbegehung oder nachträglich, nach Entdeckung der Tat.[1197]

Nachträgliche Bemühungen umschreiben die Optimierung bereits bestehender Regelungen. Das bedeutet, es gab bereits ein Mindestmaß an Maßnahmen, die nun aufgrund des entdeckten Fehlverhaltens so angepasst wurden, dass entsprechende Pflichtverletzungen in der Zukunft bestmöglich vermieden werden.[1198] Dies entspricht dem Verständnis von einem Tax CMS, als „lernende Compliance-Organisation".[1199]

3. Umfang der Bußgeldminderung

Ebenfalls geht nicht aus dem Urteil hervor, in welchem Umfang eine Bußgeldminderung möglich sein soll. Durch die Verwendung des Wortes *kann* drückt der BGH in seinem Urteil aus, dass diese im Ermessen der Behörde steht (Auswahlermessen). Ein bestehendes und effektives CMS führt daher nicht zwingend zu einer vollständigen bußgeldrechtlichen Enthaftung.[1200] Zu berücksichtigen wird sicher auch sein, ob gleichartige Pflichtverletzungen schon in der Vergangenheit aufgetreten sind. Wiederholte gleichartige Verstöße machen deutlich, dass auf

---

1193 BGH, Urteil vom 9.5.2017, Az. 1 StR 265/16, wistra 2017, 390, 399 Rn. 118.
1194 BGH, Urteil vom 9.5.2017, Az. 1 StR 265/16, wistra 2017, 390, 399 Rn. 118.
1195 *Corell/von Saucken*, wistra 2013, 297, 298.
1196 *Schmitt-Leonardy*, in: Blum/Gassner/Seith, OWiG, 1. Aufl. 2016, § 30 Rn. 43.
1197 *Kubiciel/Mennemann*, jurisPR-StrafR 22/2017 Anm. 1.
1198 BGH, Urteil vom 9.5.2017, Az. 1 StR 265/16, wistra 2017, 499 mit Anm. *Baur/Holle*, 499, 500.
1199 *Kubiciel/Gräbener*, ZRP 2016, 137, 139.
1200 *Ziegler*, in: Blum/Gassner/Seith, OWiG, 1. Aufl. 2016, § 130 Rn. 31; *Rogall*, in: Mitsch, Karlsruher Kommentar zum OWiG, 5. Aufl. 2018, § 130 Rn. 58.

Risiken nicht reagiert wird, sodass in diesen Fällen vorgeschlagen wird, die Bußgeldminderung einzuschränken.[1201]

Insbesondere der Umfang einer Bußgeldminderung bei Implementierung eines Tax CMS nach Tatentdeckung wird kritisch beurteilt.[1202] Würde man so weit gehen und auch in diesem Fall eine Bußgeldminderung bis hin zu einem vollständigen Bußgelderlass gelten lassen, würde das rechtspolitisch falsche Signale senden.[1203] Das könnte sogar als Anreiz verstanden werden, einen einmaligen Verstoß zu riskieren, da dieser durch anschließende Compliance-Bemühungen kaum Folgen nach sich zöge. Dies würde dazu führen, dass die Unternehmen privilegiert würden, die sich nicht rechtzeitig um Compliance-Maßnahmen bemüht haben.[1204]

4. *Mögliche negative Auswirkung bei fehlendem Tax CMS*

Keine Angaben macht der BGH darüber, wie zu verfahren ist, wenn weder vor der Tat ein Tax CMS bestand, noch nach der Tatentdeckung ein solches implementiert wird.

Teilweise wird hier argumentiert, dass zumindest bei großen Unternehmen, das Fehlen eines CMS strafschärfend zu beurteilen sei.[1205] Dem kann meines Erachtens nicht zugestimmt werden. Über eine Bußgelderhöhung würde es faktisch zu einer Verpflichtung zur Etablierung eines Tax CMS kommen, die es bisher nicht gibt. Vielmehr stehen die zu treffenden organisatorischen Maßnahmen im Ermessen der Geschäftsleitung.[1206] In dem Fall, in dem ein Tax CMS zu beiden Zeitpunkten fehlt, bleibt es daher bei den allgemeinen Grundsätzen der Bußgeldbemessung nach § 17 Abs. 2 OWiG, wonach es auf die Bedeutung der Ordnungswidrigkeit, den den Täter treffenden Vorwurf sowie dessen wirtschaftliche Verhältnisse ankommt. Die Zuwiderhandlung, die durch die Pflichtverletzung

---

1201 *Süße*, Newsdienst Compliance 2017, 21012.

1202 *Kubiciel/Mennemann*, jurisPR-StrafR 22/2017 Anm. 1.

1203 *Raum*, in: Kastenrath, Compliance-Kommunikation, 2017, Kapitel 2 Rn. 55; *Kubiciel/Mennemann*, jurisPR-StrafR 22/2017 Anm. 1.

1204 *Raum*, in: Kastenrath, Compliance-Kommunikation, 2017, Kapitel 2 Rn. 55.

1205 *Raum*, in: Kastenrath, Compliance-Kommunikation, 2017, Kapitel 2 Rn. 49; *Süße*, Newsdienst Compliance 2017, 21012.

1206 *Fleischer*, in: Spindler/Stilz, AktG, 3. Aufl. 2015, § 91 Rn. 48; *ders.*, in: Fleischer/Goette, Münchener Kommentar zum GmbHG, 2. Aufl. 2016, § 43 Rn. 148; *Haag/Acikgöz*, CB 2016, 265, 268; *Bürkle*, BB 2005, 565, 569; *Liese*, BB-Spezial 5.2008, 17, 17.

geschehen ist, wird vom Ahndungsteil der Geldbuße[1207] bereits vollständig erfasst, sodass es keiner Erhöhung bedarf.

Hinzu kommt, dass die Compliance- und die Compliance-Organisations-Pflicht nur gegenüber der eigenen Gesellschaft bestehen. Es handelt sich also um eine interne Pflicht. Wie vorgegangen werden soll, wenn die Geschäftsleitung dieser nicht nachkommt, sollte daher den Gesellschaftern überlassen bleiben. Diese können zumindest Schadensersatzansprüche nach § 93 Abs. 2 AktG geltend machen. Zwar ist auch der Drittschutz ein Reflex,[1208] wenn aus einem Unternehmen heraus keine Rechtsverstöße begangen werden. Bezweckt wird dieser aber nicht in erster Linie durch die Einführung von Compliance-Systemen.

5. *Vergleich zum Vergaberecht*

Teilweise wurde die Entscheidung begrüßt, da diese zur Einheit der Rechtsordnung beitrage und der Rechtsfolge im Vergaberecht entspreche.[1209] Dies trifft jedoch gerade für die Verletzung steuerlicher Pflichten nicht zu.

Im Vergaberecht hat ein CMS Bedeutung bei der Frage, ob ein Unternehmen am Verfahren zur Vergabe öffentlicher Aufträge i. S. d. § 103 Abs. 1 GWB teilnehmen darf.[1210] Gemäß § 122 Abs. 1 GWB werden öffentliche Verträge an fachkundige und leistungsfähige (geeignete) Unternehmen vergeben, die nicht ausgeschlossen worden sind. Ein zwingender[1211] Ausschlussgrund liegt nach § 123 Abs. 4 GWB dann vor, wenn das Unternehmen seiner Verpflichtung zur Steuerzahlung nicht nachgekommen ist und dies durch eine rechtskräftige Gerichts- oder bestandskräftige Verwaltungsentscheidung festgestellt wurde. Eine solche Nichterfüllung liegt vor, wenn das Unternehmen festgesetzte Steuern nicht oder nicht rechtzeitig gezahlt hat.[1212] Da nicht explizit in § 123 Abs. 1 GWB genannt, werden von dem Ausschlussgrund aus Absatz 4 auch Verurteilungen wegen Steuerhinterziehung nach § 370 AO erfasst.[1213]

1207 *Rogall*, in: Mitsch, Karlsruher Kommentar zum OWiG, 5. Aufl. 2018, § 30 Rn. 136.

1208 *Bunting*, ZIP 2012, 1542, 1545.

1209 *Bahr*, BB 2017, 1931, 1932; *Süße*, Newsdienst Compliance 2017, 21012; *Jenne/Martens*, CCZ 2017, 285, 288; *Wilsing/Goslar*, GmbHR 2017, 1202, 1203.

1210 *Schulz*, BB 2017, 1475, 1478.

1211 BT-Drs. 18/6281, 104.

1212 *Opitz*, in: Burgi/Dreher, Vergaberechtskommentar, 3. Aufl. 2017, § 123 GWB Rn. 49.

1213 BT-Drs. 18/6281, 105.

Ein Anspruch[1214] des Unternehmens auf Teilnahme am Vergabeverfahren trotz Ausschlusses besteht aber grds. dann, wenn das Unternehmen „Maßnahmen zur Wiederherstellung der Integrität“[1215] getroffen hat, die den Voraussetzungen der Selbstreinigung nach § 125 GWB[1216] entsprechen. Dazu muss das Unternehmen nachweisen, dass es für die durch Straftaten oder Fehlverhalten verursachten Schäden einen Ausgleich bezahlt hat oder sich dazu verpflichtet hat (§ 125 Abs. 1 Nr. 1 GWB), dass es die Tatsachen und Umstände, die zu der Straftat bzw. dem Fehlverhalten und dem dadurch entstandenen Schaden geführt haben in aktiver Zusammenarbeit mit den Ermittlungsbehörden und dem öffentlichen Auftraggeber umfassend geklärt hat (§ 125 Abs. 1 Nr. 2 GWB) und dass es konkrete technische, organisatorische und personelle Maßnahmen ergriffen hat, die geeignet sind, weitere Straftaten oder weiteres Fehlverhalten zu vermeiden (§ 125 Abs. 1 Nr. 3 GWB).[1217] Die dritte Voraussetzung wird übereinstimmend so interpretiert, dass darunter ein CMS verstanden wird.[1218] Wie ein CMS im Vergaberecht auszusehen hat, hängt wiederrum von Art und Umfang der Verfehlung ab, § 125 Abs. 2 GWB sowie den Umständen des Einzelfalls.[1219]

Der Vergleich zu dem Institut der Selbstreinigung aus § 125 GWB ist bezogen auf den Verstoß gegen steuerliche Pflichten dennoch unpassend. Für diesen Fall normiert § 123 Abs. 4 S. 2 GWB spezielle[1220] Vorgaben zur Selbstreinigung, mit deutlich geringeren Anforderungen.[1221] Ausreichend ist es, dass das Unternehmen die Steuern einschließlich Zinsen, Säumnis- und Strafzuschläge bereits gezahlt hat oder sich zumindest dazu verpflichtet hat. Anders als bei der Selbstreinigung nach § 125 GWB muss das Unternehmen keine Bemühungen dahingehend tätigen, gleichartige Verstöße in der Zukunft zu vermeiden. Eine Selbstreinigung ist in jedem Fall möglich, es bedarf gerade keiner „tätigen Reue“.[1222]

1214 BT-Drs. 18/6281, 107.

1215 *Schnitzler*, BB 2016, 2115, 2115.

1216 Die deutsche Regelung beruht auf den europäischen Vorgaben der Richtlinie 2014/24/EU des Europäischen Parlaments und des Rates vom 26.2.2014 über die öffentliche Auftragsvergabe und zur Aufhebung der Richtlinie 2004/18/EG, ABl. 28.3.2014, L 94/65.

1217 Eingehend zu den einzelnen Voraussetzungen, *Schnitzler*, BB 2016, 2115, 2119 f.

1218 Richtlinie 2014/24/EU, ABl. 28.3.2014, L 94/65, Erwägungsgrund 102; BT-Drs. 18/6281, 109; *Schnitzler*, BB 2016, 2115, 2120.

1219 BT-Drs. 18/6281, 109.

1220 *Opitz*, in: Burgi/Dreher, Vergaberechtskommentar, 3. Aufl. 2017, § 123 GWB Rn. 53.

1221 BT-Drs. 18/6281, 104.

1222 *Opitz*, in: Burgi/Dreher, Vergaberechtskommentar, 3. Aufl. 2017, § 123 GWB Rn. 13.

6. Dogmatische Grundlage für die bußgeldmindernde Berücksichtigung eines Tax CMS

Eine Begründung, weshalb auch nachträgliche Bemühungen bei der Bußgeldbemessung zu berücksichtigen seien, wird nicht geliefert.[1223]

Die Verbandsgeldbuße hat einen doppelten Charakter, da sie sowohl einen Ahndungsteil (§ 30 Abs. 2 OWiG) als auch einen Abschöpfungsteil (§ 30 Abs. 3 OWiG) umfasst.[1224] Der Ahndungsteil nach § 30 Abs. 2 OWiG richtet sich nach der begangenen Tat der Leitungsperson. Sinngemäß findet hier insb. § 17 Abs. 3 OWiG Anwendung,[1225] wonach die Bedeutung der Ordnungswidrigkeit, die Schwere des Vorwurfs sowie die wirtschaftlichen Verhältnisse zu berücksichtigen sind.[1226] Der Abschöpfungsteil ergibt sich aus § 30 Abs. 3 i. V. m. § 17 Abs. 4 OWiG. Er dient dazu, die aus der Tat gezogenen wirtschaftlichen Nutzungen durch die Geldbuße abzuschöpfen.[1227]

Konkret ist die Berücksichtigung eines bestehenden oder später implementierten Tax CMS nicht als Milderungsgrund in § 30 OWiG vorgesehen. Nach Meinung *Raums* ist dies auch abzulehnen, da ansonsten in die Freiheit der Bußgeldbemessung eingegriffen würde. Vielmehr sollte es sich auch hier um eine Einzelfallwürdigung handeln.[1228]

Eine Berücksichtigung eines Tax CMS könnte über den Ahndungsteil möglich sein, § 30 Abs. 2 OWiG i. V. m. § 17 Abs. 3 OWiG.[1229] Dafür spricht Sinn

1223 BGH, Urteil vom 9.5.2017, Az. 1 StR 265/16, wistra 2017, 499 mit Anm. *Baur/Holle*, 499, 500.

1224 *Rogall*, in: Mitsch, Karlsruher Kommentar zum OWiG, 5. Aufl. 2018, § 30 Rn. 136; *von Galen/Maass*, in: Leitner/Rosenau, Wirtschafts- und Steuerstrafrecht, 1. Aufl. 2017, § 30 OWiG Rn. 41; *Schmitt-Leonardy*, in: Blum/Gassner/Seith, OWiG, 1. Aufl. 2016, § 30 Rn. 38.

1225 *Wilsing/Goslar*, GmbHR 2017, 1202, 1203; *Rogall*, in: Mitsch, Karlsruher Kommentar zum OWiG, 5. Aufl. 2018, § 30 Rn. 134; *Schmitt-Leonardy*, in: Blum/Gassner/Seith, OWiG, 1. Aufl. 2016, § 30 Rn. 39; *von Galen/Maass*, in: Leitner/Rosenau, Wirtschafts- und Steuerstrafrecht, 1. Aufl. 2017, § 30 OWiG Rn. 44.

1226 *Schmitt-Leonardy*, in: Blum/Gassner/Seith, OWiG, 1. Aufl. 2016, § 30 Rn. 39.

1227 *Schmitt-Leonardy*, in: Blum/Gassner/Seith, OWiG, 1. Aufl. 2016, § 30 Rn. 41.

1228 *Raum*, in: Kastenrath, Compliance-Kommunikation, 2017, Kapitel 2 Rn. 55.

1229 BGH, Urteil vom 9.5.2017, Az. 1 StR 265/16, wistra 2017, 499 mit Anm. *Baur/Holle*, 499, 500; *Moritz*, jurisPR-Compl 5/2017 Anm. 1; *Eufinger*, GWR 2017, 415; *Raum*, in: Kastenrath, Compliance-Kommunikation, 2017, Kapitel 2 Rn. 48; *Meyberg*, in: Graf, BeckOK OWiG, 20. Edition Stand 1.10.2018, § 30 Rn. 103.1; offenlassend *Frisch*, EWiR 2017, 683, 684.

und Zweck der Ahndung,[1230] die sowohl eine repressive Funktion hat, aber auch den Betroffenen ermahnen soll, sich künftig ordnungsgemäß zu verhalten.[1231] Bei einem Unternehmen, dass sich darum bemüht, Regelverstöße zu vermeiden und dazu sogar ein Tax CMS etabliert hat, bedarf es keiner Ahndung in Form einer nachdrücklichen Ermahnung zur Pflichtenbefolgung, da sich dieses Unternehmen über die eigene Pflichtenbefolgung im Klaren ist.[1232] Insofern ist eine Bußgeldminderung in Form einer Verringerung des Ahndungsteils dogmatisch möglich.

Tatbestandlicher Anknüpfungspunkt für die Berücksichtigung eines Tax CMS ist der Vorwurf, der den Täter trifft, § 30 Abs. 2 OWiG i. V. m. § 17 Abs. 3 S. 1 OWiG. Dieser Tätervorwurf soll dann ein Verbandsvorwurf sein, wenn sich darin „eine von dem Individualtäter konstituierte Sinnbestimmung manifestiert".[1233] Es ist dann möglich, den „kollektiven Anteil an der fehlerhaften Sinnbestimmung" bei der Bußgeldbemessung zu berücksichtigen.[1234] Unter den Vorwurf, der den Täter trifft, kann auch dessen Unrechtseinsicht subsumiert werden.[1235] Man könnte daran denken, dieses Unrechtsbewusstsein zu einem „kollektiven Unrechtsbewusstsein"[1236] zu erweitern, welches so dann bußgeldmindernd über § 17 Abs. 3 OWiG zu berücksichtigen ist.

Diese Argumentation passt ebenso für den vom BGH genannten Fall, in dem ein CMS erst nach Tatentdeckung implementiert wurde.[1237] Das Prinzip der Ahndung muss hier ebenso beschränkt werden. Im Strafrecht findet sich § 46 Abs. 2 S. 2 Var. 6 StGB, der ein positives Nachtatverhalten explizit honoriert.[1238]

1230 *Raum*, in: Kastenrath, Compliance-Kommunikation, 2017, Kapitel 2 Rn. 48.

1231 *Gassner*, in: Blum/Gassner/Seith, OWiG, 1. Aufl. 2016, § 17 Rn. 2.

1232 BGH, Urteil vom 9.5.2017, Az. 1 StR 265/16, wistra 2017, 499 mit Anm. *Baur/Holle*, 499, 500; *Raum*, in: Kastenrath, Compliance-Kommunikation, 2017, Kapitel 2 Rn. 48.

1233 *Rogall*, in: Mitsch, Karlsruher Kommentar zum OWiG, 5. Aufl. 2018, § 30 Rn. 137.

1234 *Rogall*, in: Mitsch, Karlsruher Kommentar zum OWiG, 5. Aufl. 2018, § 30 Rn. 137.

1235 *Mitsch*, in: Mitsch, Karlsruher Kommentar zum OWiG, 5. Aufl. 2018, § 17 Rn. 58.

1236 BGH, Urteil vom 9.5.2017, Az. 1 StR 265/16, wistra 2017, 499 mit Anm. *Baur/Holle*, 499, 500.

1237 *Wilsing/Goslar*, GmbHR 2017, 1202, 1203; *Rogall*, in: Mitsch, Karlsruher Kommentar zum OWiG, 5. Aufl. 2018, § 17 Rn. 46; *von Galen/Maass*, in: Leitner/Rosenau, Wirtschafts- und Steuerstrafrecht, 1. Aufl. 2017, § 30 OWiG Rn. 42.

1238 *Moritz*, jurisPR-Compl 5/2017 Anm. 1.

7. *Rechtsverbindlichkeit des Urteils*

Es bleibt dennoch zu beachten, dass der BGH seine Ausführungen nicht im Rahmen der Urteilsbegründung, sondern als Hinweis für die Hauptverhandlung beim Berufungsgericht formuliert hat.[1239] Solche Hinweise für das weitere Verfahren sind wegen der fehlenden Entscheidungserheblichkeit, ähnlich wie obiter dicta, nicht von der Bindungswirkung nach § 563 Abs. 2 ZPO umfasst.[1240]

Dies liegt daran, dass der BGH die festgesetzte Bußgeldsumme aufgehoben hat, da bei deren Bemessung nur die Schuld des Angeklagten, nicht auch die der Gesellschafter-Geschäftsführer des Rüstungsunternehmens berücksichtigt hat. Die Höhe des Bußgelds ist daher vom Tatgericht insgesamt neu zu bemessen.[1241] Insoweit liegt ein Rechtsfehler vor. Die tatsächliche Bußgeldbemessung beruht aber wiederrum auf Würdigung des Tatgerichts, da dieses die Schuld der Leitungspersonen bemessen muss. Dazu sind weitere Sachverhaltsaufklärungen nötig. Insbesondere, so der BGH, soll dabei auch die Existenz eines Tax CMS berücksichtigt werden. Ob ein solches vorliegt, war bisher nicht Gegenstand des Verfahrens, soweit sich das aus dem Urteil des BGH ergibt. Insofern sind erneute Sachverhaltsaufklärungen nötig, die nur das Tatgericht vornehmen kann. Mangels bereits getätigter Tatsachenfeststellungen fehlt es insofern an Spruchreife und der BGH muss an das Berufungsgericht zurückverweisen. Es bleibt daher abzuwarten, wie das Berufungsgericht LG München I diesen Hinweis wertet.

E. Ergebnis

Auch wenn es nur im Einzelfall zu einer enthaftenden Wirkung durch ein Tax CMS kommen kann, gibt es dennoch diverse Ansatzpunkte, an welchen es zu berücksichtigen ist und zumindest eine Haftungsminderung herbeiführen kann.

Im Steuerstrafrecht verspricht der AEAO zu § 153 vollmundig eine Indizwirkung gegen Vorsatz und Leichtfertigkeit. Tatsächlich kann ein Tax CMS jedoch „nur“ Indiz gegen den Eventualvorsatz sein, da hier eine Anknüpfung am Merkmal des konkret für möglich Haltens gegeben ist sowie gegen die

1239 BGH, Urteil vom 9.5.2017, Az. 1 StR 265/16, wistra 2017, 390, 399 Rn. 117; *Eufinger*, GWR 2017, 415; *Kubiciel/Mennemann*, jurisPR-StrafR 22/2017 Anm. 1.

1240 *Ball*, in: Musielak/Voit, ZPO, 15. Aufl. 2018, § 563 Rn. 11; *Koch*, in: Saenger, ZPO, 7. Aufl. 2017, § 563 Rn. 9; *Krüger*, in: Krüger/Rauscher, Münchener Kommentar zur ZPO, 5. Aufl. 2016, § 563 Rn. 12.

1241 BGH, Urteil vom 9.5.2017, Az. 1 StR 265/16, wistra 2017, 390, 399 Rn. 115.

Leichtfertigkeit. Ob es zu einer Entscheidung gegen das Vorliegen von Eventualvorsatz und Leichtfertigkeit kommt, entscheiden die Finanzbeamten, die Staatsanwaltschaft und der Tatrichter anhand des Vorliegens eines Anfangsverdachts. Alle drei Organe werden hier ein bestehendes Tax CMS in ihre Abwägungen miteinbeziehen, auch wenn die Bindungswirkung des AEAO zu § 153 nur die Finanzverwaltung umfasst.

Ein weiterer Anknüpfungspunkt für die Berücksichtigung eines Tax CMS ist das Ermessen der Finanzbehörden. Hier kann der Ermessensfehler der Ermessensunterschreitung gegeben sein, wenn ein Tax CMS nicht ermittelt oder nicht gewürdigt wird. Es bleibt jedoch zu beachten, dass das Tax CMS stets nur einer von mehreren Aspekten ist, die im Rahmen des Ermessens gewürdigt, gewichtet und schließlich gegeneinander abzuwägen sind. Es ist zwar grundsätzlich denkbar, dass das Vorliegen eines Tax CMS im Einzelfall bereits das Entschließungsermessen dahingehend beeinflusst, dass dieses verneint werden muss. In den meisten Fällen kann ein Tax CMS wohl eher dazu führen, dass im Rahmen des Auswahlermessens eine weniger einschneidende Rechtsfolge gewählt wird. Geht es um die Haftung als Verwaltungshelfer oder um Zwangsmittel wird aber auch ein Tax CMS keine Änderung herbeiführen können, da diese Institute auf die Sicherung des Steueraufkommens und der Funktionsfähigkeit des Veranlagungsverfahrens gerichtet sind, in welchem ein Verschulden nicht berücksichtigt wird.

Auch die verfahrensrechtlichen Normen der Abgabenordnung stellen teilweise auf ein Verschulden ab, welches durch ein Tax CMS beeinflusst werden kann. Es ist aber unwahrscheinlich, dass ein Tax CMS das Verschulden völlig verneinen kann, da die Anforderungen an den entschuldigenden Verbotsirrtum sehr hoch sind. Denkbar ist aber auch hier, dass ein Tax CMS gegen den Eventualvorsatz und die grobe Fahrlässigkeit spricht, sodass zumindest nur die schwächeren Formen von Fahrlässigkeit vorliegen, die dann entsprechend mild im Auswahlermessen zu berücksichtigen sind.

Im Ordnungswidrigkeitenrecht kann ein bestehendes Tax CMS bei der gehörigen Aufsicht nach § 130 OWiG sowie im Rahmen der Geldbuße nach § 30 OWiG Berücksichtigung finden, wie der BGH erst kürzlich feststellte. Eine Bußgeldminderung nach § 30 OWiG kann im Rahmen des Ahndungsteils vorgenommen werden. Das Unternehmen, welches ein Tax CMS vorhält, bringt damit zum Ausdruck, sich grundsätzlich an die steuerlichen Regeln halten zu wollen. Kommt es doch zu einem Fehler, ist dieser bei einem funktionierenden Tax CMS als Ausreißer zu qualifizieren. In diesem Fall bedarf es nicht der ganzen Schärfe einer Sanktion, sodass das Bußgeld gemindert werden kann.

Generelle Leitlinien zur Wirkung eines Tax CMS können dennoch nicht gegeben werden. Jede Entscheidung ist letztlich eine des Einzelfalls, bei der die konkreten Umstände zu würdigen sind. Da der AEAO zu § 153 aber auch erlassen wurde, um der Finanzverwaltung die Entscheidungsfindung zu erleichtern, wird man wohl davon ausgehen dürfen, dass die Finanzverwaltung nicht allzu hohe Ansprüche an ein Tax CMS stellen wird, sondern dieses im Rahmen ihrer Abwägung wohlwollend berücksichtigt.

Kapitel 5: Rechtssicherheit durch Zertifizierung eines Tax CMS

Wie in Kapitel 3 dargestellt, gibt es, bis auf die aufsichtsrechtlichen Vorgaben, gerade keine Pflicht, konkrete organisatorische Vorkehrungen im Unternehmen umzusetzen. Die Ausgestaltung des konkreten Tax CMS steht vielmehr im Geschäftsleiterermessen. Diese Unverbindlichkeit birgt die Gefahr, dass erst im Falle eines Pflichtverstoßes und der darauffolgenden Sanktionierung festgestellt wird, ob das bestehende Tax CMS den Vorgaben an ein effektives Tax CMS entspricht und ob die möglichen Enthaftungswirkungen aus Kapitel 4 tatsächlich eintreten.

Aus diesem Grund besteht ein Bedürfnis seitens der steuerpflichtigen Unternehmen, frühzeitig Rechtssicherheit dahingehend zu erlangen, als dass festgestellt wird, dass das implementierte Tax CMS effektiv und wirksam ist und sich haftungsvermeidend oder zumindest haftungsmindernd auswirken kann. In diesem Zusammenhang wird über eine Zertifizierung von allgemeinen Compliance-Management-Systemen diskutiert.[1242] Weit weniger vorangeschritten ist die Diskussion um die Zertifizierung eines Tax CMS. Im Folgenden soll daher der aktuelle Stand der Diskussion dargestellt und auf die Zertifizierung von Tax CMS übertragen und erweitert werden.

A. Zertifizierungspflicht

Zuerst stellt sich die Frage, ob die Geschäftsleitung dazu verpflichtet ist, ein implementiertes Tax CMS zertifizieren zu lassen. Es ist zu konstatieren, dass es keine gesetzliche Vorschrift gibt, die grundsätzlich[1243] die Zertifizierung eines Tax CMS fordert,[1244] aus welcher eine allgemeine Zertifizierungspflicht hergeleitet werden

1242 Umfassend zur Zertifizierung nach IDW PS 980 *Jenne*, Überprüfung und Zertifizierung von Compliance-Management-Systemen, 2017.

1243 Eine Zertifizierungspflicht findet sich aber für Wertpapierdienstleistungsunternehmen in § 33 Abs. 1 S. 2 Nr. 6 WpHG sowie in § 12 Abs. 3 Nr. 1 WoDVerOV und für Kredit- und Finanzdienstleistungsinstitute in § 25a Abs. 1 S. 5, 3 Nr. 3 lit. c) i. V. m. S. 1, 2 KWG. Darauf hinweisend *Jenne*, Überprüfung und Zertifizierung von Compliance-Management-Systemen, 2017, S. 140 f. Ebenso könnte man auf die Idee kommen, dass Art. 41 Abs. 2 lit. b) der Abschlussprüfer Richtlinie (Richtlinie 2006/43/EG vom 17.5.2006, ABl. L 157/87) eine Zertifizierungspflicht statuiert. Dies ablehnend *Merkt*, DB 2014, 2771, 2772.

1244 *Merkt*, DB 2014, 2271, 2273.

könnte. Wenn es zu einer Pflichtverletzung aus dem Unternehmen gekommen ist, ist es vielmehr so, dass es im Rahmen der Organhaftung oder der Haftung der Gesellschaft selbst auf die Frage ankommt, ob wirksame und angemessene Tax Compliance-Maßnahmen getroffen wurden, ggf. durch die Implementierung eines Tax CMS. Aus materieller Sicht geht es darum, ob Maßnahmen vorlagen; nicht Bestandteil der materiellen Prüfung ist, ob ein bestehendes Tax CMS zertifiziert worden ist.[1245]

Anknüpfungspunkt für eine Zertifizierungspflicht kann die Leitungsverantwortung der Geschäftsleitung sein.[1246] Die Leitungspflicht eines Geschäftsleiters verlangt von diesem, für die Regelkonformität im Verband zu sorgen.[1247] Bei entsprechender Gefährdungslage kommt der Geschäftsleiter dieser Pflicht durch die Implementierung eines CMS nach. Wie im Siemens/Neubürger-Urteil plastisch dargestellt, genügt die einmalige Implementierung eines CMS jedoch nicht der Erfüllung der Compliance-Pflicht. Es handelt sich vielmehr um eine kontinuierliche Aufgabe, bei welcher bestehende Prozesse ggf. angepasst werden müssen.[1248] Um eventuelle Anpassungen vornehmen zu können und sich außerdem von der Effektivität und Eignung des implementierten Tax CMS zu vergewissern, ist die Geschäftsleitung gehalten, das bestehende Tax CMS regelmäßig zu überwachen.[1249]

Dem Grunde nach besteht daher eine Pflicht für jeden Geschäftsleiter, ein CMS auf Eignung und Effektivität zu überprüfen.[1250] Wie und mit welchen Mitteln ein bereits implementierten Tax CMS zu kontrollieren ist, steht wiederrum im Ermessen der Geschäftsleitung.[1251] Die Reichweite reicht hier von einfachen

---

1245 *Von Busekist/Hein*, CCZ 2012, 41, 42; *Withus/Hein*, CCZ 2011, 125, 127; *Merkt*, DB 2014, 2271, 2273.

1246 *Merkt*, DB 2014, 2771, 2773.

1247 *Merkt*, ZIP 2014, 1705, 1707; eingehend dazu in Kapitel 2 A. VI.

1248 *Von Busekist/Hein*, CCZ 2013, 185, 190; *Balke*, in: Born/Ghassemi-Tabar/Gehle, Münchener Handbuch zum Gesellschaftsrecht Bd. 7, 5. Aufl. 2016, § 112 Rn. 3; *Merkt*, DB 2014, 2771, 2773.

1249 *Merkt*, DB 2014, 2271, 2273; *Bachmann/Kremer*, in: Kremer/Bachmann/Lutter/v. Werder, DCGK, 7. Aufl. 2018, Rn. 849; *AKEIÜ*, DB 2010, 1509, 1517; *Fleischer*, NZG 2014, 321, 326; *Kautenburger-Behr*, in: Fissenwert, Compliance für den Mittelstand, 2013, Kapitel 6 Rn. 76.

1250 *Merkt*, DB 2014, 2771, 2773.

1251 *Merkt*, DB 2014, 2771, 2773; *ders.*, DB 2014, 2331, 2332; ebenso BDI, Stellungnahme zum Entwurf eines IDW Praxishinweises 1/2016: Ausgestaltung und Prüfung eines Tax Compliance Management Systems gemäß IDW PS 980 vom 9.1.2017, S. 1,

Stichproben bis hin zu einer Zertifizierung durch externe Sachverständige.[1252] Gerade bei großen Gesellschaften mit komplexen Unternehmensstrukturen ist es denkbar, dass die Geschäftsleitung diese Überprüfung nicht alleine meistern kann, sondern auf Hilfe angewiesen ist. In solchen Fällen kann eine Überprüfung durch Externe hilfreich bzw. sogar geboten sein.[1253]

B. Auswahl der Prüfer

I. Fachliche Qualifikation

Ist die Zertifizierung durch einen externen Sachverständigen geboten, stellt sich die Frage, welcher fachlichen Qualifikation dieser bedarf. Im Wesentlichen werden dazu zwei Ansichten vertreten:[1254] Die eine Ansicht beschreibt die Prüfung des Systems CMS als eine betriebswirtschaftliche Prüfung und will daraus die Zuständigkeit der Betriebswissenschaftler ableiten; ggf. können Juristen als Experten hinzugezogen werden.[1255] Andere begreifen die Zertifizierung eines CMS als rechtliche Überprüfung, da Ziel gerade die Enthaftung, also eine rechtliche Fragestellung ist. Aus diesem Grund sei die Überprüfung von Juristen durchzuführen.[1256]

Eine pauschale Beantwortung dieser Frage ist kaum möglich, da sich diese nach dem mit der Zertifizierung verfolgtem Ziel richtet.[1257] Soll durch eine Zertifizierung festgestellt werden, ob das implementierte Tax CMS den Best Practice-Standards dient, was insbesondere bei international agierenden Unternehmen im Vordergrund stehen kann, die internationale Investoren anwerben wollen, handelt es sich um eine betriebswirtschaftliche Frage.[1258]

Geht es hingegen um die Haftungsvermeidung, ist nach einer juristischen Beurteilung gefragt.[1259] Dennoch kann diese nicht losgelöst von der konkreten

---

abrufbar unter: https://www.idw.de/blob/98176/33a02239d8fcb9dcb465e734ba524 1ce/down-idwpraxishinweis-1-2016-bdi-data.pdf (20.7.2017).

1252 *Merkt*, DB 2014, 2771, 2773.

1253 *Merkt*, DB 2014, 2771, 2773; *Withus/Kunz*, BB 2015, 685, 689.

1254 Übersicht bei *Merkt*, DB 2014, 2271, 2273 f.

1255 *Görtz*, BB 2012, 178, 180; *Gelhausen/Wermelt*, CCZ 2010, 208, 211.

1256 *Schemmel*, CCZ 2012, 49, 52 f.; *Rieder/Jerg*, CCZ 2010, 201, 204; *Böttcher*, NZG 2011, 1054, 1057.

1257 *Merkt*, DB 2014, 2271, 2274.

1258 *Von Busekist/Hein*, CCZ 2012, 41, 42; *Withus/Hein*, CCZ 2011, 125, 130; *Merkt*, DB 2014, 2271, 2274.

1259 *Böttcher*, NZG 2011, 1054, 1054.

Ausgestaltung des Tax CMS beantwortet werden, die sich wiederum auch an betriebswirtschaftlichen Vorgaben orientiert.[1260] Betriebswirtschaftliche Expertise ist erforderlich, um Prozesse zu entwickeln, bspw. solche, die die Überprüfung bzw. Kontrolle der Compliance-Organisation ermöglichen, um Schwachstellen aufzudecken.[1261] Es muss festgestellt werden, ob die implementierten Strukturen geeignet sind, Regelverstöße rechtzeitig zu erkennen bzw. zu verhindern. Hierbei geht es um die Frage der Umsetzung, bei der zumeist betriebswirtschaftliche Erwägungen eine Rolle spielen.[1262] Bei der Frage der Geeignetheit kommt es auf die Kenntnis der relevanten rechtlichen Vorgaben an, sodass hierfür juristischer Sachverstand nötig ist.[1263]

Das bedeutet im Ergebnis, dass die Wirksamkeit eines Tax CMS zumindest auch unter Beteiligung juristischer Experten durchzuführen ist.[1264]

II. Auswahlentscheidung

Wie gesehen,[1265] ist die Compliance-Pflicht eine originäre Leitungsaufgabe,[1266] zu deren Umfang ebenso die Überprüfung vorgenommener organisatorischer Maßnahmen auf deren Eignung und Effektivität gehört.[1267] Daraus ergibt sich, dass die Zertifizierung eines Tax CMS durch einen externen Dritten nichts anderes ist, als die Delegation der zur Leitungssorgfalt gehörenden Überprüfung eines bestehenden Tax CMS. Im Zuge einer Delegation hat daher die Geschäftsleitung selbst eine Auswahl[1268] der Delegierten, hier der Prüfer zu treffen.[1269]

1260 *Hölters*, in: Hölters, AktG, 3. Aufl. 2017, § 93 Rn. 91; *Böttcher*, NZG 2011, 1054, 1054; *Merkt*, DB 2014, 2331, 2332 f.; *Görtz*, BB 2012, 178, 182.

1261 *Grüninger/Remberg*, CB 2013, 187, 188; *Merkt*, DB 2014, 2331, 2333.

1262 *Böttcher*, NZG 2011, 1054, 1054.

1263 *Merkt*, DB 2014, 2331, 2333.

1264 *Böttcher*, NZG 2011, 1054, 1057; *Grüninger/Remberg*, CB 2013, 187, 188; *Merkt*, DB 2014, 2331, 2332; *Moosmayer*, Compliance, Praxisleitfaden für Unternehmen, 3. Aufl. 2015, Rn. 300; *Rieder/Jerg*, CCZ 2010, 201, 204; *Withus/Hein*, CCZ 2011, 125, 132; *Jenne*, Die Überprüfung und Zertifizierung von Compliance-Management-Systemen, 2017, S. 294.

1265 Kapitel 2 C II. 1.

1266 *Fleischer*, in: Fleischer/Goette, Münchener Kommentar zum GmbHG, 2. Aufl. 2016, § 43 Rn. 151; *Talaska*, BB 2012, 1195, 1997.

1267 *Merkt*, DB 2014, 2271, 2273, 2275.

1268 Dazu eingehend Kapitel 2 C. II. 2. b) aa).

1269 *Merkt*, DB 2014, 2271, 2275; *ders.*, DB 2014, 2331, 2333.

C. Zertifizierung durch den IDW PS 980

I. Prüfungsumfang

Die Prüfung des Tax CMS erfolgt auf Grundlage der Tax CMS-Beschreibung,[1270] die vom Unternehmen selbst erstellt wird. Diese Tax CMS-Beschreibung enthält die Darstellung aller Tax CMS Grundelemente sowie die Beschreibung der angewandten Tax CMS-Grundsätze.[1271] Die Tax CMS-Grundsätze können dabei entweder auf allgemein anerkannten Rahmenkonzepten oder auf selbst entwickelten Grundsätzen beruhen.[1272]

Anders als bei der allgemeinen Prüfung eines CMS nach IDW PS 980 finden sich im IDW Praxishinweis 1/2016 nur zwei anstatt drei möglichen Systemprüfungen, nämlich eine Angemessenheits- und eine Wirksamkeitsprüfung. Die Konzeptionsprüfung[1273] als „schwächste" Prüfung fehlt.[1274]

Bei der Angemessenheitsprüfung[1275] sollen die ergriffenen Grundsätze und Maßnahmen auf ihre Angemessenheit hin überprüft werden. Dabei wird zunächst die angemessene Darstellung in allen wesentlichen Belangen der Aussagen über die Grundsätze und Maßnahme des Tax CMS in der Tax CMS-Beschreibung beurteilt. Sodann wird beurteilt, ob diese Grundsätze und Maßnahmen geeignet sind, „mit hinreichender Sicherheit sowohl Risiken für wesentliche Regelverstöße rechtzeitig zu erkennen, als auch solche Regelverstöße zu verhindern". Zuletzt wird festgestellt, „dass die Grundsätze zu einem bestimmten Zeitpunkt implementiert waren".[1276] Es handelt sich um eine Darstellungs- und Eignungsprüfung.[1277] Diese kann genutzt werden, um den Implementierungs-Prozess zu begleiten. Aussagen über die tatsächliche Effektivität des CMS werden aber nicht getroffen.[1278]

Eine umfassendere Systemprüfung bietet die Wirksamkeitsprüfung.[1279] Diese ergänzt[1280] die Angemessenheitsprüfung um einen weiteren Punkt, in welchem

1270 *Withus*, BB 2016, 1387, 1390.

1271 IDW Praxishinweis 1/2016 Tz. 9.

1272 IDW Praxishinweis 1/2016 Tz. 10.

1273 Vgl. die Beschreibung in IDW PS 980 Tz. 16.

1274 *Ludwig/Breimann/Kusch*, DStR 2016, 2240, 2244; eine Konzeptionsprüfung fehlt ebenso beim IDW EPS 981 vom 14.3.2016, *Withus*, BB 2016, 1387, 1391.

1275 IDW Praxishinweis 1/2016 Tz. 13; IDW PS 980 Tz. 17.

1276 IDW Praxishinweis 1/2016 Tz. 13; IDW PS 980 Tz. 17.

1277 *Merkt*, DB 2014, 2331, 2334.

1278 IDW PS 980 Tz. 15; *von Busekist/Hein*, CCZ 2012, 41, 42.

1279 IDW Praxishinweis 1/2016 Tz. 12; IDW PS 980 Tz. 14.

1280 *Ludwig/Breimann/Kusch*, DStR 2016, 2240, 2244.

festgestellt werden soll, dass die implementierten Grundsätze und Maßnahmen „während eines bestimmten Zeitraums wirksam waren".[1281] Das Merkmal „wirksam" bedeutet dabei nicht, dass solche Grundsätze und Maßnahme vorlagen, also in Kraft waren, sondern vielmehr, dass sie auch tatsächlich umgesetzt und befolgt wurden.[1282]

Für die rechtliche Beurteilung eines Tax CMS und die relevante Frage, ob dieses angemessen und wirksam ist, kann allein die Wirksamkeitsprüfung weiterhelfen.[1283] So heißt es auch in Tz. 1 des IDW PS 980, dass allein die „Wirksamkeitsprüfung des CMS durch einen unabhängigen Wirtschaftsprüfer nach diesem IDW Prüfungsstandard (...) dem objektivierten Nachweis der ermessensfehlerfreien Ausübung" der Leitungspflicht der Geschäftsleitung zur Sicherstellung der Regelkonformität durch das Unternehmen, dienen kann. Einer „automatischen Enthaftung"[1284] bei bestandener Wirksamkeitsprüfung steht aber entgegen, dass die konkrete Ausgestaltung nach IDW PS 980 wiederrum vom Einzelfall abhängt.[1285]

II. Wirkung einer Zertifizierung nach IDW PS 980

Um die Wirkung eines Zertifikats nach IDW PS 980 zu überprüfen, wird dieses zunächst an den oben herausgearbeiteten Voraussetzungen der fachlichen Qualifikation und der Auswahlentscheidung überprüft. Sodann soll das Vorliegen eines Zertifikats im Umgang mit der Finanzverwaltung und anschließend vor dem Finanzgericht sowie dem Strafgericht überprüft werden.

1. Fachliche Qualifikation des IDW

Der IDW PS 980 geht in Tz. 24 davon aus, dass es sich bei der Überprüfung eines CMS um eine betriebswirtschaftliche Prüfung handelt, weshalb die Prüfung vom Wirtschaftsprüfer durchzuführen ist.

1281 IDW Praxishinweis 1/2016 Tz. 12; IDW PS 980 Tz. 14.

1282 *Merkt*, DB 2014, 2331, 2334.

1283 *Merkt*, DB 2014, 2331, 2334; *Böttcher*, NZG 2014, 1054, 1057; *Jenne*, Die Überprüfung und Zertifizierung von Compliance-Management-Systemen, 2017, S. 339; *Balke*, in: Born/Ghassemi-Tabar/Gehle, Münchener Handbuch des Gesellschaftsrechts Bd. 7, 5. Aufl. 2016, § 113 Rn. 23.

1284 *Böttcher*, NZG 2014, 1054, 1057.

1285 *Böttcher*, NZG 2014, 1054, 1057.

Der IDW PS 980 beschreibt seinen Zweck dahingehend, dass es um die Überprüfung eines Systems geht, dass „auf die Einhaltung von Regeln im Unternehmen“[1286] ausgerichtet ist und dadurch der „Verhinderung von wesentlichen Verstößen“[1287] dient. Daraus ergibt sich, dass es sich um eine rechtliche Prüfung, genauer gesagt um die „Sicherstellung der Rechtsförmigkeit“[1288] handelt. Dies betrifft eine genuin rechtliche Fragestellung, die die Involvierung von Rechtsexperten notwendig macht.[1289] Der Ansicht des IDW, es handele sich um eine betriebswirtschaftliche Prüfung, kann daher nicht zugestimmt werden.[1290]

Weiter beschreibt der IDW PS 980, unter welchen Voraussetzungen der Wirtschaftsprüfer eine Prüfung nach IDW PS 980 vornehmen darf und unter welchen Umständen und Voraussetzungen er Spezialisten hinzuziehen kann. Zunächst muss der Wirtschaftsprüfer selbst über die notwendigen Fach- und Branchenkenntnisse verfügen, Erfahrungen mit den einschlägigen rechtlichen Anforderungen haben oder erlangen können; ggf. müssen erforderliche Spezialisten zur Verfügung stehen.[1291] Kann der Wirtschaftsprüfer einen bedeutsamen Teil nicht selbst überprüfen, so ist er gehalten, Spezialisten hinzuzuziehen.[1292] Handelt es sich um externe Spezialisten, obliegt es dem Wirtschaftsprüfer, sich über deren berufliche und fachliche Kompetenzen zu informieren.[1293] Ob der Wirtschaftsprüfer einen Spezialisten hinzuzieht und ob er die von diesem gefundenen Ergebnisse verwertet, liegt wiederum in seinem Ermessen.[1294]

Diese Vorgehensweise verkennt, dass es sich auch bei der Überprüfung eines Tax CMS noch um die Tax Compliance-Pflicht als solche handelt, die auf Leitungsebene angesiedelt ist. Als originäre Leitungsaufgabe kann die Geschäftsleitung daher nicht ihre gesamte Aufgabe an Dritte delegieren.[1295] Grundentscheidungen

---

1286 IDW PS 980 Tz. 1, 5, 6.

1287 IDW PS 980 Tz. 6.

1288 *Merkt*, DB 2014, 2271, 2275; *Schemmel*, CCZ 2012, 49, 52; *Hüffer/Schneider, Uwe H.*, ZIP 2010, 55; *Rieder/Jerg*, CCZ 2010, 201, 204.

1289 *Merkt*, DB 2014, 2271, 2275 f.; *Handel*, DStR 2017, 1945, 1949; *Böttcher*, NZG 2014, 1054, 1057.

1290 *Merkt*, DB 2014, 2271, 2275.

1291 IDW PS 980 Tz. 26.

1292 IDW PS 980 Tz. 49.

1293 IDW PS 980 Tz. 51.

1294 IDW PS 980 Tz. A 38 „Eine Verwertung der Arbeit von Spezialisten *kann* geboten sein“; *Merkt*, DB 2014, 2271, 2275.

1295 LG München I, Urteil vom 10.12.2013, Az. 5 HK O 1387/10, CB 2014, 167, 171 f.; *Merkt*, DB 2014, 2331, 2332; *Spindler*, WM 2008, 905, 908.

muss die Geschäftsleitung vielmehr selbst treffen.[1296] Bezogen auf den IDW PS 980 bedeutet das, dass nicht der Wirtschaftsprüfer in eigenem Ermessen darüber entscheiden darf, ob und wen er als externen Spezialisten hinzuzieht, da dies einer vollständigen Delegation der Leitungspflicht gleichkäme. Die Auswahlpflicht trifft vielmehr die Geschäftsleitung selbst.[1297]

2. *Einzelfallprüfung*

Zunächst sei vorangestellt, dass ein uneingeschränktes positives Zertifikat nach IDW PS 980 nicht per se enthaftende Wirkung entfalten kann.[1298] Das liegt daran, dass die genannten Grundelemente im Praxishinweis 1/2016 und die darin verwendeten unbestimmten Rechtsbegriffe[1299] der Konkretisierung im Einzelfall bedürfen.[1300]

Daneben muss sich die Prüfung und anschließende Zertifizierung nicht auf das gesamte Tax CMS[1301] beziehen. Es können auch nur ein oder mehrere Teilbereiche des Tax CMS geprüft werden, bspw. begrenzt auf einzelne Steuerarten.[1302] Je nachdem, in welcher Steuerart eine Pflichtverletzung begangen wurde, kann die enthaftende Wirkung damit von vornherein ausgeschlossen sein. Dies ist insbesondere deshalb misslich, da das Steuerrecht in der Abgabenordnung und in den Blankettnormen[1303] der §§ 370, 378 AO nicht zwischen den verschiedenen Steuerarten unterscheiden.

Hinzu kommt, dass das IDW selbst seine Prüfung in mehrfacher Hinsicht einschränkt.[1304] Zum einen wird der Prüfungsumfang darauf beschränkt, dass alle „*wesentlichen* Belange(…)“ angemessen darzustellen sind die Grundsätze und Maßnahmen „mit *hinreichender Sicherheit*“ Risiken „für *wesentliche*

1296 *Mertens/Cahn*, in: Zöllner/Noack, Kölner Kommentar zum AktG, 3. Aufl. 2011, § 91 Rn. 36.

1297 *Merkt*, DB 2014, 2271, 2275; *ders.*, DB 2014, 2331, 2332.

1298 *Merkt*, DB 2014, 2271, 2275; *Schülke*, IDW-Standards und Unternehmensrecht, 2013, S. 264 f.

1299 *Rieder/Jerg*, CCZ 2010, 201, 205.

1300 *Merkt*, DB 2014, 2271, 2275; *Schülke*, IDW-Standards und Unternehmensrecht, 2013, S. 264 f.

1301 So teilte der IDW PS 980 das Tax CMS noch als Teilbereich eines allgemeinen CMS ein, IDW PS 980 Tz. A3, der beispielhaft von Außensteuerrecht spricht, unerklärlicherweise nicht vom gesamten Steuerrecht, *Merkt*, DB 2014, 2271, 2275 Fn. 45.

1302 IDW Praxishinweis 1/2016 Tz. 8.

1303 *Richter/Welling*, FR 2015, 297, 304.

1304 *Merkt*, DB 2014, 2331, 2334.

Regelverstöße" rechtzeitig erkennen und „solche Regelverstöße" (also ebenfalls wesentliche Regelverstöße) verhindern. Zum anderen wird der Prüfungsumfang in zeitlicher Hinsicht beschränkt, da zunächst beurteilt wird, ob die Grundsätze und Maßnahmen „zu einem *bestimmten* Zeitpunkt" implementiert waren und „während eines *bestimmten* Zeitraums" wirksam waren.[1305]

3. *Rechtsqualität und Bindungswirkung*

Als privatrechtlich-organisierter Verein besitzt das IDW weder originäre noch mangels staatlicher Anerkennung abgeleitete Rechtsetzungsbefugnis.[1306] Das bedeutet, dass IDW-Standards[1307] und daraus folgende Zertifikate keine Rechtsnormen sind. Man kann sie viel eher als „Berufsauffassung"[1308] oder „Meinungsäußerung eines fachlich relevanten Gremiums"[1309] bezeichnen. Damit entspricht die Wirkung zunächst einmal jener von in der Literatur geäußerten Standpunkten.[1310]

4. *Wirkung im Verwaltungs- und Gerichtsverfahren*

Der IDW PS 980 gibt die Ansicht der Berufsgruppe der Wirtschaftsprüfer wider. Er ist daher kein Gesetz im materiellen Sinne und kann weder die Finanzverwaltung noch die Gerichte über Art. 20 Abs. 3 GG binden.[1311] Denkbar ist aber, ein solches Zertifikat als Beweismittel der Finanzverwaltung vorzulegen oder in ein gerichtliches Verfahren einzuführen.

a) *Wirkung im Rahmen der Behördenentscheidung*

Im Falle steuerlicher Pflichtverletzungen wird das steuerpflichtige Unternehmen zunächst von der Finanzverwaltung konfrontiert werden. Es stellt sich daher zunächst die Frage, ob ein positives Zertifikat durch das IDW bereits im Rahmen der Behördenentscheidung zur Geltung kommen kann.

1305 IDW Praxishinweis 1/2016 Tz. 12.

1306 *Ebke*, in: K. Schmidt/Ebke, Münchener Kommentar zum HGB, 3. Aufl. 2013, § 323 Rn. 32; *Hilsebein*, CB 2016, 472, 473; *Böttcher*, NZG 2011, 1054, 1055; *Handel*, DStR 2017, 1945, 1948; *Kowallik*, DB 2017, 385, 386.

1307 BGH, Beschluss vom 29.9.2015, Az. II ZB 23/14, DB 2016, 160.

1308 IDW PS 980 Tz. 1.

1309 *Böttcher*, NZG 2014, 1054, 1055.

1310 AG Duisburg, Beschluss vom 31.12.1993, Az. 23 HR B 3193, DB 1994, 466, 467.

1311 *Handel*, DStR 2017, 1945, 1945; *Erdbrügger/Jehke*, BB 2016, 2455, 2459.

Hat der Finanzbeamte einen Anfangsverdacht für eine Steuerhinterziehung oder eine leichtfertige Steuerverkürzung zu ermitteln, so hat er wegen Tz. 2.6 Satz 6 des AEAO zu § 153 zu ermitteln, ob ein Tax CMS vorliegt. Um den Sachverhalt festzustellen, hat der Finanzbeamte zunächst nach § 88 Abs. 1 AO von Amts wegen zu ermitteln. Zu dieser Ermittlung gehört es auch, sich wenn nötig der Beweismittel nach § 92 AO zu bedienen.[1312] Ein Zertifikat nach IDW PS 980 könnte als Urkunde beigezogen werden, § 92 S. 2 Nr. 3 i. V. m. § 97 AO, der Prüfer könnte als Sachverständiger zugezogen werden, § 92 S. 2 Nr. 2 i. V. m. § 96 AO oder als Auskunftsperson nach § 93 S. 2 Nr. 1 i. V. m. §§ 93–95 AO.

Speziell soll an dieser Stelle nur auf die Beiziehung von Urkunden eingegangen werden, da sich die sonstigen Ausführungen weitestgehend mit den folgenden für die Finanzgerichtsbarkeit decken. Bei der Frage, ob ein Prüfungsbericht nach § 92 S. 2 Nr. 3 i. V. m. § 97 AO als Urkunde vorgelegt werden kann, gibt der IDW Praxishinweis 1/2016 an, dass es zwar die Entscheidung des Unternehmens selbst sein soll, ob ein vorhandener Prüfungsbericht der Finanzverwaltung zur Verfügung gestellt wird. Diese Entscheidung soll aber gemäß Tz. 68 des IDW Praxishinweises 1/2016 „in Abstimmung mit dem Prüfer" getroffen werden. Diese Formulierung ist insb. deshalb misslich, da der IDW Praxishinweis 1/2016 ja gerade unter Bezugnahme auf den AEAO zu § 153 erlassen wurde, also gerade in Verbindung mit einer etwaigen Auseinandersetzung mit der Finanzverwaltung.[1313] Außerdem besteht nach Aufforderung durch die Finanzverwaltung eine Pflicht zur Vorlage nach § 97 Abs. 1 AO.[1314]

Die Finanzämter sind nicht durch die Auffassung der Wirtschaftsprüfer gebunden.[1315] Das bedeutet, dass sie die vorgelegten Beweise samt der Umstände im Einzelfall zu würdigen haben. Mangels spezieller Regelung zur Beweiswürdigung, wie bspw. in § 96 FGO, gelten die „allgemeinen Denkgesetze und anerkannten Regeln für die Beurteilung tatsächlicher Verhältnisse".[1316] Ein Zertifikat

1312 *Rätke*, in: Klein, AO, 14. Aufl. 2018, § 92 Rn. 1; *Seer*, in: Tipke/Kruse, AO/FGO, 153. EL Stand 9/2018, § 92 AO Rn. 5.

1313 Ebenso darauf hinweisend BDI, Stellungnahme zum Entwurf eines IDW Praxishinweises 1/2016: Ausgestaltung und Prüfung eines Tax Compliance Management Systems gemäß IDW PS 980 vom 9.1.2017, S. 6, abrufbar unter: https://www.idw.de/blob/98176/33a02239d8fcb9dcb465e734ba5241ce/down-idwpraxishinweis-1-2016-bdi-data.pdf (20.7.2017).

1314 *Rätke*, in: Klein, AO, 14. Aufl. 2018, § 97 Rn. 1.

1315 *Erdbrügger/Jehke*, BB 2016, 2455, 2459.

1316 *Rätke*, in: Klein, AO, 14. Aufl. 2018, § 92 Rn. 6.

nach IDW PS 980 kann daher insofern die Würdigung beeinflussen, als dass es ein Indiz für die Angemessenheit eines Tax CMS sein kann. Durch die eingeschränkte Prüfung[1317] bleibt eine Einzelfallentscheidung nicht aus.

b) Finanzgerichte

Für öffentlich-rechtliche Abgabenstreitigkeiten ist nach § 33 FGO die sachliche Zuständigkeit der Finanzgerichte eröffnet. Es ist denkbar, dass eine zunächst von der Finanzbehörde getroffene Entscheidung gerichtlich überprüft wird.

Ebenso wie die Finanzbehörden können auch Finanzgerichte nicht durch die Vorgaben aus den IDW-Standards und den daraus resultierenden Zertifikaten eines Wirtschaftsprüfers gebunden werden.[1318] Das bedeutet, dass das positive Zertifikat vom Finanzgericht nicht von vorneherein berücksichtigt werden muss. Denkbar ist aber, das Zertifikat als Beweismittel in den Prozess vor dem Finanzgericht einzuführen. Als Beweismittel benennt § 81 Abs. 1 S. 2 FGO beispielhaft die Inaugenscheinnahme, den Zeugenbeweis, den Sachverständigenbeweis, die Beteiligtenvernehmung und den Urkundenbeweis.

aa) Beweismittel

Wie im Zivilprozess[1319] kann ein Zertifikat nach IDW PS 980 entweder als Urkunde in den Prozess eingeführt werden, oder der Prüfer kann als von der Partei benannter sachverständiger Zeuge oder als gerichtlicher Sachverständiger vernommen werden.

Das Testat des Wirtschaftsprüfers kann als Privatgutachten in das Verfahren eingebracht werden, wo es als „urkundlich belegter Parteivortrag"[1320] gewürdigt wird. Urkunden i. S. v. § 81 Abs. 1 S. 1 FGO sind „durch Schriftzeichen verkörperte Gedankenäußerungen".[1321] Anders als im Zivilverfahren unterscheidet die FGO nicht zwischen öffentlichen und privaten Urkunden (vgl. §§ 415, 416 ZPO); dies ergibt sich unmittelbar aus dem Verweis in § 82 FGO,

---

1317 *Merkt*, DB 2014, 2331, 2334.

1318 *Erdbrügger/Jehke*, BB 2016, 2455, 2459; so auch zu allen Gerichten *Merkt*, DB 2014, 2331, 2335.

1319 *Merkt*, DB 2014, 2331, 2335; *Jenne*, Die Überprüfung und Zertifizierung von Compliance-Management-Systemen, 2017, S. 328 f.

1320 *Herbert*, in: Gräber, FGO, 8. Aufl. 2015, § 82 Rn. 166.

1321 *Schallmoser*, in: Hübschmann/Hepp/Spitaler, AO/FGO, 250. EL Stand 11/2018, § 81 FGO Rn. 44; so auch *Seer*, in: Tipke/Kruse, AO/FGO, 153. EL Stand 9/2018, § 81 FGO Rn. 17; *Herbert*, in: Gräber, FGO, 8. Aufl. 2015, § 82 Rn. 40.

der die §§ 415 ff. ZPO explizit ausklammert.[1322] Da das finanzgerichtliche Verfahren vom Amtsermittlungsgrundsatz nach § 76 Abs. 1 S. 1 FGO geprägt ist, passen die Vorschriften der ZPO nicht. Das Finanzgericht soll die vorgelegte Urkunde in freier Beweiswürdigung nach § 96 FGO würdigen können und nicht in dieser Würdigung eingeschränkt werden.[1323] Im Rahmen der freien Beweiswürdigung kann der Urkunde dann der Erklärungsinhalt beigemessen werden, „dass die Erklärung mit dem erklärten Inhalt zu der angegebenen Zeit am angegebenen Ort abgegeben wurde und die Identität des Erklärenden besteht".[1324]

Der Prüfer könnte als sachverständiger Zeuge vernommen werden. Ein Zeuge ist zunächst eine Person, die „aufgrund ihrer Wahrnehmung etwas über Tatsachen oder Zustände bekunden soll".[1325] Ein sachverständiger Zeuge „unterscheidet sich von den übrigen Zeugen lediglich dadurch, dass er die zu beurkundenden Wahrnehmungen aufgrund seiner besonderen Sachkunde gemacht hat".[1326] Anders als der gerichtliche Sachverständige wurde der sachverständige Zeuge nicht vom Gericht beauftragt.[1327] Über § 82 FGO gelten die §§ 414 i. V. m. 373 ff. ZPO entsprechend.[1328]

Der Prüfer kann vom Gericht als Sachverständiger beauftragt werden.[1329] Da der Sachverständige eine besondere Nähe zum Richter aufweist,[1330] kann er aus denselben Gründen wie ein Richter innerhalb von zwei Wochen (vgl. § 82 FGO i. V. m. § 406 Abs. 2 S. 1 ZPO) abgelehnt werden.[1331] Gemäß § 82 FGO i. V. m. § 410 Abs. 1 S. 2 ZPO hat der Sachverständige das von ihm geforderte Gutachten unparteiisch und nach bestem Wissen und Gewissen zu erstatten.

1322 *Seer*, in: Tipke/Kruse, AO/FGO, 153. EL Stand 9/2018, § 81 FGO Rn. 17; *Schallmoser*, in: Hübschmann/Hepp/Spitaler, AO/FGO, 250. EL Stand 11/2018, § 81 FGO Rn. 45; *Herbert*, in: Gräber, FGO, 8. Aufl. 2015, § 82 Rn. 40.

1323 BFH, Urteil vom 7.5.1969, Az. I R 68/67, BStBl. II 1969, 444, 445; *Herbert*, in: Gräber, FGO, 8. Aufl. 2015, § 82 Rn. 40.

1324 *Schallmoser*, in: Hübschmann/Hepp/Spitaler, AO/FGO, 250. EL Stand 11/2018, § 81 FGO Rn. 45.

1325 *Seer*, in: Tipke/Kruse, AO/FGO, 153. EL Stand 9/2018, § 81 FGO Rn. 14.

1326 *Seer*, in: Tipke/Kruse, AO/FGO, 153. EL Stand 9/2018, § 81 FGO Rn. 14, § 82 FGO Rn. 80.

1327 *Seer*, in: Tipke/Kruse, AO/FGO, 153. EL Stand 9/2018, § 82 FGO Rn. 80.

1328 *Schallmoser*, in: Hübschmann/Hepp/Spitaler, AO/FGO, 250. EL Stand 11/2018, § 82 FGO Rn. 72.

1329 *Seer*, in: Tipke/Kruse, AO/FGO, 153. EL Stand 9/2018, § 81 FGO Rn. 15.

1330 *Seer*, in: Tipke/Kruse, AO/FGO, 153. EL Stand 9/2018, § 81 FGO Rn. 15.

1331 *Seer*, in: Tipke/Kruse, AO/FGO, 153. EL Stand 9/2018, § 82 FGO Rn. 66.

Eine Ablehnung eines Sachverständigen wäre dann begründet, wenn bei vernünftiger, objektiver Betrachtung davon ausgegangen werden kann, dass der Sachverständige sein Gutachten nicht unvoreingenommen erstatten wird.[1332] Dies könnte deshalb zu befürchten sein, da der Wirtschaftsprüfer bereits in der Vergangenheit einen Prüfbericht für das steuerpflichtige Unternehmen erbracht hat. Es besteht daher die Befürchtung, dass er im gerichtlichen Verfahren nicht unvoreingenommen ist, sondern von dem erstmaligen Bericht geleitet wird.[1333] Dies insbesondere deshalb, da ansonsten die Gefahr einer Haftung entstünde, wenn sich das vorangegangene Zertifikat als falsch herausstellt.

bb) Nachprüfung Ermessensgebrauch, § 102 FGO

Ein Tax CMS kann im steuerlichen Verwaltungsverfahren Bestandteil der Ermessensausübung sein. Soll hierüber geurteilt werden, bestehen Besonderheiten bei der finanzgerichtlichen Überprüfung.[1334] Diese Entscheidungen sind nach § 102 FGO nur eingeschränkt überprüfbar. Das Finanzgericht prüft demnach, ob die gesetzlichen Grenzen des Ermessens überschritten sind oder ob von dem Ermessen in einer dem Zweck der Ermächtigung nicht entsprechenden Weise Gebrauch gemacht wurde, § 102 S. 1 FGO. Das bedeutet, dass das Finanzgericht eine Ermessensentscheidung nur auf die Ermessensfehler Ermessensnichtgebrauch, Ermessensunterschreitung, Ermessensüberschreitung und Ermessensfehlgebrauch überprüfen kann.[1335]

Maßgeblicher Zeitpunkt für die Beurteilung, ob ein Ermessensfehler vorgelegen hat, ist die Sach- und Rechtslage zum Zeitpunkt der letzten Verwaltungsentscheidung.[1336] Das Finanzgericht darf im Rahmen der Ermessensüberprüfung

---

1332 BFH, Beschluss vom 7.11.1995, Az. VIII B 31/95, BFH/NV 1996, 344, 345; Beschluss vom 25.3.1999, Az. IX E 1/99, BFH/NV 1999, 1241, 1241; *Seer*, in: Tipke/Kruse, AO/FGO, 153. EL Stand 9/2018, § 82 FGO Rn. 67; *Schallmoser*, in: Hübschmann/Hepp/Spitaler, AO/FGO, 250. EL Stand 11/2018, § 82 FGO Rn. 163.

1333 *Jenne*, Die Überprüfung und Zertifizierung von Compliance-Management-Systemen, 2017, S. 329.

1334 Das sind Anfechtungsklagen nach §§ 40 Abs. 1 Alt. 1, 100 FGO und Verpflichtungsklagen, §§ 40 Abs. 1 Alt. 2, 101 FGO, *Lange*, in: Hübschmann/Hepp/Spitaler, AO/FGO, 250. EL Stand 11/2018, § 102 FGO Rn. 21.

1335 St. Rspr. seit BFH, Urteil vom 17.4.1951, Az. Gr. S. D 1/51 S, BStBl. III 1951, 107, 109 f.; Urteil vom 3.8.1983, Az. II R 144/80, BStBl. II 1984, 321, 323; Urteil vom 18.8.1987, Az. VIII R 297/82, BStBl. II 1988, 139, 140.

1336 BFH, Beschluss vom 27.9.2010, Az. II B 164/09, BFH/NV 2011, 193 = BeckRS 2010, 25016729 Rn. 6; *Lange*, in: Hübschmann/Hepp/Spitaler, AO/FGO, 250. EL Stand 11/2018, § 102 FGO Rn. 61.

auch die Tatsachenfeststellung und die Beweiswürdigung der Behörde prüfen, denn auch die unzureichende Feststellung bedeutsamer Tatsachen kann eine Rechtsverletzung darstellen.[1337]

Stellt das Gericht einen Ermessensfehler fest, so muss es die Entscheidung der Verwaltung aufheben[1338] und die Entscheidung an die Behörde zurückverweisen, die erneut unter Beachtung der Rechtsauffassung des Gerichts zu bescheiden hat, § 101 S. 2 FGO (Bescheidungsurteil).[1339] Es besteht aber keine Befugnis dahingehend, das Ermessen des Gerichts an die Stelle der Finanzbehörde zu setzen.[1340]

cc) Gebot freier Überzeugungsbildung, § 96 FGO

Nach Erhebung der Beweise entscheidet das Gericht gemäß § 96 Abs. 1 S. 1 FGO nach seiner freien, aus dem Gesamtergebnis des Verfahrens gewonnenen Überzeugung. Dieses Gesamtergebnis des Verfahrens besteht aus Tatsachen und den Beweisergebnissen, vgl. § 96 Abs. 2 FGO. Für den erforderlichen Überzeugungsgrad muss der Tatrichter „ohne Bindung an gesetzliche Beweisregeln und nur seinem Gewissen unterworfen persönliche Gewissheit in einem Maße erlangen, dass er an sich mögliche Zweifel überwindet und sich von einem bestimmten Sachverhalt als wahr überzeugen kann“[1341] (sog. Gebot der freien Überzeugungsbildung).[1342]

1337 BFH, Urteil vom 31.3.1976, Az. I R 51/74, BStBl. II 1976, 499 = Rn. 11 zitiert nach juris; *Lange*, in: Hübschmann/Hepp/Spitaler, AO/FGO, 250. EL Stand 11/2018, § 102 FGO Rn. 87.

1338 *Drüen*, in: Tipke/Kruse, AO/FGO, 153. EL Stand 9/2018, § 102 FGO Rn. 9.

1339 *Pump/Leibner*, StBp 2006, 37, 40.

1340 BFH, Urteil vom 18.9.1981, Az. VI R 44/77, BStBl. II 1981, 801, 804; Urteil, vom 5.10.2000, Az. VII R 96/99, BStBl. II 2001, 86, 88; BStBl. 2003, 281; BStBl. 2012, 477, 484; Urteil vom 19.9.2002, Az. VI R 70/01, BStBl. II 2013, 139, 141; Urteil vom 28.8.2012, Az. I R 10/12, BStBl. II 2013, 266, 270; Urteil vom 11.12.2013, Az. XI R 22/11, BStBl. II 2014, 332; *Lange*, in: Hübschmann/Hepp/Spitaler, AO/FGO, 250. EL Stand 11/2018, § 102 FGO Rn. 114; *Pump/Leibner*, StBp 2006, 37, 38.

1341 *Lange*, in: Hübschmann/Hepp/Spitaler, AO/FGO, 250. EL Stand 11/2018, § 96 FGO Rn. 55; BFH, Beschluss vom 11.7.2007, Az. IV B 121/06, BFH/NV 2007, 2241 = Ls. 3 zitiert nach juris; Urteil vom 20.5.2010, Az. VI R 41/09, BStBl. II 2010, 1022, 1023; Urteil vom 15.3.2013, Az. VIII R 22/10, BFH/NV 2013, 799 = ZIP 2013, 1018, 1020 Rn. 15.

1342 BFH, Urteil vom 24.3.1987, Az. VII R 155/85, BFH/NV 1987, 560, 563; Urteil vom 6.9.1989, Az. II R 233/85, BStBl. II 1990, 108 = BFHE 158, 297 = NVwZ 1990, 704.

Dazu gehört beim Zeugenbeweis die Würdigung der Glaubwürdigkeit des Zeugen.[1343] Bei einem Wirtschaftsprüfer als Zeugen könnte an dieser Stelle berücksichtigt werden, dass dessen Aussage wegen seiner Sachkunde und beruflichen Stellung ggf. ein höheres Gewicht beizumessen ist.[1344] Daneben wird die Glaubhaftigkeit der Zeugenaussage bewertet, wobei hier insbesondere auf die Widerspruchsfreiheit der Aussage zu achten ist.[1345] Gegen eine Widersprüchlichkeit könnte bei Vernehmung des Wirtschaftsprüfers als Zeugen sprechen, dass dieser sich im Rahmen der Prüfung des Tax CMS ausführlich damit beschäftigt hat und diese Prüfung ebenfalls ausführlich und substantiiert in den Prüfungsbericht niedergeschrieben hat.[1346]

Bei der Überprüfung eines Sachverständigengutachtens ist das Gericht gehalten, dieses „selbstständig und eigenverantwortlich“[1347] zu überprüfen. Dazu ist zunächst zu prüfen, ob das Sachverständigengutachten ordnungsgemäß erstellt und daher überhaupt geeignet ist, einen Nachweis zu erbringen. Bei der Ordnungsmäßigkeit stellt das Gericht auf die methodische Qualität und die zutreffende Erhebung und Dokumentation der Begutachtungsgrundlage ab.[1348] Beides ist durch ein Zertifikat nach IDW PS 980 gewahrt. Anschließend ist das Gutachten auf Widerspruchsfreiheit hin zu überprüfen.[1349] Hier ist im Rahmen der freien Überzeugungsbildung die Reputation des IDW[1350] sowie die Ausführlichkeit und Substantiiertheit des vorliegenden urkundlichen Ergebnisses[1351] zu berücksichtigen.

dd) Ergebnis

Im Prozess vor dem Finanzgericht kann ein positives Testat nach IDW PS 980 hilfreich sein. Es besteht zwar keine unmittelbare Bindungswirkung des Gerichts an das Testat, dennoch kann es über mehrere Wege Eingang in den Prozess finden, wo es dann vom Richter im Rahmen der freien Beweiswürdigung zu

1343 *Lange*, in: Hübschmann/Hepp/Spitaler, AO/FGO, 250. EL Stand 11/2018, § 96 FGO Rn. 79; *Herbert*, in: Gräber, FGO, 8. Aufl. 2015, § 82 Rn. 167.

1344 *Merkt*, DB 2014, 2331, 2336; *Withus/Hein*, CCZ 2011, 125, 130.

1345 *Herbert*, in: Gräber, FGO, 8. Aufl. 2015, § 82 Rn. 167.

1346 *Merkt*, DB 2014, 2331, 2336.

1347 *Lange*, in: Hübschmann/Hepp/Spitaler, AO/FGO, 250. EL Stand 11/2018, § 96 FGO Rn. 87.

1348 BFH, Urteil vom 24.10.2017, Az. II R 40/15, Rn. 13 f. zitiert nach juris.

1349 *Herbert*, in: Gräber, FGO, 8. Aufl. 2015, § 82 Rn. 168.

1350 *Merkt*, DB 2014, 2331, 2336; *Behringer*, BBK 2017, 875, 885.

1351 *Merkt*, DB 2014, 2331, 2336.

berücksichtigen ist. Es bleibt letztlich eine Einzelfallentscheidung, dennoch hat ein solches Zertifikat bzw. die Aussage eines Wirtschaftsprüfers gewichtige Argumente auf seiner Seite.

c) *Strafgerichte*

Der Vollständigkeit halber soll an dieser Stelle überblicksartig über die Verwertung eines Zertifikats nach IDW PS 980 im Strafrecht nachgedacht werden. Aus steuerrechtlicher Sicht ist es auch relevant, dass die Beschuldigung einer vorsätzlichen Steuerhinterziehung nach § 370 AO entkräftet werden kann. Wie gesehen, kann das Vorliegen eines Tax CMS ein Indiz gegen den Vorsatz sein. Es ist daher von Interesse, wie das Fehlen des Vorsatzes bewiesen werden kann.

Der Strafprozess ist vom Amtsermittlungsgrundsatz bzw. Untersuchungsgrundsatz geprägt, vgl. §§ 244 Abs. 2, 155 Abs. 2 StPO.[1352] Vor dem Strafgericht können daher von dem Angeklagten sowie von der Staatsanwaltschaft Beweisanträge gestellt werden, das Gericht ist aber unabhängig von diesen Anträgen zur Aufklärung des Sachverhalts verpflichtet.[1353] Aufzuklären sind nicht nur die objektiven Tatsachen, sondern auch alle inneren Tatsachen, also insbesondere das Vorsatzelement.[1354] Ebenso wie vor dem Finanzgericht gibt es hier den Zeugenbeweis (vgl. §§ 48–71 StPO) und den Sachverständigenbeweis (§§ 79–85 StPO). Beim Sachverständigen besteht auch im Strafprozess die Möglichkeit, dass dieser wegen Unparteilichkeit abgelehnt wird, § 74 StPO i. V. m. § 22 Nr. 1 bis 4 StPO.[1355] Ebenfalls können Urkunden, zumeist durch Verlesung, nach § 249 StPO in den Prozess eingeführt werden.

Der Grundsatz der freien Beweiswürdigung ist im Strafrecht bzw. im Steuerstrafrecht[1356] in § 261 StPO geregelt, wonach das Gericht über das Ergebnis der Beweisaufnahme nach seiner freien, aus dem Inbegriff der Verhandlung geschöpften Überzeugung entscheidet. Hier gelten für die relevante Betrachtung im Wesentlichen dieselben Kriterien wie bei § 96 FGO.[1357] Ebenso werden im Strafverfahren Aussagen von Zeugen nach der Glaubwürdigkeit der Person des Zeugen und der Glaubhaftigkeit ihrer Aussage beurteilt.[1358]

1352 *Eisenberg*, Beweisrecht der StPO, 10. Aufl. 2017, Rn. 1.
1353 *Eisenberg*, Beweisrecht der StPO, 10. Aufl. 2017, Rn. 4.
1354 *Eisenberg*, Beweisrecht der StPO, 10. Aufl. 2017, Rn. 6.
1355 *Eisenberg*, Beweisrecht der StPO, 10. Aufl. 2017, Rn. 1551.
1356 *Eisenberg*, Beweisrecht der StPO, 10. Aufl. 2017, Rn. 88.
1357 *Merkt*, DB 2014, 2331, 2335.
1358 *Eisenberg*, Beweisrecht der StPO, 10. Aufl. 2017, Rn. 1426.

5. *Ergebnis*

Auch wenn ein Zertifikat durch den IDW nicht unmittelbar zu einer Enthaftung führen kann, wird eine Zertifizierung nach IDW PS 980 dennoch positiv eingeschätzt. So wird gerade aufgrund des „anerkannten Berufsstandards" der IDW PS eine „hohe Aussicht auf Anerkennung durch das Finanzamt" vorhergesagt. Auch wird richtigerweise darauf hingewiesen, dass bisher fraglich ist, mit welchen Ressourcen die Finanzverwaltung betriebswirtschaftliche Systeme (also Tax CMS) beurteilen will.[1359]

D. Zertifizierung durch die Finanzverwaltung

Den ersten Kontakt bei einer steuerlichen Pflichtverletzung hat der Steuerpflichtige mit der Finanzverwaltung, die anschließend darüber entscheidet, ob eine Weiterleitung an die BuStra nötig ist (wenn der Verdacht einer Steuerhinterziehung oder einer leichtfertigen Steuerverkürzung besteht) oder in den anderen Fällen, die allein das Steuerverfahren betreffen, selbst entscheidet. Für das steuerpflichtige Unternehmen ist daher auf erster Stufe von Interesse, ob die Finanzverwaltung ein bestehendes Tax CMS anerkannt und entsprechend bewertet.

I. Zertifizierung durch die verbindliche Auskunft, § 89 Abs. 2 AO

In diesem Zusammenhang wird in der Literatur vorgeschlagen, dass ein implementiertes Tax CMS von den Finanzbehörden selbst im Rahmen einer verbindlichen Auskunft nach § 89 Abs. 2 AO zertifiziert werden soll.[1360] Die verbindliche Auskunft scheint insofern das passende Instrument zu sein, als sie gerade darauf abzielt, für den Steuerpflichtigen „Rechtssicherheit hinsichtlich der Einschätzung eines geplanten Sachverhalts bzw. Vertragsmodells"[1361] durch Planungs- und Entscheidungssicherheit zu erreichen.[1362]. Da die Implementierung eines

---

1359 *Bracke/Maciuca*, 2017, 146, 146.

1360 *Risse*, DB 2017, 2061, 2065; *Schwedhelm/Talaska*, ifSt-Schrift 513, 2016, 49; *von Wolfersdorff/Hey*, WPg 2016, 934, 939; *Erdbrügger/Kaiser*, Ubg 2016, 412, 413; *Erdbrügger/Jehke*, BB 2016, 2455, 2459; *Erdbrügger*, npoR 2016, 206, 207; *Karla/Geier*, CB 2016, 474, 479.

1361 BFH, Urteil vom 29.2.2012, Az. XI R 11/11, BStBl. II 2012, 651, 652 = DStR 2012, 1272.

1362 *Seer*, SteuerStud 2016, 601, 601; Söhn, in: Hübschmann/Hepp/Spitaler, AO/FGO, 250. EL Stand 11/2018, § 89 AO Rn. 179, Vor §§ 204–207 AO Rn. 2; *Rätke*, in: Klein, AO, 14. Aufl. 2018, § 89 Rn. 19; *Seer*, in: Tipke/Kruse, AO/FGO, 153. EL Stand 9/2018, § 89 AO Rn. 23.

Tax CMS zu nicht unerheblichen Kosten führt,[1363] ist es im Interesse der steuerpflichtigen Unternehmen, diese Dispositionen durch eine Vorabentscheidung abzusichern.[1364] Die Interessenlage bei der verbindlichen Auskunft und dem Bedürfnis der steuerpflichtigen Unternehmen nach einer Zertifizierung eines Tax CMS ist daher dieselbe.

1. *Wirkungsweise*

Im Rahmen einer verbindlichen Auskunft erfolgt eine rechtliche gegenwärtige Beurteilung eines hypothetischen Sachverhalts, welcher sich erst in der Zukunft verwirklicht durch die Finanzbehörde.[1365] Diese zukünftige steuerliche Beurteilung wird verbindlich in Form eines Verwaltungsaktes[1366] i. S. d. § 118 S. 1 AO abgegeben. Die Verbindlichkeit bedeutet eine Bindungswirkung der getroffenen Beurteilung gegenüber der erlassenden Finanzbehörde, § 2 Abs. 1 StAuskV[1367], für das allgemeine Verwaltungsrecht aus § 38 VwVfG.[1368] Diese Bindungswirkung tritt jedoch nur ein, wenn der später tatsächlich verwirklichte Sachverhalt identisch bzw. nur unwesentlich von dem Sachverhalt abweicht, der in dem Antrag auf verbindliche Auskunft beschrieben und damit der verbindlichen Auskunft zugrunde gelegt wurde (Gebot der Sachverhaltskongruenz).[1369] Für die künftige Besteuerung des Antragstellers ist die verbindliche Auskunft bindend, § 2 Abs. 1 StAuskV. Das bedeutet, dass die steuerliche Beurteilung aus der verbindlichen Auskunft bei der Steuerfestsetzung durch die Finanzbehörde „ungeprüft" übernommen werden muss.[1370]

1363 *Kamchen*, NWB 2017, 3954, 3955.

1364 *Söhn*, in: Hübschmann/Hepp/Spitaler, AO/FGO, 250. EL Stand 11/2018, § 89 AO Rn. 179.

1365 *Söhn*, in: Hübschmann/Hepp/Spitaler, AO/FGO, 250. EL Stand 11/2018, § 89 AO Rn. 245.

1366 AEAO zu § 89 Tz. 3.5.5; *Seer*, in: Tipke/Kruse, AO/FGO, 153. EL Stand 9/2018, § 89 AO Rn. 23; *Rätke*, in: Klein, AO, 14. Aufl. 2018, § 89 Rn. 36.

1367 Verordnung zur Durchführung von § 89 Abs. 2 der Abgabenordnung vom 30.11.2017, Steuer-Auskunftsverordnung (StAuskV), BStBl. I 2007, 2783.

1368 *Seer*, SteuerStud 2016, 601, 602; a. A. *Söhn*, der auch eine Bindungswirkung gegenüber dem Antragsteller bejaht, in: Hübschmann/Hepp/Spitaler, AO/FGO, 250. EL Stand 11/2018, § 89 AO Rn. 246.

1369 *Seer*, SteuerStud 2016, 601, 602; Söhn, in: Hübschmann/Hepp/Spitaler, AO/FGO, 250. EL Stand 11/2018, § 89 AO Rn. 252.

1370 *Söhn*, in: Hübschmann/Hepp/Spitaler, AO/FGO, 250. EL Stand 11/2018, § 89 AO Rn. 298.

2. *Voraussetzungen einer verbindlichen Auskunft*

Die Erteilung einer verbindlichen Auskunft nach § 89 Abs. 2 AO steht im Ermessen der Finanzbehörden. Liegen jedoch die tatbestandlichen Voraussetzungen vor, so ist das Ermessen auf Null reduziert, es kommt also zu einem Anspruch auf Auskunftserteilung.[1371] Zunächst muss der Steuerpflichtige oder ein Dritter[1372] einen schriftlichen[1373] Antrag stellen, in welchem er ein spezielles Zusageinteresse darlegen muss, aus welchem sich ergibt, dass in einem konkreten, aber bisher nicht verwirklichten Sachverhalt die steuerrechtliche Beurteilung unklar ist.[1374] Damit eine Beurteilung der steuerlichen Rechtslage möglich ist, muss dem Antrag eine vollständige und möglichst detaillierte Darstellung des Sachverhalts beigefügt werden, § 1 Abs. 1 Nr. 2 StAuskV.[1375]

Da es Sinn und Zweck der verbindlichen Auskunft ist, dem Steuerpflichtige ausnahmsweise Rechtssicherheit dahingehend zu gewähren, dass die steuerliche Beurteilung zu treffender Positionen im Voraus geklärt wird, darf der zu beurteilende Sachverhalt weder vor noch während des Verfahrens auf Erteilung einer einstweiligen Anordnung verwirklicht werden.[1376]

Weiter muss der Antrag ein konkretes Rechtsproblem darlegen, die eigene rechtliche Bewertung aufzeigen und anschließend eine konkrete Rechtsfrage formulieren, § 1 Abs. 1 Nr. 5 StAuskV, AEAO zu § 89 Nr. 3.5.4.[1377]

Das Zusageinteresse gemäß § 89 Abs. 2 S. 1 AO ergibt sich grundsätzlich daraus, dass es sich um erhebliche finanzielle Folgen bei der Besteuerung handelt und ein solches steuerliches Risiko besteht, dass eine Vorababklärung durch die Finanzbehörde rechtfertigt.[1378]

1371 *Söhn*, in: Hübschmann/Hepp/Spitaler, AO/FGO, 250. EL Stand 11/2018, § 89 AO Rn. 237a; *Seer*, SteuerStud 2016, 601, 603; *Rätke*, in: Klein, AO, 14. Aufl. 2018, § 89 Rn. 36.

1372 § 1 Abs. 3 StAuskV, BStBl. I 2007, 2783.

1373 § 89 Abs. 2 S. 1 AO, § 1 Abs. 1 StAuskV.

1374 *Seer*, in: Tipke/Lang, Steuerrecht, 23. Aufl. 2018, § 21 Rn. 138.

1375 *Söhn*, in: Hübschmann/Hepp/Spitaler, AO/FGO, 250. EL Stand 11/2018, § 89 AO Rn. 188.

1376 AEAO zu § 89 Nr. 3.5.2; *Söhn*, in: Hübschmann/Hepp/Spitaler, AO/FGO, 250. EL Stand 11/2018, § 89 AO Rn. 228; *Rätke*, in: Klein, AO, 14. Aufl. 2018, § 89 Rn. 17.

1377 *Seer*, in: Tipke/Lang, Steuerrecht, 23. Aufl. 2018, § 21 Rn. 139.

1378 *Söhn*, in: Hübschmann/Hepp/Spitaler, AO/FGO, 250. EL Stand 11/2018, § 89 AO Rn. 202; *Hey*, Steuerplanungssicherheit als Rechtsproblem, 2002, S. 706 f.

3. Bewertung

Einer Zertifizierung eines Tax CMS durch die Finanzbehörden in Form einer verbindlichen Auskunft nach § 89 Abs. 2 AO stehen sowohl rechtliche als auch praktische Bedenken entgegen.

a) Erfüllung der Tatbestandsvoraussetzungen

Zunächst ist fraglich, ob ein Tax CMS als Sachverhalt i. S. d. § 89 Abs. 2 AO zu begreifen ist oder nicht. Ein Sachverhalt ist „ein tatsächlicher oder rechtlicher Zustand und/oder Vorgang bzw. eine Verbindung von mehreren solchen Zuständen oder Vorgängen, die für die Besteuerung von Bedeutung sind".[1379] Man könnte das Tax CMS selbst als Sachverhalt verstehen, da es insofern aus Tatsachen besteht, als dass es tatsächliche Komponenten beinhaltet, wie insb. die Dokumentation, die alle ergriffenen Maßnahmen umfassen muss. Die Bedeutung für die Besteuerung könnte sich daraus ergeben, dass auch „Sachverhalte, die Indizien subjektiver Tatbestandselemente darstellen" darunter gefasst werden könnten.[1380] Dann muss aber festgestellt werden, dass das Bestehen eines Tax CMS als solches noch keine unmittelbare Bedeutung für die Besteuerung hat. Diese ist vielmehr unabhängig davon und knüpft nur an die Sachverhalte an, die tatsächlich bspw. die Bemessungsgrundlage einer Steuer beeinflussen. Steuerliche Relevanz bekommt ein bestehendes Tax CMS erst dann, wenn es im Unternehmen zu einer Verletzung der steuerlichen Pflichten gekommen ist.

Schwierigkeiten bereitet ebenso der Antrag nach § 89 Abs. 2 AO, der einen konkreten, noch nicht vollendeten Sachverhalt zu beschreiben hat. Meines Erachtens müsste dafür ein Sachverhalt beschrieben werden, der zu einer steuerlichen Pflichtverletzung führt, um anschließend eine haftungsmindernde Wirkung des Tax CMS zu erfragen. Diese Anforderung kann der Steuerpflichtige im Antrag naturgemäß nicht erfüllen, da er ansonsten bereits gegenwärtig zukünftige Mängel in einem bestehenden Tax CMS benennen und eine Pflichtverletzung sogar vorhersehen müsste. Jedenfalls eine konkrete Sachverhaltsbeschreibung ist daher nicht möglich.

Doch auch wenn man ein Tax CMS als Sachverhalt verstehen würde, sprechen weitere Gesichtspunkte gegen eine Zertifizierung durch die verbindliche Auskunft. Als zeitlicher Anknüpfungspunkt gibt § 89 Abs. 2 S. 1 AO vor, dass der Sachverhalt noch nicht verwirklicht sein darf. Sollte ein Tax CMS einen

---

1379 *Schallmoser*, in: Hübschmann/Hepp/Spitaler, AO/FGO, 250. EL Stand 11/2018, § 204 AO, Rn. 34; *Seer*, in: Tipke/Kruse, AO/FGO, 153. EL Stand 9/2018, § 204 AO Rn. 18.

1380 *Von Wolfersdorff/Hey*, WPg 2016, 934, 939.

Sachverhalt im Sinne der Norm darstellen, müsste die verbindliche Auskunft nach § 89 Abs. 2 AO frühzeitig angefordert werden. Es geht dabei um den Zeitpunkt, in dem ein Konzept[1381] für ein Tax CMS schon so weit vorliegt, als dass es das Erfordernis des konkreten Sachverhalts erfüllt, aber eben noch nicht umgesetzt ist.[1382] Dies halte ich aus Unternehmenssicht insbesondere deshalb für unpraktikabel, da zwischen Antragstellung und Erteilung einer Auskunft bis zu sechs Monaten liegen können, § 89 Abs. 2 S. 4 AO. Mit der Leitungskontrollpflicht wird es gerade in großen Unternehmen nur schwer vereinbar sein, ein Tax CMS zwar zu entwickeln, aber nicht zu implementieren.

Fraglich ist auch, ob es sich bei der Berücksichtigung eines Tax CMS um eine unklare Rechtslage handelt. Ziel der verbindlichen Auskunft ist es, dem Steuerpflichtigen Planungssicherheit zu gewähren, die er aufgrund einer unklaren Rechtslage nicht hat.[1383] Eine unklare Rechtslage liegt dann vor, wenn die Verwaltungsentscheidung nicht vorhersehbar ist, wenn es also weder eine Verwaltungsvorschrift noch höchstrichterliche Rechtsprechung zu der Frage gibt.[1384] Eine unklare Rechtslage liegt aber dann nicht vor, wenn es um eine „bloße Subsumtionsunsicherheit" geht.[1385] Wie die Ausführungen in Kapitel 4 gezeigt haben, geht es bei der Berücksichtigung eines Tax CMS auf Verschuldensebene oder im Rahmen der Ermessensausübung nicht um eine unklare Rechtsfrage. Vielmehr sind dies Einzelfallentscheidungen, die im Rahmen der Subsumtion zu beantworten sind.

Gegen die Zertifizierung eines Tax CMS durch die Finanzbehörden in Form einer verbindlichen Auskunft spricht darüber hinaus, dass die verbindliche Auskunft nur *eine* konkrete Rechtsfrage beantwortet. Nicht möglich ist es, eine Auskunft über alle möglichen steuerlichen Rechtsfolgen einzuholen, die bei der Verwirklichung des konkreten Sachverhalts eintreten könnten.[1386] Die verbindliche Auskunft hat gerade nicht zum Inhalt, eine umfassende Rechts- und

1381 Vorbereitende Maßnahmen dürfen schon getroffen sein, *Rätke*, in: Klein, AO, 14. Aufl. 2018, § 89 Rn. 17 mit Verweis auf BFH, Urteil vom 12.8.2015, Az. I R 45/14, BFH/NV 2016, 261 = DStRE 2016, 113, 115 Rn. 21.

1382 Zur Beschreibung des Zeitpunktes allgemein: *Hey*, Steuerplanungssicherheit als Rechtsproblem, 2002, S. 701.

1383 *Seer*, SteuerStud 2016, 601, 602.

1384 *Hey*, Steuerplanungssicherheit als Rechtsproblem, 2002, S. 702.

1385 *Hey*, Steuerplanungssicherheit als Rechtsproblem, 2002, S. 703.

1386 *Söhn*, in: Hübschmann/Hepp/Spitaler, AO/FGO, 250. EL Stand 11/2018, § 89 AO Rn. 189.

Steuerberatung zu sein.[1387] Wie im vorherigen Kapitel gesehen, kann ein wirksames Tax CMS an vielen Stellen Wirkung zeigen, sei es im steuerlichen Verwaltungsverfahren, sei es im Steuerstrafrecht. Eine solche umfassende Beurteilung der Berücksichtigung eines Tax CMS müsste daher in viele einzelne Rechtsfragen aufgespaltet werden. Damit scheitert es auch an dieser Voraussetzung einer verbindlichen Aussage.

b) Passende Rechtsfolge

Ob eine verbindliche Auskunft wirklich zu Rechtssicherheit führen kann, ist auch schon deshalb fraglich, da die Bindungswirkung der verbindlichen Auskunft nur dann greift, wenn Sachverhaltsidentität zwischen dem Sachverhalt, der zur Auskunft gestellt wurde und dem Sachverhalt, der später verwirklicht wurde, besteht. Bezogen auf ein Tax CMS bedeutet das, dass die Wirksamkeit eines solchen nur punktuell zertifiziert werden könnte. Wird das Tax CMS im Laufe der Zeit aktualisiert und verbessert, kann dies im Einzelfall eine wesentliche Abweichung[1388] bedeuten. Damit erlischt die Bindungswirkung und mit dieser einhergehend die Rechtssicherheit für das Unternehmen. Hinzu kommt, dass die Bindung durch eine verbindliche Auskunft nicht weitgehend genug ist, da von dieser nur die Finanzverwaltung nicht aber die Gerichte und die Staatsanwaltschaft erfasst sind.[1389]

c) Auswahl des Prüfers

Die Geschäftsleitung hat einen passenden Prüfer selbst auszuwählen.[1390] Dies ist bei einer verbindlichen Auskunft nach § 89 Abs. 2 AO jedoch nicht möglich, da die Zuständigkeit dafür gesetzlich vorgeschrieben ist.

d) Fachliche Qualifikation

Weiter stellt sich die Frage, ob die Finanzverwaltung umfassend fachlich qualifiziert ist, um die enthaftende Wirkung eines Tax CMS zu beurteilen. Eine fachliche Qualifikation bzgl. der Anwendung der Steuergesetze liegt zweifelsfrei vor. Bei der Frage, ob ein angemessenes Tax CMS implementiert wurde, gibt es aber

---

1387 *Schallmoser*, in: Hübschmann/Hepp/Spitaler, AO/FGO, 250. EL Stand 11/2018, Vor §§ 204–207 AO Rn. 6.

1388 *Schallmoser*, in: Hübschmann/Hepp/Spitaler, AO/FGO, 250. EL Stand 11/2018, § 206 AO Rn. 10.

1389 *Von Wolfersdorff/Hey*, WPg 2016, 934, 939.

1390 *Merkt*, DB 2014, 2271, 2275; *ders.*, DB 2014, 2331, 2333.

gerade keine steuerrechtliche Regelung, die dessen Merkmale verbindlich vorschreibt. Da die Ausgestaltung im Geschäftsleiterermessen steht, bedarf es insofern einer umfassenden betriebswirtschaftlichen[1391] und juristischen Würdigung, die auch das Gesellschaftsrecht miteinbezieht. Bei der Frage, ob ein bestehendes Tax CMS tatsächlich den Beweis erbringen kann, dass ein vorsätzliches Verhalten nach § 370 AO nicht gegeben ist, bedarf es zudem strafrechtlicher Kenntnisse. Hinzu kommt, dass die Finanzverwaltung nur solche rechtlichen Beurteilungen vornehmen darf, die sich auf das Steuerrecht beziehen. Die Finanzverwaltung kann aber gerade keine außersteuerrechtlichen Fragen wie bspw. solche auf dem Gebiet des Gesellschaftsrechts oder Strafrechts beantworten,[1392] sodass sie insoweit nicht die erforderliche Qualifikation hat, um ein Tax CMS zu zertifizieren.

II. Zertifizierung durch die verbindliche Zusage auf Grund einer Außenprüfung, §§ 204–207 AO

Anstatt einer allgemeinen verbindlichen Auskunft könnte eine Zertifizierung eines Tax CMS durch die Finanzverwaltung durch die speziellere verbindliche Zusage auf Grund einer Außenprüfung nach den §§ 204 bis 207 AO geschehen.[1393] Ziel der verbindlichen Zusage nach § 204 AO ist die „einvernehmliche steuerliche Behandlung eines geprüften Sachverhalts in der Zukunft".[1394] Auch die verbindliche Zusage nach § 204 AO soll dem Steuerpflichtigen Planungs- und Rechtssicherheit ermöglichen. Eine Außenprüfung erfolgt Veranlagungszeitraum bezogen und häufig mehrere Jahre nach Abschluss des Veranlagungszeitraums (Prinzip der Abschnittsbesteuerung).[1395] Da der nächste Veranlagungszeitraum wieder vollständig und unabhängig vom vorangegangenen Zeitraum geprüft wird, kann es dazu kommen, dass Feststellungen von neuer und alter Prüfung abweichen.[1396] Es kann für den Steuerpflichtigen daher von großem Interesse sein, auch für künftige Zeiträume Planungssicherheit zu erlangen.[1397]

1391 *Sell*, in: Schwedhelm/Talaska, ifSt-Schrift 513, 2016, 30.

1392 *Seer*, in: Tipke/Kruse, AO/FGO, 153. EL Stand 8/2018, § 204 AO Rn. 22.

1393 *Von Wolfersdorff/Hey*, WPg 2016, 934, 939.

1394 *Schallmoser*, in: Hübschmann/Hepp/Spitaler, AO/FGO, 250. EL Stand 11/2018, § 204 AO Rn. 7.

1395 *Seer*, in: Tipke/Kruse, AO/FGO, 153. EL Stand 9/2018, § 204 AO Rn. 1.

1396 *Seer*, in: Tipke/Kruse, AO/FGO, 153. EL Stand 9/2018, § 204 AO Rn. 1.

1397 *Schallmoser*, in: Hübschmann/Hepp/Spitaler, AO/FGO, 250. EL Stand 11/2018, § 204 AO Rn. 4.

1. Voraussetzungen

Im Anschluss an eine Außenprüfung soll die Finanzbehörde dem Steuerpflichtigen auf Antrag verbindlich zusagen, wie ein für die Vergangenheit geprüfter und im Prüfungsbericht dargestellter Sachverhalt in Zukunft steuerrechtlich behandelt wird, wenn die Kenntnis der künftigen steuerrechtlichen Behandlung für die geschäftlichen Maßnahmen des Steuerpflichtigen von Bedeutung ist, § 204 AO. Die Formulierung *soll* weist zwar auf eine Ermessensnorm hin, es besteht aber ein Anspruch des Steuerpflichtigen auf Erteilung einer verbindlichen Zusage, wenn alle Voraussetzungen erfüllt sind.[1398]

Die Voraussetzungen von § 89 Abs. 2 AO und § 204 AO gleichen sich daher in weiten Teilen. Ähnlich wie die verbindliche Auskunft nach § 89 Abs. 2 AO erfolgt auch die verbindliche Zusage auf Antrag,[1399] wenn der Steuerpflichtige ein berechtigtes Interesse, also wirtschaftliche Dispositionen, geltend machen kann.[1400] Voraussetzung ist ebenfalls ein Zusageinteresse[1401] sowie eine unsichere Rechtslage.[1402]

Unterschiede ergeben sich insbesondere daraus, dass eine verbindliche Zusage nach § 204 AO ausweislich des Gesetzeswortlauts nur *im Anschluss an eine Außenprüfung* abgegeben werden darf. Dies hat in erster Linie Auswirkungen auf die Beschaffenheit des Sachverhalts. Dieser muss bei Antragstellung bereits verwirklicht,[1403] Gegenstand der Prüfung gewesen sein[1404] und in der Zukunft nochmals auftreten.[1405]

1398 *Seer*, in: Tipke/Kruse, AO/FGO, 153. EL Stand 9/2018, § 204 AO Rn. 15; *Schallmoser*, in: Hübschmann/Hepp/Spitaler, AO/FGO, 250. EL Stand 11/2018, § 204 AO Rn. 27.

1399 *Schallmoser*, in: Hübschmann/Hepp/Spitaler, AO/FGO, 250. EL Stand 11/2018, § 204 AO Rn. 14; *Seer*, in: Tipke/Kruse, AO/FGO, 153. EL Stand 9/2018, § 204 AO Rn. 6.

1400 *Schallmoser*, in: Hübschmann/Hepp/Spitaler, AO/FGO, 250. EL Stand 11/2018, § 204 AO Rn. 22 f.

1401 *Seer*, in: Tipke/Kruse, AO/FGO, 153. EL Stand 9/2018, § 204 AO Rn. 12; *Schallmoser*, in: Hübschmann/Hepp/Spitaler, AO/FGO, 250. EL Stand 11/2018, § 204 AO Rn. 24.

1402 *Seer*, in: Tipke/Kruse, AO/FGO, 153. EL Stand 9/2018, § 204 AO Rn. 13; *Schallmoser*, in: Hübschmann/Hepp/Spitaler, AO/FGO, 250. EL Stand 11/2018, § 204 AO Rn. 24.

1403 AEAO zu § 204 Rn. 3; *Schallmoser*, in: Hübschmann/Hepp/Spitaler, AO/FGO, 250. EL Stand 11/2018, § 204 AO Rn. 19; *Seer*, in: Tipke/Kruse, AO/FGO, 153. EL Stand 9/2018, § 204 AO Rn. 8.

1404 *Schallmoser*, in: Hübschmann/Hepp/Spitaler, AO/FGO, 250. EL Stand 11/2018, § 204 AO Rn. 24; *Seer*, in: Tipke/Kruse, AO/FGO, 153. EL Stand 9/2018, § 204 AO Rn. 19.

1405 *Schallmoser*, in: Hübschmann/Hepp/Spitaler, AO/FGO, 250. EL Stand 11/2018, § 204 AO Rn. 24.

Im Anschluss an eine Außenprüfung bedeutet in sachlicher Hinsicht, dass es sich um eine allgemeine Außenprüfung nach § 193 AO oder um eine abgekürzte Außenprüfung nach § 203 AO handeln muss. Andere Formen des Steueraufsichts- oder Ermittlungsverfahrens können keine Grundlage der verbindlichen Zusage nach § 204 AO sein.[1406] In zeitlicher Hinsicht muss die Außenprüfung bereits abgeschlossen sein, ein Prüfungsbericht muss daher vorliegen.[1407]

Der Inhalt des Antrags richtet sich nach dem Inhalt der verbindlichen Zusage, der in § 205 Abs. 2 AO geregelt ist. Der Steuerpflichtige muss daher angeben, welcher Sachverhalt der verbindlichen Prüfung zugrunde gelegt wird, welchen Inhalt die verbindliche Zusage haben soll und welche steuerrechtliche Behandlung verlangt wird. Ebenfalls soll angegeben werden, für welche Steuerarten die Zusage gelten soll.[1408]

Gegenstand der verbindlichen Zusage ist die steuerrechtliche Behandlung des zugrundeliegenden Sachverhalts in der Zukunft.[1409] Die steuerliche Beurteilung bezieht sich in der Regel auf materiell-rechtliche Fragen, denkbar sind aber auch Fragen des formellen Steuerrechts, also zum Steuerverfahren.[1410] Dann muss nach § 205 Abs. 2 Nr. 1 AO auf die einschlägigen Vorschriften des Steuerverfahrensrecht Bezug genommen werden.[1411]

2. *Bewertung*

Im Vergleich zur verbindlichen Auskunft nach § 89 Abs. 2 AO stellt sich die Problematik der konkreten Beschreibung des Sachverhalts bei der verbindlichen Zusage nicht, da diese auf einen bereits abgeschlossenen Sachverhalt blickt. Voraussetzung ist es aber, dass sich dieser Sachverhalt in der Zukunft noch einmal genau so verwirklicht. Diese Voraussetzung passt nicht zur Konzeption eines

---

1406 *Seer*, in: Tipke/Kruse, AO/FGO, 153. EL Stand 9/2018, § 204 AO Rn. 11; *Schallmoser*, in: Hübschmann/Hepp/Spitaler, AO/FGO, 250. EL Stand 11/2018, § 204 AO Rn. 12.

1407 *Schallmoser*, in: Hübschmann/Hepp/Spitaler, AO/FGO, 250. EL Stand 11/2018, § 204 AO Rn. 12.

1408 *Seer*, in: Tipke/Kruse, AO/FGO, 153. EL Stand 9/2018, § 204 AO Rn. 8; *Schallmoser*, in: Hübschmann/Hepp/Spitaler, AO/FGO, 250. EL Stand 11/2018, § 204 AO Rn. 16.

1409 *Schallmoser*, in: Hübschmann/Hepp/Spitaler, AO/FGO, 250. EL Stand 11/2018, § 204 AO Rn. 31.

1410 *Seer*, in: Tipke/Kruse, AO/FGO, 153. EL Stand 9/2018, § 204 AO Rn. 22; *Schallmoser*, in: Hübschmann/Hepp/Spitaler, AO/FGO, 250. EL Stand 11/2018, § 204 AO Rn. 31.

1411 *Schallmoser*, in: Hübschmann/Hepp/Spitaler, AO/FGO, 250. EL Stand 11/2018, § 205 AO Rn. 20.

Tax CMS. Auch wenn ein implementiertes Tax CMS nicht jede Pflichtverletzung ausschließen kann, so hat es doch auf geschehene Pflichtverletzungen umgehend zu reagieren. Das heißt, dass solche Maßnahmen zu treffen sind, die einen gleichartigen Pflichtverstoß in der Zukunft vermeiden. Liegt ein wirksames CMS vor, dürfte also der geprüfte Sachverhalt überhaupt nicht nochmals in der Zukunft eintreten.

Ebenso wie bei der verbindlichen Auskunft nach § 89 Abs. 2 AO erfolgt die Auswahl des Prüfers automatisch, da dieser wiederrum gesetzlich vorgegeben ist. Gemäß § 204 AO ist *die Finanzbehörde* zuständig. Gemeint ist damit die für die Auswertung der Prüfungsfeststellungen zuständige Finanzbehörde.[1412] Welche Finanzbehörde das konkret ist, richtet sich sodann nach § 195 AO, wonach grundsätzlich das Veranlagungs-Finanzamt zuständig ist.[1413] Eine eigene Auswahlentscheidung durch den Geschäftsleiter ist nicht möglich.

Die Bindungswirkung des § 206 Abs. 2 AO[1414] erfasst die Finanzbeamten wiederrum nur, solange Sachverhaltsidentität besteht.[1415] Eine unmittelbare Bindung der Gerichte erfolgt nicht.[1416] Auch hier lässt sich abermals anführen, dass es der Finanzverwaltung an praktischer Erfahrung und Ressourcen zur Beurteilung eines Tax CMS fehlt.[1417]

E. Ergebnis

Zur Aufgabe der Geschäftsleitung gehört es, ein implementiertes Tax CMS regelmäßig auf dessen Effektivität zu überprüfen. Im Rahmen des Auswahlermessens, wie eine solche Überprüfung durchgeführt werden soll, kann die Zertifizierung durch einen externen Prüfer geboten sein. Wichtig ist jedoch, dass der Prüfer

---

1412 AEAO zu § 204 Rn. 2, BStBl. I 2014, 290.

1413 *Seer*, in: Tipke/Kruse, AO/FGO, 153. EL Stand 9/2018, § 204 AO Rn. 3; *Schallmoser*, in: Hübschmann/Hepp/Spitaler, AO/FGO, 250. EL Stand 11/2018, § 204 AO Rn. 9.

1414 *Seer*, in: Tipke/Kruse, AO/FGO, 153. EL Stand 9/2018, § 204 AO Rn. 2; *Schallmoser*, in: Hübschmann/Hepp/Spitaler, AO/FGO, 250. EL Stand 11/2018, § 206 AO Rn. 14, 20.

1415 *Seer*, in: Tipke/Kruse, AO/FGO, 153. EL Stand 9/2018, § 206 AO Rn. 5; *Schallmoser*, in: Hübschmann/Hepp/Spitaler, AO/FGO, 250. EL Stand 11/2018, § 205 AO Rn. 15, § 206 Rn. 9. f.

1416 *Schallmoser*, in: Hübschmann/Hepp/Spitaler, AO/FGO, 250. EL Stand 11/2018, § 206 AO Rn. 21; a. A. *Seer*, in: Tipke/Kruse, AO/FGO, 153. EL Stand 9/2018, § 206 AO Rn. 16; *Schallmoser*, in: Hübschmann/Hepp/Spitaler, AO/FGO, 250. EL Stand 11/2018, § 206 AO Rn. 21 m .w. N.

1417 *Bracke/Maciuca*, 2017, 146, 147; *Erdbrügger/Jehke*, BB 2016, 2455, 2459.

von der Geschäftsleitung selbst ausgesucht wird und er oder das Prüfungskommitee zumindest auch über juristischen Sachverstand verfügt.

Das auf eine Angemessenheitsprüfung nach IDW PS 980 folgende Zertifikat kann als Überprüfungshandlung der Geschäftsleitung geeignet sein. Mangels Gesetzeskraft sind im Ernstfall weder die Finanzverwaltung noch die Finanz- und Strafgerichte an dessen Aussage gebunden. Dennoch kann dem Prüfungsbericht im Rahmen der Beweiswürdigung ein hohes Gewicht aufgrund seiner akribischen Vorgehensweise sowie der Stellung des IDW und des Wirtschaftsprüfers entnommen werden.

Einer Zertifizierung durch die Finanzverwaltung selbst sprechen starke Einwände entgegen. Zunächst besteht hier für die Geschäftsleitung nicht die Möglichkeit, einen geeigneten, das heißt fachlich qualifizierten und erfahrenen Prüfer auszuwählen. Der mögliche Prüfer wird vielmehr über die Zuständigkeitsregeln aus dem Gesetz ausgewählt. Hinzu kommt, dass die bisher vorgeschlagenen Möglichkeiten einer Zertifizierung über eine verbindliche Auskunft nach § 89 Abs. 2 AO oder eine verbindliche Zusage nach § 204 AO schon tatbestandlich nicht passen. Eine Zertifizierung eines implementierten Tax CMS durch die Finanzverwaltung ist daher de lege lata nicht möglich.

Kapitel 6: Tax Compliance aus Sicht der Finanzverwaltung

Während die vorangegangenen Kapitel das Verständnis und das Bedürfnis nach Tax Compliance aus Sicht der steuerpflichtigen Unternehmen thematisiert haben, soll zum Ende dieser Arbeit die Tax Compliance-Strategie der Finanzverwaltung sowie die dazu führenden Gründe dargestellt werden.

A. Funktionsverständnis

Wie die Finanzverwaltung die Funktion von Tax Compliance versteht, lässt sich anhand von Äußerungen deren Vertreter feststellen. So äußerten sich *Sibylle Nagel*, Regierungsrätin und *Thomas Waza*, leitender Regierungsdirektor dahingehend, dass Tax Compliance die reine „Einhaltung der steuerlichen Pflichten"[1418] beinhalte. Im Rahmen des Monatsberichts des BMF aus dem Jahr 2002 wird Tax Compliance als das Prinzip der „freiwilligen[1419] Achtung der Steuergesetze"[1420] betitelt. Aus diesen Aussagen lässt sich ableiten, dass die Funktion von Tax Compliance aus Sicht der Finanzverwaltung zunächst auf die steuerliche Gesetzesbefolgung durch den Steuerpflichtigen begrenzt ist.[1421]

Dennoch wird Tax Compliance nicht als einseitiges Tätigwerden des Steuerpflichtigen verstanden. Vielmehr soll dieser durch eine Tax Compliance-Strategie der Finanzverwaltung zu einer besseren Steuermoral und dadurch letztlich zur

1418 *Nagel/Waza*, DStZ 2008, 321, 323; so auch *Seer*, StuW 2003, 40, 52.

1419 Von Freiwilligkeit zu sprechen ist bei einer bestehenden gesetzlichen Verpflichtung verfehlt. Steuerliche Gesetze stehen nicht zur Disposition des Steuerpflichtigen, sodass von einer freiwilligen Befolgung nicht die Rede sein kann. *Seer*, StuW 2003, 40, 52 Fn. 139; *Schmidt*, DStJG 31 (2008), 37, 42.

1420 *Schmarbeck*, BMF Monatsbericht 12/2002, 57, 63. Wahrscheinlich wurde hier einfach die internationale Terminologie „Voluntary Tax Compliance" ins Deutsche übersetzt. Passender wäre wohl der Begriff „eigenmotiviert" (*Schützler*, Tax Compliance im Kooperationsverhältnis zwischen Unternehmen und Finanzverwaltung, 2015, S. 47). Die ausländischen Finanzbehörden sehen in ihren Tax Compliance-Programmen ein Kooperationsverhältnis vor, welches durch freiwillige Vertragsschlüsse und darin enthaltener überobligatorischer Zurverfügungstellung von Informationen geprägt ist, vgl. Kapitel 6 C.

1421 *Groß/Matheis/Lindgens*, UVR 2017, 172, 173.

Gesetzesbefolgung angehalten oder sogar „beeinflusst“[1422] werden. Die dazu nötigen Anreize werden in einem kooperativen Ansatz[1423] gesehen. Die praktische Umsetzungsstrategie besteht dabei aus zwei Säulen:[1424] dem Servicemanagement und dem Risikomanagement. Das Servicemanagement soll den Steuerwiderstand brechen,[1425] während das Risikomanagement zu einer „zuverlässigen Sanktionierung unehrlichen Verhaltens“ führen soll.[1426]

Steuerpflichtige, die in der Vergangenheit die sie betreffenden steuerlichen Pflichten eingehalten und mit der Finanzverwaltung kooperiert haben, also bspw. ihren Mitwirkungspflichten nachgekommen sind, sollen von der Finanzverwaltung geschont werden bzw. ebenfalls von dieser Kooperation erwarten dürfen.[1427] Ein solches Entgegenkommen könnte sich beispielsweise in Form von Verfahrensbeschleunigungen zeigen.[1428] Steuerpflichtige, die nicht kooperieren bzw. bereits in der Vergangenheit durch Gesetzesverstöße aufgefallen sind, müssen hingegen mit repressiven Maßnahmen rechnen.[1429]

Diese Anreize schafft die Finanzverwaltung nicht selbstlos. Die Einhaltung der steuerlichen Pflichten und die Kooperation der Steuerpflichtigen führen auf Seite der Verwaltung zu einer geringeren Kontrollintensität. Dadurch können eine größere Anzahl von Fällen gesetzmäßig veranlagt werden, sodass letztlich der rechtstaatliche Gesetzesvollzug gesteigert wird.[1430]

Die Funktionen, die die Finanzverwaltung Tax Compliance zuschreibt sind daher:

1422 So die überspitzte Formulierung von *Schmidt*, DStJG 31 (2008), 37, 42.

1423 *Esterer/Eisgruber*, DB 2017, 986, 987; *Seer*, StuW 2003, 40, 42.

1424 *Schmarbeck*, BMF Monatsbericht 12/2002, 57, 58; *Schmidt*, DStJG 31 (2008), 37, 42, der die Strategie mit Zuckerbrot und Peitsche tituliert.

1425 Dies soll durch eine Änderung des Verhältnisses zwischen Finanzverwaltung und Steuerpflichtigem geschehen. In Zukunft soll mehr Vertrauen zwischen den beiden Akteuren entstehen. Dies kann z. B. dadurch geschehen, dass der Steuerpflichtige als Kunde angesehen wird und ihm diverse, individualisierte Serviceleistungen und Hilfestellungen entgegengebracht werden, *Schmarbeck*, BMF Monatsbericht 12/2002, 57, 59.

1426 *Nagel/Waza*, DStZ 2008, 321, 323.

1427 *Ull*, in: Behringer, Compliance für KMU, 2012, S. 153.

1428 *Seer*, in: FS Korn, 2005, 707, 719; *Schmarbeck*, BMF Monatsbericht 12/2002, 57, 61.

1429 *Seer*, StuW 2003, 40, 52; *Schmarbeck*, BMF Monatsbericht 12/2002, 57, 61.

1430 *Seer*, StuW 2003, 40, 52; *Nagel/Waza*, DStZ 2008, 321, 326; *Schmidt*, DStJG 31 (2008), 37, 56; *Risse*, DB 2017, 2061, 2063; *Ull*, in: Behringer, Compliance für KMU, 2012, S. 153.

- „Gewährleistung der vollständigen, richtigen und zeitnahen Erhebung der Steuern,
- Optimierung der Dienstleistungsangebote für die Bürgerinnen und Bürger (...) sowie
- Erhöhung der Effektivität und Wirtschaftlichkeit der Aufgabenerfüllung.“[1431]

B. Steuervollzug in der deutschen Finanzverwaltung

Das Verständnis der Finanzverwaltung von Tax Compliance ergibt sich wiederum aus der Arbeitsweise der Finanzverwaltung und den realen Vollzusgegebenheiten.

I. Gesetzliche Vorgaben

Am Ende des Festsetzungsverfahrens steht ein auf Grundlage der eingereichten Steuererklärung erlassener schriftlicher Steuerbescheid (§§ 155 Abs. 1 S. 1, 157 AO) gegenüber dem Steuerpflichtigen (§ 122 Abs. 1 AO), der die Steuern festsetzt.

Art. 108 GG legt fest, dass die Verwaltung der Steuern den Bundes- und Landesfinanzbehörden obliegt. Diese Verwaltungsaufgabe wird in § 85 AO konkretisiert.[1432] Danach haben die Finanzbehörden die Steuern nach Maßgabe der Gesetze gleichmäßig festzusetzen und zu erheben. Dies beschreibt die „Fundamentalmaximen“[1433] des Steuervollzugs, nämlich die Gesetz- und Gleichmäßigkeit der Besteuerung.[1434] Diese werden ergänzt durch den Sicherstellungsauftrag[1435] aus § 85 S. 2 AO, der dafür Gewähr leisten soll, dass Steuern

1431 *Schmarbeck*, BMF Monatsbericht 12/2002, 57, 63; *Nagel/Waza*, DStZ 2008, 321, 323.

1432 *Schmitz*, in: Schwarz/Pahlke, AO/FGO, 186. EL Stand 12/2018, § 85 AO Rn. 1.

1433 *Nagel/Waza*, DStZ 2008, 321, 322.

1434 Diese ergeben sich ebenfalls aus dem materiell-rechtlichen Steuerbegriff aus § 3 Abs. 1 AO. Hier heißt es, dass Steuern solche Geldleistungen sind, die allen (also Gleichmäßigkeit der Besteuerung), bei denen der Tatbestand zutrifft, an den das Gesetz die Leistungspflicht knüpft (also Gesetzmäßigkeit der Besteuerung), auferlegt werden, *Schmitz*, in: Schwarz/Pahlke, AO/FGO, 186. EL Stand 12/2018, § 85 AO Rn. 2.

1435 *Kobor*, in: Pfirrmann/Rosenke/Wagner, BeckOK AO, 7. Edition Stand 1.1.2019, § 85 Rn. 18.

nicht verkürzt, zu Unrecht erhoben oder Steuererstattungen und Steuervergütungen nicht zu Unrecht bewilligt oder versagt werden.

1. Gesetzmäßigkeit der Besteuerung

Die Finanzbehörde als Teil der vollziehenden Gewalt ist nach Art. 20 Abs. 3 GG an Gesetz und Recht gebunden, was einfachgesetzlich ebenfalls in § 85 S. 1 AO niedergeschrieben ist. Die Besteuerung ist Teil der Eingriffsverwaltung[1436] und unterliegt daher dem Gesetzesvorbehalt,[1437] d.h. Steuern dürfen nur dann und nur in der Höhe erhoben werden, wie sie durch ein förmliches Gesetz[1438] angeordnet wurden (vgl. einfachgesetzliche Regelung in § 38 AO).[1439]

a) Abweichungsverbot

Basierend auf diesem Verständnis liegt eine gesetzmäßige Besteuerung dann nicht vor, wenn die Finanzbehörden (vgl. § 6 Abs. 2 AO) Steuern nicht festsetzen oder erheben, obwohl diese vom Gesetz vorgeschrieben sind,[1440] Steuern erheben, die nicht auf einer gesetzlichen Grundlage beruhen oder Einzelfallregelungen außerhalb der gesetzlichen Regeln der §§ 156, 163, 227 AO treffen.[1441] Insofern statuiert die Gesetzmäßigkeit der Besteuerung ein Abweichungsverbot.[1442]

1436 *Ull*, in: Behringer, Compliance für KMU, 2012, S. 153.

1437 *Hey*, in: Tipke/Lang, Steuerrecht, 23. Aufl. 2018, § 3 Rn. 230.

1438 Gesetz ist nach § 4 AO eigentlich jede Rechtsnorm, insbesondere Gesetze und Verordnungen. Da das Steuerrecht Teil der Eingriffsverwaltung ist, kann sich die Gesetzmäßigkeit der Besteuerung nicht auf jede Rechtsnorm i. S. d. § 4 AO beziehen, sondern nur auf formelle Gesetze. Durch den Grundrechtseingriff gilt auch hier die Wesentlichkeitstheorie, wonach der demokratisch legitimierte Gesetzgeber der Entscheidungsträger sein muss, *Hey*, in: Tipke/Lang, Steuerrecht, 23. Aufl. 2018, § 3 Rn. 234. Aus diesem Grund erfasst die Gesetzmäßigkeit der Besteuerung auch nicht Verwaltungsvorschriften, wie Richtlinien und Erlasse. Diese können die Verwaltung aber über die Gleichmäßigkeit der Besteuerung binden, da in diesen eine Selbstbindung der Verwaltung liegt, *Schmitz*, in: Schwarz/Pahlke, AO/FGO, 186. EL Stand 12/2018, § 85 AO Rn. 9.

1439 *Söhn*, in: Hübschmann/Hepp/Spitaler, AO/FGO, 250. EL Stand 11/2018, § 85 AO Rn. 31.

1440 *Kober*, in: Pfirrmann/Rosenke/Wagner, BeckOK AO, 7. Edition Stand 1.1.2019, § 85 Rn. 7.

1441 *Seer*, in: Tipke/Kruse, AO/FGO, 153. EL Stand 9/2018, § 85 AO Rn. 8 f.

1442 *Hey*, in: Tipke/Lang, Steuerrecht, 23. Aufl. 2018, § 3 Rn. 238.

b) *Anwendungsgebot*

Daneben beinhaltet die Gesetzmäßigkeit der Besteuerung ein Anwendungsgebot.[1443] Wenn ein Steueranspruch nach § 38 AO entstanden ist, muss die Finanzverwaltung diesen geltend machen, sog. Legalitätsprinzip[1444] (vgl. den Wortlaut § 85 S. 1 AO, wonach die Finanzbehörden die Steuern festzusetzen und zu erheben *haben*).[1445] Das Gesetz ist damit nicht nur die Grenze der Besteuerung, sondern auch deren Antrieb.[1446]

2. *Gleichmäßigkeit der Besteuerung*

Die Gleichmäßigkeit der Besteuerung ist verfassungsrechtlich durch den Gleichheitssatz in Art. 3 Abs. 1 GG und einfachgesetzlich in § 85 S. 1 AO garantiert.[1447] Gleichmäßigkeit der Besteuerung bedeutet, dass alle Steuerpflichtigen, die einen Besteuerungstatbestand erfüllen, in gleicher Weise sowohl rechtlich als auch tatsächlich[1448] besteuert werden. Es darf keine Bevor- oder Benachteiligung im Vergleich zu anderen Steuerpflichtigen vorliegen.[1449]

Eine rechtlich gleiche Besteuerung ist gegeben, wenn die Steuergesetze vom Tatbestand und der Rechtsfolge her alle Steuerpflichtigen gleich belasten. Eine tatsächlich gleiche Besteuerung ist nur dann gegeben, wenn alle Steuerpflichtigen durch den Vollzug gleich belastet werden.[1450]

a) *Gleichmäßigkeit durch Gesetzesanwendung*

Gleichmäßigkeit der Besteuerung ist in Bezug auf die Gesetzmäßigkeit derselben insofern keine Neuerung, als es alleine um die Gesetzesanwendung geht. Denn eine gleichmäßige Besteuerung findet statt, wenn alle Steuerpflichtigen

---

1443 *Hey*, in: Tipke/Lang, Steuerrecht, 23. Aufl. 2018, § 3 Rn. 238.

1444 *Seer*, in: Tipke/Lang, Steuerrecht, 23. Aufl. 2018, § 21 Rn. 1.

1445 Hervorhebung durch Verf.; *Kobor*, in: Pfirrmann/Rosenke/Wagner, BeckOK AO, 7. Edition Stand 1.1.2019, § 85 Rn. 7; *Söhn*, in: Hübschmann/Hepp/Spitaler, AO/FGO, 250. EL Stand 11/2018, § 85 AO Rn. 32.

1446 *Hey*, in: Tipke/Lang, Steuerrecht, 23. Aufl. 2018, § 3 Rn. 238.

1447 *Söhn*, in: Hübschmann/Hepp/Spitaler, AO/FGO, 250. EL Stand 11/2018, § 85 AO Rn. 35.

1448 *Schmitz*, in: Schwarz/Pahlke, AO/FGO, 186. EL Stand 12/2018, § 85 AO Rn. 13.

1449 *Wünsch*, in: Koenig, AO, 3. Aufl. 2014, § 85 Rn. 8.

1450 *Hey*, in: Tipke/Lang, Steuerrecht, 23. Aufl. 2018, § 3 Rn. 111 f.

mit derselben Rechtsfolge[1451] besteuert werden, die den Tatbestand erfüllen. Insofern erfolgt Gleichheit bereits durch das Gesetz:[1452] „Egalität verwirklicht sich durch Legalität".[1453]

b) *Gleichmäßigkeit durch Vereinheitlichung*

Die Gleichmäßigkeit der Besteuerung geht über die reine Gesetzesanwendung hinaus. Dort, wo das Gesetz keine feste Rechtsfolge statuiert, also bei Ermessensnormen oder wo es unbestimmte Rechtsbegriffe verwendet und damit die Verwaltung als „Erstinterpretin"[1454] der Norm aufgerufen ist, diese mit Inhalt zu füllen, kann die reine Gesetzesanwendung nicht zur gleichmäßigen Besteuerung führen. Diesen Spielraum für eigene Wertungen und Entscheidungen muss die Finanzverwaltung in einer Weise ausüben, die zu einer gleichmäßigen Besteuerung führt. Die Gleichmäßigkeit der Besteuerung zieht in diesen Fällen daher ein „Vereinheitlichungsgebot"[1455] nach sich. Auch das Ermessen und unbestimmte Rechtsbegriffe müssen einheitlich und damit gleichmäßig ausgelegt werden. Vereinheitlichung bedarf es auch deshalb, da die Steuerverwaltung grundsätzlich Aufgabe der Länder ist, vgl. Artt. 108 Abs. 2, 85 GG. Aus diesem Grund erlässt das Bundesministerium für Finanzen in Abstimmung mit den Ländern sog. BMF-Schreiben, in denen allgemeine Weisungen zur Gesetzesanwendung gegeben werden.[1456] Die BMF-Schreiben sind Verwaltungsanweisungen, mit denen sich die Finanzverwaltung selbst bindet. Handelt sie entgegen einer solchen Weisung, liegt ein Verstoß gegen die Gleichmäßigkeit der Besteuerung vor.[1457]

c) *Gleichmäßigkeit durch Vollzugsgleichheit*

Gleichmäßig ist die Besteuerung nur dann, wenn durch den Vollzug der Steuergesetze die Steuerpflichtigen gleich belastet werden. Im Zinsurteil[1458] des BVerfG stellte dieses klar, dass die Gleichheit vor dem Gesetz aus Art. 3 Abs. 1 GG sowohl

1451 Dazu *Hey*, die ausdrücklich darauf hinweist, dass die Tatbestandsmäßigkeit der Besteuerung gerade noch nicht ausreicht, um zu einer gleichmäßigen Besteuerung zu gelangen, in: Tipke/Lang, Steuerrecht, 23. Aufl. 2018, § 3 Rn. 233.

1452 *Seer*, Verständigungen in Steuerverfahren, 1996, S. 230.

1453 *Seer*, Verständigungen in Steuerverfahren, 1996, S. 225; BVerfG, Urteil vom 9.3.2004, Az. 2 BvL 17/02, BStBl. II 2005, 56 = NJW 2004, 1022.

1454 *Seer*, Verständigungen in Steuerverfahren, 1996, S. 226.

1455 *Seer*, Verständigungen in Steuerverfahren, 1996, S. 227.

1456 *Seer*, in: Tipke/Lang, Steuerrecht, 23. Aufl. 2018, § 21 Rn. 1.

1457 *Schmitz*, in: Schwarz/Pahlke, AO/FGO, 186. EL Stand 12/2018, § 85 AO Rn. 16 f.

1458 BVerfG, Urteil vom 27.6.1991, Az. 2 BvR 1493/89, DStR 1991, 971.

die Rechtssetzungsgleichheit als auch die Rechtsanwendungsgleichheit umfasst. Daraus folgert das BVerfG, dass es für die Verfassungsmäßigkeit einer Steuervorschrift zwingend notwendig ist, dass das Erhebungsverfahren zu einer Gleichheit in der Besteuerungsfolge führt. Ist der gleichmäßige Vollzug der Besteuerung nicht gewährleistet, kann sich daraus sogar die Verfassungswidrigkeit der gesetzlichen Besteuerungsgrundlage ergeben.[1459] Die Finanzbehörden müssen daher über hinreichende Kontrollmöglichkeiten verfügen, um alle steuerrelevanten Sachverhalte aufzudecken und anschließend zu besteuern.[1460] Es darf nicht so sein, dass nur der Steuerehrliche besteuert wird, während der Steuerunehrliche von einer Besteuerung verschont bleibt. Um die Gleichmäßigkeit der Besteuerung zu gewährleisten, „bedarf das Deklarationsprinzip der Ergänzung durch das Verifikationsprinzip".[1461]

3. *Grundrechte*

Neben der gesetzesmäßigen und gleichmäßigen Besteuerung hat der Steuervollzug auch die Grundrechte der Steuerpflichtigen zu wahren. Für die hier interessierende Besteuerung von Unternehmen ist auf Art. 19 Abs. 3 GG hinzuweisen, wonach die Grundrechte auch für inländische juristische Personen gelten, soweit sie ihrem Wesen nach auf diese anwendbar sind. Die Formulierung inländische juristische Personen meint dabei nicht nur Körperschaften, deren Eigenschaft als juristische Person sich bereits aus dem Gesetz ergibt, wie z.B. die Aktiengesellschaft, § 1 Abs. 1 S. 1 AktG, die GmbH § 13 Abs. 1 GmbHG oder die KGaA, § 278 Abs. 1 AktG. Vielmehr fallen darunter auch teilrechtsfähige Personen des Privatrechts wie die GbR, die oHG und die KG.[1462]

Dem Wesen nach auch auf (teil-)rechtsfähige Organisationen i. S. d. Art. 19 Abs. 3 GG anwendbar sind die Berufs- und Eigentumsfreiheiten aus Art. 12 Abs. 1 GG und Art. 14 Abs. 1 GG sowie das Recht auf informationelle Selbstbestimmung aus Artt. 2 Abs. 1, 1 Abs. 1 GG. Insbesondere diese Freiheitsrechte hat die Finanzverwaltung bei der Besteuerung von Unternehmen zu beachten. Ohne genauer ins Detail zu gehen, soll an dieser Stelle nur darauf verwiesen

---

1459 So geschehen im *Tipke*-Urteil, wo das BVerfG die Spekulationsbesteuerung für Wertpapiere in den Jahren 1997 und 1998 für verfassungswidrig erklärt hat, Urteil vom 9.3.2004, Az. 2 BvL 17/02, DStRE 2004, 396.

1460 *Wünsch*, in: Koenig, AO, 3. Aufl. 2014, § 85 Rn. 20.

1461 BVerfG, Urteil vom 27.6.1991, Az. 2 BvR 1493/89, DStR 1991, 971 Ls. 2.

1462 *Remmert*, in: Maunz/Dürig, GG, 84. EL Stand 8/2018, Art. 19 Abs. 3 Rn. 39.

werden, dass das Übermaßverbot bei der Besteuerung zu wahren ist. Dieses beinhaltet das Prinzip der freiheitsschonenden Besteuerung. Es besagt, dass sowohl die Verfahrenseinleitung nach § 86 AO als auch Ermittlungsmaßnahmen im bereits eingeleiteten Verfahren stets hinreichend veranlasst sein sollen. So sind insbesondere Rasterfahndungen oder Ermittlungen ohne Anhaltspunkte ein Verstoß gegen das Übermaßverbot.[1463]

4. *Amtsermittlungsgrundsatz*

Um gesetzmäßig und gleichmäßig besteuern zu können, muss der zugrundeliegende Sachverhalt so erfasst werden, dass alle relevanten Aspekte bekannt und dadurch rechtlich bewertet werden können. Zur Ermittlung eines Steuersachverhalts gilt grundsätzlich der Untersuchungsgrundsatz oder Amtsermittlungsgrundsatz[1464] aus § 88 Abs. 1 S. 1 AO, wonach der Finanzbeamte den Sachverhalt von Amts wegen zu ermitteln hat. Ziel der Amtsermittlung ist es, die beweiserheblichen Tatsachen wie das Vorliegen der Tatbestandsmerkmale oder auch die Verjährung festzustellen.[1465] Es sind also alle relevanten Umstände zu ermitteln, auch die für den Steuerpflichtigen günstigen Umstände, § 88 Abs. 1 S. 2 AO.[1466] Ermittelt werden soll so lange, bis sich der Finanzbeamte eine „eigene Überzeugung bilden kann".[1467]

Welchen Grad diese Überzeugung haben muss, ist weder in § 85 S. 1 AO noch in § 88 AO geregelt. Vielmehr besagt § 88 Abs. 2 S. 1 AO, dass die Finanzbehörde Art und Umfang der Ermittlungen nach den Umständen des Einzelfalls bestimmt. Den Rahmen bilden auch hier die Gesetz- und Gleichmäßigkeit der Besteuerung, vgl. § 88 Abs. 2 S. 1 AO a. E.[1468]

Begrenzt wird der Amtsermittlungsgrundsatz durch die Kooperationsmaxime. Da es der Finanzbehörde aus eigener Wahrnehmung nur begrenzt möglich ist, einen Sachverhalt vollständig zu ermitteln, ist das Besteuerungsverfahren auf Kooperation zwischen den Finanzbehörden und den Steuerpflichtigen ausgerichtet, §§ 88, 90 AO. Die Kooperation auf Seiten des Steuerpflichtigen zeigt sich in dessen Mitwirkungspflichten, z.B. in §§ 90 ff., 200, 211 AO, welche

---

1463 *Seer*, in: Tipke/Lang, Steuerrecht, 23. Aufl. 2018, § 21 Rn. 8.
1464 *Rätke*, in: Klein, AO, 14. Aufl. 2018, § 88 Rn. 1.
1465 *Schmitz*, in: Schwarz/Pahlke, AO/FGO, 186. EL Stand 12/2018, § 88 AO Rn. 14.
1466 *Seer*, in: Tipke/Lang, Steuerrecht, 23. Aufl. 2018, § 21 Rn. 3.
1467 *Schmitz*, in: Schwarz/Pahlke, AO/FGO, 186. EL Stand 12/2018, § 88 AO Rn. 14.
1468 *Seer*, Verständigungen in Steuerverfahren, 1996, S. 232.

ihm eine „sphärenorientierte Mitverantwortung“ bzgl. der Sachverhaltsaufklärung geben.[1469]

II. Reale Voraussetzungen des deutschen Steuervollzugs

Seit Jahrzenten[1470] finden sich Klagen über den deutschen Steuervollzug, der sich in einer „Krise“[1471] befinde und für die Finanzverwaltungen nicht mehr handhabbar sei. Bereits im Jahr 2006 kam der Präsident des Bundesrechnungshofs in seiner Funktion als Bundesbeauftragter für Wirtschaftlichkeit in der Verwaltung in einem Gutachten zu dem Ergebnis, dass der in § 85 S. 1 AO niedergeschriebene gesetz- und gleichmäßige Vollzug der Besteuerung „nicht mehr gewährleistet ist“.[1472] Im Jahr 2012 bestätigte der Bundesrechnungshof diese These in Bezug auf die steuerliche Veranlagung der Arbeitnehmer.[1473] Als Gründe werden dafür die Ressourcenknappheit der Finanzverwaltung sowie die steigende Komplexität des Steuerrechts genannt.[1474]

1. *Zunehmende Komplexität des Steuerrechts*

Friedemeyer, ehemaliger Vorsteher des Finanzamts Offenbach, beklagt, dass früher nur Einzelfälle zu Problemen geführt hätten, während die große Anzahl an Veranlagungen zeitnah durchzuführen war. Heute habe sich die Lage in ihr Gegenteil verkehrt: Einzelfälle seien leicht zu bearbeiten, bei der großen Masse

1469 *Seer*, in: Tipke/Lang, Steuerrecht, 23. Aufl. 2018, § 21 Rn. 4.

1470 *Isensee*, StuW 1973, 199, 202; Der Präsident des Bundesrechnungshofs, BT-Drs. VI/559, 31 f., der schon 1970 auf knappe Personalressourcen und die Kompliziertheit des Steuerrechts hinwies; *Tipke*, Die Steuerrechtsordnung Bd. III, 1993, S. 1196 ff.

1471 *Nagel/Waza*, DStZ 2008, 321, 322; *Seer*, StuW 2003, 40, 40.

1472 Präsident des Bundesrechnungshofes, Probleme beim Vollzug der Steuergesetze, 2006, S. 14; entsprechend äußerte sich der Bundesrechnungshof 2012 auch bezüglich der gleichmäßigen Besteuerung beim Entlastungsbetrag für Alleinerziehende, die ebenfalls nicht gewährleistet sei, BT-Drs. 16/3200, 38; derselben Meinung ist auch *Schmitz*, in: Schwarz/Pahlke, AO/FGO, 186. EL Stand 12/2018, § 85 AO Rn. 21.

1473 Bericht nach § 99 BHO über den Vollzug der Steuergesetze, insbesondere im Arbeitnehmerbereich vom 17.1.2012, S. 4, abrufbar unter: https://www.bundesrechnungshof.de/de/veroeffentlichungen/sonderberichte/langfassungen/2012-sonderbericht-vollzug-der-steuergesetze-insbesondere-im-arbeitnehmerbereich (19.9.2017).

1474 *Ball/Papasikas*, BB 2016, 1495, 1495.

zeigten sich Probleme in der steuerlichen Bewertung.[1475] Die Kompliziertheit der Rechtsmaterie Steuerrecht trifft die Finanzverwaltung daher ebenso wie die steuerpflichtigen Unternehmen.[1476]

2. Ressourcenengpässe

Neben dem komplexen materiellen Steuerrecht führen auch die tatsächlichen Gegebenheiten der Verwaltung zu Problemen bei der Veranlagung von Steuern.

Tabelle 1: Personalausstattung der gesamten deutschen Finanzverwaltung

Steuerjahr	**Mitarbeiterzahl gesamt**	**davon auf Bundesebene**	**davon auf Landesebene**	**davon auf kommunaler Ebene**
2013[1477]	188.944	42.763	145.610	571
2014[1478]	187.280	43.385	143.295	600
2015[1479]	186.745	44.470	141.935	225
2016[1480]	188.000	45.665	141.845	490

Tabelle 1 zeigt die Summe der Mitarbeiter in der Finanzverwaltung insgesamt in Deutschland. Die kurze Zeitspanne zwischen 2013 und 2016 zeigt, dass in den Jahren von 2013 bis 2015 eine Kürzung der Mitarbeiterzahl um 2.199 Mitarbeiter stattgefunden hat, 2016 aber wieder zu einer Erhöhung geführt hat.

1475 NWB 2007, 3009.

1476 Siehe dazu schon Kapitel 1 C. I.

1477 Statistisches Bundesamt, Finanzen und Steuern, Personal des öffentlichen Dienstes, 2013, erschienen am 23.6.2014, S. 45, abrufbar unter: https://www.destatis.de/DE/Publikationen/Thematisch/FinanzenSteuern/OeffentlicherDienst/PersonaloeffentlicherDienst2140600137004.pdf?__blob=publicationFile (16.10.2017).

1478 Statistisches Bundesamt, Finanzen und Steuern, Personal des öffentlichen Dienstes, 2014, erschienen am 23.5.2015, korrigiert am 24.7.2015, S. 45, abrufbar unter: https://www.destatis.de/DE/Publikationen/Thematisch/FinanzenSteuern/OeffentlicherDienst/PersonaloeffentlicherDienst2140600147004.pdf?__blob=publicationFile (16.10.2017).

1479 Statistisches Bundesamt, Finanzen und Steuer, Personal des öffentlichen Dienstes, 2015, erschienen am 23.6.2016, S. 45, abrufbar unter: https://www.destatis.de/DE/Publikationen/Thematisch/FinanzenSteuern/OeffentlicherDienst/PersonaloeffentlicherDienst2140600157004.pdf?__blob=publicationFile (16.10.2017).

1480 Statistisches Bundesamt, Finanzen und Steuer, Personal des öffentlichen Dienstes, 2016, erschienen am 22.6.2017, S. 45, abrufbar unter: https://www.destatis.de/DE/Publikationen/Thematisch/FinanzenSteuern/OeffentlicherDienst/PersonaloeffentlicherDienst2140600167004.pdf?__blob=publicationFile (20.9.2017).

Tabelle 2: Personalausstattung der Steuerverwaltung der deutschen Bundesländer[1481]

Steuerjahr	Mitarbeiterzahl gesamt
1997	139.517
1998	136.244
1999	132.249

Vergleicht man die aktuellen Zahlen mit denen in *Tabelle 2*, die *Seer* für die Jahre 1997 bis 1999 erhoben hat, so zeigt sich, dass die Anzahl der Mitarbeiter dennoch in den letzten zwei Jahrzehnten gestiegen ist. Man könnte daher bei reiner Betrachtung der Mitarbeiterzahlen zu dem Schluss kommen, Personalressourcenengpässe gäbe es nicht. Vielmehr wird eine Erhöhung der Mitarbeiterzahl angestrebt. Dies mag für sich gesehen richtig sein. Eine solch isolierte Betrachtung ermöglicht es hingegen noch nicht, die Arbeitsbelastung der Mitarbeiter festzustellen.

Der Anzahl an Mitarbeitern steht eine enorme Anzahl an zu bearbeitenden Sachverhalten gegenüber. Berechnet man die Arbeitsbelastung grob nach den aktuellen Zahlen, so ergibt sich folgendes Bild: Im Jahr 2013 gab es 23,7 Millionen unbeschränkt Steuerpflichtige in Deutschland,[1482] deren Einkünfte zu veranlagen waren. Bei 145.610 Mitarbeitern[1483] auf Landesebene waren das alleine ca. 162 Einkommenssteuerbescheide pro Finanzbeamten.[1484] Daneben gibt es noch eine Vielzahl weiterer steuerlicher Sachverhalte, über die die Finanzverwaltung zu entscheiden hat. Schätzungsweise werden pro Jahr etwa 120 Millionen Verwaltungsakte insgesamt durch die Finanzämter erlassen.[1485] Legt man dabei wieder die Mitarbeiterzahl auf Landesebene aus dem Jahr 2013 zu Grunde, so

1481 Tabelle entnommen von *Seer*, Besteuerungsverfahren, 2002, S. 34.

1482 Statistisches Bundesamt, Steuererklärung: Durchschnittliche Rückerstattung lag bei 935 Euro vom 7.7.2017, abrufbar unter: https://www.destatis.de/DE/ZahlenFakten/ImFokus/OeffentlicheFinanzenSteuern/SteuererklaerungErstattung.html (19.9.2017).

1483 Diese Berechnungen sind nur Richtwerte. Unberücksichtigt bleibt hier insbesondere eine Unterscheidung zwischen Voll- und Teilzeitbeschäftigten.

1484 Dabei soll den Finanzbeamten maximal die Hälfte ihrer Arbeitszeit dafür zur Verfügung stehen, Steuererklärungen zu veranlagen. Veranlagungsbegleitende und andere Tätigkeiten nehmen die restliche Zeit in Anspruch, Präsident des Bundesrechnungshofes, Probleme beim Vollzug der Steuergesetze, 2006, S. 13.

1485 So noch *Seer*, in: Tipke/Lang, Steuerrecht, 22. Aufl. 2015, § 21 Rn. 5; in der 23. Aufl. 2018, § 21 Rn. 3 spricht er nur noch von „jährlich Millionen von Verwaltungsakten".

hatte ein einziger Finanzbeamter im Durchschnitt ca. 824 Verwaltungsakte zu erlassen. Bei einer Jahresarbeitszeit von 1.840 Stunden[1486] blieben nach eigener Berechnung ca. 2,2 Stunden Arbeitszeit pro Fall.

Ein dramatischeres Bild zeigte der Präsident des Bundesrechnungshofs 2006, als er von einer Bearbeitungszeit pro Fall von ca. 20 Minuten ausging.[1487] *Seer* gab für die Jahre 1989–1994 eine Arbeitsbelastung von ca. 1.000 Fällen pro Finanzbeamten an. Durchschnittlich blieben ihm dabei pro Fall weniger als eine Stunde Bearbeitungszeit.[1488]

Unabhängig davon, wie viel Bearbeitungszeit pro Fall tatsächlich zusteht, zeigen diese drei Zeitangaben, dass diese knapp bemessen ist, insbesondere wenn komplizierte Sachverhalte vorliegen. Schon aus Zeitgründen ist es dem Finanzbeamten daher nicht möglich, die für eine gesetzmäßige Besteuerung erforderlichen Ermittlungen für jeden Einzelfall vorzunehmen,[1489] es käme ansonsten zu einem „Haushaltsnotstand".[1490] Ein Totalvollzug, also die „vollständige Kontrolle der Erklärung des Steuerpflichtigen",[1491] ist aus faktischen Gründen wegen mangelnder Verwaltungskapazitäten nicht möglich.[1492]

3. *Zwischenergebnis*

Zusammenfassend lässt sich feststellen, dass das Steuerrecht ein kompliziertes Rechtsgebiet ist und zunehmend mehr und komplexere Sachverhalte[1493] von Finanzbeamten gelöst werden müssen. Für diese Tätigkeiten stehen den Bearbeitern nur kurze Zeiträume zur Verfügung.

Würde die Finanzverwaltung in diesem Stadium jeden einzelnen Steuersachverhalt ausführlich ausermitteln (Totalvollzug), so würde dies dazu führen, dass

---

1486 Ausgehend von einer 40h-Woche (2.080h/Jahr) und 30 Tagen Urlaub (240h) im Jahr, ohne Berücksichtigung weiterer Feiertage, Fehltage wegen Krankheit und weniger als Vollzeitbeschäftigungen.

1487 Präsident des Bundesrechnungshofs, Probleme beim Vollzug der Steuergesetze, 2006, S. 13 f.

1488 *Seer*, Verständigungen in Steuerverfahren, 1996, S. 231.

1489 *Schmitz*, in: Schwarz/Pahlke, AO/FGO, 186. EL Stand 12/2018, § 85 AO Rn. 21.

1490 *Seer*, StuW 2003, 40, 41.

1491 *Nagel/Waza*, DStZ 2008, 321, 322; *Schmitz*, in: Schwarz/Pahlke, AO/FGO, 186. EL Stand 12/2018, § 85 AO Rn. 25.

1492 *Nagel/Waza*, DStZ 2008, 321, 322; *Seer*, Verständigungen in Steuerverfahren, 1996, S. 228.

1493 *Schwartz*, in: Schulz, Compliance-Management im Unternehmen, 24. Kapitel Rn. 2.

zwar im Einzelfall eine gesetzmäßige Veranlagung gesichert ist, die meisten Fälle aber, die ebenfalls gesetzlich zu veranlagen wären, nie besteuert würden, da die Verwaltung schon aus zeitlichen Gründen keine Zeit für deren Bearbeitung hätte. Die Finanzverwaltung befindet sich daher „dauerhaft in einem Zielkonflikt zwischen der periodischen (zeitgerechten) Sicherstellung des Gesamtvollzugs und der sorgfältigen Sachaufklärung im Einzelfall".[1494]

Vor diesem Hintergrund ist es wenig verwunderlich, dass Tax Compliance aus Sicht der Finanzverwaltung darauf abzielt, das Besteuerungsverfahren zu entschlacken und die Kontrollintensität zu verringern, indem der Steuerpflichtige zur Einhaltung der Steuergesetze motiviert wird, sodass es letztlich aus Sicht der Finanzverwaltung zu einer Optimierung des Steuerprozesses kommt.[1495] Tax Compliance soll die Verwaltungseffektivität und Verwaltungseffizienz[1496] durch, zwar von den Unternehmen eigenmotivierte Regelbefolgung, dennoch auch fremdnützliche Erfüllung dieser Regeln steigern. Denn je mehr Unternehmen bereits selbst steuerliche Pflichten erfüllten, desto weniger Vollzugsaufwand bedürfe es bei der Finanzverwaltung.

III. Handlungsmöglichkeiten

Um den Gesetzesvollzug sicherzustellen, ist die Finanzverwaltung gehalten, nach anderen Wegen zu suchen, um die verfassungsrechtlichen Prinzipien der Gesetzmäßigkeit und der Gleichmäßigkeit der Besteuerung auch weiterhin im Massenverfahren während eines Zustands begrenzter Verwaltungsressourcen zu gewährleisten.[1497] Diese Handlungsmöglichkeiten müssen sich in dem „verfassungsrechtlichen Abwägungsdreieck"[1498] von Gesetz- und Gleichmäßigkeit der Besteuerung sowie den Freiheitsgrundrechten der Steuerpflichtigen bewegen.[1499] § 85 S. 1 AO gibt den Finanzbehörden dabei einen „Optimierungsauftrag":[1500] Beide Prinzipien, Gesetzes- und Gleichmäßigkeit müssen beachtet werden,

1494 *Seer*, Verständigungen in Steuerverfahren, 1996, S. 229 ff.

1495 *Nagel/Waza*, DStZ 2008, 321, 323.

1496 So soll z.B. einer Verlangsamung einer Betriebsprüfung bei Vorliegen eines Tax CMS entgegengewirkt werden, *Esterer/Eisgruber*, DB 2017, 986, 987.

1497 *Seer*, in: Tipke/Lang, Steuerrecht, 23. Aufl. 2018, § 21 Rn. 6.

1498 *Seer*, in: Tipke/Lang, Steuerrecht, 23. Aufl. 2018, § 21 Rn. 2.

1499 *Seer*, in: Tipke/Lang, Steuerrecht, 23. Aufl. 2018, § 21 Rn. 2; *Schmitz*, in: Schwarz/Pahlke, AO/FGO, 186. EL Stand 12/2018, § 85 AO Rn. 25.

1500 *Seer*, in: Tipke/Lang, Steuerrecht, 23. Aufl. 2018, § 21 Rn. 2.

keines der Prinzipien genießt einen Vorrang gegenüber dem anderen.[1501] Ziel ist der Gesamtvollzug, also die Bearbeitung aller Einzelfälle. Daraus lässt sich im Ergebnis ableiten, dass es Art. 3 Abs. 1 GG in dem „Dauerzustand“ knapper Verwaltungsressourcen gebietet, den Amtsermittlungsgrundsatz so umzusetzen, dass eine Sachverhaltsaufklärung gleichmäßig beschränkt wird.[1502]

1. Risikomanagement in der Finanzverwaltung, Projekt KONSENS

Es soll daher ein Weg gefunden werden, wie prüfungsbedürftige Fälle herausgefiltert werden können und die übrigen Fälle schnell veranlagt werden können. Dazu ist im Steuerveranlagungsprozess ein Risikomanagementsystem eingerichtet, welches die zur Verfügung stehenden elektronischen Daten ausnutzt und dadurch eine „strukturelle Verifikation“ der Steuerfälle betreibt.[1503]

Nach § 88 Abs. 3 S. 1 AO[1504] dürfen die obersten Finanzbehörden für bestimmte oder bestimmbare Fallgruppen Weisungen über Art und Umfang der Ermittlungen und der Verarbeitungen von erhobenen oder erhaltenen Daten erteilen. Dies ist eine Ermächtigungsgrundlage zum Erlass einer Rechtsverordnung zur Implementierung eines Risikomanagements in der Finanzverwaltung. Ein erster Vorschlag, die Steuer-Ermittlungs-Verordnung (StErmV) aus dem Jahr 2011[1505] wurde nie umgesetzt. Dennoch werden heute verschiedene Risikomanagementsysteme getestet.[1506]

Seit dem 1. Januar 2007 ist das Projektvorhaben KONSENS (**Ko**ordinierte **n**eue **S**oftware-**En**twicklung der **S**teuerverwaltung) in Kraft, das ein von der Finanzministerkonferenz in Abstimmung mit dem Bund verabschiedetes Verwaltungsabkommen ist. Ziel dieses Abkommens ist es, eine einheitliche Steuersoftware in allen Bundesländern zu verwenden, um dadurch den Steuervollzug zu verbessern, insbesondere Steuern wirtschaftlicher und gleichmäßiger erheben zu können. Teil dieses Projekts ist das Risikomanagement.[1507] Dieses soll dabei helfen, die Fälle herauszufiltern, die risikobehaftet sind und daher einer

---

1501 *Seer*, in: Tipke/Lang, Steuerrecht, 23. Aufl. 2018, § 21 Rn. 2; *ders.*, Verständigungen in Steuerverfahren, 1996, S. 295 ff.

1502 *Seer*, Verständigungen in Steuerverfahren, 1996, S. 232.

1503 *Seer*, DStR 2008, 1553, 1554.

1504 Eingeführt durch das Steuerbürokratieabbaugesetz vom 20.12.2008, BGBl. I 2008, 2850, 2856.

1505 Dazu die Stellungnahme des DStV vom 2.9.2011, abrufbar unter: https://www.dstvomde/interessenvertretung/steuern/stellungnahmen-steuern/s-14-11 (22.10.2017).

1506 *Rätke*, in: Klein, AO, 14. Aufl. 2018, § 88 Rn. 70.

1507 BMF Monatsbericht 10/2006, 55, 59 f.

intensiveren Prüfung zu unterziehen sind.[1508] Ein Risiko wird mit jedem normabweichenden Verhalten begründet.[1509]

Dazu wird zunächst jede elektronisch[1510] eingehende Steuererklärung maschinell mit Hilfe von Prüffiltern geprüft. Schlägt kein Prüffilter an, kann die Erklärung maschinell veranlagt werden. Findet der Prüffilter Auffälligkeiten, so wird die Erklärung mit entsprechendem Hinweis einem Sachbearbeiter zur punktuellen[1511] Prüfung vorgelegt, der den Sachverhalt dann zu ermitteln hat und anschließend die Erklärung veranlagt.[1512] Doch auch, wenn eine Erklärung als risikoarm deklariert wurde oder kein Prüffilter angeschlagen hat, können diese Fälle im Rahmen einer Zufallsauswahl von 2 % der Fälle des Finanzamtes[1513] geprüft werden.[1514] Dies ist deshalb nötig, da der maschinelle Prozess um eine subjektive Komponente ergänzt werden muss, da zum einen eine maschinelle Prüfung nur die ihr zur Verfügung stehende Daten überprüfen kann. Fehlen solche, kommt sie schnell an ihre Grenzen. Zum anderen kann so das Vorwissen des Sachbearbeiters berücksichtigt werden. Darüber hinaus bleibt dadurch gewährleistet, dass das System „für Außenstehende unberechenbar ist und bleibt".[1515]

Prüffilter kann es bzgl. des Objektrisikos und des Subjektrisikos geben.[1516] Zu den Objektrisiken zählen absolute Wertgrenzen in Form von Höchstwerten,[1517] relative Wertgrenzen in Bezug auf das Vorjahr, Widersprüche innerhalb einer

1508 *Schmidt*, DStJG 31 (2008), 37, 42; BMF Monatsbericht 10/2006, 55, 63.

1509 *Seer*, DStR 2008, 1553, 1554.

1510 Für Unternehmen verpflichtend sind die Elektronische Steuererklärung (ELSTER) (BMF Monatsbericht 20/2006, 55, 63), vgl. § 25 Abs. 4 EStG, § 31 Abs. 1a KStG, § 14a GewStG sowie die E-Bilanz (elektronische Steuerbilanz) und die Einnahmeüberschussrechnung nach § 5b EStG und § 60 Abs. 4 EStDV, *Haunhorst*, DStR 2010, 2105, 2108.

1511 BT-Drs. 17/77, 177.

1512 *Münch*, DStR 2013, 212, 213.

1513 BT-Drs. 17/77, 177.

1514 *Rätke*, in: Klein, AO, 14. Aufl. 2018, § 88 Rn. 70.

1515 *Nagel/Waza*, DStZ 2008, 321, 324.

1516 *Seer*, DStR 2008, 1553, 1555.

1517 Unzulässig wäre es allein auf das Fiskalinteresse abzustellen, so noch geschehen im gleichlautenden Ländererlass vom 19.11.1996, BStBl. I 1996, 1391. Zum einen gibt es keinen statistischen Nachweis, dass Steuererklärungen mit hoher Steuerhöhe eine höhere Wahrscheinlichkeit für Fehleranfälligkeit haben, *Nagel/Waza*, DStZ 2008, 321, 323; Präsident des Bundesrechnungshofes, Probleme beim Steuervollzug, 2006, S. 150, zum anderen würde eine solche Vorgehensweise gegen das Prinzip der Leistungsfähigkeit der Besteuerung verstoßen.

Erklärung[1518] oder Sachverhalte, die erstmals auftreten oder wegfallen.[1519] Das Subjektrisiko beschäftigt sich mit der Integrität des Steuerpflichtigen.[1520] Dieses kann durch die *Steuervita* des Pflichtigen sowie dem Wirtschaftszweig oder dem Abgabeverhalten in den Vorjahren beeinflusst werden.[1521]

Der Tax Compliance-Faktor eines steuerpflichtigen Unternehmens wird hier im subjektiven Risikofilter des Steuersubjekts abgebildet.[1522] Je nach Steuervita und Verhalten im Vorjahr wird dieser Risikofilter ausschlagen oder nicht. Insoweit kann ein Vorteil erblickt werden, den ein Steuerpflichtiger, der sich compliant verhält, durch die Finanzverwaltung erfahren könnte: Wer nicht als risikohaft eingestuft wird, erfährt auch keine intensive Prüfung.[1523]

2. *Begünstigungen auf EU-Ebene*

Auch auf europäischer Ebene sollen die Steuerpflichtigen mit positivem Tax Compliance-Faktor eine vorteilhaftere Behandlung erfahren. Seit 2013 gibt es den zugelassenen Wirtschaftsbeteiligten im Zollrecht, der zollrechtliche Vereinfachungen, wie bspw. Begünstigungen in Bezug auf Zollkontrollen erlangen kann, indem Waren und Unterlagen weniger häufig geprüft werden, Art. 38 Abs. 6 Zollkodex der Union.[1524] Um den Status eines zugelassenen Wirtschaftsbeteiligten bewilligt zu bekommen, muss der Steuerpflichtige u.a. nachweisen, dass er keine schwerwiegenden oder wiederholten Verstöße gegen zoll- oder steuerrechtliche Vorschriften begangen hat und ein erhöhtes Maß an Kontrollen seiner Tätigkeit und Warenbewegungen vorweist, die er mittels eines Systems der Führung der Geschäftsbücher und ggf. Beförderungsunterlagen, die geeignete Zollkontrollen ermöglichen, aufzeichnet, Art. 39 Abs. 6 Zollkodex.[1525]

1518 *Münch*, DStR 2013, 212, 213.

1519 BT-Drs. 17/77, 177.

1520 *Seer*, DStR 2008, 1553, 1555.

1521 *Haunhorst*, DStR 2010, 2105, 2109.

1522 *Seer*, in: Tipke/Lang, Steuerrecht, 23. Aufl. 2018, § 21 Rn. 7.

1523 *Seer*, DStR 2008, 1553, 1555; *Geuenich/Kiesel*, BB 2012, 155, 156.

1524 Verordnung (EU) Nr. 952/2013 des Europäischen Parlaments und des Rates vom 9.10.2013 zur Festlegung des Zollkodexes der Union (Neufassung), ABl. 10.10.2013, L 269/1.

1525 Verordnung (EU) Nr. 952/2013 des Europäischen Parlaments und des Rates vom 9.10.2013 zur Festlegung des Zollkodexes der Union (Neufassung), ABl. 10.10.2013, L 269/1.

Das Konzept des zugelassenen Wirtschaftsbeteiligten im Zollrecht soll durch einen Richtlinienvorschlag vom 4. Oktober 2017[1526] auf das Umsatzsteuersystem ausgeweitet werden.[1527] Ein Bestandteil der neuen Mehrwertsteuersystemrichtlinie (MwStSysRL) ist der Begriff des zertifizierten Steuerpflichtigen. Das sollen jene Unternehmer sein, die insgesamt als zuverlässige Steuerzahler gelten, also solche, die keine schwerwiegenden oder wiederholten Verstöße gegen steuer- und zollrechtliche Vorschriften oder schwere Straftaten im Rahmen ihrer Wirtschaftstätigkeit begangen haben, die ein hohes Maß an Kontrolle ihrer Tätigkeiten nachweisen und die zahlungsfähig sind.[1528] Die Kontrolle der Tätigkeit konkretisiert die EU insoweit, als dass diese „entweder mittels eines Systems zur Führung der Geschäfts- und ggf. Beförderungsunterlagen, das geeignete Steuerkontrollen ermöglich oder mittels eines zuverlässigen oder bescheinigten internen Prüfpfads" durchzuführen sind.[1529] Es wird in der Zukunft daher möglich sein, dass diejenigen Unternehmen, die ein Tax CMS implementiert haben, mit diesem ebenfalls die Voraussetzungen eines zertifizierten Steuerpflichtigen erfüllen und dadurch in den Genuss diverser Vereinfachungsvorschriften kommen,[1530] wie bspw. zu Konsignationslagern[1531] und Reihengeschäften.[1532]

1526 Europäische Kommission, COM(2017), 567 final, 2017/0248 (CNS).

1527 *Küffner*, DB 43/2017, M4, M5.

1528 Nacht Art. 13a Abs. 2 der RL 2006/112/EG (neu) (Mehrwertsteuersystemrichtlinie – MwStSysRL) COM(2017) 569 final vom 4.10.2017, S. 18; *Küffner*, DB 43/2017, M4, M5.

1529 *Küffner*, DB 43/2017, M4, M5.

1530 *Küffner*, DB 43/2017, M4, M5; Europäische Kommission, COM(2017), 567 final, 2017/0248 (CNS), S. 2.

1531 Bisher war es so, dass der ausländische Unternehmer die Bestückung des Lagers als innergemeinschaftliches Verbringen im Abgangs- und Bestimmungsland anmeldete. Die Entnahme der Ware durch den Kunden war dann als steuerpflichtige Lieferung im Bestimmungsland zu klassifizieren, *Jacobs*, Umfassende Mehrwertsteuerreform für Handel innerhalb der Union – Kommission veröffentlicht Richtlinien- und Verordnungsvorschlage, 6.10.2017, abrufbar unter: https://community.beck.de/2017/10/06/umfassende-mehrwertsteuerreform-fuer-handel-innerhalb-der-union-kommission-veroeffentlicht-richtlinien-und (23.10.2017). Art. 17a MwStSysRL (neu) schlägt nun vor, dass der ausländische Unternehmer eine steuerbefreite innergemeinschaftliche Lieferung im Abgangsmitgliedstaat anmeldet und der Unternehmerkunde einen steuerpflichtigen innergemeinschaftlichen Erwerb im Bestimmungsland. Dies allerdings nur, soweit Aufzeichnungen über den Warenbestand vorliegen und der Lieferer die Lieferung in einer zusammenfassenden Meldung aufführt, COM(2017) 569 final, S. 20 f.

1532 Bisher war nach einer Einzelfallprüfung festzustellen, welche Lieferung als steuerbefreite innergemeinschaftliche Lieferung zu behandeln ist, *Jacobs*, Umfassende

3. *Betriebsprüfung*

Ein ähnliches Bild zeigt sich bei der Betriebsprüfung, die ein Teil der Außenprüfung nach §§ 193 ff. AO ist.[1533] Die Betriebsprüfung dient der Verifizierung der von den Steuerpflichtigen deklarierten Angaben. Ziel einer Betriebsprüfung ist nach § 2 Abs. 1 S. 1 BpO[1534] die Ermittlung und Beurteilung der steuerlich bedeutsamen Sachverhalte, um die Gleichmäßigkeit der Besteuerung sicherzustellen. Die Betriebsprüfung ist insofern Teil des Verifikationsprinzips.[1535]

a) Ausgangslage

Zulässig ist eine Außenprüfung insb. bei gewerblich und freiberuflich tätigen Steuerpflichtigen, § 193 Abs. 1 S. 1 AO. Durch eine Außenprüfung sollen die steuerlichen Verhältnisse eines Steuerpflichtigen ermittelt werden, § 194 Abs. 1 S. 1 AO. Was genau geprüft werden soll, steht im Ermessen der Finanzbehörden: Diese kann bestimmen, welche Steuerarten und welche Besteuerungszeiträume geprüft werden sollen sowie ob sich die Prüfung auf einzelne Sachverhalte beschränken soll, § 194 Abs. 1 S. 2 AO, § 4 Abs. 1 BpO.

Dieses Ermessen wird teilweise durch die BpO konkretisiert, indem die Betriebe in die vier Größenklassen Großbetriebe, Mittelbetriebe, Kleinbetriebe und Kleinstbetriebe eingeteilt werden, § 3 BpO.[1536] Großbetriebe werden

---

Mehrwertsteuerreform für Handel innerhalb der Union – Kommission veröffentlicht Richtlinien- und Verordnungsvorschlage, 6.10.2017, abrufbar unter: https://community.beck.de/2017/10/06/umfassende-mehrwertsteuerreform-fuer-handel-innerhalb-der-union-kommission-veroeffentlicht-richtlinien-und (23.10.2017). Art. 138a MwStSysRL (neu) schlägt vor, dass es immer die Lieferung des ersten Lieferers an den Zwischenhändler sein soll, wenn der Zwischenhändler dem Verkäufer den Namen des Eingangsmitgliedstaats der Gegenstände mitteilt und der Zwischenhändler für Mehrwertsteuerzwecke in einem Mitgliedstaat registriert ist. Dies gilt jedoch nur, wenn ausschließlich zertifizierte Steuerpflichtige beteiligt sind, COM(2017) 569 final vom 4.10.2017, S. 21.

1533 *Rüsken*, in: Klein, AO, 14. Aufl. 2018, § 193 Rn. 1, 4.

1534 Betriebsprüfungsordnung vom 15.3.2000, BStBl. I 2000, 368, zuletzt geändert durch die allgemeine Verwaltungsvorschrift vom 20.7.2011, BStBl. I 2011, 710.

1535 *Risse*, FR 2011, 117, 117.

1536 Die Einteilung in Größenklassen erfolgt alle drei Jahre und orientiert sich an der Betriebsart sowie Betriebsmerkmalen, wie z. B. den Umsatzerlösen und der Höhe des steuerlichen Gewinns, BMF Monatsbericht 11/2017, S. 48. Die aktuellen, ab 1.1.2016 geltenden Abgrenzungsmerkmale finden sich im BMF-Schreiben vom 9. Juni 2015, BStBl. I 2015, 504.

gem. § 4 Abs. 1 S. 1 BpO anschlussgeprüft, bei anderen Betrieben soll der Prüfungszeitraum nicht mehr als drei zusammenhängende Besteuerungszeiträume umfassen, § 4 Abs. 2 S. 1 BpO. Rechnerisch ergab sich so für die Betriebsprüfungen im Jahr 2012, dass Großbetriebe alle 4,63 Jahre, Mittelbetriebe alle 15,21 Jahre, Kleinbetriebe alle 30,54 Jahre und Kleinstbetriebe alle 101,72 Jahre geprüft werden.[1537]

Tabelle 3: Übersicht Betriebsprüfung[1538]

	2011[1539]	**2012**[1540]	**2013**[1541]	**2014**[1542]	**2015**[1543]	**2016**[1544]
Zahl der erfassten Betriebe	8.571.212	8.571.212	7.920.418	7.920.418	7.920.418	7.816.301
Zahl der Prüfer	13.226	13.271	13.466	13.533	13.620	13.746
Betriebe pro Prüfer	648	645	588	585	582	567
Geprüfte Betriebe	197.518	195.691	193.573	192.741	191.787	186.472
Geprüfte Betriebe pro Prüfer	15	15	14	14	14	14
Prüfungsquote	2,3 %	2,3 %	2,4 %	2,4 %	2,4 %	2,4 %

Tabelle 3 stellt das Verhältnis zwischen der in der Betriebskartei der Finanzämter erfassten Betriebe und Anzahl an Betriebsprüfern dar. Betrachtet man die Anzahl der Betriebe, die eigentlich auf einen Prüfer entfielen, 2016 waren das 567, so ist auf den ersten Blick ersichtlich, dass eine Prüfung aller Betriebe nicht möglich ist. Aus praktischer Sicht ist daher verständlich, weshalb eine Prüfung aller Betriebe ausscheidet und die Finanzverwaltung stattdessen eine Prüfungsquote

1537 BMF Monatsbericht vom 22.8.2013, Betriebsprüfungsstatistik 2012.

1538 Darstellung teilweise übernommen von *Schützler*, Tax Compliance im Kooperationsverhältnis, 2015, S. 128.

1539 BMF Monatsbericht vom 21.12.2012, Betriebsprüfungsstatistik 2011.

1540 BMF Monatsbericht vom 22.8.2013, Betriebsprüfungsstatistik 2012.

1541 BMF Monatsbericht vom 22.9.2014, Ergebnisse der steuerlichen Betriebsprüfung 2013.

1542 BMF Monatsbericht vom 22.10.2015, Ergebnisse der steuerlichen Betriebsprüfung 2014.

1543 BMF Monatsbericht vom 21.10.2016, Ergebnisse der steuerlichen Betriebsprüfung 2015.

1544 BMF Monatsbericht 11/2017, Ergebnisse der steuerlichen Betriebsprüfung 2016, S. 47 ff.

anstrebt. Diese hat sich seit 2011 nur minimal verändert und liegt bei ca. 2,4 %. Es zeigt sich ähnlich wie bei der Veranlagung, dass auch hier viele Sachverhalte auf einen Betriebsprüfer kommen, sodass hier ebenfalls Ressourcenengpässe zu verzeichnen sind.

Daneben stellt sich bei einer Betriebsprüfung noch eine ganz andere Problemlage dar. Die Betriebsprüfung ermittelt im Nachhinein[1545] die Sachverhalte, die in einem bestimmten Jahr der Besteuerung zu Grunde lagen. Die Aufklärung von Sachverhalten aus der Vergangenheit ist stets mit Rechts- und Planungsunsicherheit verbunden.[1546]

Zum einen gestaltet es sich schwierig, die Sachverhalte überhaupt noch einmal zu rekonstruieren. Bei großen Unternehmen zeigen sich Schwierigkeiten darin, dass Mitarbeiter das Unternehmen verlassen und ihr „betriebshistorisches Wissen"[1547] mitnehmen. Daraus folgt, dass die Kosten für die Dokumentation und die anschließende Zurverfügungstellung dieser an den Betriebsprüfer sehr teuer werden.[1548] Wer den Dokumentationspflichten nicht nachtkommt und insbesondere deren rechtzeitige Zurverfügungstellung an den Betriebsprüfer nicht gewährleisten kann, dem droht ein Verzögerungsgeld bis zur Höhe von 250.000 EUR, § 146 Abs. 2b AO.[1549]

Hinzu kommt ein großes finanzielles Risiko. Steuerbescheide werden bis zur Prüfung unter den Vorbehalt der Nachprüfung gestellt, der erst nach der Außenprüfung gegebenenfalls aufgehoben wird, § 164 Abs. 3 S. 3 AO. Bis dahin können einige Jahre vergehen. Insbesondere bei Dauersachverhalten kann eine einmal fehlerhafte Würdigung, die sich in den darauffolgenden Jahren niederschlägt, gravierende Auswirkungen haben.[1550] So sind nach § 233a AO Steuernachforderungen zu verzinsen; für jeden Monat mit einem halben Prozent, § 238 Abs. 1 S. 1 AO. Da es bisher faktisch keine Begrenzung der Betriebsprüfungsfrist gibt,[1551] können die Zinsen enorme Beträge erreichen.

1545 BMF Monatsbericht 11/2017, Ergebnisse der steuerlichen Betriebsprüfung 2016, S. 47.

1546 *Risse*, FR 2011, 117, 118; *Lenz*, ifSt-Schrift 467, 2011, 5, 7.

1547 *Lenz*, ifSt-Schrift 467, 2011, 5, 7.

1548 *Lenz*, ifSt-Schrift 467 2011, 5, 6 f.

1549 Die Norm wird insb. hinsichtlich der Motivierung der Unternehmen zu Compliance kritisch beurteilt, *Risse*, DB 2017, 2061, 2064.

1550 *Risse*, FR 2011, 117, 118; *Lenz*, ifSt-Schrift 467, 2011, 5, 7.

1551 *Lenz*, ifSt-Schrift 467, 2011, 5, 7.

b) *Zeitnahe Betriebsprüfung*

Ähnlich wie das Projekt KONSENS, welches sich auf die Überprüfung eingereichter Steuererklärungen bezieht, gibt es auf Ebene der Betriebsprüfung Fortschritte, wie der Compliance-Faktor der Unternehmen berücksichtigt werden kann. Auch in diesem Projekt zeigt sich ein „Paradigmenwechsel“[1552] der Finanzverwaltung, weg von einer einseitigen hoheitlichen Prüfung, hin zu einer vertrauensvollen Zusammenarbeit mit den Steuerpflichtigen, die auf Kommunikation und Kooperation basiert.

Seit 2011[1553] ermöglicht § 4a BpO eine zeitnahe Betriebsprüfung. Danach sollen ausgewählte Steuerpflichtige zu einem oder mehreren gegenwartsnahen Besteuerungszeiträumen geprüft werden, § 4a Abs. 1 S. 2 BpO.

aa) Osnabrücker Modell

Vorläufer von § 4a BpO war das Osnabrücker Modell.[1554] Eine freiwillige Teilnahme war für Großbetriebe möglich. Danach reichten die Unternehmen ihre fertigen, aber noch nicht unterschriebenen Steuererklärungen beim Finanzamt ein und ließen sich auf dieser Grundlage prüfen. Diese Prüfung erfolgte dann zeitnah und in vertrauensvoller Zusammenarbeit. Dies führte dazu, dass am Ende nur ein Steuerbescheid erlassen werden musste und nicht wie sonst, zunächst einer unter dem Vorbehalt der Nachprüfung und schließlich ein Änderungsbescheid. Auch sei es so gewesen, dass Rechtsbehelfe zwar möglich waren, tendenziell aber nicht eingereicht wurden, da sich über streitige Punkte bereits im Vorfeld verständigt wurde.[1555] Dies wirkte sich auch für die Finanzverwaltung positiv aus, da so Rechtsbehelfsverfahren vermieden wurden, die selbst Personal und Kosten binden. Daneben konnten die Steuerforderungen tatsächlich realisiert werden. Liegt eine lange Zeitspanne zwischen dem Veranlagungszeitraum und der Prüfung steigt die Gefahr, dass ein Unternehmen in der Zwischenzeit insolvent wird.[1556] Dies fördert den Grundsatz der gesetzmäßigen Besteuerung.

Insofern wurden für das Osnabrücker Modell nur solche Unternehmen ausgewählt, deren Steuerloyalität besonders hoch war.[1557] Steuerloyale Unternehmen zeichnen sich dadurch aus, dass sie sich in der Vergangenheit steuerehrlich

---

1552 *Risse*, FR 2011, 117, 120.
1553 BStBl. I 2011, 710.
1554 *Drüen*, ifSt-Schrift 469, 2011, 26 ff.
1555 *Hermenau*, ifSt-Schrift 467, 2011, 9, 10.
1556 *Hermenau*, FR 2011, 120, 121.
1557 *Drüen*, ifSt-Schrift 469, 2011, 27.

verhalten haben, sie bei vorangegangenen Prüfungen aktiv bei der Informationsbeschaffung mitgewirkt haben, steuerliche Pflichten ernst genommen wurden und keine fragwürdigen Steuergestaltungsmodelle genutzt wurden.[1558]

bb) Zeitnahe Betriebsprüfung, § 4a BpO

Die heutige zeitnahe Betriebsprüfung nach § 4a BpO baut zwar auf dem Osnabrücker Modell auf, ist aber nicht vollständig identisch mit diesem. So ist stets eine vollständig ausgefüllte und unterschriebene Steuererklärung des Unternehmens nach § 150 AO Grundlage einer zeitnahen Betriebsprüfung. Auch wird anders als beim Osnabrücker Modell nicht auf einen Betriebsprüfungsbericht verzichtet; stattdessen ist dieser immer zu fertigen bzw. eine Mitteilung über eine ergebnislose Prüfung zu erlassen, § 202 AO.[1559]

Auch die zeitnahe Betriebsprüfung kommt nur für anschlussgeprüfte Großbetriebe in Betracht. Zeitnah ist sie deshalb, da etwa ein bis zwei Jahre geprüft werden, die in zeitlicher Nähe zur letzten abgegebenen Steuererklärung liegen. Dadurch sollen aktuelle Zeiträume schnell geprüft werden, was zu Rechtssicherheit für die geprüften Unternehmen führt. Diese schnelle Vorgehensweise ist durch die Finanzverwaltung nicht alleine zu bewältigen. Vielmehr bedarf sie einer vertrauensvollen und kooperativen Zusammenarbeit mit den Unternehmen. Entsprechend ist bei der Fallauswahl eines der Auswahlkriterien die Compliance-Orientierung[1560] des Unternehmens.[1561] Unter Compliance-Orientierung wird hier die Kooperation[1562] zwischen Unternehmen und der Finanzverwaltung verstanden. Gerade bei einer vorgeschlagenen Jahrestaktprüfung bedeutet das, dass die Unternehmen alle erforderlichen Unterlagen rechtzeitig den Betriebsprüfern bereitstellen, eine Selbstauskunft über risikobehaftete Sachverhalte abgeben sowie zeitnah geänderte Steuererklärungen und Steuerbilanzen aufgrund der

---

1558 Finanzministerium des Landes Nordrhein-Westfalens vom 10.9.2012, Az. S 0401-10-V A 5, FMNR414600012, zitiert nach juris.

1559 Finanzministerium des Landes Nordrhein-Westfalens vom 10.9.2012, Az. S 0401-10-V A 5, FMNR414600012, zitiert nach juris.

1560 Dazu bestärkend nach Ende der Pilotierungsphase: OFD Niedersachsen vom 10.4.2014, Az. S 1502-7-St 11, BeckVerw 285623 NDS.

1561 OFD Niedersachsen, Faltblatt zur zeitnahen Betriebsprüfung, Stand: Oktober 2015, abrufbar unter: https://www.lstn.niedersachsen.de/steuer/steuervordrucke/betriebspruefung/betriebspruefung-67842.html (24.12.2017).

1562 So ausdrücklich in dem Leitfaden zu OFD Hannover vom 30.3.2009, Az. S 1502-7-StO 11, FMNRa51360009, zitiert nach juris, Stand März 2009, S. 2; auch schon im Rahmen des Osnabrücker Modells *Hermenau*, FR 2011, 120, 122.

Prüfungsberichte erstellen. Als weiteres Merkmal neben der Jahrestaktprüfung gibt es bei der zeitnahen Betriebsprüfung strukturierte Eröffnungsgespräche und effektive Absprachen. In diesen wird eine offene und direkte Kommunikation gelebt, in welcher schon vor Beginn der Prüfung Vorteile und Risiken einer zeitnahen Betriebsprüfung miteinander besprochen werden.[1563]

Bisher ist es aber noch so, dass es keinen Anspruch der Unternehmen auf eine zeitnahe Betriebsprüfung gibt, sondern die Finanzverwaltung diese anordnen kann.[1564]

4. *Service*

Auch das Service-Element der Tax Compliance-Strategie findet sich in der deutschen Finanzverwaltung. Da im Rahmen von ELSTER Steuererklärungen elektronisch abgegeben werden können bzw. müssen, bietet die Finanzverwaltung in dem privaten Portal einen Steuererklärungsentwurf, eine sog. vorausgefüllte Steuererklärung. Diese basiert auf den zuvor elektronisch übermittelten Daten, die über das Steuerabzugsverfahren nach §§ 139a – 139d AO übermittelt wurden. In einer vorausgefüllten Steuererklärung können ebenfalls Grunddaten, Lohnbescheinigungen des Arbeitgebers, Rentenbezugs- und Beitragsmitteilungen für Kranken-, Pflege- und Rentenversicherung eingetragen sein.[1565]

C. Vergleich zum Verständnis von Tax Compliance in ausländischen Finanzverwaltungen

Streck weist knapp daraufhin, dass sich das Funktionsverständnis der Finanzverwaltung von Tax Compliance wohl an einem ausländischen Verständnis orientiere.[1566]

I. „Horizontaal toezicht" in den Niederlanden

In den Niederlanden hatte die dortige Finanzverwaltung *Belastingdienst* aufgrund finanzieller Probleme verbunden mit Stellenabbau nach einem Weg gesucht, Steuern effektiv zu erheben. Herausgekommen ist ein Kooperationsmodell,

---

1563 OFD Hannover vom 30.3.2009, Az. S 1502-7-StO 11, FMNRa51360009, zitiert nach juris.

1564 *Kowallik*, DB 2017, 385, 390; zum erfolgreichen Wehren eines Unternehmens, das für die zeitnahe Betriebsprüfung ausgewählt wurde: FG Köln, Beschluss vom 7.7.2009, Az. 13 V 1232/09, EFG 2009, 1802.

1565 *Seer*, in: Tipke/Lang, Steuerrecht, 23. Aufl. 2018, § 21 Rn. 183 und Fn. 7.

1566 *Streck*, in: Streck/Mack/Schwedhelm, Tax Compliance, 2. Aufl. 2016, Rn. 1.6.

das sog. „*horizontaal toezicht*" (zu Deutsch: horizontale Überwachung[1567]). Bei diesem basiert die Beziehung von steuerpflichtigem Unternehmen und den Steuerbehörden auf Kooperation, Verständnis, Vertrauen und Transparenz. Gesetzliche Regelungen behalten dennoch Vorrang.[1568] Im Ergebnis führt diese Vorgehensweise zu Rechtssicherheit und weniger Betriebsprüfungen für die einzelnen Unternehmen.[1569]

1. Kooperation

Hierbei wird eine Zusammenarbeit der niederländischen Finanzverwaltung mit in den Niederlanden ansässigen multinationalen und mittelgroßen Unternehmen[1570] gesucht. Wesentlicher Bestandteil dieser Kooperationsform sind sog. *Convenanten*, Verträge nach bürgerlichem Recht, die freiwillig zwischen der Steuerbehörde und den steuerpflichtigen Unternehmen geschlossen werden. Inhalt dieser Verträge sind Steuerverhaltensweisen und Kontrollen, die das Unternehmen selbst durchzuführen hat.[1571]

Hervorgehoben wird hier die direkte Kommunikation mit dem Unternehmen selbst; externe Berater sind in diese Verträge nicht miteinbezogen und die Ansprechpartner eines jeden Unternehmens sind dessen Steuerexperte und die Geschäftsleitung.[1572]

Da die Kooperationsform auf Vertrauen und Transparenz basiert, wird in einem solchen Vertrag auch vereinbart, dass steuerrelevante Entscheidungen, bei welchen die Steuerbehörde eine andere Position bzgl. der Tatsachen oder der rechtlichen Einschätzung einnehmen könnte, sofort gemeldet werden. Inhalt einer solchen Meldung müssen alle relevanten Tatsachen und Umstände sowie

---

1567 *Langenscheidt*, Niederländisch-Deutsch Wörterbuch, abrufbar unter: https://de.langenscheidt.com/niederlaendisch-deutsch/search?term=horizontaal+toezicht&q_cat=%2Fniederlaendisch-deutsch%2F (25.10.2017).

1568 Vergleiche dazu die Mustervorlage zu einem Convenant, Belastingdienst, Individueel Convenant Horizontal toezicht, Ziffer 1, abrufbar unter: https://download.belastingdienst.nl/belastingdienst/docs/standaardtekst_individueel_convenant_dv4111z4ed.pdf (17.11.2017); *Meussen*, FR 2011, 114, 115.

1569 *Meussen*, FR 2011, 114, 117.

1570 Für kleine und mittelständische Unternehmen gibt es entsprechende Verträge mit Steuerberaterfirmen und nicht mit jedem einzelnen Unternehmen, *Meussen*, FR 2011, 114, 115.

1571 *Meussen*, FR 2011, 114, 114.

1572 *Meussen*, FR 2011, 114, 115.

der Standpunkt des jeweiligen Unternehmens sein.[1573] So können sich die beiden Parteien zeitnah über problematische Fälle unterhalten. Dies führt dazu, dass die Entscheidung nicht nachträglich, auf Betriebsprüfungen oder die Veranlagung der Steuererklärung hin getroffen, sondern bereits in der Gegenwart verbindlich getroffen wird.[1574] Daneben sollen auch regelmäßige Treffen stattfinden, in denen sich Vertreter des Unternehmens und das Finanzamt über relevante Themen besprechen können.[1575]

Auf der anderen Seite zeigt auch die Steuerbehörde Vertrauen und Transparenz gegenüber dem steuerpflichtigen Unternehmen: Eingereichte Steuererklärungen zeitnah bearbeitet und Steuerrückerstattungen werden möglichst schnell ausbezahlt. Daneben werden auch die Finanzbehörde stets erläutern, weshalb bestimmte Informationen von der Steuerbehörde abgefragt werden und woraus sich ihre rechtliche Position bei Meinungsverschiedenheiten ergibt.[1576]

2. Geringere Kontrolle

Teil des *Convenants* sind die Kontrollpflichten des Unternehmens. Dieses ist selbst dafür verantwortlich, durch ein *Tax Control Framework (TCF)*[1577] dafür zu sorgen, dass eine akzeptable Steuererklärung entsteht und rechtzeitig abgegeben wird.[1578] Ein TCF ist der Bestandteil eines allgemeinen Control Frameworks, der sich auf die steuerrechtlichen Risiken fokussiert. Wie ein solches TCF auszusehen hat, wird vom *Belastingdienst* nicht allgemeingültig vorgeschrieben.

1573 Vergleiche dazu die Mustervorlage zu einem Convenant, Belastingdienst, Individueel Convenant Horizontal toezicht, Ziffer 2, abrufbar unter: https://download.belastingdienst.nl/belastingdienst/docs/standaardtekst_individueel_convenant_dv4111z4ed.pdf (17.11.2017); *Meussen*, FR 2011, 114, 115.

1574 *Meussen*, FR 2011, 114, 114.

1575 Vergleiche dazu die Mustervorlage zu einem Convenant, Belastingdienst, Individueel Convenant Horizontal toezicht, Ziffer 2, abrufbar unter: https://download.belastingdienst.nl/belastingdienst/docs/standaardtekst_individueel_convenant_dv4111z4ed.pdf (17.11.2017)

1576 Vergleiche dazu die Mustervorlage zu einem Convenant, Belastingdienst, Individueel Convenant Horizontal toezicht, Ziffer 2 abrufbar unter: https://download.belastingdienst.nl/belastingdienst/docs/standaardtekst_individueel_convenant_dv4111z4ed.pdf (17.11.2017); *Meussen*, FR 2011, 114, 115.

1577 Ein Tax Control Framework entspricht dabei auf deutscher Ebene einem IKS oder Tax CMS, *Schützler*, Tax Compliance im Kooperationsverhältnis zwischen Unternehmen und Finanzverwaltung, 2015, S. 44.

1578 *Meussen*, FR 2011, 114, 115.

Vielmehr hängen die Ausgestaltung und der Umfang von den Gegebenheiten eines jeden Unternehmens ab, wie beispielsweise seiner Größe und Struktur.[1579]

Dieses TCF besteht bereits in den meisten Unternehmen und soll deren Steuerrisiken beherrschen. Ziel eines TCF ist es, die Qualität der Steuerabteilung zu kontrollieren und deren Einfluss auf Unternehmensbereiche zu sichern.[1580] Im Rahmen von *horizontaal toezicht* ist das TCF gegenüber der Steuerbehörde offenzulegen und um Prüfungsberichte und Berichte von externen sowie internen Prüfungen zu erweitern.[1581]

Hier zeigt sich eine Art der effizienten Vorgehensweise. Da auch schon vor *horizontaal toezicht* in den meisten Unternehmen bereits Vorkehrungen getroffen wurden, um Steuerrisiken zu vermeiden und sicherzustellen, dass Steuererklärungen richtig abgegeben werden, macht sich die niederländische Steuerbehörde diese bereits vorhandenen Systeme zu Nutze. So kommt es nicht dazu, dass sowohl die Unternehmen und nachträglich die Steuerbehörde denselben Sachverhalt ausführlich prüfen müssen.[1582]

Als Gegenleistung wird die Kontrollintensität der Steuerbehörden den internen Kontrollen des Unternehmens angepasst.[1583] Nur noch die Bereiche, die das interne TCF nicht abdeckt, werden vom Finanzamt geprüft.[1584] Dies beruht auf dem Verständnis der niederländischen Finanzverwaltung, dass die Steuererklärung das Ergebnis des TCF ist. Wenn dieses effizient ist, wird auch die Steuererklärung richtig sein.[1585] Dementsprechend kommt es bei Unternehmen, die am *horizontaal toezicht* teilnehmen, nur zu stichprobenartigen Kontrollen und weitestgehend nicht mehr zu Betriebsprüfungen.[1586] Aus Unternehmenssicht bedeutet diese Bevorzugung einen gestalterischen Einschnitt, da es die Aufgabe des Staates ist, ein Steueraufkommen zu produzieren, mit dem angemessen

---

1579 Tax Control Framework Working Group, Tax Control Framework, März 2008, S. 10, abrufbar unter: https://download.belastingdienst.nl/itd/beleid/overige/tax_control_framework.pdf (17.11.2017).

1580 *Schmit*, ifSt-Schrift 467, 2011, 19.

1581 *Meussen*, FR 2011, 114, 116.

1582 Belastingdienst, Horizontaal toezicht, abrufbar unter: https://www.belastingdienst.nl/wps/wcm/connect/bldcontentnl/belastingdienst/intermediairs/toezicht/horizontaal_toezicht/horizontaal_toezicht (17.11.2017).

1583 *Meussen*, FR 2011, 114, 115.

1584 *Schmit*, ifSt-Schrift 467, 2011, 67; *Kaiser*, IWB 2010, 774, 777.

1585 Tax Control Framework Working Group, Tax Control Framework. From a focus on risks to being in control: a different approach, März 2008, S. 10, abrufbar unter: https://download.belastingdienst.nl/itd/beleid/overige/tax_control_framework.pdf (17.11.2017).

1586 *Meussen*, FR 2011, 114, 116 f.

gewirtschaftet werden kann. In dieses Verständnis passt die Umgehung von Steuern durch Steueroptimierung nicht. Das Tax Compliance Programm wird vielmehr so verstanden, dass die Befreiung von Steuerprüfungen als Gegenleistung für das Unterlassen von Steueroptimierung gesehen wird.[1587]

3. *Intensive Prüfung der übrigen Unternehmen*

Der Abschluss von *Convenants* ist freiwillig. Unternehmen, die keine Vereinbarung mit der Finanzverwaltung treffen, können daher nicht auf eine Anpassung der Kontrollintensität hoffen. Für diese gilt das klassische vertikale System, bei dem die Unternehmen durch die Finanzverwaltung überwacht werden.[1588] Dadurch, dass die Kontrollintensität bei den Unternehmen, die am *horizontaal toezicht* teilnehmen deutlich reduziert wird, kann sich die niederländische Steuer- und Zollverwaltung allein auf diejenigen Steuerpflichtigen konzentrieren, die nicht durch ein *Convenant* gebunden sind und ihren Steuerpflichten nicht nachtkommen. Diese werden mit den geschaffenen Ressourcen häufig überprüft.[1589]

III. „Compliance Program" in Australien

Die australische Finanzverwaltung, das *Australian Taxation Office* (ATO) setzt beim Umgang mit großen Unternehmen auf Kooperation und Compliance.[1590] Der grundlegende Ansatz ist nicht mehr ein Gegenüber von Finanzverwaltung und steuerpflichtigem Unternehmen, welches geprägt von Sanktionen und Kontrollen ist, sondern ein Miteinander. Dies soll, entsprechend dem Vorschlag von *Schmarbeck*[1591] auf zwei Ebenen realisiert werden: Serviceleistungen für den Steuerpflichtigen und einen am Risikoprofil des Unternehmens ausgerichteten Steuervollzug.

1587 *Meussen*, FR 2011, 114, 116.

1588 *Schmit*, ifSt-Schrift 467, 2011, 68.

1589 Europäische Kommission, Leitfaden – Risikomanagement für Steuerverwaltungen, Version 1.02 vom Februar 2006, S. 100, abrufbar unter: https://ec.europa.eu/taxation_customs/sites/taxation/files/resources/documents/taxation/tax_cooperation/gen_overview/risk_management_guide_for_tax_administrations_de.pdf (1.9.2017); nachfolgend Compliance Risk Management Guide for tax administrations, 2010, abrufbar unter: https://ec.europa.eu/taxation_customs/sites/taxation/files/resources/documents/common/publications/info_docs/taxation/risk_managt_guide_en.pdf (1.9.2017).

1590 ATO, Large business and tax compliance, Mai 2014, abrufbar unter: https://www.ato.govomau/uploadedFiles/Content/LB_I/downloads/BUS16985lrgbustaxcomp.pdf (19.10.2017).

1591 BMF Monatsbericht 12/2002, 57, 58.

1. Serviceleistungen

Serviceleistungen für Großunternehmen gibt es dabei in Form von Richtlinien,[1592] Newslettern,[1593] Telefonauskünften[1594] oder sog. *Relationship Managers*,[1595] die den Unternehmen als konkrete Ansprechpartner zur Verfügung gestellt werden.[1596]

Rechtssicherheit können Unternehmen durch *Annual Compliance Arrangements* (ACA) erhalten. Dies sind Verwaltungsvereinbarungen, bei denen Vertreter des Unternehmens und der ATO über materiell-rechtliche Fragen diskutieren und eine gemeinsame Lösung im Rahmen der geltenden Gesetze finden. Als Gegenleistung für die Offenlegung der Risiken durch das Unternehmen, werden die Belange aus dem ACA schneller bearbeitet, Compliance-Kosten gespart und eine nachträgliche Überprüfung vermieden.[1597] Hierin zeigt sich, dass es nicht mehr um die nachträgliche Kontrolle und Sanktionierung geht, sondern dass ein ex-ante Blickwinkel eingenommen wird.[1598] Anders als bei einer Steuererklärung, bei der im Nachhinein eine rechtliche Qualifikation der Lebenssachverhalte stattfindet, sollen durch ACA bereits im Voraus, quasi in Echtzeit Konstellationen der

1592 So z.B. der ATO, Compliance Approach – exploration expenditure deductions, Practical Compliance Guideline, PCG2016/17, abrufbar unter: https://www.ato.govomau/law/view/document?DocID=COG/PCG201617/NAT/ATO/00001&PiT=99991231235958 (19.10.2017).

1593 Zum Beispiel der „Large Business Bulletin", der vierteljährlich Informationen zu Gesetzesänderungen und Rechtsprechung bietet, ATO, Large business and tax compliance, Mai 2014, S. 13, abrufbar unter: https://www.ato.govomau/uploadedFiles/Content/LB_I/downloads/BUS16985lrgbustaxcomp.pdf (19.10.2017).

1594 Der „Large Business Phone Service", der auf die Bedürfnisse großer Unternehmen spezialisiert ist, ATO, Large business and tax compliance, S. 13, Mai 2014, abrufbar unter: https://www.ato.govomau/uploadedFiles/Content/LB_I/downloads/BUS16985lrgbustaxcomp.pdf (19.10.2017).

1595 Diese werden sog. „key large market payers" zur Seite gestellt, ATO, Large business and tax compliance, S. 14, Mai 2014, abrufbar unter: https://www.ato.govomau/uploadedFiles/Content/LB_I/downloads/BUS16985lrgbustaxcomp.pdf (19.10.2017).

1596 ATO, Large business and tax compliance, S. 12, Mai 2014, abrufbar unter: https://www.ato.govomau/uploadedFiles/Content/LB_I/downloads/BUS16985lrgbustaxcomp.pdf (19.10.2017).

1597 ATO, Large business and tax compliance, S. 20, Mai 2014, abrufbar unter: https://www.ato.govomau/uploadedFiles/Content/LB_I/downloads/BUS16985lrgbustaxcomp.pdf (19.10.2017).

1598 Einen ähnlichen Befund zeigt *Kaiser*, der auf Ebene der OECD festgestellt hat, dass Tax Compliance auch hier präventiv wirken soll, indem das Augenmerk auf den Zeitpunkt vor Abgabe der Steuererklärung gelegt wird, IWB 2016, 639, 639.

Finanzverwaltung offengelegt und mit ihr darüber diskutiert werden. Im Gegenzug können schon zu diesem Zeitpunkt verbindliche Vereinbarungen getroffen werden, wie die Sachverhaltskonstellation steuerrechtlich zu bewerten ist.

2. *Risk Management Approach*

Auf zweiter Ebene steht der sog. *Risk Management Approach*. Dieser bestimmt darüber, wie der Steuervollzug des jeweiligen Unternehmens durchgeführt wird. Dazu wird zweimal pro Jahr[1599] ein sog. *Risk Profiling* für jedes Unternehmen durchgeführt, bevor es einer der vier Risikokategorien zugeordnet wird. Dazu wird folgende Tabelle (sog. *Risk Differentiation Framework*) genutzt:

Abbildung 1: Risk differentiation framework der ATO, Large Business and Tax Compliance, Mai 2014, S. 23.[1600]

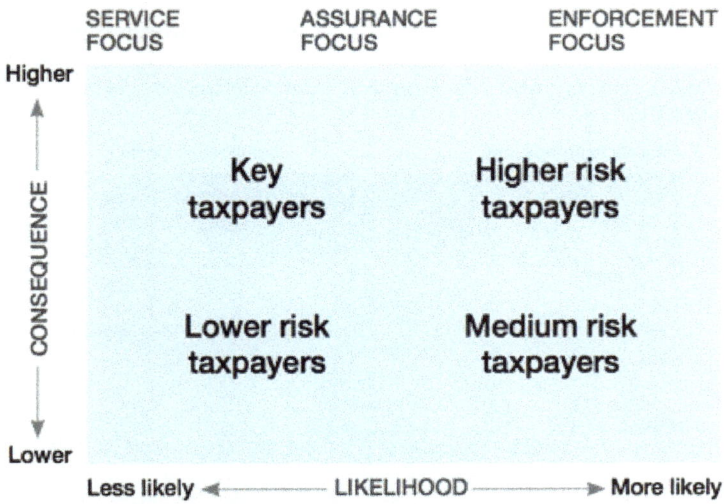

In welche Risikokategorie ein steuerpflichtiges Unternehmen eingeteilt wird, hängt zunächst auf der X-Achse von der *Likelihood* ab. Darunter versteht man die geschätzte Wahrscheinlichkeit, inwieweit ein Unternehmen Steuerpositionen

1599 ATO, Large business and tax compliance, S. 8, Mai 2014, abrufbar unter: https://www.ato.govomau/uploadedFiles/Content/LB_I/downloads/BUS16985lrgbustaxcomp.pdf (19.10.2017).

1600 Abrufbar unter: https://www.ato.govomau/uploadedFiles/Content/LB_I/downloads/BUS16985lrgbustaxcomp.pdf (19.10.2017).

hat, die die ATO anders beurteilt oder ob in der Vergangenheit bereits falsche Steuerverbindlichkeiten erklärt wurden. Von Bedeutung ist hier unter anderem die *Compliance History* eines Unternehmens. Hier wird berücksichtigt, wie sich das Unternehmen in der Vergangenheit der ATO gegenüber verhalten hat, also das Niveau, auf welchem Sachverhalte offengelegt wurden und auf Fragen der ATO reagiert wurde und inwieweit Anpassungen aufgrund vorangegangener Compliance Aktivität vorgenommen wurden. Auch wirkt sich eine aggressive Steuerplanung („history of aggressive tax planning") im Risikoprofil eines Unternehmens risikoerhöhend aus.[1601]

Auf der Y-Achse findet sich ein zweiter Faktor, die *Consequences*. Hier wird berücksichtigt, welche Konsequenzen die mögliche Non-Compliance hat. Diese können insbesondere in Geld gemessen werden; berücksichtigt werden aber auch die Auswirkungen auf die Gemeinschaft, z.B. durch die Bezugnahme auf die Marktanteile.[1602]

Je nach Risiko-Gruppe unterscheidet sich die Vorgehensweise der ATO.

Abbildung 2: Compliance Model des Australian Taxation Office, Large business and tax compliance, 2014, S. 8.[1603]

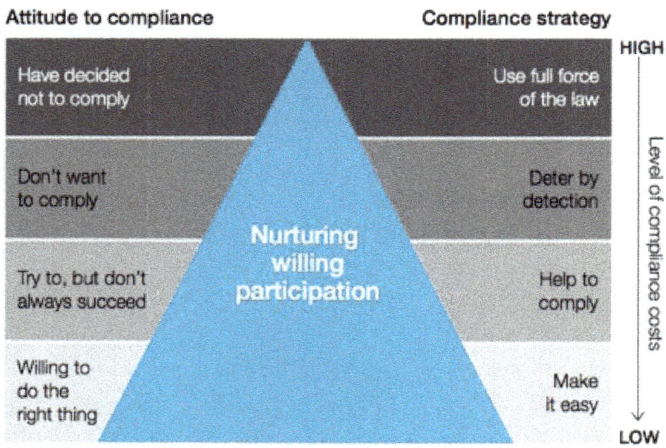

1601 ATO, Large business and tax compliance, S. 9, abrufbar unter: https://www.ato.govomau/uploadedFiles/Content/LB_I/downloads/BUS16985lrgbustaxcomp.pdf (19.10.2017).

1602 ATO, Large business and tax compliance, S. 23 f., abrufbar unter: https://www.ato.govomau/uploadedFiles/Content/LB_I/downloads/BUS16985lrgbustaxcomp.pdf (19.10.2017).

1603 Abrufbar unter: https://www.ato.govomau/uploadedFiles/Content/LB_I/downloads/BUS16985lrgbustaxcomp.pdf (19.10.2017).

Unternehmen, die in die risikoreichste Gruppe, die *High risk taxpayers* eingestuft wurden, sollen kontinuierlich geprüft werden. Hier wird die ATO geneigter sein, die Schärfe des Gesetzes voll auszunutzen. Risikoarmen Unternehmen, sog. *Lower risk taxpayers* hingegen soll es leicht gemacht werden. Für diese sollen weniger intensive Maßnahmen, wie Anfragen oder normale interne Überprüfungen stattfinden, um die Risikokategorie zu bestätigen.[1604] So können Unternehmen dafür belohnt werden, wenn sie entdeckte Fehler in der Steuererklärung freiwillig gegenüber der Finanzverwaltung offenlegen. In diesem Fall können Strafzahlungen reduziert und in manchen Fällen Zinszahlungen erlassen werden.[1605]

III. Zusammenfassung

Der Blick ins Ausland hat gezeigt, dass sich die Finanzbehörden von dem klassischen Machtverhältnis, Staat – Steuerpflichtiger abgewendet haben, hin zu einer Kooperation, die auf Vertrauen und Kommunikation beruht. Die beiden Elemente, Service/Dienstleistungen und Risikomanagement, die für Deutschland vorgeschlagen wurden, finden sich sowohl in den Niederlanden als auch in Australien wieder. Die Servicekomponente zeigt sich in den Niederlanden stark durch die regelmäßigen Treffen und die Besprechung von steuerrechtlich uneindeutigen Konstellationen, in Australien gibt es ebenfalls konkrete Ansprechpartner für die Unternehmen sowie diverse Informationsangebote wie Newsletter etc. Risikomanagement ist in den beiden Ländern Sache der Unternehmen selbst. Entsprechend der Bemühungen der Unternehmen wird demgegenüber die Kontrollintensität durch die Finanzbehörden gesenkt.

Zu dem Ergebnis kommt auch *Kaiser*,[1606] der in seiner Untersuchung festgestellt hat, dass ausländische Compliance-Programme der Finanzverwaltungen jeweils die Steuermoral positiv beeinflussen wollen, umso den Steuerpflichtigen zu mehr Mitwirkung zu bewegen. Wer sich compliant verhält, erhält eine vorteilhaftere Behandlung im Vergleich zu den Unternehmen, die sich weniger an Compliance halten.

1604 ATO, Large business and tax compliance, S. 24, Mai 2014, abrufbar unter: https://www.ato.govomau/uploadedFiles/Content/LB_I/downloads/BUS16985lrgbustaxcomp.pdf (19.10.2017).

1605 ATO, Large business and tax compliance, S. 19, Mai 2014, abrufbar unter: https://www.ato.govomau/uploadedFiles/Content/LB_I/downloads/BUS16985lrgbustaxcomp.pdf (19.10.2017).

1606 IWB 2010, 774, 776.

Der Vergleich mit internationalen Vorgehensweisen bestätigt daher die These *Strecks*,[1607] die deutsche Finanzverwaltung orientiere sich bei der Funktion von Tax Compliance am internationalen Verständnis. In Deutschland sieht man Bestrebungen sowohl auf Ebene der Steuererklärungen als auch auf Ebene der Betriebsprüfung. Die Projekte KONSENS und die zeitnahe Betriebsprüfung nach § 4a BpO wählen beide als eines von mehreren Merkmalen die Compliance-Orientierung der Unternehmen. Ist diese vorhanden, so werden den steuerpflichtigen Unternehmen Erleichterungen in Aussicht gestellt. Im Rahmen von KONSENS wird die Steuererklärung ggf. nicht intensiv geprüft. Es kommt so zu einer schnelleren Veranlagung. Bei der zeitnahen Betriebsprüfung sollen an Compliance orientierte Unternehmen zeitnah geprüft werden. So werden eventuell anfallende Nachzahlungszinsen verhindert und es kommt schnell zu Rechtssicherheit und damit verbundener Planungssicherheit der Unternehmen.

Konkrete Serviceleistungen sind in Deutschland weniger klar ausgeprägt als in den Niederlanden oder Australien. Zwar heißt es, dass die Finanzämter serviceorientierter aufgebaut werden sollen. Auch gibt es diverse Broschüren zum Abruf auf den jeweiligen Internetdarstellungen. Im Rahmen der zeitnahen Betriebsprüfungen soll der Serviceaspekt darin liegen, dass Anfangsgespräche geführt werden und ein Ansprechpartner über den ganzen Zeitraum den Unternehmen zur Verfügung steht. Verbindliche Absprachen, wie sie beispielsweise in Australien getroffen werden (ACA), gibt es bisher noch nicht in dieser Form. Bisher verbleibt in Deutschland die Möglichkeit einer verbindlichen Auskunft nach § 89 Abs. 2 AO.

D. Fazit und gleichzeitig Vergleich zum Verständnis der steuerpflichtigen Unternehmen

Die Ansicht der Finanzverwaltung wird „stark subjektiviert [und] innerbehördlich"[1608] wahrgenommen. Das liegt daran, dass die Finanzverwaltung die Tax Compliance-Strategie an ihre Bedürfnisse angepasst hat. Tax Compliance soll dazu dienen, den Steuervollzug verwaltungsseitig zu entschlacken und zu effektiveren.[1609] Die knappen Verwaltungsressourcen sollen zur Kontrolle und Verifikation dort eingesetzt werden, wo es tatsächlich problematische Fälle gibt. Auf nationaler Ebene gibt es bisher ein Risikomanagement, dass den

---

1607 Streck/Mack/Schwedhelm, Tax Compliance, 2. Aufl. 2016, Rn. 1.6.

1608 *Wehner*, Die Vermeidung steuerstrafrechtlicher Risiken durch Tax Compliance, 2017, S. 12 f.

1609 *Streck/Binnewies*, DStR 2009, 229, 229.

Steuererklärungsprozess vereinfachen und die zeitnahe Betriebsprüfung nach § 4a BpO, die zu einer zeitnahen endgültigen Veranlagung führen soll. Im internationalen Vergleich hinkt die deutsche Finanzverwaltung damit hinterher. Die Niederlande und Australien zeigen, wie Kooperation zwischen den Finanzbehörden und steuerpflichtigen Unternehmen für beide Seiten funktionieren kann.

In Deutschland misstrauen viele einer solchen Kooperation. Im Schrifttum schließen einige Stimmen aus dem Funktionsverständnis der Finanzverwaltung von Tax Compliance, dass diese Tax Compliance auf die Befolgung steuerlicher Pflichten beschränke.[1610] Die aus Unternehmenssicht angestrebte Steueroptimierung sei für sie kein Bestandteil.[1611] Da aber Tax Compliance auch aus Unternehmenssicht nicht die Ausnutzung der steuerlichen Gesetze bis an die Grenze der Legalität umfasst, sehe ich insofern keine Differenzen. Bisher getätigte Äußerungen der deutschen Finanzverwaltung stehen nämlich nur „fragwürdigen“[1612] Steuergestaltungen skeptisch gegenüber. Damit dürfte die aggressive Steuerplanung gemeint sein, von der auch aus Unternehmenssicht Abstand zu nehmen ist.

1610 *Streck*, StbJb 2009/2010, 415, 423; *Streck*, in: Streck/Mack/Schwedhelm, Tax Compliance, 2. Aufl. 2016, Rn. 1.15; *Risse*, DB 2017, 2061, 2064.

1611 *Demuth/Kaiser/Eberhard*, in: Inderst/Bannenberg/Poppen, Compliance, 3. Aufl. 2017, Rn. 605.

1612 Finanzministerium des Landes Nordrhein-Westfalens vom 10.9.2012, Az. S 0401-10-V A 5, FMNR414600012, zitiert nach juris.

Zusammenfassung der Ergebnisse

1. Begriff Tax Compliance

a) Tax Compliance ist der Bestandteil der allgemeinen Corporate Compliance, der auf die Einhaltung aller steuerlich und steuerstrafrechtlich relevanten Gesetze gerichtet ist und daneben zu einer Optimierung der Steuerlast führen soll. Regelkonformität sowie Steueroptimierung sind dabei grundsätzlich durch organisatorische Vorkehrungen sicherzustellen. Der Wortbestandteil Tax umschreibt alle Steuern und Abgaben i. S. v. § 3 AO.

b) Die Regelkonformität bezieht sich sowohl auf die Einhaltung gesetzlicher und unternehmensinterner Richtlinien als auch auf die Durchsetzung der eigenen Rechte in der Auseinandersetzung mit der Finanzverwaltung.

c) Aus Unternehmenssicht ist die Relevanz der Tax Compliance hoch. Die komplizierte Materie des Steuerrechts sowie ständige Verschärfungen der Gesetze, insb. der Steuerhinterziehung wie damit einhergehend der Rechtsprechung haben dazu geführt, dass steuerliche Risiken wenig vorhersehbar und für Unternehmen nur noch schwer handhabbar sind.

2. Funktionen von Tax Compliance

a) Tax Compliance umfasst die drei Funktionen Abwehr, Gestaltung und Organisation.

b) Die abwehrende Funktion der Tax Compliance dient dazu, die Haftung des Unternehmens sowie seiner Geschäftsleiter und Mitarbeiter zu vermeiden. Dabei gibt es eine Vielzahl steuer- und steuerstrafrechtlicher Sanktionen, die dabei im Blick behalten werden müssen.

c) Die gestalterische Funktion der Tax Compliance erschöpft sich in der Optimierung der Steuerlast des Unternehmens. Dabei sind Steuervermeidungsstrategien, die contra legem sind, trotz ggf. positiven Nutzens in einer wirtschaftlichen Betrachtungsweise in keinem Fall von Tax Compliance umfasst. Das Gegenstück, die legale Steueroptimierung, die durch interessengerichtete Auslegung geltender Gesetze erfolgt, ist hingegen wichtiger Bestandteil einer erfolgreichen Tax Compliance-Strategie.

d) Bei der Entscheidung, ob eine steuerliche Gestaltung zur Optimierung der Steuerlast vorgenommen werden soll, hat der Geschäftsleiter alle Auswirkungen zu berücksichtigen. Der besonderen Funktion von Steuern im Steuerstaat geschuldet, sind in die Abwägung auch ethische Faktoren miteinzubeziehen, die die Unternehmensreputation nachhaltig schädigen können. Eine Schädigung tritt insbesondere durch die Berichtspflichten nach BEPS oder der CSR-Richtlinie ein, die in Zukunft noch weiter verstärkt werden sollen.

3. Rechtliche Grundlage der Tax Compliance-Pflicht

a) Mangels einer speziellen gesetzlich normierten Pflicht zur Tax Compliance liegt deren rechtliche Grundlage in den allgemeinen Grundsätzen zur Compliance-Pflicht. Da alle Verbände der (Tax) Compliance-Pflicht unterliegen, unabhängig von deren Größe oder der Branche in welcher sie tätig sind, liegt die Begründung der (Tax) Compliance-Pflicht in einem allgemeinen Verbandsgrundsatz. Dieser besagt, dass derjenige, der die Leitungsverantwortung innerhalb des Verbands trägt, der Leitungssorgfalt verpflichtet ist. Die Sorgfalt erstreckt sich dabei auf die Sicherstellung der Einhaltung von Recht und Gesetz im und durch den Verband. Eine Ausprägung dieses Grundsatzes ist für die Aktiengesellschaft in §§ 76 Abs. 1 93 Abs. 1 AktG, für die GmbH in § 43 Abs. 1 GmbHG normiert.

b) Adressat der steuerlichen Pflichten sowie der Tax Compliance-Pflicht ist die Geschäftsleitung. Sie darf sich ihrer Leitungspflicht zwar nicht vollständig entledigen, eine Delegation an andere Geschäftsleiter oder Mitarbeiter sowie externe Steuerberater ist dennoch möglich. In diesem Fall wandeln sich die Leitungspflichten in eine Auswahl-, Instruktions- und Überwachungspflicht.

c) In Gesellschaften mit dualistischer Struktur findet sich neben der Geschäftsleitung das Überwachungsorgan des Aufsichtsrats. Dieser hat die Ausübung der (Tax) Compliance-Pflicht durch die Geschäftsleitung, insbesondere die ggf. notwendige Implementierung eines Tax CMS sowie die Reaktion auf Pflichtverstöße zu überwachen. In seiner präventiven Funktion kann der Aufsichtsrat die Geschäftsleitung daneben beraten. Eine eigene Pflicht zur Etablierung eines Tax CMS oder zur Kontrolle der Mitarbeiter besitzt der Aufsichtsrat jedoch nicht.

4. Umfang eines Tax CMS

a) Es gibt keine allgemeine Pflicht, ein Tax CMS im Unternehmen zu etablieren. Erst die Risikoanalyse des Unternehmens im Einzelfall, welche sich an den individuellen rechtlichen Vorgaben, Risiken sowie Gegebenheiten des Unternehmens zu orientieren hat, kann zu einer Verpflichtung bei entsprechender Gefährdungslage führen.

b) Die Ausgestaltung der organisatorischen Umsetzung der Tax Compliance-Pflicht sowie die Ausgestaltung eines bei entsprechendem Risikoprofil gebotenem Tax CMS liegt im Organisationsermessen der Geschäftsleitung. Dieses Ermessen wird durch das Unternehmensinteresse geleitet und durch den Verhältnismäßigkeitsgrundsatz begrenzt.
c) Die vielfältigen steuerlichen Pflichten wie die Aufzeichnungs- oder die Mitwirkungspflichten, die gehörige Aufsicht nach § 130 OWiG, die Anforderungen der Rechtsprechung, Erkenntnisse aus dem Schrifttum sowie Ansätze von Akteuren der Praxis haben Vorgaben entwickelt, wie ein Tax CMS aussehen kann. Aus der Zusammenschau aller Vorschläge bzw. einzelner rechtlicher Verbindlichkeiten, lassen sich sieben Merkmale ziehen, auf welchen ein Tax CMS beruht: klare Zuständigkeiten- und Aufgabenverteilung, uneingeschränktes Commitment der Geschäftsleitung zur Tax Compliance, umfassendes Informationsmanagement innerhalb des Unternehmens, ausreichende personelle und finanzielle Ressourcenausstattung der Compliance-Funktion, umfassende Dokumentation des Tax CMS sowie der steuerlichen Pflichten, Krisenmanagement im Falle von Fehlverhalten: Aufklären, Abstellen, Ahnden sowie laufende Systemanpassungen.
d) Diese Merkmale können aber nur Anhaltspunkte sein, an denen sich der Geschäftsleiter im Rahmen seiner Leitungssorgfalt zu orientieren hat. Das Risikoprofil des Unternehmens, die Organisation und Größe, die Branche sowie Rechtsverstöße aus der Vergangenheit bestimmen, in welcher Intensität und mit welchen konkreten Anweisungen, die jeweiligen Merkmale zu füllen sind.

5. Wirkungsweise eines den Anforderungen entsprechenden Tax CMS

a) Ein Tax CMS soll in erster Linie präventiv wirken, indem es durch organisatorische Vorkehrungen sicherzustellen versucht, dass keine Pflichtverletzungen begangen werden bzw. diese zumindest wesentlich erschwert werden. Jedes Tax CMS hat jedoch systemimmanente Grenzen, sodass es trotz einer den Anforderungen entsprechenden organisatorischen Umsetzung zu Pflichtverstößen in und durch das Unternehmen kommen kann.
b) Im Steuerstrafrecht erlangt ein Tax CMS durch den AEAO zu § 153 Bedeutung bei der Abgrenzung von der strafbefreienden Selbstanzeige nach §§ 371, 378 Abs. 3 AO und der schlichten Anzeige- und Berichtigungspflicht nach § 153 AO. Ein Tax CMS kann ein Indiz gegeben den Eventualvorsatz

aus § 370 AO und die Leichtfertigkeit aus § 378 AO sein. Dennoch beinhaltet Tz. 2.6 Satz 6 des AEAO zu § 153 keine wirkliche Abgrenzungshilfe, da diesem durch seine vorsichtige und zurückhaltende Formulierung keine eindeutige Aussage zu entnehmen ist. Letztlich kommt es auf eine Einzelfallentscheidung an. Zudem ist die Reichweite der Verwaltungsanweisung eingeschränkt und umfasst die Sachverhaltsermittlung durch die Staatsanwaltschaft und den Tatrichter nicht. Im Rahmen des Behördenhandelns wird man dem AEAO zu § 153 wohl eine positive psychologische Wirkung attestieren können, mangels Gesetzeskraft bewirkt er in rechtlicher Sicht eher wenig.

c) Im Rahmen von Ermessensentscheidungen über Sanktionen im steuerlichen Verwaltungsverfahren oder über steuerliche Nebenleistungen hat die Finanzbehörde den Sachverhalt umfassend von Amts wegen zu ermitteln und anschließend zu würdigen. Dazu gehört die Ermittlung und Würdigung eines bestehenden Tax CMS, da ansonsten eine Ermessensunterschreitung möglich ist. Ein Tax CMS kann sowohl das Entschließungs- als auch das Auswahlermessen beeinflussen. Doch auch hier ist das Tax CMS nur eines von mehreren Merkmalen, die in die Ermessensentscheidung miteinfließen, sodass sich hieraus nicht automatisch ein Absehen von Sanktionen ergibt. Weiter bleibt zu beachten, dass die steuerrechtlichen Verfahrensvorschriften zuvörderst auf die Sicherung des Steueraufkommens sowie die Einhaltung der verfahrensrechtlichen Regeln abzielen. In dieser Hinsicht kann ein Tax CMS nichts ausrichten. Erst dort, wo die Sanktion eine erzieherische Maßnahme darstellt, kann ein Tax CMS ansetzen. Meines Erachtens kann es daher im Rahmen des Auswahlermessens bspw. zu einer geringeren Geldbuße kommen.

d) Bei steuerlichen Normen, die an das Verschulden des Steuerpflichtigen anknüpfen, kann ein Tax CMS insofern wirken, als dass nur ein niedriger Verschuldensgrad angenommen wird, da analog zum Steuerstrafrecht ein Tax CMS im Einzelfall ein Indiz gegen den Eventualvorsatz und die grobe Fahrlässigkeit sein kann. Ein vollständiges Entfallen des Verschuldens wegen Vorliegens eines Verbotsirrtums nach § 17 S. 1 StGB ermöglicht ein Tax CMS jedoch nicht.

6. Zertifizierung eines Tax CMS

a) Obwohl es grundsätzlich keine Pflicht gibt, ein Tax CMS zu zertifizieren, besteht eine Überprüfungspflicht der organisatorischen Vorkehrungen, die den Geschäftsleiter im Rahmen seiner Leitungspflicht trifft. Um ein implementiertes Tax CMS zu überprüfen, kann es besonders in großen Unternehmen mit komplexen Strukturen geboten sein, die Überprüfung und damit einhergehend die Zertifizierung des Tax CMS einem externen Sachverständigen zu übertragen.

b) Bei der Delegation der Überwachungspflicht trifft den Geschäftsführer eine Auswahlpflicht bzgl. des Prüfers. Die Geschäftsleitung hat einen geeigneten, erfahrenen und kompetenten Prüfer auszuwählen. Bei dessen fachlicher Qualifikation ist darauf zu achten, dass mindestens einer der Prüfer Jurist sein muss, da eine enthaftende Wirkung nur von diesem und nicht etwa von einem Wirtschaftsprüfer geprüft werden kann.

c) Die Wirksamkeitsprüfung nach IDW PS 980 kann im Einzelfall ein geeignetes Zertifikat darstellen, wenn ein Jurist daran beteiligt war.

d) Der Prüfbericht des Wirtschaftsprüfers nach IDW PS 980 bindet weder die Finanzverwaltung noch die Gerichte. Es ist aber möglich, diesen als Beweismittel in einem Verfahren vor dem Finanzgericht einzuführen. Denkbar ist es, den Prüfbericht als Urkunde vorzulegen, den Prüfer als sachverständigen Zeugen zu benennen oder ihn als Sachverständigen des Gerichts zu vernehmen. In jedem Fall führt dies nicht zu einer automatischen Anerkennung durch das Gericht. Dieses hat die dargelegten Beweise vielmehr in freier Beweiswürdigung zu würdigen. In diesem Zusammenhang kann dem Vorbringen durch den Wirtschaftsprüfer bzw. den Juristen allein aus deren beruflichen Stellung, des Umfangs des Prüfberichts sowie der Reputation des IDW ein hohes Gewicht beigemessen werden.

e) Eine Zertifizierung durch die Finanzverwaltung selbst ist de lege lata nicht möglich. Die Institute der verbindlichen Auskunft nach § 89 Abs. 2 AO sowie der verbindlichen Zusage auf Grund einer Außenprüfung nach § 204 AO bieten weder auf Tatbestands- noch auf Rechtsfolgenebene eine Grundlage zur Zertifizierung eines Tax CMS. Hinzu kommen die fehlende fachliche Qualifikation und die mangelnde Auswahlmöglichkeit eines Prüfers bei der Finanzverwaltung. Die Zuständigkeit ergibt sich aus dem Gesetz, sodass es dem Geschäftsleiter verwehrt ist, einen geeigneten Prüfer selbst auszuwählen. Daneben ist auf die mangelnde fachliche Qualifikation der Finanzbeamten hinzuweisen. Diese sind zwar steuerrechtlich ausgebildet, umfassende juristische Kenntnisse, die es bei der Frage nach der Wirkung eines Tax CMS benötigt, aber nicht oder zumindest nicht überall vorweisen können.

7. Tax Compliance-Strategie der Finanzverwaltung

a) Aus Sicht der Finanzverwaltung ist Tax Compliance eine Möglichkeit, um Effizienz des Steuervollzugs sowie der Gesetzes- und Gleichmäßigkeit der Besteuerung zu gewährleisten. Hintergrund für dieses Verständnis sind die realen Vollzugsgegebenheiten, die von komplexen Sachverhalten, einer komplexen Rechtsmaterie sowie zunehmenden Ressourcenengpässen geprägt ist.

b) Auf nationaler Ebene gibt es bereits konkrete Ansätze, den Tax Compliance-Faktor eines steuerpflichtigen Unternehmens zu nutzen. Im Rahmen des Veranlagungsprozesses findet sich das Projekt KONSENS, wonach Steuererklärungen nach gewissen Risikofaktoren der Steuerpflichtigen gewichtet werden. Wer weniger risikobehaftet ist, also u.a., wer einen hohen Tax Compliance-Faktor hat, darf mit einer zügigen Veranlagung rechnen. Ebenso können Unternehmen mit hohem Compliance-Faktor für eine zeitnahe Betriebsprüfung nach § 4a BpO ausgewählt werden und dadurch schneller Rechtssicherheit erlangen.

c) Die EU kennt bisher den zugelassenen Wirtschaftsbeteiligten im Zollrecht und plant die Einführung eines zertifizierten Steuerpflichtigen für Zwecke der Umsatzsteuer. Beiden ist gemeinsam, dass sich diese Steuerpflichtigen dadurch auszeichnen, dass sie keine schwerwiegenden oder wiederholten Regelverstöße begangen haben und interne Kontrollsysteme zur Regelkonformität implementiert haben. Durch Erhalt des Status erlangen diese Steuerpflichtigen Vorteile durch geringere Kontrollen.

d) Die Entwicklung in Deutschland hin zu einer Tax Compliance-Strategie entspricht der internationalen Handhabung, insbesondere in den Niederlanden und in Australien. Hier kam es zu einem Systemwechsel weg von einer Konfrontation hin zu Kooperation zwischen der Finanzverwaltung und den steuerpflichtigen Unternehmen. Dies ermöglicht insgesamt eine schnellere Veranlagung sowie geringere Kontrollen.

Fazit

Auf dem Gebiet der Tax Compliance hat sich in Deutschland in den letzten zwei Jahren viel verändert. Durch den Erlass des AEAO zu § 153 sowie des Urteils des BGH vom 9. Mai 2017 wurden steuerpflichtigen Unternehmen verwaltungs- und justizseitig Vorteile durch die Implementierung eines Tax CMS in Aussicht gestellt. Diese zeigen erste Schritte, sind aber bei weitem noch nicht umfassend genug. So ist der AEAO zu § 153 nur für Finanzbeamte der Verwaltung verbindlich, kann die tatsächlichen Entscheidungsträger der Staatsanwaltschaft oder der Finanz- sowie Strafgerichte nicht binden.

Mangels verbindlicher Vorgaben über den Inhalt eines im AEAO zu § 153 oder im Urteil des BGH genannten Tax CMS, verbleibt Rechtsunsicherheit bei den steuerpflichtigen Unternehmen, die erst im Ernstfall erfahren werden, ob ihre Bemühungen ausreichend waren und von der Finanzverwaltung oder den Gerichten anerkannt werden. Bei dieser nachträglichen Bewertung besteht immer das Problem, dass die Verwaltung oder die Gerichte einem Rückschaufehler (hindsight-bias) unterliegen.[1613] Das bedeutet, dass sie im Nachhinein strenge oder sogar überzogene Anforderungen an die Ausgestaltung eines Tax CMS im konkreten Fall stellen könnten.[1614] Neben der Verfahrenslänge von Gerichtsverfahren trifft das im Steuerrecht auch bei den Betriebsprüfungen zu. Große Unternehmen, die sich tendenziell eher frühzeitig mit der Implementierung von Tax Compliance-Maßnahmen befasst haben, sind anschlussgeprüft und werden daher erst in ein paar Jahren erfahren, ob ihre getroffenen organisatorischen Vorkehrungen ausreichend waren. Zum Zeitpunkt der Betriebsprüfung wird es aber neue Standards geben, sodass das Risiko bleibt, dass ein Betriebsprüfer die vor mehreren Jahren umgesetzten Maßnahmen nach heutigen Maßstäben als unzureichend einschätzt. Dies ist im Steuerrecht als Teil der Eingriffsverwaltung besonders problematisch.[1615]

Diesen Befürchtungen kann aber mit Blick auf das Verständnis der Finanzverwaltung die Schwere genommen werden.[1616] Wenn auch zögerlich, so lässt

1613 Eingehend zu dieser Problematik *Ott/Klein*, AG 2017, 209.

1614 *Winter*, FS Hüffer 2010, 1103, 1122.

1615 *Hilsebein*, CB 2016, 472, 473; *Jenne/Mertens*, CCZ 2017, 285, 287; *Harbarth/Brechtel*, ZIP 2016, 241, 248 f.

1616 *Schmit*, ifSt-Schrift Nr. 467, 2011, 67; *Streck*, StbJb 2009/2010, 415, 423.

sich doch auch auf deutscher Ebene ein „Paradigmenwechsel“[1617] im Steuerverfahren erkennen. Unter dem Tax Compliance-Faktor wird verstanden, dass der Steuerpflichtige in der Vergangenheit seinen steuerlichen Pflichten nachgekommen ist und mit der Finanzverwaltung kooperiert hat. In einer Welt, in der die Sachverhalte an Komplexität zunehmen, ist es für beide Seiten der beste Weg, nicht auf die nachträgliche Überprüfung im Rahmen der Veranlagung oder der Betriebsprüfung zu warten, sondern bereits im Vorhinein risikobehaftete Fälle abzuklären. Auch wenn es zurzeit noch keine Möglichkeit gibt, ein Tax CMS durch die Finanzverwaltung zu zertifizieren, so ist dies in der Zukunft durchaus denkbar. Wenn über die Richtlinien der EU Vorteile für gewisse Steuerpflichtige in Aussicht gestellt werden, so muss es dafür feste Grundsätze geben, wie dieser Status erlangt werden kann.

Tax Compliance ist daher ein Element, was sich sowohl aus Unternehmenssicht als auch aus dem Blickwinkel der Finanzverwaltung positiv auswirkt.

1617 *Risse*, FR 2011, 117, 120.

Abbildungsverzeichnis

Abbildung 1	Risk differentiation framework der ATO, Large Business and Tax Compliance, Mai 2014, S. 23.	285
Abbildung 2	Compliance Model des Australian Taxation Office, Large business and tax compliance, 2014, S. 8.	286

Tabellenverzeichnis

Tabelle 1 Personalausstattung der gesamten deutschen Finanzverwaltung 266
Tabelle 2 Personalausstattung der Steuerverwaltung der deutschen Bundesländer 267
Tabelle 3 Übersicht Betriebsprüfung 275

Literaturverzeichnis

Aichberger, Thomas / Schwartz, Tobias: Tax Compliance – Der Vorstand im Fokus (Teil I), in: DStR 2015, S. 1691–1698.

Dies.: Tax Compliance – Der Vorstand im Fokus (Teil II), in: DStR 2015, S. 1758–1764.

Arbeitskreis externe und interne Überwachung der Unternehmung der Schmalenbach-Gesellschaft für Betriebswirtschaftslehre e. V. (AKEIÜ): Compliance: 10 Thesen für die Unternehmenspraxis, in: DB 2010, S. 1509–1518.

Arnold, Michael: Verantwortung und Zusammenwirken des Vorstands und Aufsichtsrats bei Compliance-Untersuchungen, in: ZGR 2014, S. 76–106.

Auerbach, Dirk / Jost, Oliver: Bedeutung und Aufgaben der Compliance-Funktion, in: Hopt, Klaus J. / Wohlmannstetter, Gottfried (Hrsg.): Handbuch Corporate Governance von Banken, 1. Auflage, München 2011, S. 651–683.

Bahr, Nicolai: Auch nachträgliche Bemühungen um eine Verbesserung der Compliance-Programme können bußgeldmindernd wirken, in: BB 2017, S. 1931–1932.

Ball, Andreas / Papasikas, Thomas: Überlegungen bei Einführung eines innerbetrieblichen steuerlichen Kontrollsystems – Überwachungsaufgaben der Steuerabteilung, in: BB 2016, S. 1495–1498.

Bamberger, Heinz Georg / Roth, Herbert / Hau, Wolfgang / Poseck, Roman (Hrsg.): BeckOK BGB, 48. Edition, Stand 1.11.2018. Zitiert als: *Bearbeiter,* in: BeckOK BGB, 48. Edition Stand 1.11.2018.

Baumbach, Adolf (Begr.): Handelsgesetzbuch mit GmbH & Co., Handelsklauseln, Bank- und Börsenrecht, Transportrecht (ohne Seerecht), 38. Auflage, München 2018. Zitiert als: *Bearbeiter*, in: Baumbach/Hopt, HGB, 38. Aufl. 2018.

Baumbach, Adolf (Begr.) / Hueck, Alfred (Fortführer): Gesetz betreffend die Gesellschaften mit beschränkter Haftung, 21. Auflage, München 2017.

Baur, Alexander / Holle, Philipp Maximilian: Ergänzungen und Anpassungen des Deutschen Corporate Governance Kodex 2017. Ausbau der Compliance-Verantwortung?, in: NZG 2017, S. 170–174.

Behringer, Stefan (Hrsg.): Compliance für KMU. Praxisleitfaden für den Mittelstand, Berlin 2012.

Ders.: IKS als Tax Compliance Management System gemäß IDW PS 980. Ausgestaltung und Prüfung nach dem IDW Praxishinweis 1/2016, in: BBK 2017, S. 875–885.

Beneke, Michaela: Der Anwendungserlass des Bundesfinanzministeriums zu § 153 AO vom 23.5.2016, in: BB 2016, S. 2327–2333.

Berg, Cai: Korruption in Unternehmen und Risikomanagement nach § 91 Abs. 2 AktG, in: AG 2007, S. 271–278.

Berger, Hanno / Matuszewski, Jörn: Dividendenstripping im Fokus der Finanzverwaltung, in: BB 2011, S. 3097–3104.

Bergmoser, Ulrich / Theusinger, Ingo / Gushurst, Klaus-Peter: Corporate Compliance – Grundlagen und Umsetzungen, in: BB-Spezial 5.2008, S. 1–11.

Beulke, Werner / Moosmayer, Klaus: Der Reformvorschlag des Bundesverbandes der Unternehmensjuristen zu den §§ 30, 130 OWiG – Plädoyer für ein modernes Unternehmenssanktionsrecht –, in: CCZ 2014, S. 146–152.

Beyer, Dirk: Praktische Hinweise zu Selbstanzeigen bei steuerlichen Berichtigungen im Unternehmensbereich, in: BB 2016, S. 2527–2530.

Ders.: Anmerkung zu BGH Urteil vom 9.5.2017–1 StR 265/16, in: NWB 2017, S. 2322.

Bicker, Eike: Compliance – organisatorische Umsetzung im Konzern, in: AG 2012, S. 542–552.

Bilsdorfer, Peter: Die Entwicklung des Steuerstraf- und Steuerordnungswidrigkeitenrechts, in: NJW 2017, S. 1525–1529.

Bings, Sophie Luise: Änderungen des DCGK betreffend Compliance Management Systeme, in: CCZ 2017, S. 118–120.

Birnbaum, Günter / Russo, Frank: Wertpapier-Compliance. Rückblick auf 20 Jahre Wohlverhaltensregeln für Wertpapierdienstleistungsunternehmen, in: BaFin-Journal Oktober 2015, S. 24–27.

Blum, Heribert / Gassner, Kathi / Seith, Sebastian (Hrsg.): Ordnungswidrigkeitengesetz. Handkommentar, 1. Auflage, Baden-Baden 2016.

BMF: Entwicklung bundeseinheitlicher Software für das Besteuerungsverfahren (Vorhaben KONSENS), in: BMF Monatsbericht 10/2006, S. 55–64.

Born, Manfred / Ghassemi-Tabar, Nima / Gehle, Burkhard (Hrsg.): Münchener Handbuch des Gesellschaftsrechts. Band 7, Gesellschaftsrechtliche Streitigkeiten (Corporate Litigation), 5. Auflage, München 2016.

Bosch, Wolfgang: Verantwortung der Konzernobergesellschaft im Kartellrecht, in: ZHR 177 (2013), S. 454–474.

Böttcher, Lars: Compliance: Der IDW PS 980 – Keine Lösung für alle (Haftungs-)Fälle!, in: NZG 2011, S. 1054–1058.

Bracke, Jan / Maciuca, Florian: Tax-Compliance – ausschließlich ein Thema der Steuerabteilung?, in: CB 2017, S. 146–149.

von Briel, Olaf G. / Ehlscheid, Dirk: Steuerstrafrecht, 2. Auflage, Bonn 2001.

Bruns, Jan-Willem: Leerverkäufe und missbräuchliche Gestaltungen, in: DStR 2010, S. 2061–2066.

Bunjes, Johann / Geist, Reinhold (Begr.): Umsatzsteuergesetz Kommentar, 17. Auflage, München 2018.
Zitiert als: *Bearbeiter,* in: Bunjes, UStG, 17. Aufl. 2018.

Buntig, Nikolaus: Konzernweite Compliance – Pflicht oder Kür?, in: ZIP 2012, S. 1542–1549.

Bürgers, Tobias / Korber, Torsten (Hrsg.): Aktiengesetz, 4. Auflage, Heidelberg 2017.
Zitiert: *Bearbeiter,* in: Bürgers/Korber, AktG, 4. Aufl. 2017.

Burgi, Martin / Dreher, Meinrad (Hrsg.): Beck'scher Vergaberechtskommentar. Band 1, Gesetz gegen Wettbewerbsbeschränkungen – GWB – 4. Teil –, 3. Auflage, München 2017.

Bürkle, Jürgen: Corporate Compliance – Pflicht oder Kür für den Vorstand der AG?, in: BB 2005, S. 565–570.

Ders.: Corporate Compliance als Standard guter Unternehmensführung des Deutschen Corporate Governance Kodex, in: BB 2007, S. 1797–1801.

Ders.: Compliance als Aufgabe des Vorstands der AG – Die Sicht des LG München I, in: CCZ 2015, S. 52–55.

Busch, Oliver / Fischer, Andreas / Riva, Lisa / Kirsch, Andreas: Innerbetriebliches Kontrollsystem im Bereich der Verrechnungspreise, in: DB 2017, S. 2822–2826.

von Busekist, Konstantin / Hein, Oliver: Der IDW PS 980 und die allgemeinen rechtlichen Mindestanforderungen an ein wirksames Compliance Management System (1) – Grundlagen, Kultur und Ziele, in: CCZ 2012, S. 41–48.

Bydlinski, Franz: Juristische Methodenlehre und Rechtsbegriffe, 2. Auflage, Wien, New York, 1991.

Casper, Matthias: Rechtliche Grundlagen und aktuelle Entwicklungen der Compliance am Beispiel des Kapitalmarktrechts, in: Hadding, Walther / Hopt, Klaus J. / Schimansky, Herbert (Hrsg.): Verbraucherschutz im Kreditgeschäft. Compliance in der Kreditwirtschaft, Bankrechtstag 2008, Berlin 2009.
Zitiert als: *Casper*, in: Bankrechtstag 2008.

Corell, Christian / von Saucken, Alexander: Verteidigungsansätze bei der Unternehmensgeldbuße – unter Berücksichtigung der 8. GWB-Novelle vom 30.6.2013 –, in: wistra 2013, S. 297–302.

Creed, Tanja / Link, Gunther: Tax Compliance Management – nur wichtig für kapitalmarktorientierte Unternehmen oder auch für den Mittelstand?, in: BB 2016, S. 983–987.

Dauven, René: Ermessensentscheidungen und ihre (gerichtliche) Überprüfung im Steuerrecht, in: SteuerStud 2009, S. 254–260.

Der Präsident des Bundesrechnungshofes (Hrsg.): Probleme beim Vollzug der Steuergesetze. Empfehlungen des Präsidenten des Bundesrechnungshofes als Bundesbeauftragter für Wirtschaftlichkeit in der Verwaltung zur Verbesserung des Vollzuges der Steuergesetze in Deutschland, Stuttgart 2006.
Zitiert als: *Präsident des Bundesrechnungshofes*, Probleme beim Vollzug der Steuergesetze, 2006.

Desens, Marc: Kapitaleinkünfte bei Leerverkäufen über den Dividendenstichtag („cum/ex"-Geschäfte) – Systemhistorie und normatives Verständnis, in: DStZ 2012, S. 142–155.

Ders.: Übergang des wirtschaftlichen Eigentums im Aktienhandel. Schlussfolgerungen aus BFH (I R 2/12, DStR 2014, 2012), in: DStR 2014, S. 2317–2323.

Dierlamm, Alfred: Compliance-Anreiz-Gesetz (CompAG). Ein Vorschlag des Deutschen Instituts für Compliance – DICO e. V. für den Entwurf eines Gesetzes zur Schaffung von Anreizen für Compliance-Maßnahmen in Betrieben und Unternehmen (Compliance-Anreiz-Gesetz, CompAG), in: CCZ 2014, S. 194–198.

Dötsch, Ewald / Pung, Alexandra / Möhlenbrock, Rolf (Hrsg.): Die Körperschaftsteuer. Kommentar zum Körperschaftsteuergesetz, Umwandlungssteuergesetz und zu den einkommensteuerrechtlichen Vorschriften der Anteilseignerbesteuerung, Ordner 3, §§ 8c – 26 KStG, 94. Ergänzungslieferung, Stand Oktober 2018, Stuttgart.

Dreher, Meinrad: Die Vorstandsverantwortung im Geflecht von Risikomanagement, Compliance und interner Revision, in: Kindler, Peter / Koch, Jens / Ulmer, Peter / Winter, Martin (Hrsg.): Festschrift für Uwe Hüffer zum 70. Geburtstag, München 2010, S. 161–177.
Zitiert als: *Dreher,* FS Hüffer 2010, 161.

Ders.: Kartellrechtscompliance, in: ZWeR 2014, S. 75–106.

Drüen, Klaus-Dieter: Modelle und Rechtsfragen zeitnaher Betriebsprüfung, Berlin 2011.
Zitiert als: *Drüen,* ifSt-Schrift 469, 2011.

Durst, Diana: Steuerstrafrechtliche Sanktionen im Unternehmen, in: KÖSDI 2014, S. 19125–19135.

Dusch, Christian / Rommel, Sebastian: Strafvereitelung (im Amt) durch Unterlassen am Beispiel von Finanzbeamten, in: NStZ 2014, S. 188–192.

Ebbinghaus, Mark / Neu, Peter: Aufbau von Tax Compliance Management Systemen. Warum sich die Mühe lohnt – auch für den Mittelstand!, in: StuB 2016, S. 862–866.

Ebenroth, Carsten Thomas / Boujong, Karlheinz / Joost, Detlev (Begr.) / Strohn, Lutz (Hrsg.): Handelsgesetzbuch. Band 1 §§ 1–342e, 3. Auflage, München 2014.

Dies.: Handelsgesetzbuch. Band 2 §§ 343–475h, Transportrecht, Bank- und Börsenrecht, 3. Auflage, München 2015.

Ehlers, Harald: Tax Compliance. Neue Beratungsfelder bei Betreuung kleiner und mittlerer Unternehmen, in: NWB 2012, S. 1535–1543.

Ehrke-Rabel, Tina / Kofler, Georg: Gratwanderungen – Das Niemandsland zwischen aggressiver Steuerplanung, Missbrauch und Abgabenhinterziehung, in: ÖStZ 2009, S. 456–472.

Eisenberg, Ulrich: Beweisrecht der StPO. Spezialkommentar, 10. Auflage, München 2017.

Erdbrügger, Andreas: BMF-Schreiben vom 23.5.2016 eröffnet neue Möglichkeit zur Absicherung gegen strafrechtliche Vorwürfe bei Fehlern in Steuererklärung, in: npoR 2016, S. 206–209.

Erdbrügger, Andreas / Jehke, Christian: Das BMF-Schreiben vom 23.5.2016 zu § 153 AO – strafrechtliche Haftungsentlastung bei Einrichtung eines Tax-Compliance-Management-Systems, in: BB 2016, S. 2455–2461.

Erdbrügger, Andreas / Kaiser, Anna Judith: Neuer Anwendungserlass zu § 153 AO zu Tax Compliance Management Systemen – Auswirkungen für Unternehmen am Beispiel des Umsatzsteuer- und Zollrechts, in: Ubg 2016, S. 412–415.

Esterer, Fritz / Eisgruber, Thomas: Steuerliches internes Kontrollsystem – Eine große Chance für einen Cooperative-Compliance-Ansatz, in: DB 2017, S. 986–989.

Eufinger, Alexander: Die neue CSR-Richtlinie – Erhöhung der Unternehmenstransparenz in Sozial- und Umweltbelangen, in: EuZW 2015, S. 424–428.

Ders.: Berücksichtigung eines Compliance-Management-Systems bei der Bußgeldbemessung, in: GWR 2017, S. 415.

Feller, Anna / Huber, Stefan / Schanz, Deborah: Aufbau und Arbeitsweisen der Steuerabteilungen großer deutscher Kapitalgesellschaften (Teil 1), in: DStR 2017, S. 1617–1622.

Fischer, Thomas: Strafgesetzbuch mit Nebengesetzen, 65. Auflage, München 2018.

Fissenwert, Peter (Hrsg.): Compliance für den Mittelstand, München 2013.

Fleischer, Holger: Handbuch des Vorstandsrechts, 1. Auflage, München 2006.

Ders.: Vorstandsverantwortlichkeit und Fehlverhalten von Unternehmensangehörigen – Von der Einzelüberwachung zur Errichtung einer Compliance-Organisation, in: AG 2003, S. 291–300.

Ders.: Kartellrechtsverstöße und Vorstandsrecht, in: BB 2008, S. 1070–1076.

Ders.: Corporate Compliance im aktienrechtlichen Unternehmensverband, in: CCZ 2008, S. 1–6.

Ders.: Aktienrechtliche Compliance-Pflichten im Praxistest: Das Siemens/Neubürger-Urteil des LG München I, in: NZG 2014, S. 321–329.

Ders.: Ehrbarer Kaufmann – Grundsätze der Geschäftsmoral – Reputationsmanagement: Zur „Moralisierung“ des Vorstandsrechts und ihren Grenzen, in: DB 2017, S. 2015–2022.

Fleischer, Holger / Goette, Wulf (Hrsg.): Münchener Kommentar zum Gesetz betreffend die Gesellschaften mit beschränkter Haftung (GmbHG). Band 2 §§ 35–52, 2. Auflage, München 2016.

Florstedt, Tim: Anteilszurechnung und Alternativität – Zugleich zur Frage der Legalität einer mehrfachen Erstattung einmal gezahlter Kapitalertragsteuer bei „Cum-ex“-Geschäften, in: FR 2016, S. 641–645.

Ders.: Cum/ex-Geschäfte und Vorstandshaftung. Zur Reichweite des Vertrauensschutzes beim Rechtsirrtum, in: NZG 2017, S. 601–611.

Flume, Werner: Allgemeiner Teil des Bürgerlichen Rechts. Erster Band, Zweiter Teil, Die Juristische Person, Berlin, Heidelberg 1983.
Zitiert als: *Flume*, Allgemeiner Teil des Bürgerliche Rechts, Bd. I/2: Die juristische Person, 1983.

von Frantzki, Harald: Tax Compliance und sanktionslose Berichtigung nach § 153 AO, Vortrag im Rahmen der Münchner Steuerfachtagung am 23.03.2017, S. 1–9.
Zitiert als: *von Frantzki*, Vortrag i. R. d. Münchner Steuerfachtagung 2017, 1.

Freund, Stefan: Brennpunkte der Organhaftung. Anmerkungen aus der Praxis zur organrechtlichen Innenhaftung, in: NZG 2015, S. 1419–1424.

Friedemeyer, Dierk: Finanzbeamter mit Emotionen, in: NWB 2007, S. 3009.

Frisch, Stefan: Bemessung einer Geldbuße gegen juristische Personen unter Berücksichtigung der Installation eines effizienten Compliance-Systems, in: EWiR 2017, S. 683–684.

Froesch, Daniel: Managerhaftung – Risikominimierung durch Delegation, in: DB 2009, S. 722–726.

Fuhrmann, Lambertus / Linnerz, Markus / Pohlmann, Andreas (Hrsg.): Kommentar Deutscher Corporate Governance Kodex, 1. Auflage, Frankfurt 2016.

Geberth, Georg / Welling, Berthold: Abgrenzung zwischen einfacher Berichtigung und strafbefreiender Selbstanzeige – Ein erster Diskussionsentwurf des BMF für einen Anwendungserlass zu § 153 AO –, in: DB 2015, S. 1742–1747.

Gelhausen, Hans Friedrich / Wermelt, Andreas: Haftungsrechtliche Bedeutung des IDW EPS 980: Grundsätze ordnungsmäßiger Prüfung von Compliance-Management-Systemen gleichzeitig: Replik zum Aufsatz von Dr. Markus S. Rieder und Marcus Jerg zum Thema „Anforderungen an die Überprüfung von Compliance-Programmen" (in diesem Heft S. 201), in: CCZ 2010, S. 208–213.

Geuenich, Marcus: Abgrenzung von schlichter Korrektur und strafbefreiender Selbstanzeige. Praxisfolgen des BMF-Anwendungserlasses vom 23.5.2016 für steuerliche Korrekturen und das Risikomanagement von Unternehmen, in: NWB 2016, S. 2560–2569.

Geuenich, Marcus / Kiesel, Hanno: Tax Compliance bei Unternehmen – einschlägige Risiken und Folgerungen für die Praxis, in: BB 2012, S. 155–162.

Goette, Wulf: Organisationspflichten in Kapitalgesellschaften zwischen Rechtspflicht und Opportunität, in: ZHR 175 (2011), S. 388–400.

Goette, Wulf / Habersack, Mathias (Hrsg.): Münchener Kommentar zum Aktiengesetz. Band 2 §§ 76 –117, MitbestG, DrittelbG, 5. Auflage, München 2019.

Görtz, Birthe: Prüfung von Compliance-Management-Systemen – Anwendung und Erfahrungen mit IDW PS 980, in: BB 2012, S. 178–183.

Gößwein, Georg / Hohmann, Olaf: Modelle der Compliance-Organisation in Unternehmen – Wider den Chief Compliance Officer als „Überverantwortungsnehmer", in: BB 2011, S. 963–968.

Gräber, Fritz (Begr.): Finanzgerichtsordnung mit Nebengesetzen. Kommentar, 8. Auflage, München 2015.

Graf, Jürgen-Peter (Hrsg.): BeckOK OWiG, 20. Edition, Stand 1.10.2018.

Graf, Jürgen Peter / Jäger, Markus / Wittig, Petra (Hrsg.): Wirtschafts- und Steuerstrafrecht, 2. Auflage, München 2017.

Grambow, Tobias: Haftung und Compliance in Vereinen und Stiftungen, in: CB 2017, S. 45–51.

Groß, Stefan / Matheis, Philipp / Lindgens, Bernhard: Vorgaben an ein Tax Compliance-System am Beispiel der Umsatzsteuer, in: UVR 2016, S. 172–180.

Grottel, Bernd / Schmidt, Stefan / Schubert, Wolfgang J. / Winkeljohann, Norbert (Hrsg.): Beck'scher Bilanz-Kommentar. Handels- und Steuerbilanz, §§ 238 bis 339, 342 bis 342e HGB, 11. Auflage, München 2018.

Grüninger, Stephan / Remberg, Meinhard: Die Bedeutung eines Zertifikats nach IDW PS 980, in: CB 2013, S. 187–188.

Grützner, Thomas: Compliance 2.0 – LG München I verpflichtet Vorstände zu ‚Compliance', in: BB 2014, S. 850–852.

Grützner, Thomas / Jakob, Alexander (Hrsg.): Compliance von A-Z, 2. Auflage, München 2015.

Gummert, Hans (Hrsg.): Münchener Anwaltshandbuch Personengesellschaftsrecht, 2. Auflage, München 2015.

Haag, Oliver / Acikgöz, Sibel: Compliance-Management im Unternehmen – Notwendigkeit oder Rechtspflicht?, in: CB 2016, S. 265–269.

Haarmann, Wilhelm: Tax Compliance in der Kapitalgesellschaft (und Konsequenzen bei Fehlern), in: Drüen, Klaus-Dieter (Hrsg.): Jahrbuch der Fachanwälte für Steuerrecht 2013/2014. Aktuelle steuerrechtliche Beiträge, Referate und Diskussionen der 64. Steuerrechtlichen Jahresarbeitstagung, Wiesbaden, vom 6. bis 8. Mai 2013, Herne 2013, S. 186–218.
Zitiert als: *Haarmann*, JbFSt 2013/2014, 186.

Ders.: Steuerrecht 2014/2015 – eine Anamnese, in: BB 2015, S. 22–32.

Habarth, Stephan / Brechtel, Micha: Rechtliche Anforderungen an eine pflichtgemäße Compliance-Organisation im Wandel der Zeit, in: ZIP 2016, S. 241–250.

Habersack, Mathias: Die Mitgliedschaft – subjektives und ‚sonstiges' Recht, Tübingen 1996.

Ders.: Grund und Grenzen der Compliance-Verantwortung des Aufsichtsrats der AG, in: AG 2014, S. 1–8.

Hammerl, Robert / Hiller, Tobias: Anforderungen an ein modernes Tax Compliance Management System. Geeignete Maßnahmen zur Errichtung und Weiterentwicklung eines innerbetrieblichen Kontrollsystems, in: NWB 2016, S. 3448–3458.

Handel, Timo: Tax Compliance – Voraussetzungen und Enthaftung nach IDW PS 980, in: DStR 2017, S. 1945–1949.

Haunhorst, Sabine: Risikomanagement in der Finanzverwaltung – ein Fall für die Finanzgerichte?, in: DStR 2010, S. 2105–2110.

Hauschka, Christoph E.: Corporate Compliance – Unternehmensorganisatorische Ansätze zur Erfüllung der Pflichten von Vorständen und Geschäftsführern, in: AG 2004, S. 461–480.

Ders.: Der „Ehrbare Kaufmann“ im Deutschen Corporate Governance Kodex in der Fassung der Änderung 2017, in: CCZ 2017, S. 97.

Hauschka, Christoph E. / Greeve, Gina: Compliance in der Korruptionsprävention – was müssen, was sollen, was können die Unternehmen tun?, in: BB 2007, S. 165–173.

Hauschka, Christoph E. / Moosmayer, Klaus / Lösler, Thomas (Hrsg.): Corporate Compliance, Handbuch der Haftungsvermeidung im Unternehmen. 3. Auflage, München 2016.

Heuermann, Bernd / Brandis, Peter (Hrsg.): Blümich. EStG, KStG, GewStG. Einkommensteuergesetz, Körperschaftsteuergesetz, Gewerbesteuergesetz, Kommentar, Band 3 §§ 25–99 EStG, München, 143. Ergänzungslieferung, Stand 8/2018.
Zitiert als: *Bearbeiter,* in: Blümich, EStG, KStG, GewStG, 143. EL Stand 8/2018.

Hermenau, Cora-Jeanette: Rechtsstaatlichkeit und zeitnahe Betriebsprüfung - ein Widerspruch?, in: FR 2011, S. 120–122.

Hey, Johanna: Steuerplanungssicherheit als Rechtsproblem, Köln 2002.

Hilsebein, Gabriele: Anwendung der Grundsätze des IDW PS 980 auf die Einrichtung eines innerbetrieblichen Tax Compliance Management Systems, in: CB 2016, S. 472–473.

Hölters, Wolfgang (Hrsg.): Aktiengesetz. 3. Auflage, München 2017.

Hübschmann, Walter / Hepp, Ernst / Spitaler, Armin (Begr.): Abgabenordnung Finanzgerichtsordnung. Kommentar, Band IV §§ 69–110 AO, 250. Lieferung, Stand 11/2018, Köln.

Dies.: Abgabenordnung Finanzgerichtsordnung, Kommentar, Band V §§ 111–154 AO, 250. Lieferung, Stand 11/2018, Köln.

Dies.: Abgabenordnung Finanzgerichtsordnung, Kommentar, Band VI §§ 155–192 AO, 250. Lieferung, Stand 11/2018, Köln.

Dies.: Abgabenordnung Finanzgerichtsordnung, Kommentar, Band VII §§ 193–248 AO, 250. Lieferung, Stand 11/2018, Köln.

Dies.: Abgabenordnung Finanzgerichtsordnung, Kommentar, Band IX §§ 322–368 AO, 250. Lieferung, Stand 11/2018, Köln.

Dies.: Abgabenordnung Finanzgerichtsordnung, Kommentar, Band X §§ 369–415 AO, 250. Lieferung, Stand 11/2018, Köln.

Dies.: Abgabenordnung Finanzgerichtsordnung, Kommentar, Band XIII §§ 69–106 FGO, 250. Lieferung, Stand 11/2018, Köln.

Hüffer, Jens / Schneider, Uwe H.: Juristen an die Compliance-Front!, in: ZIP 2010, S. 55.

Hüffer, Uwe (Begr.) / Koch, Jens (Bearbeiter): Aktiengesetz, 13. Auflage, München 2018.

Hüls, Silke / Reichling, Tilman (Hrsg.): Steuerstrafrecht, 1. Auflage, Heidelberg 2016.

Hunsmann, Daniel: Die Aufsichtspflichtverletzung (§ 130 OWiG) unter besonderer Berücksichtigung des Steuerrechts, in: DStR 2014, S. 855–860.

IDW (Hrsg.): Tax Compliance. Positionen, Empfehlungen und Beispiele von Experten aus Wirtschaft, Prüfung und Beratung, 1. Auflage, Düsseldorf 2017.

Ders. (Hrsg.): IDW Prüfungsstandards (IDW PS), IDW Stellungnahmen zur Rechnungslegung (IDW RS), IDW Standards (IDW S) einschließlich der dazugehörigen Entwürfe, IDW Prüfungs- und IDW Rechnungslegungshinweise (IDW PH und IDW RH). Band IV, 59. Ergänzungslieferung Stand 11/2016.
Zitiert als: IDW, Loseblattsammlung.

Ders.: IDW Prüfungsstandard: Grundsätze ordnungsmäßiger Prüfung von Compliance Management Systemen (IDW PS 980), Stand 11.3.2011, in: IDW-FN 2011, S. 203–231.
Zitiert als: IDW PS 980 Tz.

Ders.: IDW Praxishinweis 1/2016: Ausgestaltung und Prüfung eines Tax Compliance Management Systems gemäß IDW PS 980 (IDW Praxishinweis 1/2016), in: IDW Life 2017, S. 837–847.
Zitiert als: IDW Praxishinweis 1/2016 Tz.

Ders. (Hrsg.): WP Handbuch. Wirtschaftsprüfung und Rechnungslegung, 15. Auflage, Düsseldorf 2017.

Illing, Diana / Unmuß, Karsten: Die arbeitsrechtliche Stellung des Compliance Managers – insbesondere Weisungsunterworfenheit und Reportingpflichten, in: CCZ 2009, S. 1–8.

Immenga, Ulrich: Compliance als Rechtspflicht nach Aktienrecht und Sarbanes Oxley-Act, in: Grundmann, Stefan / Kirchner, Christian / Raiser, Thomas / Schwintowski, Hans-Peter / Weber, Martin / Windbichler, Christine (Hrsg.): Unternehmensrecht zu Beginn des 21. Jahrhunderts. Festschrift für Eberhard Schwark zum 70. Geburtstag, München 2009, S. 199–207.
Zitiert als: *Immenga,* FS Schwark 2009, 199.

Inderst, Cornelia / Bannenberg, Britta / Poppe, Sina (Hrsg.): Compliance. Aufbau – Management – Risikobereiche, 3. Auflage, Heidelberg, München, Landsberg, Frechen, Hamburg 2017.
Zitiert als: *Bearbeiter,* in: Inderst/Bannenberg/Poppe, Compliance, 3. Aufl. 2017.

Isensee, Josef: Verwaltungsraison gegen Verwaltungsrecht. Antinomien der Massenverwaltung in der typisierenden Betrachtungsweise des Steuerrechts, in: StuW 1973, S. 199–206.

Ders.: Steuerstaat als Staatsform, in: Stödter, Rolf / Thieme, Werner (Hrsg.): Hamburg Deutschland Europa. Beiträge zum deutschen und europäischen Verfassungs-, Verwaltungs- und Wirtschaftsrecht, Festschrift für Hans Peter Ipsen zum siebzigsten Geburtstag, Tübingen 1977, S. 409–436.
Zitiert als: *Isensee,* FS Ipsen 1977, 409.

Isensee, Josef / Kirchhof, Paul (Hrsg.): Handbuch des Staatsrechts der Bundesrepublik Deutschland. Band V Rechtsquellen, Organisation, Finanzen, 3. Auflage, Heidelberg 2007. Zitiert als: *Bearbeiter,* in: Isensee/Kirchhof, Handbuch des Staatsrechts Bd. V, 3. Aufl. 2007.

Jenne, Moritz: Die Überprüfung und Zertifizierung von Compliance-Management-Systemen. Rechtliche Bedeutung von Compliance-Prüfungen und Zertifikaten, insbesondere nach IDW PS 980, in Deutschland und den USA, Berlin 2017.

Jenne, Moritz / Martens, Jan Henning: Compliance-Management-Systeme sind bei der Bußgeldbemessung nach § 30 OWiG zu berücksichtigen – Anmerkung zu BGH, Urteil vom 9.5.2017–1 StR 265/16, in: CCZ 2016, S. 285–288.

Joecks, Wolfgang / Schmitz, Roland (Bandredakteure): Münchener Kommentar zum Strafgesetzbuch. Band 7 Nebenstrafrecht II, Strafvorschriften aus MarkenG, UrhG, UWG, AO, SchwarzArbG, AÜG, BetrVG, AktG, AWG, BauFordSiG, BörsG, DepotG, GenG, GewO, GmbHG, HGB, InsO, KWG, WpHG, TKG, TMG, 2. Auflage, München 2015.

Kaeser, Christian: Tax Compliance im Konzern, in: Rödder, Thomas / Günkel, Manfred, Steuerberater-Jahrbuch 2013/2014, zugleich Bericht über den 65. Fachkongress der Steuerberater, Köln, 8. und 9. Oktober 2013, Köln 2014, S. 453–467. Zitiert als: *Kaeser,* StbJb 2013/2014, 453.

Kaiser, Andreas: Tax Compliance in ausländischen Finanzverwaltungen, in: IWB 2010, S. 774–779.

Kajüter, Peter: Die nichtfinanzielle Erklärung nach dem Regierungsentwurf zum CSR-Richtlinie-Umsetzungsgesetz, in: IRZ 2016, S. 507–513.

Kamchen, Sven: Nachholbedarf kleiner und mittlerer Unternehmen in Sachen Compliance. Schritte zur Umsetzung eines maßgeschneiderten Tax Compliance Management Systems, in: NWB 2017, S. 3954–3961.

Karla, Benedikt / Geier, Thomas: Tax Compliance und Berichtigungspflichten, in: CB 2016, S. 474–479.

Kiesel, Hanno / Böhringer, Jacob: Tax Compliance – Risikominimierung durch sanktionsbezogene Enthaftungsmaßnahmen, in: BB 2012, S. 1190–1195.

Kirchhof, Paul: Verfassungsrecht und öffentliches Einnahmesystem, in: Hansmeyer, Karl-Heinrich (Hrsg.): Staatsfinanzierung im Wandel, Berlin 1983, S. 33–60.

Ders.: Die Finanzierung des Leistungsstaates. Die verfassungsrechtlichen Grenzen staatlicher Abgabenhoheit, in: Jura 1983, S. 505–517.

Ders.: Die Kunst der Steuergesetzgebung, in: NJW 1987, S. 3217–3226.

Klein, Hartmut: Wirtschaftliches Eigentum bei Aktiengeschäften im Rahmen von „Cum/Ex-Geschäften" im Lichte der Rechtsprechung des I. Senats des BFH, in: BB 2015, S. 726–735.

Klein, Franz / Orlopp, Gerd (Begr.): Abgabenordnung – einschließlich Steuerstrafrecht. 14. Auflage, München 2018.

Klein, Hartmut: Gewaltenteilung – Umgang der Finanzverwaltung mit der Legislative am Beispiel der Cum-ex-Geschäfte, in: BB 2013, S. 1054–1057.

Ders.: Die vertane Chance im sog. „Cum/Ex-Verfahren" – Nachschau des Hessischen FG-Urteils vom 12.2.2016–4 K 1684/14, in: BB 2016, S. 2006–2012.

Koenig, Ulrich (Hrsg.): Abgabenordnung. §§ 1 bis 368, 3. Auflage, München 2014.

Kohlepp, Ralf: Besteuerung gesetzlicher Krankenkassen. Grundlagen, Besonderheiten und Tax Compliance, Wiesbaden 2017.

König, Helmut / Teichert, Florian: AEAO zu § 153 AO: Unternehmen schützen mit Tax Compliance, in: DB 2017, S. 146–152.

Kort, Michael: Compliance-Pflichten von Vorstandsmitgliedern und Aufsichtsratsmitgliedern, in: Grundmann, Stefan / Haar, Brigitte / Merkt, Hanno / Mülbert, Peter O. / Wellenhofer, Marina / u.a. (Hrsg.): Festschrift für Klaus J. Hopt zum 70. Geburtstag am 24. August 2010. Unternehmen, Markt und Verantwortung, Band 1, Berlin / New York 2010, S. 983–1003.
Zitiert als: *Kort,* in: FS Hopt 2010, 983.

Ders.: Verhaltensstandardisierung durch Corporate Compliance, in: NZG 2008, S. 81–86.

Ders.: Compliance-Pflichten und Haftung von GmbH-Geschäftsführern, in: GmbHR 2013, S. 566–574.

Kowallik, Andreas: Vom innerbetrieblichen Kontrollsystem für Steuern zum Tax Compliance Management System. Aktuelle Entwicklungen, praktische Umsetzung sowie Ausblick, in: DB 2017, S. 385–391.

Ders.: Vom IKS für Steuern zum Tax CMS: Aktueller Stand sowie Anpassungsbedarf bei IT-Lösungen, in: DB 2017, S. 1994–1997.

Kremer, Thomas / Bachmann, Georg / Lutter, Marcus / v. Werder, Axel: Deutscher Corporate Governance Kodex. Kodex-Kommentar, 7. Auflage, München 2018.

Kremer, Thomas /Klahold, Christoph: Compliance-Programme in Industriekonzernen, in: ZGR 2010, S. 113–143.

Krieger, Gerd / Schneider, Uwe H. (Hrsg.): Handbuch Managerhaftung. Vorstand Geschäftsführer Aufsichtsrat, Pflichten und Haftungsfolgen, Typische Risikobereiche, 3. Auflage, Köln 2017.

Kromer, Christoph / Pumpler, Reinhard / Henschel, Katharina: Tax Compliance, in: BB 2013, S. 791–803.

Krüger, Wolfgang / Rauscher, Thomas (Hrsg.): Münchener Kommentar zur Zivilprozessordnung mit Gerichtsverfassungsgesetz und Nebengesetzen. Band 2 §§ 355–945b, 5. Auflage, München 2016.

Kubiciel, Michael / Gräbener, Niklas: Grundlinien eines modernen Verbandssanktionenrechts, in: ZRP 2016, S. 137–140.

Kubiciel, Michael / Mennemann, Malte: Auswirkungen von Compliance-Management-Systemen auf die Bußgeldbemessung in OWi-Verfahren, in: jurisPR-StrafR 22/2017 Anm. 1.

Küffner, Thomas: Startschuss für größte Mehrwertsteuerreform. EU entdeckt Tax Compliance in der Umsatzsteuer, in: DB 43/2017, M4 - M5.

Lademann, Fritz (Begr.) / Söffinger, Günter / Brockhoff, Hedin (Hrsg.): Kommentar zum Einkommensteuergesetz. Band 2 EStG-Kommentierung § 4 bis § 4h. 232. Ergänzungslieferung Stand 9/2017.
Zitiert als: *Bearbeiter*, in: Lademann, EStG, 232. EL Stand 9/2017.

Dies.: Kommentar zum Einkommensteuergesetz. Band 9 EStG-Kommentierung § 34 bis § 43b. 232. Ergänzungslieferung Stand 9/2017.
Zitiert als: *Bearbeiter*, in: Lademann, EStG, 232. EL Stand 9/2017.

Dies.: Kommentar zum Einkommensteuergesetz. Band 10 EStG-Kommentierung § 44 bis § 99. 232. Ergänzungslieferung Stand 9/2017. Zitiert als: *Bearbeiter*, in: Lademann, EStG, 232. EL Stand 9/2017.

Larisch, Tobias / von Hesberg, Moritz: Vorstandspflichten und Compliance-Anforderungen im eingetragenen Verein, in: CCZ 2017, S. 17–24.

Leitner, Werner / Rosenau, Henning (Hrsg.): Wirtschafts- und Steuerstrafrecht, Baden-Baden 2017.

Liese, Jens: Much Adoe About Nothing? Oder: Ist der Vorstand einer Aktiengesellschaft verpflichtet, eine Compliance-Organisation zu implementieren?, in: BB-Spezial 5.2008, S. 17–22.

Littmann, Eberhard (Begr.) / Bitz, Horst / Pust, Hartmut (Hrsg.): Das Einkommensteuerrecht. Kommentar zum Einkommensteuerrecht, Band 1 § 1 – §§ 4, 5 EStG, 133. Ergänzungslieferung Stand 1/2019, Stuttgart.

Dies.: Das Einkommensteuerrecht. Kommentar zum Einkommensteuerrecht, Band 6 §§ 39–99, Nebengesetze, Stichwortverzeichnis, 133. EL, Stand 1/2019, Stuttgart.

Loritz, Karl-Georg: Der Streit um Cum-Ex-Geschäfte – Rückbesinnung auf die Grundlagen, Auslegung des Steuerrechts an den Realitäten und Wahrung rechtsstaatlicher Prinzipien, Teil I, in: WM 2017, S. 309–319.

Ders.: Der Streit um Cum-Ex-Geschäfte – Rückbesinnung auf die Grundlagen, Auslegung des Steuerrechts an den Realitäten und Wahrung rechtsstaatlicher Prinzipien, Teil II, in: WM 2017, S. 353–361.

Lösler, Thomas: Spannungen zwischen der Effizienz der internen Compliance und möglichen Reporting-Pflichten des Compliance Officers, in: WM 2007, S. 676–683.

Lück, Wolfgang: Elemente eines Risiko-Managementsystems. Die Notwendigkeit eines Risiko-Managementsystems durch den Entwurf eines Gesetzes zur Kontrolle und Transparenz im Unternehmensbereich (KonTraG), in: DB 1998, S. 8–14.

Ludwig, Stephan / Breimann, Hendrik / Kusch, Sabine: Ausgestaltung eines steuerlichen Kontrollsystems im Sinne des IDW Praxishinweises zu PS 980 – BMF-Schreiben v. 23.5.2016 zu § 153 AO, in: DStR 2016, S. 2240–2244.

Lutter, Marcus: Konzernphilosophie vs. konzernweite Compliance und konzernweites Risikomanagement, in: Habersack, Mathias / Hommelhoff, Peter (Hrsg.): Festschrift für Wulf Goette zum 65. Geburtstag, München 2011, S. 289–297.
Zitiert als: *Lutter*, FS Goette 2011, 289.

Mann, Thomas: Der Steuerberater als Compliance-Faktor?, in: DStR 2009, S. 506–508.

Maunz, Theodor/ Dürig, Günter (Begr.) / Herzog, Roman / Herdegen, Matthias / Scholz, Rupert / Klein, Hans H. (Hrsg.): Grundgesetz Kommentar, Band III Art. 16–22, München, 84. Ergänzungslieferung, Stand 8/2018.

Maurer, Hartmut: Allgemeines Verwaltungsrecht, 19. Auflage, München 2017.

Meier-Greve, Daniel: Vorstandshaftung wegen mangelhafter Corporate Compliance, in: BB 2009, S. 2555–2560.

Merkt, Hanno: Compliance und Risikofrüherkennung in kleinen und mittleren Unternehmen, in: ZIP 2014, S. 1705–1714.

Ders.: Überprüfung des Compliance-Management-Systems zwischen Wirtschaftsprüfern und Juristen (Teil 1), in: DB 2014, S. 2271–2276.

Ders.: Überprüfung des Compliance-Management-Systems zwischen Wirtschaftsprüfern und Juristen (Teil 2), in: DB 2014, S. 2331–2336.

Ders.: Verbandsmitgliedschaft und Verbandsvielfalt, in: Bruns, Alexander (Hrsg.): Tradition und Innovation im Recht, Tübingen 2017, S. 185–198.

Meussen, Gerard: Horizontaal toezicht, eine neue Kooperationsform im Besteuerungsverfahren in den Niederlanden, in: FR 2011, S. 114–117.

Meyer, Susanne: Compliance-Verantwortlichkeit von Vorstandsmitgliedern – Legalitätsprinzip und Risikomanagement. Besprechung des Urteils des LG München I vom 10.12.2013–5 HK O 1387/10, DB 2014 S. 766, in: DB 2014, S. 1063–1068.

Meyer-Goßner, Lutz / Schmitt, Bertram: Strafprozessordnung. Gerichtsverfassungsgesetz, Nebengesetze und ergänzende Bestimmungen, 61. Auflage, München 2018.

Michalski, Lutz (Begr.) / Heidinger, Andreas / Leible, Stefan / Schmidt, Jessica (Hrsg.): Kommentar zum Gesetz betreffend die Gesellschaften mit beschränkter Haftung (GmbH-Gesetz), 3. Auflage, München 2017.

Mitsch, Wolfgang (Hrsg.): Karlsruher Kommentar zum Gesetz über Ordnungswidrigkeiten, 5. Auflage, München 2018.

Mittendorf, Martina: Compliance Management System als Haftungsbegrenzungsinstrument in der mittelständischen Wirtschaft, Berlin 2017.

Moosmayer, Klaus: Compliance. Praxisleitfaden für Unternehmen, 3. Auflage, München 2015.

Ders.: Internationale Entwicklungen der Compliance – und Deutschland?, in: CCZ 2016, S. 193.

Moosmayer, Klaus / Gropp-Stadler, Susanne: Der Diskussionsentwurf des Bundesministeriums der Justiz zur Änderung der §§ 30, 130 OWiG: Ein Zwischenruf, in: NZWiSt 2012, S. 241–243.

Moritz, Michael: Positive Berücksichtigung der Implementierung und Anpassung eines Compliance-Management-Systems bei der Bußgeldbemessung nach § 30 OWiG, in: jurisPR-Compl 5/2017 Anm. 1.

Müller, Jürgen: Tax Compliance – Steuerrechtliche Verantwortung der Unternehmen, in: DACH Europäische Anwaltsvereinigung e. V.: Compliance – Herausforderung oder Selbstverständlichkeit? 54. Tagung der DACH in Barcelona vom 19. bis 21. Mai 2016, Zürich 2016, S. 15–26.

Müller-Bonanni, Thomas / Sagan, Adam: Arbeitsrechtliche Aspekte der Compliance, in: BB-Spezial 5.2008, S. 28–32.

Münche, Lukas: Finanzbehördliches Risikomanagement im Rahmen der Einkommensteuerveranlagung, in: DStR 2013, S. 212–215.

Musielak, Hans-Joachim / Voit, Wolfgang (Hrsg.): Zivilprozessordnung mit Gerichtsverfassungsgesetz. Kommentar, 15. Auflage, München 2018.

Nagel, Sibylle / Waza, Thomas: Risikomanagement beim Steuervollzug – ein Weg aus der Krise!, in: DStZ 2008, S. 321–326.

Neuling, Christian-Alexander: Berichtigung von Steuererklärungen im Unternehmen: Anwendungserlass zu § 153 AO, in: DStR 2016, S. 1652–1659.

Nietsch, Michael: Compliance-Risikomanagement als Aufgabe der Unternehmensleitung, in: ZHR 180 (2016), S. 733–775.

Nikoleyczik, Tobias / Graßl, Bernd: Überarbeitung des Deutschen Corporate Governance Kodex (DCGK) – Die Änderungsvorschläge der Regierungskommission aus der Plenarsitzung vom 13.10.2016, in: NZG 2017, S. 161–169.

Nolte, Norbert / Becker, Thomas: IT-Compliance, in: BB-Spezial 5.2008, S. 23–27.

Nowroth, Tim: Tax Compliance im Konzern. Die Vorteile für die Praxis erkennen und nutzen, in: NWB 2015, S. 3406–3416.

Oetker, Hartmut (Hrsg.): Handelsgesetzbuch Kommentar, 5. Auflage, München 2017.

Ortiz, Carlos / Barry, Aileen: Monitoring Compliance, in: Tax Journal 2006, S. 31.

Ott, Nicolas / Klein, Karen: Hindsight Bias bei der Vorstandshaftung wegen Compliance-Verstößen, in: AG 2017, S. 209–221.

Pfirrmann, Volker / Rosenke, Torsten / Wagner, Klaus J. (Hrsg.): BeckOK AO, 7. Edition, Stand 1.1.2019, München.

Pfuhl, Andreas: Steuerorientierte Rechtsformplanung mittels Thesaurierungsbegünstigung und Abgeltungsteuer. Steuerwirkung, Steuerplanung, Steuergestaltung, Köln 2014.

Podewils, Felix: Doppelte Steuererstattung durch „Dividenden-Stripping“ – Lukrative Aktiengeschäfte um den Dividendenstichtag, in: AG 2010, S. 391–397.

Pump, Hermann / Leibner, Wolfgang: Das Ermessen im Steuerrecht, in: Stbp 2006, S. 37–44.

Rack, Manfred: Die Verantwortung des Aufsichtsrats für das Compliance-Management-System im Unternehmen – Teil 1, in: CB 2017, S. 59–63.

Rau, Stephan: Leerverkäufe und doppelte Anrechnung von Kapitalertragsteuer, in: DStR 2010, S. 2167–2171.

Reichert, Jochem: Corporate Compliance und der Grundsatz der Verhältnismäßigkeit, in: Krieger, Gerd / Lutter, Marcus / Schmidt, Karsten (Hrsg.): Festschrift für Michael Hoffmann-Becking zum 70. Geburtstag, München 2013, S. 943–963.
Zitiert als: *Reichert,* FS Hoffmann-Becking 2013, 943.

Reichert, Jochem / Ott, Nicolas: Die Zuständigkeit von Vorstand und Aufsichtsrat zur Aufklärung von Non Compliance in der AG, in: NZG 2014, S. 241–251.

Reiß, Wolfram / Kraeusel, Jörg / Langer, Michael / Wäger, Christoph (Hrsg.): Umsatzsteuergesetz. UStG mit Nebenbestimmungen, Gemeinschaftsrecht, Kommentar, 140. Ergänzungslieferung, Stand 1.8.2012.

Richter, Andreas / Welling, Berthold: Tagungs- und Diskussionsbericht zum 53. Berliner Steuergespräch „Tax Compliance und Steuerstrafrecht", in: FR 2015, S. 297–307.

Rieder, Markus S. / Jerg, Marcus: Anforderungen an die Überprüfung von Compliance-Programmen. Zugleich kritische Anmerkungen zum Entwurf eines IDW Prüfungsstandards: Grundsätze ordnungsmäßiger Prüfung von Compliance-Management-Systemen (IDW EPS 980), in: CCZ 2010, S. 201–207.

Risse, Robert: Tax Compliance und Tax Risk Management. Eine rechtsvergleichende Analyse und Umsetzung in einem internationalen Konzern, Köln 2015.

Ders.: Zeitnahe Betriebsprüfung, in: FR 2011, S. 117–120.

Ders.: Steuerliche Transparenz durch ein Tax Compliance System und die Anforderungen nach IDW PS 980, in: DB 2017, S. 2061–2066.

Risse, Robert / Große-Allermann, Florian: Tax Compliance auf der Grundlage handelsrechtlicher Risikomanagementsysteme – Auswirkungen des § 289 Abs. 5 HGB in der Fassung des BilMoG, in: Ubg 2010, S. 629–634.

Rogge, Stefan: Tax Compliance – Wahrung steuerlicher Pflichten und Kontrolle steuerlicher Risiken, in: BB 2014, S. 664–669.

Röhricht, Volker / Graf von Westphalen, Friedrich (Hrsg.): Handelsgesetzbuch. Kommentar zu Handelsstand, Handelsgesellschaften, Handelsgeschäften und besonderen Handelsverträgen (ohne Bilanz-, Transport- und Seerecht), 4. Auflage, Köln 2014.

Rolf, Christian / Meiisel, Patrick: Steuergestaltung und Tax Compliance – kein Widerspruch!, in: CB 2015, S. 14–16.

Rose, Gerd: Über die Entstehung von „Dummensteuern“ und ihre Vermeidung, in: Lang, Joachim (Hrsg.): Die Steuerrechtsordnung in der Diskussion. Festschrift für Klaus Tipke zum 70. Geburtstag, Köln 1995, S. 153–165.
Zitiert als: *Rose*, FS Tipke 1995, 153.

Rotsch, Thomas (Hrsg.): Criminal Compliance, Handbuch, Baden-Baden 2015.

Roxin, Claus: Anmerkung zu BGH, Urteil v. 20.10.2011–4 StR 71/11, in: JR 2012, S. 305–307.

Säcker, Franz Jürgen / Rixecker, Roland / Oetker, Hartmut / Limperg, Bettina (Hrsg.): Münchener Kommentar zum Bürgerlichen Gesetzbuch. Band 1, Allgemeiner Teil, §§ 1–240, ProstG, AGG, 7. Auflage, München 2015.

Dies.: Münchener Kommentar zum Bürgerlichen Gesetzbuch. Band 6, Schuldrecht – Besonderer Teil IV, §§ 705–853, Partnergesellschaftsgesetz, Produkthaftungsgesetz, 7. Auflage, München 2017.

Dies.: Münchener Kommentar zum Bürgerlichen Gesetzbuch. Band 7, Sachenrecht, §§ 854–1296, WEG, ErbbauRG, 7. Auflage, München 2017.

Sachs, Michael (Hrsg.): Grundgesetz Kommentar, 8. Auflage, München 2018.

Saenger, Ingo (Hrsg.): Zivilprozessordnung. Familienverfahren, Gerichtsverfassung, Europäisches Verfahrensrecht. Handkommentar, 7. Auflage, Baden-Baden 2017.

Schaefer, Hans / Baumann, Diethelm: Compliance-Organisation und Sanktionen bei Verstößen, in: NJW 2011, S. 3601–3605.

Schemmel, Alexander: Die Bedeutung des Wirtschaftsstrafrechts für Compliance Management Systeme und Prüfungen nach IDW PS 980, in: CCZ 2012, S. 49–54.

Schimansky, Herbert / Bunte, Hermann-Josef / Lwowski, Hans-Jürgen (Hrsg.): Bankrechts-Handbuch. Band II, 5. Auflage, München 2017.

Schmidt, Eckehard: Moderne Steuerungssysteme im Steuervollzug, in: Widmann, Werner (Hrsg.): Steuervollzug im Rechtsstaat. 32. Jahrestagung der Deutschen Steuerjuristen Gesellschaft e. V., Stuttgart, 10. und 11. September 2007, Köln 2008, S. 37–57. Zitiert als: *Schmidt*, DStJG 31 (2008), 37.

Schmidt, Karsten (Hrsg.): Münchener Kommentar zum Handelsgesetzbuch. Band 1, Erstes Buch, Handelsstand §§ 1–104a, 4. Auflage, München 2016.

Ders.: Münchener Kommentar zum Handelsgesetzbuch. Band 2, Zweites Buch, Handelsgesellschaften und stille Gesellschaft. Erster Abschnitt, Offene Handelsgesellschaft §§ 105–160, 4. Auflage, München 2016.

Ders.: Münchener Kommentar zum Handelsgesetzbuch. Band 5, Viertes Buch, Handelsgeschäfte. Erster Abschnitt, Allgemeine Vorschriften. Zweiter Abschnitt, Handelskauf. Dritter Abschnitt, Kommissionsgeschäft, §§ 343–406. Wiener UN-Übereinkommen über Verträge über den internationalen Warenkauf – CISG, 4. Auflage, 2018.

Schmidt, Karsten / Ebke, Werner F. (Hrsg.): Münchener Kommentar zum Handelsgesetzbuch. Band 4, Drittes Buch. Handelsbücher §§ 238–342e HGB, 3. Auflage, München 2013.

Schmidt, Ludwig (Begr.) / Weber-Grellet, Heinrich (Hrsg.): Einkommensteuergesetz. Kommentar, 37. Auflage, München 2018.
Zitiert als: *Bearbeiter,* in: Schmidt, EStG, 37. Aufl. 2018.

Schneider, Sven H.: Informationspflichten und Informationssystemeinrichtungspflichten im Aktienkonzern. Überlegungen zu einem Unternehmensinformationsgesetzbuch, Berlin 2006.

Schneider, Uwe H.: Die Überlagerung des Konzernrechts durch öffentlich-rechtliche Strukturnormen und Organisationspflichten – Vorüberlegungen zu Compliance im Konzern –, in: ZGR 1996, S. 225–246.

Ders.: Compliance als Aufgabe der Unternehmensleitung, in: ZIP 2003, S. 645–650.

Ders.: Compliance im Konzern, in: NZG 2009, S. 1321–1326.

Ders.: Konflikte zwischen Unternehmensleitung und Aufsichtsrat über Compliance, in: Beilage zu ZIP 22/2016, S. 70–73.

Schneider, Uwe H. / Schneider, Sven H.: Konzern-Compliance als Aufgabe der Konzernleitung, in: ZIP 2007, S. 2061–2065.

Schnitzler, Sebastian: Wettbewerbsrechtliche Compliance – vergaberechtliche Selbstreinigung als Gegenmaßnahme zum Kartellverstoß, in: BB 2016, S. 2115–2121.

Scholz, Axel: Erstmals Regelungen zu § 153 AO im Anwendungserlass. Der AEAO enthält nun eine Abgrenzung zwischen § 153 AO und § 371 AO, in: KSR 2016, S. 11.

Schönke, Adolf / Schröder, Horst (Begr.): Strafgesetzbuch Kommentar, 29. Auflage, München 2014.

Schülke, Thilo: IDW-Standards und Unternehmensrecht. Zur Geltung und Wirkung privat gesetzter Regeln, Berlin 2014.

Schulz, Martin R.: Compliance-Management im Unternehmen – Grundfragen, Herausforderungen und Orientierungshilfen, BB 2017, S. 1475–1483.

Schüppen, Matthias: Brot, Steine und Glatteis. Der „Solange-Beschluss" des BGH zur Unternehmensbewertung unter rückwirkender Anwendung von IDW S 1 (2005), in: ZIP 2016, S. 393–398.

Schützler, Christian: Tax Compliance im Kooperationsverhältnis zwischen Unternehmen und Finanzverwaltung, Frankfurt am Main 2015.

Schwalbach, Joachim: Was bedeutet das Leitbild des Ehrbaren Kaufmanns für den Aufsichtsrat?, in: Der Aufsichtsrat 2017, S. 72–73.

Schwartz, Tobias: 24. Kapitel Tax Compliance, in: Schulz, Martin R. (Hrsg.): Compliance-Management im Unternehmen. Strategie und praktische Umsetzung, Frankfurt am Main 2017, S. 747–789.

Schwarz, Bernhard / Pahlke, Armin (Hrsg.): AO/FGO Kommentar, Band 1, §§ 1 bis 92 AO, 186. Ergänzungslieferung, Stand 12/2018, Freiburg.

Dies.: AO/FGO Kommentar, Band 2, §§ 93 bis 178a AO, 186. Ergänzungslieferung, Stand 12/2018, Freiburg.

Schwarz, Roger / Widmann, Werner / Radeisen, Rolf-Rüdiger (Hrsg.): UStG Kommentar. Band 3 §§ 10 bis 15a, 203. Ergänzungslieferung, Stand 11/2018, Freiburg.

Schwarz, Roger / Widmann, Werner / Radeisen, Rolf-Rüdiger (Hrsg.): UStG Kommentar. Band 4 §§ 16 bis 29a, EU-Teil, 203. Ergänzungslieferung, Stand 11/2018, Freiburg.

Schwedhelm, Rolf: Tax Compliance – mehr als ein Trend? Im Spannungsfeld zwischen Haftungsvermeidung und Steueroptimierung, in: AnwBl 2009, S. 90–93.

Ders.: Tax Compliance Management System, Änderung des AEAO zu § 153 AO und die Folgen für die Geschäftsführer, in: GmbH-StB 2017, S. 83–86.

Schwedhelm, Rolf / Talaska, Peter: Was kann ein Tax Compliance Management System leisten? Zur Änderung des AEAO zu § 153 AO durch das BMF vom 23.5.2016. Berlin 2016. Zitiert als: *Schwedhelm/Talaska,* ifSt-Schrift 513, 2016.

Schwintowski, Hans-Peter: Gesellschaftsrechtliche Anforderungen an Vorstandshaftung und Corporate Governance durch das neue System der kartellrechtlichen Legalausnahme, in: NZG 2005, S. 200–202.

Schwintowski, Hans-Peter / Klaue, Siegfried: Kartellrechtliche und gesellschaftsrechtliche Konsequenzen des Systems der Legalausnahme für die Kooperationspraxis der Unternehmen, in: WuW 2005, S. 370–379.

Seer, Roman: Verständigungen in Steuerverfahren, Köln 1996.

Ders.: Besteuerungsverfahren: Rechtsvergleich USA – Deutschland, Heidelberg 2002.

Ders.: Steuerplanungssicherheit durch Zusage. Zum Auskunftserlass vom 29.12.2003, in: Carlé, Dieter / Stahl, Rudolf / Strahl, Martin (Hrsg.): Gestaltung und Abwehr im Steuerrecht. Festschrift für Klaus Korn zum 65. Geburtstag am 28. Januar 2005, Bonn, Berlin 2005, S. 707–720. Zitiert als: *Seer*, FS Korn 2005, 707.

Ders.: Reform des Veranlagungsverfahrens, in: StuW 2003, S. 40–59.

Ders.: Die Rolle des Steuerberaters in einer elektronischen Finanzverwaltung, in: DStR 2008, S. 1553–1560.

Ders.: Verbindliche Auskunft nach § 89 Abs. 2–7 AO, in: SteuerStud 2016, S. 601–607.

Ders.: Berichtigung nach § 153 AO oder Selbstanzeige nach §§ 371, 398a AO? – Bedeutung des Anwendungserlasses vom 23.05.2016, DB 2016, S. 1228 – in: DB 2016, S. 2192–2199.

Seibt, Christoph H.: Corporate Reputation Management: Rechtsrahmen für Geschäftsleiterhandeln, in: DB 2017, S. 171–178.

Senger, Eike Alexander: Die Reform der Finanzverwaltung in der Bundesrepublik Deutschland, Wiesbaden 1996.

Spengel, Christoph / Eisgruber, Thomas: Die nicht vorhandene Gesetzeslücke bei Cum/Ex-Geschäften, in: DStR 2015, S. 785–801.

Spindler, Gerald: Compliance in der multinationalen Bankengruppe, in: WM 2008, S. 905–918.

Spindler, Gerald / Stilz, Eberhard (Hrsg.): Kommentar zum Aktiengesetz. Band 1 §§ 1–149, 3. Auflage, München 2015.

Stadie, Holger: Umsatzsteuergesetz. Kommentar, 3. Auflage, Köln 2015.

Staub, Hermann (Begr.) / Canaris, Claus-Wilhelm / Habersack, Matthias / Schäfer, Carsten (Hrsg.): Handelsgesetzbuch. Großkommentar. Dritter Band §§ 105–160, 5. Auflage, Berlin 2009. Zitiert als: *Bearbeiter,* in: Staub, HGB, 5. Aufl. 2009.

Steinhauff, Dieter: AEAO zu § 153 AO: Unternehmen schützen mit Tax Compliance, in: GmbH-StB 2017, S. 130–131.

Stober, Rolf: Ist der ehrbare Kaufmann der Schlüssel für Compliance-Anforderungen?, in: NJW 2010, S. 1573–1575.

Stöber, Kurt (Begr.) / Otto, Dirk-Ulrich (Fortführer): Handbuch zum Vereinsrecht, 11. Auflage, Köln 2016.

Streck, Michael: Steuercontrolling, Tax Compliance und Haftungsvorsorge, in: Piltz, Detlev J. / Günkel, Manfred / Niemann, Ursula (Hrsg.): Steuerberater-Jahrbuch 2009/2010. Zugleich Bericht über den 61. Fachkongress der Steuerberater Köln, 6. und 7. Oktober 2009, Köln 2010, S. 415–436. Zitiert als: *Streck,* StbJb 2009/2010, 415.

Streck, Michael / Binneweis, Burkhard: Tax Compliance, in: DStR 2009, S. 229–234.

Streck Mack Schwedhelm Partnerschaft mbB (Hrsg.): Tax Compliance. Risikominimierung durch Pflichtenbefolgung und Rechtsbefolgung, 2. Auflage, Köln 2016.
Zitiert als: *Bearbeiter*, in: Streck/Mack/Schwedhelm, Tax Compliance, 2. Aufl. 2016.

Süße, Sascha: Praxis-Tipp zu BGH zur Berücksichtigung von Compliance-Management-Systemen bei der Bemessung einer Geldbuße nach § 30 Abs. 1 OWiG, in: Newsdienst Compliance 2017, 21012.

Talaska, Peter: Tax Compliance in Unternehmen – Organhaftung, in: BB 2012, S. 1195–1200.

Tannenbaum, Edward: More International Tax Enforcement: Leading with the Foreign Account Tax Compliance Act of 2009, in: Tax Management International Journal 2009, S. 702–705.

Teicke, Tobias: Das Berliner Compliance Modell – Orientierung im Hospitality-Dschungel, in: CB 2017, S. 67–70.

Thaten, Marlen: Die Ausstrahlung des Aufsichts- auf das Aktienrecht am Beispiel der Corporate Governance von Banken und Versicherungen. Zugleich ein Beitrag zur Koordination von Privat- und Öffentlichem Recht, Berlin 2016.

Tipke, Klaus: Die Steuerrechtsordnung. Band I, Wissenschaftsorganisatorische, systematische und grundrechtlich-rechtsstaatliche Grundlagen, 2. Auflage, Köln 2000.
Zitiert als: *Tipke*, Steuerrechtsordnung Bd. I, 2. Aufl. 2000.

Ders.: Die Steuerrechtsordnung. Band III, Föderative Steuerverteilung, Rechtsanwendung und Rechtsschutz, Gestalter und Steuerrechtsordnung, Köln 1993.
Zitiert als: *Tipke*, Steuerrechtsordnung Bd. III, 1993.

Ders.: Steuerrecht – Chaos, Konglomerat oder System?, in: StuW 1971, S. 2–17.

Tipke, Klaus (Begr.) / Lang, Joachim (Fortführer): Steuerrecht, 23. Auflage, Köln 2018.

Tipke, Klaus / Kruse, Heinz Wilhelm (Hrsg.): Abgabenordnung – Finanzgerichtsordnung. Kommentar zur AO und FGO. Band I, Gesetzestexte, §§ 1–107 AO. 153. Ergänzungslieferung, Stand 9/2018, Köln.

Dies.: Abgabenordnung – Finanzgerichtsordnung. Kommentar zur AO und FGO. Band II, §§ 108–232 AO. 153. Ergänzungslieferung, Stand 9/2018, Köln.

Dies.: Abgabenordnung – Finanzgerichtsordnung. Kommentar zur AO und FGO. Band III, §§ 233–415 AO §§ 1–62 FGO. 153. Ergänzungslieferung, Stand 9/2018, Köln.

Dies.: Abgabenordnung – Finanzgerichtsordnung. Kommentar zur AO und FGO. Band IV, §§ 63–184 FGO, FVG, VwZG, VerfRS, EuRS, Sachregister. 153. Ergänzungslieferung, Stand 9/2018, Köln.

Ulmer, Peter / Habersack, Mathias / Löbbe, Marc (Hrsg.): Gesetz betreffend die Gesellschaften mit beschränkter Haftung (GmbHG). Großkommentar, Band II §§ 29 bis 52. 2. Auflage, Tübingen 2014.

Verse, Dirk: Compliance im Konzern. Zur Legalitätskontrollpflicht der Geschäftsleiter einer Konzernobergesellschaft, in: ZHR 175 (2011), S. 401–424.

Wagner, Wilfried (Hrsg.): Sölch/Ringleb, Umsatzsteuergesetz mit Umsatzsteuer-Durchführungsverordnung, Einfuhrumsatzsteuer-Befreiungsverordnung, EG-Mehrwertsteuer-Systemrichtlinie, Mehrwertsteuer-Durchführungsverordnung, EG-Richtlinie 2008/9/EG, Dreizehnter EG-Umsatzsteuerrichtlinie. Kommentar, 84. Ergänzungslieferung, Stand September 2018, München.
Zitiert als: *Bearbeiter,* in: Sölch/Ringleb, UStG, 84. EL Stand 9/2018.

Weigell, Jörg / Görlich, Michael: Der Anwendungserlass zu § 153 AO – eine praxistaugliche Abgrenzungshilfe?, in: FR 2016, S. 989–992.

Wehner, Florian: Die Vermeidung steuerstrafrechtlicher Risiken durch Tax Compliance. Prävention, Berichtigung, Schadensbegrenzung, Hamburg 2017.

Welling, Berthold: Der neue Anwendungserlass zu § 153 AO. Die Quadratur des Kreises?, in: IWB 2016, S. 630–637.

Werder, Alexander / Rudolf, Michael: Drohende Konsequenzen bei lückenhafter Tax Compliance, in: BB 2016, S. 1433–1442.

Weymüller, Rainer: Beck'scher Online-Kommentar zum Umsatzsteuergesetz, 19. Edition, Stand 7.12.2018.

Wilsing, Hans-Ulrich / Goslar, Sebastian: Die Berücksichtigung von Compliance-Management-Systemen bei der Bußgeldbemessung nach § 30 OWiG. Zugleich eine Anmerkung zum Urteil des BGH vom 9.5.2017–1 StR 265/17, in: GmbHR 2017, S. 1202–1204.

Winter, Martin: Der Verantwortlichkeit des Aufsichtsrats für „Corporate Compliance", in: Kindler, Peter / Koch, Jens / Ullmer, Peter / Winter, Martin (Hrsg.): Festschrift für Uwe Hüffer zum 70. Geburtstag, München 2010, S. 1103–1127.
Zitiert als: *Winter,* FS Hüffer 2010, 1103.

Withus, Karl-Heinz: Bedeutung der geänderten Compliance Anforderungen der US Sentencing Guidelines für deutsche Unternehmen, in: CCZ 2011, S. 63–69.

Ders.: Die Angemessenheit eines CMS – eine rein juristische Bewertung oder anerkannter Stand von betriebswirtschaftlichen Grundsätzen?, in: CCZ 2015, S. 139–143.

Ders.: IDW EPS 981: Übertragung der Prüfungssystematik zu Compliance auf Risikomanagementsysteme, in: BB 2016, S. 1387–1392.

Withus, Karl-Heinz / Hein, Oliver: Prüfung oder Zertifizierung eines Compliance Management Systems. Voraussetzungen und mögliche Rechtsfolgen, in: CCZ 2011, S. 125–133.

Withus, Karl-Heinz / Kunz, Jürgen: Auswirkungen des neuen ISO 19600:2014 zu Compliance-Management-Systemen auf die Prüfung nach IDW PS 980, in: BB 2015, S. 685–689.

von Wolfersdorff, Janine / Hey, Johanna: Was kann ein Tax-Compliance-Management-System leisten? Zur Änderung des AEAO zu § 153 AO durch BMF vom 23.05.2016, in: WPg 2016, S. 934–940.

Wulf, Martin: Selbstanzeige trotz laufender Betriebsprüfung? Praxiswissen zum Ausschlussgrund des § 371 Abs. 2 Nr. 1 AO, in: Stbg 2013, S. 269–272.

Ders.: Anwendungserlass zu § 153 AO – Hilfreiche Handreichung für die Praxis?, in: wistra 2016, S. 337–340.

Zöllner, Wolfgang / Noack, Ulrich (Hrsg.): Kölner Kommentar zum Aktiengesetz, Band 2/1 §§ 76–94 AktG, 3. Auflage, Köln 2010.

Dies.: Kölner Kommentar zum Aktiengesetz, Band 2/2 §§ 95–117 AktG, 3. Auflage, Köln 2013.

Übersicht der zitierten Rechts- und Verwaltungsvorschriften

Anwendungserlass zur Abgabenordnung (AEAO)	BMF-Schreiben vom 31.1.2014, BStBl. I 2014, 290; zuletzt geändert durch BMF-Schreiben vom 18.1.2018, Az. IV C 4 S 0187/09/10001: 003 (2018/0039300).
AEAO zu § 153	BMF-Schreiben vom 23.5.2016, Az. IV A 3-S 0324/15/10001, BStBl. I 2016, 490.
Anweisungen für das Straf- und Bußgeldverfahren (Steuer) (AStBV (St)) 2017	Erlass der Oberste Finanzbehörden der Länder vom 1.12.2016, Az. S 0720, BStBl. I 2016, 1338.
Betriebsprüferordnung (BpO)	Allgemeine Verwaltungsvorschrift für die Betriebsprüfung vom 15.3.2000, BStBl. I 2000, 368.
Deutscher Corporate Governance Kodex	*(DCGK) vom 7.2.2017* BAnz AT 24.4.2017 B2; Berichtigung in BAnz AT 19.5.2017 B2.
Einkommensteuer-Hinweise	BMF, Amtliches Einkommensteuer-Handbuch 2016, abrufbar unter: www.bmf-esth.de
Einkommensteuer-Richtlinie 2005 (EStR)	Allgemeine Verwaltungsvorschrift zur Anwendung des Einkommensteuerrechts vom 16.12.2005, BStBl. I 2005, Sondernummer 1/2005, 3; zuletzt geändert durch EStÄR 2012 vom 25.3.2013, BStBl. I 2013, 276.
Gewinnabgrenzungsaufzeichnungsverordnung (GAufvZ)	Verordnung zu Art, Inhalt und Umfang von Aufzeichnungen im Sinne des § 90 Abs. 3 der Abgabenordnung vom 12.7.2017, BStBl. I 2017, 2367.

Grundsätze zur ordnungsgemäßen Führung und Aufbewahrung von Büchern, Aufzeichnungen und Unterlagen in elektronischer Form sowie zum Datenzugriff (GoBD)	BMF-Schreiben vom 14.11.2014, Az. IV A 4 – S 0316/13/10003, BStBl. I 2014, 1450.
Steuer-Auskunftsverordnung (StAuskV)	Verordnung zur Durchführung von § 89 Abs. 2 der Abgabenordnung vom 30.11.2007, BStBl. 2007, 2783.
Umsatzsteuer Anwendungserlasse (UStAE)	Verwaltungsregelung zur Anwendung des Umsatzsteuergesetzes vom 6.10.2010, BStBl. I 2010, 846; zuletzt geändert durch BStBl. I 2017, 104.

www.ingramcontent.com/pod-product-compliance
Ingram Content Group UK Ltd.
Pitfield, Milton Keynes, MK11 3LW, UK
UKHW020714071026
15590UKWH00011B/599

9 783631 795286